ORIENTAL STUDIES AT ZJSU

**VOL.1**

# 东方研究集刊

## （第一辑）

王宝平 主 编

江 静 副主编
董 科

浙江工商大学出版社
ZHEJIANG GONGSHANG UNIVERSITY PRESS

图书在版编目（CIP）数据

东方研究集刊 . 第一辑 / 王宝平主编 . — 杭州：
浙江工商大学出版社 , 2017.8
ISBN 978-7-5178-2131-1

Ⅰ . ①东… Ⅱ . ①王… Ⅲ . ①东方学 – 文集 Ⅳ .
① K107.8–53

中国版本图书馆 CIP 数据核字 (2017) 第 090240 号

**东方研究集刊（第一辑）**

王宝平　主编　江　静　董　科　副主编

| | |
|---|---|
| **责任编辑** | 姚　媛 |
| **封面设计** | 林朦朦 |
| **责任印制** | 包建辉 |
| **出版发行** | 浙江工商大学出版社 |
| | （杭州市教工路 198 号　邮政编码 310012） |
| | （E–mail：jgsupress@163.com） |
| | 电话：0571-88904980，88831806（传真） |
| **排　　版** | Bryanz |
| **印　　刷** | 杭州恒力通印务有限公司 |
| **开　　本** | 710mm×1000mm　1/16 |
| **印　　张** | 18.75 |
| **字　　数** | 357 千 |
| **版 印 次** | 2017 年 8 月第 1 版　2017 年 8 月第 1 次印刷 |
| **书　　号** | ISBN 978-7-5178-2131-1 |
| **定　　价** | 48.00 元 |

本书为以下建设项目的阶段性成果：

浙江省"十三五"A类一流学科建设项目
（浙江工商大学外国语言文学学科）

浙江省"十三五"特色专业建设项目
（浙江工商大学日语专业）

教育部"国别和区域研究中心"培育基地项目
（浙江工商大学日本研究中心）

# 编委会

# 目 录

## 语　言

文化

CULTURE

# 融合（Fusion）
## ——围绕韩国文化之假说

中西进[1]

（奈良县立万叶文化馆　奈良：634-0103）

**摘　要：** 本文探索韩国文化具有融合之特点，认为韩国位居半岛，一方面承袭中国北方草原文化，另一方面具有陆海参半的特点，它通过超越冲突、融合文明的和平方式，将大陆型的异质文化传播到了海洋型文化圈，让日本在亚洲文化中诞生了丰富的情感力。

**关键词：** 韩国文化；半岛文化；融合

一

公元前 1500 年左右，中国殷商文明（Yin civilization）繁荣璀璨之时，印度的印度河文明亦灿然花开，是不是很不可思议？

而且印度的释迦牟尼于公元前 566 年（一说为公元前 483 年）出生，中国的哲人孔子也于公元前 551 年诞生，这难道是偶然吗？

实际上类似的例子远不止这一两个。由此看来，地球的巨大呼吸在各个地方产生了同样的现象。

我把这种现象称为"大地呼吸（Earth breathing）"。

刚才我说的是亚洲的"大地呼吸"，这一呼吸毫无疑问催生了亚洲文化的两大发源地。不仅如此，其生成的文化在各地域发展，具有了这些文化所在地域固有的性质，恐怕这也是"大地呼吸"作用的结果。

关于如此诞生的亚洲文化，我曾写过一些论文，我认为各地域因始终呼吸着的大地之性质而有着极其显著的文化力量。

原本印度就属于热带雨林气候，在此背景下呈现出十分丰富的文化想象力。比如古老的《梨俱吠陀》就记述着佛教所描绘的森罗万象。

而且这一印象被很多人认可，中国学者宋云彬也说受"佛教文学最具想象力"的影响，中国的"想象力自然变得丰富了"。（宋云彬等著，小田岳夫、吉田严邨译：《中国文学史》，创元社 1953 年版，第 64 页）

另一方面中国的农田绵延千里，其广袤达到农夫从地平线出现又于地平线

---

〔1〕中西进，奈良县立万叶文化馆名誉馆长。

消失的程度，而尽头便是面迎沙漠的黄土大地。

这伟大的土地却充满着荒芜之力，不允许人们来依赖。这就势必孕育出充分反映人之智慧，依存于伦理秩序的文化。清康熙帝钦定文字辞典一事就足以证明这一点了，我暂且把它称为"文化的论理之力"。

相反，海洋国家日本受惠于自然，受潮风吹拂，富于情感，它尊崇感性，"物哀"之情相生，擅长洞察诗意。因此在日本能见到"文化的情感之力"（亦称感伤之力）。

当然，国境并不能完全决定文化的发展。比如华南的三星堆文化尽管在典籍上与《山海经》等为同一风格，但却不同于说过"子不语怪力乱神"（《论语》）的华北孔子的思想，倒不如说其属于印度圈的想象力文化。

## 二

在这样的亚洲文化中，韩国文化是以怎样的文化力量参与亚洲文化形成史的？关于此话题，我认为以下三点是格外重要的。

第一点，韩国独特的半岛位置。

半岛国家既能产生也能接受大陆型文化和海洋型文化，于是两种类型的文化或单独存在，或融合为一体而存在。前者或分地域并存，或各自有不同的种类；后者或在这一地域产生新的独特的文化，或是产生"四不像"的文化。

在半岛这一并不纯粹的地域上的文化，一步之差就会令暧昧不清的特色贯穿始终，这一点在亚洲整体文化形成史上也有体现。韩国文化的丰饶令人期待之余，也有详细考察的必要，其在文化成熟中应成为极其重要的考察对象。

关于此点，我将在后文陈述鄙见。

第二点，朝鲜半岛的背后是草原。

古代中国是以长江、黄河这两大河流所裹挟的地带为中心建立国家的，通常与北方蒙古诸民族划界而治。

作为农耕民族的汉族进入北方，将草地化为耕地，这对北方游牧民族而言无疑是对他们所珍视的草原的破坏。

然而汉族所建立的中国王朝在元、清两朝也不得不承认北方民族的帝王，但尽管如此，不能将华北草原与中原、华南一并作为伦理的产生之地。

那么，应该怎样把草原文化加入亚洲文化中去呢？如此想来，北方蒙古尚有太多不为人所知的文化，以游牧为主的人们写在羊皮上的文字存世不多。我们只能期待着今后的研究取得新进展。在这里，我斗胆推测：北方草原性的文化之力保存在韩国文化之中。

平凡社 2006 年出版『韓国歴史地図』(《韩国历史地图》)一书，据其东亚民族分布图所示，亚洲一带的黄色人种分为南、北两部分，两者区分明显。如从决定基因的 Y 染色体方面来看，南北之分更加明了，日本与韩国一体，位于北方，而北亚一带却鲜有文化发展的痕迹。

因此或许可以推测，将此重担肩负起来的是不是韩国呢？韩国文化中是否还留存着对抗他方文化的草原性文化之力？

实际上五、六世纪的高句丽与北方的突厥和中国的北魏王朝都建有外交关系，而且高句丽还向日本派遣过使节。

在中亚撒马尔罕的古坟壁画中发现了七世纪高句丽的使者画像。他们或许是经亚洲北方和草原之路往返的。

原本朝鲜半岛居民祖先的一部分就曾居住在现今中国的东北地区。不仅是高句丽，百济也"百济国之先祖自夫余出"(《魏书·百济传》)，百济王室以余为姓，大概是源自其先祖居住地夫余吧。

而且百济在中国晋朝时已据有"辽西、晋平二郡"(《通典》)，由此可知如今渤海湾沿岸地区就是其领地。

如此看来，半岛型韩国文化历史实际上远非历史所载那么久远。无论是高句丽还是百济，原本就是生活在如今中国东北地区而自立王国，他们在保持原有特性的同时，逐渐变成了半岛人。而且应该也继续保持着草原型文化之力。

再者，百济灭亡后渤海国意图将旧百济、旧高句丽曾经所有的半岛与大陆交界处据为己有。夫余府就属于渤海国的一部分。

看起来渤海国好像继承了四世纪高句丽领土的"DNA"。然而，到了十世纪诞生了统一全岛的高丽国，自此决定了半岛型文化的产生。

只是其中仍留有华北草原的文化和血统，由此我假设这种草原——半岛型韩国文化存在于亚洲文化史中。

第三点，韩国在亚洲文化史河流中占有特殊的位置。

也就是说，把印度的想象力和亚洲文化的论理传至日本，让日本在亚洲文化中诞生了情感力。这种情况我将它比作河口的作用来进一步阐述。

比如在海水中长大的鲑鱼，为了产卵沿淡水河逆流而上，途中需要有淡水和海水混合的水域，像这样不同性质的东西能相互交流。淡水、海水交汇区域的水被称为"汽水"。"汽水"不仅对鲑鱼重要，对同样往返于河流海洋的香鱼、鳗鱼来讲也是不可或缺的。

朝鲜半岛这一极其重要的"汽水"在文化传播流通中就扮演着这样的角色。

也就是说，朝鲜半岛因为拥有陆海参半这一性质，故将大陆型的异质文化传播到了海洋型文化圈。

# 三

那么历史上韩国文化是怎样传播到日本的呢？

实际上文化的传播与吸收并没有那么简单。

比如一世纪左右，中国吸收了来自印度的佛教，当时关于灵魂不灭论曾引起激烈争辩。日本虽也有过著名的苏我氏与物部氏（即佛教与神道）之争论，但其中朝鲜半岛一旦排斥佛教，就不会有佛教流入日本了，而且将佛教传往日本是圣明王之志愿。

概观地球上文明之流变，可发现以下三点。这三点我已在《对话时代——从冲突到超越》(《公明新闻》2002 年 1 月 1 日）叙述过，即第一点，文明之地域侵犯；第二点，文明之冲突；第三点，文明之融合。

十八世纪，欧美文明侵入亚洲、非洲各地，像这样的"文明"与"野蛮"的架构时至今日也已烟消云灭了吧，"侵入也已不复存在"。

如今还多有发生的是冲突。一时间，美国人亨廷顿所著的『文明の衝突』(《文明的冲突》)（集英社）在世界范围内引起轰动。不但如此，现如今，彼此只认可自身价值而不相让的冲突始终在全世界继续着。

但是，令人安心的是文化有着回避文明冲突的力量。这正是第三点文明具有融合的文化力量。详见《公明新闻》拙文。

历史上韩国向日本传授文化正是通过超越冲突、融合文明来实现的。

这一对话在异质文明被赐予之时，是可以靠靠尊敬他者的文化力量实现的。在此之上还有对自国文化的自信，据此才能将异质文明的长处与自国文明相融合，才能在自国疆域上产生新的美好事物。

在草原和半岛所孕育的文化中，我们期待这样的融合力。

所谓融合就是要创造出一个自身固有的领域。

我在《公明新闻》写过一篇小文，叙述何谓"融合"。它就是尊重事物共性的精神，尊重内心的细腻。还写有如今是爵士融合音乐、比利时物理学家提出的耗散结构理论与远离非平衡态被重视的时代。融合力也极具现代感。

我以前曾在挪威见到一座建于十二世纪基督教兴盛期的木条教堂。那是一座用不同种类的木材作为瓦片，层层叠叠如鱼鳞般的建筑，是一座与维京文化融合的基督教堂。

一种被称为"爱尔兰十字"的圆形与十字架结合的图案在世界各地的基督教墓地都能发现，这也是融合的文化的体现。

在此，我有必要说一下关于我所讲的"融合力"的定义。这是因为今天有时用 fusion 一词指代原子核融合，但是我的定义不是如此细分化的"fusion"，而是指能让佛教所说的极其细微的原子核融合、能与拥有巨大能量的他者进行合一。笔者将它作为理想，作为融合力的定义。

## 四

关于韩国文化的融合主义，在这里我举两个实例。

第一，乡歌。

众所周知，《三国遗事》（卷二）中载有处容歌的故事。由宪康大王（875—886 在位）赐婚的处容于月明之夜回家后，发现妻子床上有四只脚。于是处容唱道："东京明月夜，贪遊至晚归。进房寻妻子，床上足两对。两只属妻子，余足当为谁。此处应为我，予夺当何为。"谁知另外两只脚是瘟神的，瘟神见状坦言道："你不怪罪我，我甚是感激，今后，凡悬挂你头像之门，我定当不入。"

以后，人们便在门上张贴处容画像以祛除瘟病。

像这样祛凶就吉的传说还有苏民的故事。传说武塔天神为报答借宿一晚之恩情，施以特制避邪之物救得苏民家女儿一命，但把其他人都杀掉了。这是一个残忍的神话。

而且日本《万叶集》（卷十一）所记处容物语的一节，歌词如下所示：

> 長谷の　斎槻が下に　わが隠せる妻　茜さし　照れる月夜に
> 人見てむかも（2353）
> 大夫の　思ひ乱れて　隠せるその妻　天地に　通り照るとも
> 顕れめやも（2354）

随之我想到的是从韩国渡来日本的民众所唱的乡歌中的两首歌：第一首，大概内容是"其他男子冒犯了我的妻子而心存顾忌"；第二首的内容是"没有这样的事而奇怪地抗议月明之夜"。

两首歌很相似，但是处容歌肯定是有误的。

处容为何保持沉默？为何不责备那个男子？如果他只是一味惧怕瘟神，他到底在纠结什么？对于处容的沉默之举我曾陷入沉思，觉得不可思议。

这种场合下，一般的做法应该是处容发怒并斥退瘟神才对，复仇才是常识。

日本有一部大型复仇剧《忠臣藏》，受到人们追捧，并成为歌舞伎中叫座的剧目，时至 500 年后的今天仍人气不减。

《忠臣藏》讲的是一位叫浅野内匠头的大名，心眼儿很坏，后被吉良上野介斩杀。而浅野的 47 名武士部下为了给浅野报仇雪恨，冲进吉良家讨伐并取其人头。这是双重复仇，复仇没有尽头，但是世间却以"忠义"赞许复仇。

从这个例子来看，处容的文化素养还是很高的。从这个故事可以窥见宽容之美德。

再者，这种生活方式是超越善与恶、邪与正这种单纯二元论的。这种生活方式和众多宗教或道德中所讲的中庸精神差不多。

融合就是一种中庸，而且宽容性和中庸与精神有深切关联。

作为第三者的天神判官为绝对支持者讲话早就在乡歌中出现了。《三国遗事》中就有如此描述："时神现行，跪于前曰，吾羡公之妻，今犯之矣，公不见怒，感而美之。"男子现出瘟神原形，反而向人类下跪，并坦白了他犯下的错误，同时也表示自己原先也有像人类那样的感情。但是处容没有生气，瘟神很感动并赞颂处容。

这篇文章讲述的是神也怀有如俗恶凡人那般的情欲与迷恋女色的事实，而凡人却以宽容的精神原谅了天神的行为，通篇充满了感动与赞美之情。

这种充满隐喻的故事是另一种文化论。一方面，前文列举了日本武塔天神先报恩的例子。当然，实例中贴着的是誓死报仇的标签。另一方面，《万叶集》中的那两首歌词，仅是诉说沉入恋爱剧生活的一部分，窥不到伦理感的存在。

先把这些例子放在一边，韩国的优秀文艺在讲述什么，我们能深刻理解吗？乡歌在韩国"能窥见那个时代人们的高度的精神世界"（大槻健他邦译，韩国国定教科书《韩国的世界》，明石书店，第 117 页）。同时赏月习俗被认为来源于蒙古，这点也非常重要。

在韩国，月明之夜舞动的圆圈舞很有名，无论在中国还是日本，对明月的态度，一方面是忌讳，一方面又爱重月之清辉，在此背景下歌唱爱恋（拙稿《东亚文学中的乡歌》，选自中西进、辰巳正明编《乡歌——注解与研究》，新典社 2008 年版）。

这种赏月习俗被证明起源于蒙古草原。夜晚，月光洒在摇动着的芳草上，对月光的畏惧深深扎根在夫余人心里，通过乡歌歌唱者的演绎而成为圆圈舞这一形式。

这不是由黄土的大陆性产生，也不是由海洋性带着的岛屿性产生，会不会属于草原性？摇摆不定的融合性的一部分会不会就是自草原性诞生的呢？

于是有人提出了韩国文学的"恨之文学性"，就像中国唐代诗人白居易所作关于杨贵妃之悲剧的《长恨歌》，我认为韩国文学的"恨"与之同属一个范畴。

或许还可以把"恨"当作一种感伤来理解。

说起感伤，日本近代著名哲学家三木清曾说"感伤是固有情念之入口亦是出口"（《人生论记事》，创元社 1951 年版），比如愤怒、绝望、欢喜这些固有领域的情念，而感伤则没有这样的领域。无论怎样心都沉静不下来，有点在意的事就不开心，不久之后当对象及详情变得明了就会出现激怒或欢喜，但同时也更倾向于感伤，情念就这样慢慢消失了，这就是三木所揭示出来的。

我认为，这与其叫作感伤，更应该称为融合。融合与恨，意思几乎一样。

第二，佛像。

图 1 是今年（2016）6 月 21 日至 7 月 10 日于东京国立博物院举办的"微笑的佛"展所陈列的两尊佛像。韩国中央博物馆的半跏思惟佛像（国宝七八号）与以前的北魏样式相比缺少严谨与锐意。其衣装更加简略化，宝冠和发饰倒还精致，胸口还有仿制的璎珞纹样；下半身着装是波纹扩散样同心圆式深雕，有均整之美，像是莲台的东西仅仅有一部分。

日本半跏思惟像
中宫寺藏
飞鸟时代·7世纪

韩国半跏思惟像
韩国国立中央博物馆藏
三国时代·6世纪

图 1

如此，这一座立身状佛像已经不能有比这种形象更胜一筹的样式了，但还是透着丰富，抚慰人心。

佛像的面部轮廓丰满，大概是吸收了峻厉的北魏样式后才形成了这种柔和，然而这种柔和不正是象征着韩国文化的宽容与融合的细腻吗？

再看日本的半跏思惟像，这是一尊颇有名气的佛像。有人说佛像上用钉所固定的饰物已经遗失了，与现在相比原物能毫无保留地展示其特征。这尊佛像比韩国那尊还要简单、朴素，头无宝冠，仅有双髻。上半身无衣装纹样，也没有任何饰物。要说有什么特别，那就是沿着双肩呈波浪状流下来的垂发。佛像的姿态像是从水中刚刚升起，纯粹、恬静、幽雅、素直。下半身着装的下摆有跃动感、立体感，活灵活现。

将这尊日本佛像恢复为原来的北魏佛像或韩国佛像是困难的。但是，这尊日本佛像虽没有韩国佛像的安稳和丰富，其面容却清晰表现出佛之深思。

那么，这尊韩国佛像是不是为了 56 亿 7000 万生灵结半跏而坐呢？佛像左手轻轻搭在盘起的脚踝上，左脚趾尖浮起离开地面，处于深思状的韩国佛像在其沉静的外表下，如实显示着下济苍生的重大职责。

或许正因如此，韩国佛像才如此沉重吧。上体屈弯，所以外张右肘以手托腮，陷入深深的冥想。而日本佛像则脊背笔挺，右肘趋近上体，手从前面触腮。以上仅仅比较两尊日韩佛像，就能明显地看出韩国佛像身上的融合性，以及由此生发出来的日本佛像的朴素性。但它们都与北魏佛像的严格性相距甚远。

## 五

可以说韩国文化的融合力是在经历了亚洲文化之旅——从大陆文化的严格性到岛屿文化的朴素性之后，才得以形成的。

今后，不仅在亚洲，而是在整个地球文明中，我们所追求的人类福祉也将产生于文明间的对话与超越，产生于这种融合力。

（浙江工商大学东方语言文化学院硕士研究生刘光辉译，吕顺长校译）

（本文为 2016 年 8 月 7 日在韩国中央大学校举行的第 13 届东亚比较文化国际会议上的基调演讲稿。）

# Fusion : Some Assumptions Around Korean Culture

## NANANISHI Susumu

(Nara Prefecture Complex of Man'yo Culture, Nara: 634-0103)

**Abstract:** This paper explores the characteristics of the fusion of Korean culture. And it holds opinion, on the one hand, Korea inherits the Chinese northern grassland culture and on the other hand it possesses the characteristics of both land and sea, because of its location in a peninsula. It spreads heterogeneous culture to the marine culture circle beyond conflicts and via a peaceful approach of cultural fusion, so that Japan generates a rich emotional force among Asian cultures.

**Key words:** Korean Culture ; Peninsula Culture ; Fusion

# 从植物重花物候看古代中韩文化交流[1]
## ——兼论东亚"汉字文化圈"的特质

董 科[2]

（浙江工商大学东方语言文化学院　杭州：310018）

**摘　要：**春季开花的植物在秋冬季节重新开花是由特定气象气候条件造成的物候现象，它在东亚各地普遍存在。以史籍中搜集的朝鲜半岛的 67 条植物重花记录为例，笔者在研究其气象气候成因、季节分布以及朝鲜半岛居民的重花观后发现，朝鲜半岛的重花记录的气候成因及季节分布都与中国及日本有极高的相似性。朝鲜半岛居民将重花视作灾异的看法也源于中国汉代的天人感应、阴阳灾异思想。物候气候的相似性是古代中国文化在东亚世界传播和被接受的一大推动因素。

**关键词：**朝鲜半岛；物候；植物重花；天人感应；阴阳灾异

## 一、前言

植物重花，指一般情况下春季开花，夏秋季节结果的植物在当年秋冬或次年早春季节再次开花乃至坐果的物候现象，它由特定的异常气象气候条件形成，在受东亚季风影响的中国、日本、朝鲜半岛等国家和地区普遍存在。

对气候变化敏感的中国古代农耕文明注意到了重花与气候异常之间的因果关系，汉代以后，人们便将其视为天人感应造成的灾异之一，并作为政务的一环进行处理，将之记录于史书中。随着以汉字为载体的中国文化在东亚世界的传播，这种对植物重花的看法及处理方式也被日本、朝鲜半岛等国家和地区的执政者接受，他们模仿中国的做法，将发生在自己国家的植物重花看作一种阴阳灾异记录在案，并就此做出相应的对策。

正因为植物重花在承载特定的气象气候的同时，又反映了中国文化在东亚世界传播历程的一个侧面，所以研究东亚各国历史上的植物重花，不仅可以为还原历史上的气象气候提供参考，也可以为研究以汉字汉语为载体的中国文化在东亚世界的传播历史提供新的视角。

笔者已系统整理、研究了日本近代以前的重花记录发生的规律及其所反映的中日文化交流的历史，[1]本文旨在研究朝鲜半岛的重花情况、发生规律及其

〔1〕本论文是浙江省哲学社会科学规划课题浙江省哲学社会科学规划项目（14NDJC147YB）的成果。
〔2〕董科，浙江工商大学东方语言文化学院副教授。

所反映的朝鲜半岛对中国灾异思想的受容，在此基础上就由中、朝、日、琉、越等国家和地区构成的东亚"汉字文化圈"的特质进行论述，以抛砖引玉。

## 二、近代以前朝鲜半岛植物重花记录

植物重花发生的具体条件有三：一是花芽分化的完成，二是老叶脱落，三是老叶脱落后气温回升且有足够的水分供生长。夏季的干旱等气象气候条件或曲枝、弯枝、环状剥皮等情况有利于花芽分化期的缩短。重花的本质是本应在第二年春季开放的花芽，却在适合萌芽开花的环境下提前于当年开放的现象，植物生长前期干旱及后期多雨等可以引起重花，春季冻害、蝗虫吃光树叶以及地震后的大量落叶等可以诱发重花。而重花的发生需要一定的温度（大于 10℃），它的发生说明初冬或早春气候温暖。严冬季节气温太低，不会发生重花。[2]

笔者根据《三国史记》《高丽史》《朝鲜王朝实录》《承政院日记》，将近代以前朝鲜半岛的重花记录及可能造成重花的气候气象条件等列为表 1。

表 1　近代以前朝鲜半岛植物重花年表

| 三 国 时 代 | | | | |
|---|---|---|---|---|
| 编号 | 公元 | 朝鲜半岛历 | 内容 | 气候气象条件 |
| 1 | 前 16？ | （百济）温祚王三年冬十月 | 桃李华 [3]231 | / |
| 2 | 41？ | （高句丽）大武神王二十四年八月 | 梅花发 [3]157 | 秋七月，阴霜杀谷 [3]157 |
| 3 | 102？ | （新罗）婆娑尼师今二十三年冬十月 | 桃李华 [3]10 | / |
| 4 | 203？ | （新罗）奈解尼师今八年冬十月 | 桃李华，人大疫 [3]18 | / |
| 5 | 386 | （高句丽）故国壤王三年冬十月 | 桃李华 [3]186 | / |
| 6 | 494 | （高句丽）文咨明王三年冬十月 | 桃李华 [3]194 | / |
| 7 | 540 | （新罗）真兴王元年冬十月（高句丽）安原王十年冬十月 | 桃李华 [3]40、197 | 地震 [3]40 |
| 8 | 763 | （新罗）景德王二十二年八月 | 桃李再花 [3]106 | 秋七月，京都大风，飞瓦拔树 [3]106 |

| 三 国 时 代 | | | | |
|---|---|---|---|---|
| 编号 | 公元 | 朝鲜半岛历 | 内容 | 气候气象条件 |
| 9 | 833 | （新罗）兴德王八年冬十月 | 桃李再华，民多疫死 [3]121 | |
| 10 | 863 | （新罗）景文王三年冬十月 | 桃李华 [3]129 | 十一月，无雪 [3]129 |

| 高 丽 时 代 | | | | |
|---|---|---|---|---|
| 编号 | 公元 | 朝鲜半岛历 | 内容 | 气候气象条件 |
| 11 | 980 | 景宗五年十二月 | 杜鹃花开 [4]1711 | / |
| 12 | 1011 | 显宗二年十一月 | 全州黑石寺牡丹花开，冒雪不落 [4]1711 | / |
| 13 | 1019 | 显宗十年八月 | 广明寺牡丹花再开。[4]1711 | 四月、五月旱 [4]1736 |
| 14 | 1133 | 仁宗十一年八月 | 梨再华 [4]1711 | 五六月旱 [4]1740，七月辛未大雨 [4]1731 |
| 15 | 1151 | 毅宗五年八月 | 阙南梨树华 [4]1711 | 四至七月初旱，七月中下旬始雨 [4]1740 |
| 16 | 1167 | 毅宗二十一年八月 | 梨树华 [4]1711 | / |
| 17 | 1257 | 高宗四十四年九月 | （甲寅）史馆蔷薇华 [4]1711 | / |
| 18 | 1258 | 高宗四十五年十月 | 史馆蔷薇华 [4]1711 | 自六至七月恒雨 [4]1731 |
| 19 | 1260 | 元宗元年八月 | 梨华 [4]1711 | 五月京畿旱蝗，六月大旱 [4]1742 |
| 20 | 1330 | 忠惠王元年十月 | 桃李华 [4]1711 | / |
| 21 | 1351 | 忠定王三年十月 | 葵花、蔷薇开 [4]1712 | 十月戊寅，大雷雨 [4]1732 |
| 22 | 1379 | 辛禑五年十月 | 梨 [4]1712 | 五月朝夕风寒，久旱不雨 [4]1744；八月庚午，始霜，草叶皆枯 [4]1683 |
| 23 | 1382 | 辛禑八年七月 | 宫中梨华 [4]1712 | 四月旱 [4]1740，五月己未，大雨 [4]1732 |

| 朝 鲜 时 代 | | | | |
|---|---|---|---|---|
| 编号 | 公元 | 朝鲜半岛历 | 内容 | 气候气象条件 |
| 24 | 1392 | 太祖元年十一月 | 是月梨华 [5] | （十月一日）大雨雷；（十一月十一日）雷雨 [5] |
| 25 | 1403 | 太宗三年十月至闰十一月 | （十月三日）踯躅华；（十一月二十九日）踯躅华，杏实；（闰十一月四日）全罗道桃李及瓜皆实 [5] | （十一月冬至）无冰 [5] |
| 26 | 1404 | 太宗四年八月 | （九日）梨华；（十六日）李、杏、林檎华 [5] | （七月十七日）大雨，城中川边民户漂流者六七；（十九日）大雨，城中水涨，市街上水深十余尺；（二十日）忧水灾泣下，辍膳。（七月）自辛亥至甲子，无日不雨，至是晴 [5] |
| 27 | 1408 | 太宗八年九月 | （十五日）济州雨雪，城内民家桃李尽华 [5] | （七月二十三日）以久雨，祈晴于京城四门；（八月二十五日）大风雨雹 [5] |
| 28 | 1412 | 太宗十二年八月 | （二日）梨华；（十八日）都城中梨华；完山府梨、杏、槐、李、樱桃、林檎花盛开 [5] | （七月十六日）大雨。上忧之，遣书云正张得寿，行祈晴祭于兴仁门；（七月十七日）大风以雨，拔木飘瓦，禾稼尽偃 [5] |

| 编号 | 公元 | 朝鲜半岛历 | 内容 | 气候气象条件 |
|---|---|---|---|---|
| | | **朝 鲜 时 代** | | |
| 29 | 1417 | 太宗十七年九月 | 是月,杏华 [5] | (八月二十一日)殒霜凡三日;(二十六日)大风暴雨;(二十八日)京畿仁川地面雨雹,损伤禾谷 [5] |
| 30 | 1437 | 世宗十九年八月 | 是月,京都梨花、槐花、李花开 [5] | (七月十六日)以霖雨伤谷,禁祭于京城四门 [5] |
| 31 | 1438 | 世宗二十年九月 | (一日)梨花 [5] | |
| 32 | 1452 | 端宗即位年九月 | (九月十四日)杏乃华 [5] | (七月十三日)甲山郡陨霜三日,寒气如十月 [5] |
| 33 | 1472 | 成宗三年八月 | 是月,桃李华 [5] | (七月二十日)同知事郑自英曰:"大旱之余,淫雨连旬,今又大风,灾咎屡应,是必由人事感召也……" |
| 34 | 1473 | 成宗四年夏秋 | 夏月麻华,桃李秋华,亦有结子者 [5] | 冬暖。至于十二月,无冰无雪 [5] |
| 35 | 1493 | 成宗二十四年八月 | (九日)杏华 [5] | (七月五日)雨泽周足 [5] |
| 36 | 1506至1512 | 中宗元年至六年 | (中宗七年十一月)大司宪李自健等上疏曰:"……六年之间,灾变屡作,星辰昼见,桃李冬华,冬暖如春,雷发不时,凶歉相连。今年尤甚……" [5] | / |
| 37 | 1514 | 中宗九年十一月至十二月 | (十一月十九日)见全罗监司书状,则果木无不开花而结实也;(十二月十七日)庆尚道桃李,冬花结实 [5] | (十一月)(大臣)回启曰:"近来于京畿之内,节候亦甚不顺,距冬至十日,而暖气如春。全罗虽居南方,果然木花开而结果,此实非常之变,臣等亦甚惶惧。" [5] |
| 38 | 1515 | 中宗十年七月 | (二十九日)桃李华 | (七月十八日)台谏启曰:"臣等闻平安、黄海道有水灾,人物溺死……" [5] |
| 39 | 1516 | 中宗十一年七月至十月 | (七月二十八日)梁山郡梨花开;(九月六日)巨济、固城、河阳、镇海、清道、丹城、金海等邑梨花盛开;(十八日)巨济等六邑梨花盛开;(十月辛未)咸镜道定平府梨花开,至于结实 [5] | (七月二十一日)领议政郑光弼等启曰:近日秋霖过度,害谷必多。春旱既极,今雨潦如此,平安道雨水不中,庆尚道亦有风灾,不胜惶恐……" [5] |
| 40 | 1517 | 中宗十二年七月至十月 | 庆尚道观察使金安国状启:"去七月二十九日风雨后,咸安、宜宁、南海、巨济、泗川等邑,榴花、杏花、梨花、樱桃花烂开。"(八月十五日)庆尚道庆州、梁山,梨花开;(九月庚辰)庆尚道永川、固城、晋州、延日、长鬐、镇海等邑,樱桃与梨发花;(十月甲寅),全罗道乐安、兴阳、光阳,梨花开 [5] | (七月七日)今又久旱不雨,禾谷焦枯……(七月二十九日)江原道三陟、蔚珍,庆尚道庆州、盈德、金海、昌原、大丘、清河、新宁、玄风、义兴、星州、彦阳、晋州、高灵、延日、昌宁、宁海、清道、安东、青松、义城、真宝、奉化,大风雨,大木颠拔,屋瓦皆飞,川渠涨溢,禾谷尽伤,山崩屋仆,人畜多压死,鸟鹊亦有死者……[5] |

| 编号 | 公元 | 朝鲜半岛历 | 内容 | 气候气象条件 |
|---|---|---|---|---|
| 41 | 1519 | 中宗十四年八月至十月 | （八月一日）庆尚道镇海县，桃李开花结实；（八日）弘文馆前庭梨树花开；（九月十八日）全罗道全州下雪，人家蔷薇花，满发如夏初。潭阳、茂长，梨花开。古阜郡雨雹，桃及玉梅花满开。灵光、淳昌等十二邑，或雹或雪；庚申，全罗道兴阳县簟岩里，棠花、梨花，处处开发；（十月一日）庆尚道南海县地，自前月晦，梨花盛开；（十月十五日）安城郡客舍，蔷薇数株开花 [5] | （七月十日）今雨水过多，虑有人家覆没；（十七日）庆尚道镇海、熊川、昌原、金海、固城、昆阳、三嘉、河东等邑，大风雨，木拔禾偃。（八月三日）近以水灾压死者多；（九月十八日）雨雹，或雹或雪 [5] |
| 42 | 1520 | 中宗十五年闰八月 | （二日）庆州梨树开花 [5] | （八月十八日）大雨雹 [5] |
| 43 | 1523 | 中宗十八年八月 | （九日）咸兴府梨花开 [5] | （六月十四日）近来，旱灾太甚；（六月二十七日）黄海道海州、延安等官，有虫害谷，庆尚道新宁县雨雹 [5] |
| 44 | 1528 | 中宗七月至九月 | （九月二日）全罗道观察使柳溥驰启曰："去七月，长兴府风雨大作，府内果园及闾阎梨木，旧叶尽落。其后十余日，新叶尽生，发花如春。"（九月二十一日）黄海道观察使黄孝献驰启曰："平山府内人家梨木，新叶满条发花如春。" [5] | （七月）长兴府风雨大作；（八月十八日）黄海道海州潮水涨溢，风雨交作，人多溺死，禾谷损伤 [5] |
| 45 | 1542 | 中宗三十七年十月 | 近来秋霖不止。已过十月，恒雨雾塞，草木有生，杏花欲发 [5] | 秋霖，恒雨雾塞 [5] |
| 46 | 1545 | 明宗即位年十月 | （十五日）城中人家，杏花乱发 [5] | （八月二十日）黄海道遂安、新溪陨霜 [5] |
| 47 | 1546 | 明宗元年八月至九月 | （八月七日）高原郡梨树发花；（九月八日）咸镜道咸兴、定平、甲山、三水，蔷薇发花。 [5] | （七月二十八日）咸镜……风灾 [5] |
| 48 | 1549 | 明宗四年八月至十月 | （八月二十九日）江原道襄阳有杏开花结实；（十月二十一日）江原道襄阳，杏树开花结实；（十月丁巳）顷日冬雷之变，八道皆然，今观江原监司状启，杏又结实。当秋花发，则有之，冬而结实，自古罕闻。安有如此怪异之甚乎？ [5] | （七月二十八日）近来东风连吹，霖雨不止；（八月十一日）近来风水之灾，意其外方则不甚，而今见江原道书状，则至于人物压死…… [5] |
| 49 | 1551 | 明宗六年十一月 | （十九日，全罗道）扶安雷动，金堤鸟作新巢，生雏三首，尾羽一寸余，翼羽成长欲飞，且节候温暖，杜鹃发花，麻子生长，高至数尺，亦发花云 [5] | （十九日）节候温暖 [5] |

| | | | **朝 鲜 时 代** | |
|---|---|---|---|---|
| 编号 | 公元 | 朝鲜半岛历 | 内容 | 气候气象条件 |
| 50 | 1553 | 明宗八年十二月 | 是月，全罗道杜鹃花发，麻生发花，两麦发穗，李梅实。疟疾传染，死者甚多，京师及他道皆然 [5] | （九月二十七日）京城雨雹；平安道平壤大雨，以风雷电，自西向东，暂作而止。黄海道信川电动。文化、长渊、凤山、长连、松禾、殷栗、安岳，雨雹雷电（十月三日）江原道襄阳，雨雹雷电；（十二月六日）雨雹 [5] |
| 51 | 1554 | 明宗九年十一月 | （十日）江原道三陟，杜鹃花处处盛开如春 [5] | / |
| 52 | 1558 | 明宗十三年八月 | （二十三日）京畿仁川府客舍，梨树发花 [5] | / |
| 53 | 1559 | 明宗十四年八月 | （九日）庆尚道星州、开宁，地震。安东，梨花烂发。熊川，梨花、樱桃花、枳花烂开，如春 [5] | （七月二十二日）自夏徂秋，连月不雨，禾谷焦伤；（八月五日）两南暴风，撞破兵船。（六日）夜，大雨，大雷电 [5] |
| 54 | 1561 | 明宗十六年八月 | （二十七日）清洪道沔川郡，梨树发花 [5] | （七月十九日）黄海道有风水灾，人死家漂；（八月五日）大雷电，雨雹交下；（十七日）全罗道砺山，大雷雹以风，雨雹交下 [5] |
| 55 | 1566 | 明宗二十一年十月 | （十三日）平安道平壤，虹霓见。杏花满发结实。黄海道海州，杜鹃花、蔷薇花、梨花满发 [5] | （九月十八日）平安道永柔，雷；（十九日）夜，雷动电光月晕；（二十八日）黄海道海州、松禾，雷。（二十九日）黄海道长渊、信川、载宁、平山、牛峯，雷动。牛峯则有同夏月，雨雹交下；（十月十日）黄海道谷山地震，声如微雷，暂时而止 [5] |
| 56 | 1575 | 宣祖八年九月 | （一日）秋热，湖南樱桃实；汉阳杏花烂开 [5] | |
| 57 | 1595 | 宣祖二十八年十二月 | （十一日）忠清道牙山县，杜鹃花、杏花，处处开发；报恩、平泽、蓝浦，雷电大作，有同夏月 [5] | 报恩、平泽、蓝浦，雷电大作，有同夏月 |
| 58 | 1609 | 光海君元年八月至九月 | （八月十五日）杏桃华；（九月三日）忠清道丹阳郡田间，梨花满树开发 [5] | （六月二十二日）今年旱灾之酷，近古所无，粤自春初，已迫秋节，暵干日甚；（七月十九日）庆尚道……寅时至申时，大雨如注，暴风振作，屋瓦皆飞，山野树木尽拔，田野禾谷或水沈，或风损，有若霜后之草……（报恩县，八月十六日二更，地震）[5] |
| 59 | 1645 | 仁祖二十三年七月至八月 | （七月六日）梨花盛开如春；（八月十八日）民家牡丹花开 [5] | （闰六月）平安道……十八邑，自六月大水，泰川县大雨雹（二十八日）平安道碧潼大雨雹义州蝗 [5] |
| 60 | 1662 | 显宗三年十月 | （十七日）海西峡邑处处开花，与春无异 [5] | （七月）全南监司李泰渊驰启：自七月望后，大雨连下，弥月不止；（九月二十三日）黄海道丰川府大风雨，损禾谷 [5] |

| 编号 | 公元 | 朝鲜半岛历 | 内容 | 气候气象条件 |
|---|---|---|---|---|
| | | | **朝 鲜 时 代** | |
| 61 | 1671 | 显宗十二年九月至十二月 | （九月八日）城中闾家杏树，有华繁英，烂漫如春；（十一月六日）全罗道金沟县杏花盛开；（十二月十一日）全罗道灵岩地秋耕之牟，发穗成熟，杜鹃桃杏，处处开花……[5] | （七月十五日）自晓大雨暴注，崇朝而止。（二十七日）江华府，本月二十日大风伤谷；原襄道霖雨害谷；平安道风灾；忠清道大水；（二十八日）咸镜道霖雨伤谷；（八月二日）黄海道风灾水灾各谷，皆被伤损，凤山等四邑虫灾；（十月十九日）全罗道全州等邑大雷电，忠清、原襄道亦有雷变。三道道臣相继以闻；（十一月十四日）全罗道万顷等九邑大雷电。（十七日）全罗道扶安等邑大雾四塞，咫尺不辨[5] |
| 62 | 1682 | 肃宗八年八月至十月 | （八月十二日）江华府梨花如方春；（九月十日）京畿麻田郡梨再花，林檎再花结子；（二十一日）咸镜道富宁地，梨再花；（十月二十三日）咸镜道踯躅再花，杨柳发絮[5] | （七月八日）诸道大雨，禾谷伤损，人物多渰死；（十六日）开城府江华、乔桐及八道，皆有风灾。咸兴府海中有声如雷，狂风暴起，骤雨交作，一夜间南北川相连，许多村落，皆被昏垫，数百余里，便成一海，渰死人甚多云。盖是风起自咸兴海中，遍及八路，皆如此，此实前史所罕有也；（八月十日）以久雨，命设禁祭[5] |
| 63 | 1702 | 肃宗二十八年七月 | （十三日）忠清道忠州牧梨树再花[5] | （闰六月十一日）霖雨浃月，设行禁祭[5] |
| 64 | 1729 | 英祖五年七月 | 黄海道瑞兴县梨树当春枯死，七月开花；海州牧梨树当春开花结实，七月又开花[5] | （闰七月二十一日）特进官李廷济曰："北道水灾，实为非常之灾……"[5] |
| 65 | 1731 | 英祖七年七月 | （十四日）咸镜道咸兴府，梨花烂发如春[5] | （六月二日）时，天旱甚；（六月十三日）是日，始大雨[5] |
| 66 | 1754 | 英祖三十年十一月 | （二十日）今冬暖如春，阴雾四塞，桃李开华……[5] | 冬暖如春[5] |
| 67 | 1769 | 英祖四十五年十一月 | （二十五日）正言李湛疏曰："……南至已届，冰雪未见，暖气如春，桃李再华，朝昏雾霭，沴气蔽空，四方札瘥之报，已多传闻……"[6] | 冰雪未见，暖气如春[6] |

## 三、近代以前朝鲜半岛重花记录解读

从表1可知，据不完全统计，近代以前朝鲜半岛共有67次重花记录，其中三国时代10次，高丽时代13次，朝鲜时代44次。发生重花的植物有油桃、李、梅、杏、林檎、杏、槐、蔷薇、踯躅、牡丹、杜鹃等；重花发生的季节分布在旧历七月至十二月之间。汪子春等学者在研究中国近 2500 年的重花记录时，就已观察出重花发生月份较晚的年份温度较高，反之亦然的规律。[7] 笔者在对日本重花记录的研究中也发现了类似的规律。[1] 这样的规律是否适用于朝鲜半岛呢？为了研究这一点，需要将朝鲜半岛重花发生时间用图表可视化表现出来，再与历史上的温度高低进行对比。现以重花发生的公元年为横轴，重花发生的月份为纵轴作图（如图 1），将之与地理位置接近朝鲜半岛的我国东中部地区 2000 年以来的温度变化（如图 2）进行对比。

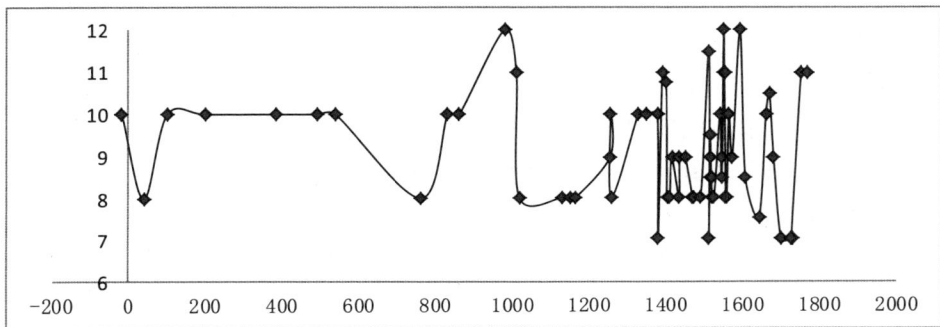

注：表中纵轴为重花发生月份，横轴为公元年。其中重花发生月份为闰月的，取前后月的平均值；重花发生持续两个月及以上的，取开始及结束月份的平均值，发生时间不明确的绘入图表。

**图 1 近代以前朝鲜半岛重花发生的月份**

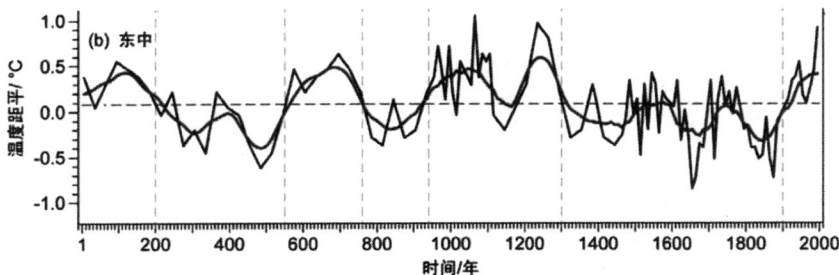

注：该图为葛全胜等制作，此处为东中部曲线截图。深线表示年代温度距平（距 1851—1950 年均值）；浅线表示 100 年平滑。[8]586

**图 2 中国东中部过去 2000 年的温度变化**

通过对比，我们发现朝鲜半岛重花发生的早晚与过去 2000 年的温度变化在图形上有较大关联性。这种关联性表现为：①相对温度（变化值）较高的年份，重花发生得较晚，反之亦然。②温度变化激烈的 15—17 世纪重花发生相对频繁，发生时间的早晚变化激烈。对比前述中国及日本的情况可知，温度的高低与重花发生先后的关联性在东亚三国普遍存在，其规律相通。

## 四、朝鲜半岛为政者的重花观

据韩国学者研究，古代朝鲜半岛的居民[1]接受了汉代的天人感应、阴阳灾异思想体系，认为灾异不仅是一种自然现象，而且是上天针对君主的惩戒预兆。灾异的发生与君主的作为直接相关，是影响国家根基的事件的预兆。该思想体系最早可见于《汉书·五行志》，在此后的中国正史中多有传承。《三国史记》中所见灾异就是作为君主治世根基动摇的预兆而出现的，其思想传承自汉人的天人感应、阴阳灾异思想。[9]

《三国史记》在写作过程中参考了《史记》《汉书》《后汉书》等中国正史[2]，并且提及新罗神文王"遣使入唐，奏请《礼记》并文章，则天令所司写吉凶要礼，并于《文馆词林》，采其词涉规诫，勒成五十卷赐之"[3]91。《礼记·月令》规定了季节岁时所应行之令，按照其中理论，植物重花属于秋冬行春令的"非时灾异"。《春秋》《史记》等中国史书中就有重花的记录，《汉书·五行志》更是以天人感应、阴阳灾异的思想理论化地解释重花现象。[1]《三国史记》将植物重花记录在案，无非是模仿中国的做法将作为灾异之一的植物重花记录下来，作为描写国政的材料或铺垫。新罗景德王二十二年（763）的重花是其中最具代表性的例子：

> 八月，桃李再花。……大奈麻李纯为王宠臣，忽一旦避世入山，累征不就，剃发为僧，为王创立断俗寺居之。后闻王好乐，即诣宫门。谏奏曰："臣闻，昔者桀纣荒于酒色，淫乐不止。由是政事凌迟，国家败灭。履辙在前，后车宣戒。伏望大王改过自新，以永国寿。"王闻之感叹，为之停乐。[3]106

桃李重花的记述是作为李纯劝诫景德王勿沉溺于音乐荒废国政故事的铺垫出现的，隐喻景德王沉溺音乐是重花发生的原因。

在朝鲜时代编纂的《高丽史》中，重花记录如同《汉书》等中国正史，被归类到《五行志》中："五行二曰火。阳失节则滥炎妄起，灾宗庙，烧宫馆，

---

〔1〕这里的居民，主要应当是指以为政者为代表的精英知识阶层。
〔2〕《三国史记·高句丽本纪》琉璃王三十一年条夹注有云："《两汉书》及《南北史》皆云：'诱句丽侯骓斩之。'"[3]151 闵中王四年条夹注有云："《后汉书》云：'大加戴升等万余口。'"[3]157 夹注提及参考中国正史处还见于《本纪》其他部分及志、跋文等部分。

时则有草妖，时则有羊祸，时则有羽虫之孽。"[4]1704 重花明显属"草妖"之列，是五行之火紊乱导致的阴阳灾异。

《朝鲜王朝实录》《承政院日记》等朝鲜王朝时代的实录类史料中则保留了大量反映了半岛重花观相关的具体史料。现将朝鲜王朝各个时期所见的五个具有代表性的例子罗列于下：

①《朝鲜王朝实录》太宗元年（1401）七月二十三日条：

> 　　下司谏院左司谏大夫尹思修等于巡军狱，复令就职。谏院上疏请止土木之役。上曰："宫室始毁之时，卿等无所言，今乃欲止工役，卿等欲使予露宿欤？予当还于汉都，其令书云观卜发日以闻。"思修等又言："殿下不以臣等为庸鄙，而置之左右者，欲闻谠言鲠论，以补阙漏耳。苟有可言，臣等敢不罄竭所有，以报宠遇之恩乎？臣等谨按历代灾异之见，上天所以警惧人君，欲止其乱也。是以古昔帝王，苟有天谴，饬躬引咎，避正殿减常膳，停徭役薄赋敛，以慰人心，以消变异。不知自省，然后伤败乃至，天人相与之际，可不畏哉！若汉文、景之时，日蚀地震，山崩水渍，彗孛屡见，雨雪易时，桃李冬华，宫阙数灾，变怪之见，未易悉数，而文帝克承天心，恐惧修省，在位二十余年，宫室苑囿车马服御，无所增益，身衣弋绨，宫人衣不曳地，帷帐无文绣，专务以德化民；景帝嗣位，节俭爱民，克遵前业。是以虽有变异，卒无其应；七十年间，海内安宁，家给人足，以臻富强之治。所以致此者，固非高远难行之事，只在节用爱民之一事耳。……"[5]

方登大位的太宗李芳远大兴土木，劳民伤财。谏院上疏请停止土木之役，太宗不悦。尹思修便以中国汉代文、景之时多有"日蚀地震，山崩水渍，彗孛屡见，雨雪易时，桃李冬华，宫阙数灾"的阴阳灾异，但因文帝的节俭，最终"虽有变异，卒无其应"，使国家得到了安宁的故事，劝诫太宗节俭以消弭灾异。

②《朝鲜王朝实录》燕山君十年（1504）七月二十五日条：

> 　　内出花一枝，示于政丞等曰："秋之开花，古人多指以为灾者。前日昌庆宫失火，有一台谏以为灾变，请勿行幸。若使此辈见此花，则亦必以为灾矣。"政丞等启："桃李冬华，反于常理，其谓灾也宜矣。今此一枝之花，因雨偶开，岂可以为灾乎？虽桃李冬华，必满开然后始可谓之灾也。"

　　燕山君李㦕在孟秋时节拿出一枝开放的花给政丞等看，询问其与灾异的关联。政丞等解释说，只有桃李等植物在秋冬季节如同春季一样满开后才会被视作灾异，秋冬季节偶尔出现的开花现象并非灾异。由此可知朝鲜王朝时代对重花的灾异界定有具体的规定。

　　③《朝鲜王朝实录》明宗九年（1554）十一月十日条：

　　　全罗道珍山，地震。江原道三陟，杜鹃花处处盛开如春。史臣曰："当天地闭塞，万物蒙昧之时，而雷动地震，虹见花开，此乃阴阳失节，而天地之气不顺也。天地之气不顺，由于人事之所感，则今日之所以致此变异者，岂不以政出多门，威权不立，君子道消，小人道长，陵夷纵弛之所召也？吁！可畏也已。"[5]

　　明宗九年仲冬时节地震，杜鹃花盛开如春，史臣认为雷动地震、虹见花开的原因是阴阳失节，天地之气不顺。而天地之气不顺，是人间的事情所致，换言之正是天人感应。

　　④《承政院日记》英祖二年（1726）三月十六日条：

　　　持平李光运疏曰："……呜呼，比年以来，灾异孔酷，迭见层出，史不胜书。以其最可惊最可愕者言之，霜陨于夏，雷震于冬，太白于昼，淫虹于日，雌鸡之化雄，桃李之冬华，牛无尾，马有角，莫非前古罕有之变，是何圣明在上，一念寅畏，而仁爱之警告，一至于此哉？无乃圣明之所以自任者，有未当乎天心钦？日用设施，或有所舛，而屋漏之中，不能无愧钦？洗冤之恩，或有所未尽，而惩恶之典，不合乎义理钦？割肉充肚，而身已随而将毙钦？瓶倾罍耻，而泽有歉于下究钦？公卿忧国之深，不如营私之切，爱民之笃，不如爱身之至钦？臣诚愚昧，不敢知某灾为某事之应，某变为某政之征。而细究其源，则要不外于我圣上实德之未尽修耳。然而多蘗之国，玩以为常，忘危之世，乐于无政。今殿下，若能惕然警惧，益加修省，政令注措之间，必祛虚伪之具，言动施为之际，克尽切实之要，无徒为应文备数而止，则和风景星，将见盻蠁之休，瑞日祥云，可占太平之象矣。伏愿殿下，懋修实德，以享天心焉。呜呼，国家不幸，八路荐饥，民生之颠连惨矣，经费之匮竭极矣，内而度支各军门，外而州府诸营镇，无不枵然荡然，在在如洗。今日国事，诚可哀痛，当此之时，殿下，固当躬行朴素，务加裁抑，如卫文公之大布大帛，汉文帝之卑衣弋绨，克俭克勤，罔或有侈汰之事，然后方可以救得一分民命，补得

一分国用。而窃闻近日，用度太广，闾巷传说，久已不胜其藉藉，若
然则国用乌得以少裕，民力乌得以少纾？……"[6]

李光运的上疏中，陈述了包括桃李冬华等在内的灾异频繁发生的事实，并
将其原因归于天人感应。在此基础上向英祖提出了应像汉文帝那样节俭修身，
仁德而治，作为对应这些灾异的对策。

⑤《承政院日记》宪宗九年（1843）三月二十二日条：

> 辰时，上御熙政堂。召对入侍时，参赞官郑寂朝，侍讲官李时
> 愚，……各持《纲目》第五卷，以次进伏讫。上曰："史官分左右。"
> 上开卷命读之。时愚读自夏四月更造四铢钱，至六年冬十月桃李华。[6]

时年16岁的宪宗李奂在侍臣的陪同下精读《资治通鉴纲目》，其中内容是
汉文帝造四铢钱以及文帝时发生桃李冬华的情况。

由上可知，植物重花作为天人感应、阴阳灾异的重要构成部分，在朝鲜王
朝时代自始至终受到为政者的重视，是王朝国政的重要构成部分。

综上所述，从三国时代开始，朝鲜半岛的为政者便接受了中国汉代形成体
系的灾异思想。在此后的岁月里，这套思想体系被用于半岛的国政之中，而植
物重花就是灾异思想的构成部分之一。


## 五、余论：东亚"汉字文化圈"的特质

朝鲜半岛的为政者们接受重花现象的过程可描述为以下三步：

① 接触以汉字、汉文为载体的中国经典，或通过讲汉语的人了解到发生
在中国的重花现象及其在中国作为灾异的思想及政治上的意义。

② 在自然界中观察到本国发生的重花现象，其规律与中国典籍所载相符
（即春花植物秋冬再花）。

③ 接受中国的经典中将重花现象作为灾异的观点及其处理方法加以对应。

在上述过程中，汉字、汉文中关于重花的具体概念首先传至半岛；此后，
半岛为政者在本国具有类似情况发生的基础上，理解和接受了重花相关概念；
最后，在理解概念的基础上，接受了中国人的重花观，并将其融入本国的政治
社会生活。

汉字、汉文是包括重花观在内的中国文化在朝鲜半岛传播的载体。朝鲜半
岛对汉字、汉文及汉语的接受可追溯至殷周时代，至于秦汉时代，随着移民的

进入、"汉四郡"在半岛的统治以及中国人在半岛的生活，汉字、汉文及汉语在半岛被广泛使用，一些土著人逐渐掌握了汉字、汉文及汉语，有的达到了很高的水平。[10]3-22 在此后的岁月里，随着朝鲜半岛对中国文化的吸收和使用，汉字在相当长一段时间内成为半岛唯一的通用文字，汉文在近代之前一直是行政所用文字。汉字、汉文及汉语在半岛的其影响持续至今。冯天瑜指出：

> 韩语吸收的汉字词，遍及各领域，使用至今，如自然现象：风、雨、云、雪、云、天、地、日、月、水；肢体：耳、目、身、手、皮、肉、骨、头、口、鼻；动植物：牛、马、羊、鱼、草、花、松、竹、梅；方位时令：东、西、南、西、北、中、春、夏、秋、冬；亲属称谓：父、母、子、女、祖、孙、兄、弟、姐、妹；器物：门、刀、车、船、弓、衣、屋、船、家、衣；数量：十、百、千、万、亿、兆、尺、寸、斗、升；农作物：米、麦、粟、豆、农、桑；颜色：青、黄、赤、白、黑、朱、红、绿、丹、色；伦理：道、理、孝、顺、安、平、生、育；等等。[11]

观察后可知，上述至今仍在使用的韩语汉字词中，除了表示伦理的"道""理""孝""顺""安""平""生""育"等之外，绝大多数是表示具体概念的名词。王力认为：

> 我们的名词，就普通说，除了哲学上的名词之外，只能指具体的东西，而且可以说是五官所能感触到的。……在中国词的形式上，咱们辨别不出抽象名词的特征……"政府""议会""团体""政治""经济"一类的名词，他们所指称的东西是五官所不能感触的，然而大家都该承认，它们所指称的东西并不因此减少其具体性。它们实际上包含着许多极端具体的东西……只有哲学上的名词如"道""德""品""性"等，才是真正抽象的。[12]

可见具体性正是汉语名词最大特征之一，也是韩语吸收的汉字词多为表示具体概念的名词的原因。

在文化传播的过程中，实物的支撑对表示具体概念名词的理解尤其重要。例如"鱼"和"鸟"是人类生活中常见的具体事物，出示代表"鱼"和"鸟"的具体事物，则原本不知"鱼"和"鸟"两个词汇意义之人亦会立即理解其含义。但是没有实物支撑的名词在理解和接受上会困难得多。例如《庄子》中出现的"鲲鹏"的概念，由于没有实物支撑，只有依靠广为人知的实物——

"鱼"与"鸟"等进行具体解释:"北冥有鱼,其名为鲲。鲲之大,不知其几千里也;化而为鸟,其名为鹏。鹏之背,不知其几千里也。怒而飞,其翼若垂天之云……"即便如此,读者也无法准确还原庄子写下这段话时脑中描绘的"鲲鹏"的形象。

翻阅《汉书》《后汉书》及其后一系列正史,我们可发现包括植物重花在内的中国文明中所谓的"阴阳灾异"的内容几乎全是具体的概念。它们或为特定客观事物,或为特定客观事物发生的特定现象。这些可见于中国的具体的概念,绝大部分在朝鲜半岛亦可观察到。不仅限于阴阳灾异,包括冯天瑜所举韩语吸收的与自然现象、动植物、方位时令、亲属、器物、数量、农作物、颜色等在内的汉字词,亦是朝鲜半岛本身就存在的,或是随着中朝文化交流进入半岛并成功本土化的具体概念。由此可知具体概念的共有可能是中国汉字、汉文及汉语文化系统在朝鲜半岛传播的重要特征之一。朝鲜半岛与中国的居民通过汉字、汉文及汉语文化系统实现了文化的交流与共享,而地理位置的接近及自然、人文条件的相似则是具体概念共有的物质基础。类似的情况还存在于日本、琉球及越南。这些国家及地区与中国形成了共享汉字、汉文及汉语文化系统的"汉字文化圈"。

另一方面,由于气候、物候等自然条件的巨大差异及由此决定的生产生活方式的不同,对基于具体概念的汉字、汉文及汉语文化系统的传播和吸收产生了极大的阻碍作用,这使得东亚以外地区未能广泛接受中国文化的系统,也形成了古代东亚"汉字文化圈"的一个明显的地理界限。[1]反观历史上及现实中基于印欧、塞姆文明的文化系统的传播,却未遇到这一地理界限的问题。这可能与印欧、塞姆文化体系在思维及语言上具有高度抽象性的特征有关。例如对"苦""集""灭""道""中观""因明""般若""涅槃"等核心抽象概念的传播与共享更依赖于思辨等抽象思维活动,而非具体事物。

综上所述,可知具体的概念是中国文化传播的重要因素,抽象思维则是印欧、塞姆文化体系传播的重要因素。这一不同是中国文化的传播模式、范围等与印欧、塞姆文化体系不同的成因之一。当然这只是笔者基于以上考察得出的一个假设,其进一步论证有待在今后的研究中深入下去。

**参考文献**

[1] 董科. 从植物重花物候看近代以前中日文化交流——兼论物候气候的相似性与中国文化在东亚世界的传播和受容 [J]. 浙江外国语学院学报, 2016 (2): 65-74.

---

〔1〕参考拙文《从植物重花物候看近代以前中日文化交流——兼论物候气候的相似性与中国文化在东亚世界的传播和受容》中对古代中国文化向外传播的地理界限的描述。

[2] 刘振亚，刘璞玉. 我国汉唐时代果树二次花（重花）原因的初步探讨 [J]. 古今农业，1988（2）：28-35.

[3] 金富轼，等. 三国史记 [M]. 京城：朝鲜史学会：1941.

[4] 郑麟趾，等. 高丽史 [M]. 孙晓，等，点校. 北京：人民出版社，重庆：西南师范大学出版社，2014.

[5] 朝鲜王朝实录 [M/OL]. 台北"中央研究院"历史语言研究所，韩国国史编纂委员会数据库本 [2016-09-30]. http://hanchi.ihp.sinica.edu.tw/mql/login.html.

[6] 承政院日记 [M/OL]. 韩国国史编纂委员会数据库本 [2016-09-30]. http://sjw.history.go.kr/main.do.

[7] 汪子春，高建国. 中国近 2500 年来植物重花历史记录之物候研究 [J]. 农业考古，1985（1）：196-199.

[8] 葛全胜，刘健，方修琦，等. 过去 2000 年冷暖变化的基本特征与主要暖期 [J]. 地理学报 .2013（5）：579-592.

[9] 김현석 .『三國史記』와『日本書紀』의 天變地異記事의 비교 고찰（1）－災異를 중심으로 － [J]. 일본어문학，2001（11）：295-326.

[10] 董明. 古代汉语汉字对外传播史 [M]. 北京：中国大百科全书出版社，2002：22.

[11] 冯天瑜. "汉字文化圈"刍议 [J]. 吉首大学学报（社会科学版），2004（2）：1-6.

[12] 王力. 中国语法理论 [M]. 济南：山东教育出版社，1984：22.

# Viewing Sino-Korea Culture Exchanges From the Perspective of Reflorescence in Pre · modern Korea with Additional Studies of Characterist of the Chinese-character Culture

## DONG Ke

(School of Oriental Languages and Culture in Zhejiang Gongshang University, Hangzhou: 310018)

**Abstract:** In East Asia, it is the general phonological phenomenon that plants which bloom in spring rebloom in autumn or winter. The phenomenon is created by specific climatic conditions. This thesis collected 66 items in total about the records of reflorescence of plants in Korea before modern times from historical records. After the research of its meteorological causes, seasonal distribution and Japanese opinions about the phenomenon, it has been found that the meteorological cause of climate or the seasonal distribution of records of reflorescence of plants in Korea bears a close similarity to that of China and Japan. The Korean regarded it as calamities and abnormal phenomena and this opinion also originated from the thought of heaven-human induction and yin-yang disaster of the Han Dynasty in China.

**Key words:** Korean ; Phenological Phenomenon ; Reflorescence of Plants ; Heaven-human Induction and Yin-yang Disaster

# 高丽贡女奇皇后与元代的汉文化

胡倩茹 [1]

（铭传大学应用中文系　台北：111）

**摘　要：**作为首次由外族建立的朝代，元朝虽然在中国历史上的汉化程度可以说最浅，而且儒学的地位也因之下降，但蒙古人毕竟仍受到了汉文化的影响。除了统治者如忽必烈早期的提倡外，另一个不容忽视的关键则是来自高丽的贡女。这些来自儒学文化比较深厚的地区的高丽女子，被进献给元朝宫廷贵族，甚至成为后妃，她们对于蒙古贵族的汉化起了一定的作用。其中最有名者当为后来成为元顺帝之后的普显皇后完者忽都（奇氏），也就是俗称的奇皇后。《新元史》记载她"无事则取《女孝经》、史书，访问历代皇后有贤行者为法"，可见她对儒家文化的尊崇，而对于其子爱猷识理达腊，她也以儒学进行教育、培养。奇皇后因元顺帝的宠爱而权倾一时，她对于蒙古贵族汉化的影响可以说具有一定的代表性，故本文欲以奇皇后为例，就相关的史料记载来探讨高丽贡女奇皇后在元代的汉文化上有什么样的影响展现与意义。

**关键词：**奇皇后；汉文化；儒学；高丽

## 고려 공녀과 원대의 한수문화 보기 기황후

조교수, 중국어학과, 명천대학교 Qianru

**적요 :** 몽골인들은 중원의 첫 외국에 진출하다. 몽골인들의 수준도 낮기 때문에 한화의 유교 위상 하락했다. 몽골인 문화의 영향울 받고 있는, 특히 한 통치자의 초기 주창하고 있다. 때문에 유가 사상의 깊은 고려에 공물을 바치고 많은 여자가 원나라로 했다. 이들에 대한 고려 귀족의 여자가 원나라의 영향이 큰 한화다. 그 중 가장 유명한 기황후는 여자다. 원대의 익혔 "기황후《여자 효경》을 공부하니다". 기황후 유교 문화의 숭배하니다. 왕자는 기황후 유교 문화 교육하니다. 원대의 군왕은 기황후 총애하니다. 몽골 기황후의 귀족에 대한 많은 영향을 줄 것 한화다. 기황후는 이쪽의 경우 연구하고 있다. 고려에 대해 논의한 영향을 미치는 원 공녀 한화.

**키워드 :** 여왕 치;중국 문화;유교;한국

---

〔1〕胡倩茹，铭传大学应用中文系助理教授。

# 一、前言

元朝凭借其强大武力建立了广阔疆域，但汉化程度在历代朝代中却是最浅。但是近来多有学者在讨论元代汉化的问题时提出，虽然元代汉化的程度的确不深，但并不如前人认为的那般粗浅。学者萧启庆在其《论元代蒙古人之汉化》一文中提及：

> 过去学者显然低估元朝蒙古人所受汉文化之影响，蒙古人徙居中土逾百年之久，不得不改就汉地生活方式，并且与汉人杂居、交往与通婚，二族在社会上已显交融之势。[1]

关于元朝蒙古人汉化的研究，除上述论述外，尚有许多相关著作，如前有《元代蒙古人的汉学》[2]一文，亦多所探讨蒙古汉学的问题，而王明荪的《元代蒙古人的汉学补述》则在其基础上再加以补述，文中也整理了许多相关研究的学者与著作。[3]这些学者的著作让我们对元代汉化的议题有了更深入的了解。但这些学者的论述的蒙古人多是政治或文学人物，并以男性居多。关于皇室女性则相对较少，许正弘在《元答己太后与汉文化》一文中写道：

> 元中期诸帝之外，汉文化浸润既深，又热心于艺文的提倡，皇室女性也有类似的人物。最为人瞩目的，莫过于鲁国大长公主祥哥剌吉（1283—1331）。此人可说是元代皇室最为著名与重要的书画收藏家及赞助者。至于其他皇室女性的文化倾向，讨论尚少。[4]

他在文中注明提到了陈高华《元代女性的文化生活》一文偶及皇室女性者，可以作为参考。该文载于《暨南史学》（2007年第5期）。而本文的重点

---

[1] 萧启庆：《论元代蒙古人之汉化》，《台大历史学报》1992年第17期，第268页。

[2] 萧启庆：《论元代蒙古人之汉学》，选自林恩显：《国际中国边疆学术会议论文集》，（台北）"国立"政治大学1985年版，第369—426页。后并《元代蒙古人汉学再探》（1988，见下），同题收入氏著，《蒙元史新研》与《内北国而外中国》。

[3] 参看明荪：《元代蒙古人的汉学补述》，《蒙藏季刊》1999年第20卷第2期，序言。序言中提到，以汉文化在蒙古人汉化的议题而言，有陈衍的《元诗记事》、孙楷第的《元曲家考略》、白特木尔巴根的《古代蒙古作家汉文创作考》、桂栖鹏的《元代进士研究》、陈高华的《元泰定甲子科进士考》、萧启庆的《元统元年进士录校注》《元 至正十一年进士题名记校补》等，所论述的专题与蒙古汉学有关，在各论题中有部分指出研习汉学或著述的作品，在整体上的观察则有萧启庆先生所作《元代蒙古人的汉学》《论元代蒙古人之汉化》，前者将数据中关于元代蒙古人对于汉学研习的由来做一分析，并对蒙古人在儒学的研习、倡导、鼓吹、实行者及其情形分别列出，持续及于诗歌、散文、戏曲等文学方面，绘画、书法等美术方面，共列出156人，除去兼具数种专长而至互见者外，实得为117人。后文综述元代蒙古人汉化的背景、社会交流及其局限、汉文化的吸收等方面论述，在汉文化的吸收中，就有采用前文关于汉学的部分」。

[4] 许正弘：《元答己太后与汉文化》，《中国文化研究所学报》2011年第53期。

则是聚焦在另一位传奇性的皇室女性与元代汉化的关联上，即被称为奇皇后的奇氏完者忽都。喜蕾在其《元代高丽贡女制度研究》一书中提到：

> 元顺帝正宫皇后奇氏完者忽都是唯一见载于中国正史的高丽皇后，也是中国古代史上唯一的外国籍正宫皇后。作为一个来自东方异国的高丽贡女，奇氏完者忽都所取得的政治成就远远超过了元代任何一位女性人物。[1]

其实，奇皇后不但在政治的成就上远超过元代任何一位女性人物，她在文化上亦有其重要地位。因为奇氏来自汉化程度较深的高丽，从一位贡女逐步晋升为正宫皇后，打破了元世祖"誓不与高丽共事"[2]的祖训。元惠帝末期，奇氏也曾掌握了政治实权，而她带有蒙古血统与高丽血统的儿子爱猷识理达腊更是元惠帝的皇太子，即北元皇帝昭宗。奇氏的掌权，显示出特别的文化意义；而奇氏的政治实力连带也影响了当时的文化，尤其是对汉文化的推崇，就如喜蕾在其《元代高丽贡女制度研究》中所言：

> 从世祖不以高丽女入宫，到元仁宗时期高丽贡女伯颜忽笃位居皇后，直到奇氏完者忽都正式登上正宫皇后的宝座，高丽贡女在元朝宫廷中地位的变化，绝非几个皇帝嫔妃的品位之别，而是蒙古贵族文化价值观念的一个渐变过程。它昭示了元朝蒙古贵族的草原传统文化观念在内地文化的熏染下逐渐变异、同化的必然过程。在这个过程中，高丽贡女的存在与影响，对于蒙古贵族传统文化观念的转变，起到了促进作用。[3]

奇皇后正是能体现蒙古、高丽、中原汉文化交融的代表性人物，可以说"她是元代政治史以及文化史上一位具有重要地位的历史人物"[4]。虽然史上对于奇皇后的记载多偏向政治方面，加上时当元代末期动荡衰微之际，奇氏也未必有余力致力于文化之推动，这或许也是史籍对于奇皇后在文化上的记载相当少的原因，但本文仍欲从前人研究基础及史籍资料上爬梳有关于这位高丽贡女奇皇后与元代汉文化的关系。然本文因时间匆促，参考数据及立论未臻完备，有待日后补充加强，此仅就个人目前粗浅意见先行论述。

---

〔1〕喜蕾：《元代高丽贡女制度研究》，民族出版社 2003 年版，第 71 页。
〔2〕［明］宋濂：《顺帝纪》，选自《元史》卷四十一，中华书局 1976 年版。
〔3〕喜蕾：《元代高丽贡女制度研究》，民族出版社 2003 年版，第 253 页。
〔4〕同上，第 83 页。

## 二、奇皇后的汉文化背景

前文提及奇皇后乃出身于高丽，就元代的民族分类而言，属于汉人。传统上的说法，元代的蒙古统治者将元境内的人区分为蒙古人、色目人、汉人及南人四种。此说法虽未见于正史，但在元末明初陶宗仪的著作《辍耕录》中有记载——"汉人八种：契丹、高丽、女真、竹因歹、里阔歹、竹温、竹亦歹、渤海。"[1]高丽向来对汉文化相当推崇，这点在《高丽史》中多有可见，如：

> 惟我东方，旧慕唐风，文物礼乐，悉遵其制。(《高丽史》卷2，太祖二十六年条)
>
> 百官衣冠从华制。(《高丽史》卷2，定宗条)
>
> 文物之盛，拟诸中华。(《高丽史》卷73，《选举》)

高丽不只在文物礼乐制度方面学习仿效，尤其是对作为汉文化核心的儒学更是重视，杨昭全、何彤梅在《中国——朝鲜·韩国关系史》一文中提及：

> 高丽国王的尊孔崇儒，对儒学在高丽的发展起了巨大促进作用，高丽国王睿宗(公元1106—1122年)，重视中国儒学经典的学习与研究，设立清燕、宝文两座宫廷图书馆，每日与文臣讲论《六经》……高丽国王仁宗，令以《孝经》《论语》等儒学经典分赐闾巷儿童，以广教化。[2]

文中"令以《孝经》《论语》等儒学经典分赐闾巷儿童，以广教化"的说法更显示出高丽对儒学的推广不局限于上层阶级，而是普及到街巷之中。高丽仁宗在位时间为公元1123—1146年，而奇皇后的年代是1315—1369年，从仁宗到奇皇后出生这近两百年的时间里，高丽对于汉文化的吸收一直没有间断，其中理学传入高丽更对其文化产生了很大的影响，根据杨昭全、何彤梅《中国——朝鲜·韩国关系史》的说法，"理学由元传入高丽是在公元13世纪末与14世纪初。高丽的学者安珦、白颐正在这方面做出巨大的贡献"。而另一段文字中说到安珦的贡献更值得注意：

> 安珦为朝鲜的第一个理学传播者，其功大莫焉。但是朝鲜理学虽肇端于安珦，在其理论上并没能涉及理学主题。安珦的巨大贡献在于

[1][元]陶宗仪：《辍耕录》，又名《南村辍耕录》，卷一。

[2]杨昭全、何彤梅：《中国——朝鲜·韩国关系史(上)》，天津人民出版社1996年版，第311页。

把高丽朝崇佛学倾向引导到重儒上来，使儒学重新开辟理学研究的客观条件。

高丽与元代一样皆奉佛教为国教，但在元代政治领导人物中，佛法可谓一直凌驾于儒学之上。即使最推崇汉化的仁宗与英宗，仍然佛重于儒，即便到了元末依然如此：

> 太子既长，帝为建端本堂，命儒臣教授国法。帝与太子多受佛戒，帝师因启后曰："太子向学佛法颇开悟，今乃使习孔子教，巩坏真性。"[1]

"帝与太子多受佛戒"显示出元惠帝对佛法之重，可是仍命儒臣教授国法，可见元惠帝不但重佛亦不菲薄儒，然而帝师之言就很明显地传达出重佛轻儒的意味。然而高丽自安珦"把高丽朝崇佛学倾向引导到重儒上来"之后，显然儒要高于佛了，之后的李齐贤更是提出了佛道思想不能比于朱子学的说法：

> 当时流行的佛教与道教思想具有引退性质，皆不能与朱子学的现实意义相比。如果倡导程朱"敬以直内，以敬修德"的精神，就能够抛弃浮夸之劣风，树立持敬笃实、修德实践的新学风，对治理高丽末期内忧外患最为有效。因之李认为理学与佛、道及旧儒学相比，是更实际的学问，可称之为"灾学"。[2]

作为高丽晚期重要的文人大臣，李齐贤儒重于佛的观点，对高丽当时思潮有一定的影响。安珦是高丽元宗的进士，李齐贤身历忠宣王（复位）至祸王，而奇皇后出生于忠宣王，这期间高丽盛行重儒于佛的思潮，奇皇后躬逢其盛，所以对于奇皇后对太子的教育偏向儒重于佛就可以理解了。

### 三、奇皇后对儒学的重视及其影响

从上文可知，奇皇后身为深受汉文化熏陶的高丽人，对儒学相当重视，因为她贵为正宫皇后，且"颇盗权柄"[3]，因此她对儒学的重视，虽然史籍上没有

---

〔1〕柯劭忞：《新元史》卷一百四十，列传第一《后妃》，艺文印书馆 1955 年版。
〔2〕杨昭全、何彤梅：《中国——朝鲜·韩国关系史（上）》，天津人民出版社 1996 年版，第 433 页。
〔3〕喜蕾：《元代高丽贡女制度研究》，民族出版社 2003 年版，第 83 页。

特别提到对元代汉化有何重大作用，但仍然在元代汉文化上具有一定的影响展现与意义，以下分别说之。

第一，强调儒重于佛。

元代帝王对于儒学的推崇，以世祖忽必烈及仁宗、英宗为最，尤其自仁宗恢复科举取士，并以朱熹集注的《四书》为所有科举考试的指定用书之后，理学成为元代的官方思想。[1]这与高丽相同，一方面以佛教为国教，另一方面将理学作为官方思想。然高丽因为理学的兴盛而造成了儒重于佛的现象；而在元代时期，佛却重于儒，即便如力崇儒学的仁宗，儒亦从未凌驾于佛之上。《元史》本纪二十六记载：

> 仁宗天性慈孝，聪明恭俭，通达儒术，妙悟释典，尝曰："明心见性，佛教为深；修身治国，儒道为切。"又曰："儒者可尚，以能维持三纲五常之道也。"[2]

在这段文字中可以看出元仁宗是儒佛兼修，并且认为佛是明心见性的精深学问，而儒道是修身治国切要之道。但之后"儒者可尚"一文却隐约透露出当时儒者并不全然为当权者所尚的意味。

相较之下，与仁宗同样主张儒道治国的奇皇后对儒学的推崇就更为突出。《新元史》记载：

> 太子既长，帝为建端本堂，命儒臣教授国法。帝与太子多受佛戒，帝师因启后曰："太子向学佛法颇开悟，今乃使习孔子教，巩坏真性。"后曰："我虽居深宫，不明道德，尝闻自古及今治天下者，须用孔子教，舍此则为异端。佛法虽好，不可以治天下，安可使太子不读书耶？"帝师惭退。[3]

元代皇帝多有以儒臣教育皇太子者，亦同时深习佛法，就如上文中所言"帝与太子多受佛戒"，而帝师"使习孔子教，巩坏真性"之言，显示了佛与儒的冲突。奇皇后本人来自深受佛教影响的高丽，但前文曾提到，自理学于高丽兴盛后，高丽有儒重于佛的思潮产生，奇皇后有"我虽居深宫，不明道德，尝闻自古及今治天下者，须用孔子教，舍此则为异端"之言，其中"须"强调了

---

〔1〕《元史》卷八十一《选举》：皇庆二年十一月十八日，乃下诏曰："惟我祖宗以神武定天下，世祖皇帝设官分职，征用儒雅，崇学校为育材之地，议科举为取士之方，规模宏远矣……《大学》《论语》《孟子》《中庸》内设问，用朱氏章句集注。"

〔2〕［明］宋濂：《元史》本纪二十六，《仁宗三》，中华书局1976年版。

〔3〕柯劭忞：《新元史》卷一百四，列传第一，艺文印书馆1955年版。

儒学的重要与必须；"舍此则为异端"的"异端"更是无形中将佛法置于儒学之下，她并非看轻佛法，但就治天下来说，显然儒方为正道，她推崇儒学并力主太子须加以学习，这对作为汉文化核心的儒学地位的提升有一定的积极作用。然而元代仍然是佛重于儒，即便奇皇后力主以儒学教育皇太子，而皇太子也确有汉文水平，在《草木子》一书中载有他所作之诗[1]，但根据《元史》的记载，他仍颇崇尚佛学：

> 皇太子尝坐清宁殿，分布长席，列坐西番、高丽诸僧。皇太子曰："李好文先生教我儒书多年，尚不省其义。今听佛法，一夜即能晓焉。"于是颇崇尚佛学。[2]

"李好文先生教我儒书多年，尚不省其义。今听佛法，一夜即能晓焉"表明了对于皇太子爱猷识理达腊来说，显然佛法要比儒学更能深入其心。元朝一代，佛始终重于儒。颜吾芟在《中国历史文化概论（修订版）》中提到：

> 元朝建立后，除了受汉文化的影响外，还受到吐蕃喇嘛教文化、中亚伊斯兰教文化，乃至欧洲基督教文化的影响。对于本土文化贫瘠的猛谷统治者来说，汉化不是独一无二的发展方向，他们可以有多元选择，尤其吐蕃喇嘛教文化由于更适合于蒙古族，所以历代元朝皇帝都信奉喇嘛教也就不足为奇了，而喇嘛教的盛行在很大程度上压制了儒学思想的发展。[3]

虽说重佛或重儒不能完全与汉化的深浅作为正比，但毕竟元代盛行的佛教是来自西域吐蕃的喇嘛教，与作为汉文化核心的儒学相较起来，当然儒学的盛行与否一定程度代表了汉文化是否兴盛，儒学受到压抑也反映出元代汉文化的弱势，但也正因为如此，奇皇后推崇儒学更胜于佛法，就显得特别珍贵了。

第二，儒家伦理传统的女德展现。

除了推崇儒学外，另一方面，奇皇后汉文化的背景也表现在女德方面。《新元史》记载：

> 后为人狷黠，务自矮饰，无事则取《女孝经》、史书，访问历代皇后有贤行者为法。四方贡献珍味，非荐太庙不敢先食。京师大饥，

---

[1]［明］叶子奇：《草木子》卷四，中华书局1997年版，第79页。

[2]［明］宋濂：《元史》，本纪第四十六，顺帝九，中华书局1976年版。

[3]颜吾芟：《中国历史文化概论（修订版）》，北京交通大学出版社2006年版，第205页。

命官作糜粥赈之。又出金银粟帛，令宦者朴不花置冢，瘗遗骼十余万，复命僧建水陆大会度之。[1]

她除以历代有贤者皇后为典范外，有珍馐则先献于太庙，表现出对祖先之孝敬；且赈济灾民，甚至拿出自己的珍宝钱财置冢埋葬灾民亡者，建水陆法会以超度之，可以说是一位敬祖爱民的皇后。申万里在《元朝末代皇后奇完者忽都》一文中就说道：

> 尽管在中国和高丽的有关史料中，奇皇后被描述为一个擅权、自私的人物而受到非议，甚至将她说成是元朝灭亡的罪魁祸首，但是无可否认的是，奇皇后在品性方面并不亚于中国古代的贤淑皇后。[2]

奇皇后的这些作为，正符合朱熹所谓的"天下之大务，莫大于恤民"[3]。就以她所取的《女孝经》来看，开头："妾闻天地之性，贵刚柔焉；夫妇之道，重礼义焉。仁义礼智信者，是谓五常。五常之敬，其来远矣。总而为主，实在孝乎！夫孝者，感鬼神，动天地，精神至贯，无所不达。盖以夫妇之道，人伦之始，考其得失，非细务也。"此种说法其实就是儒家传统一直以来强调的人伦纲常观念，在朱子理学中也特别强调这个部分，如《朱子语类》中有记载："圣人教以人伦有定本："父子有亲，君臣有义，夫妇有别，长幼有序，朋友有信。"[4]

观诸《新元史》列传一《后妃》篇中，有贤德者之名的后妃并非只有奇皇后，如元世祖察必皇后，"后性仁明，随事讽谏，多裨时政"，"性俭素，尝以令旨取太府监缯帛各一端。世祖谓军国所需。非私家物也，后自是牢宫人亲执女工，拘旧弓弦练之……其贤明多类此"。又如徽仁裕圣皇后宏吉刺氏，"性孝谨，善事中宫，起居服御无纤介不至，世祖每称为贤德妇"。可见有女德者，并不一定都是要具备汉文化背景，但从其取《女孝经》这一记载来看，她的确是以儒家传统女德为其依归。

另外，奇皇后在位时，大量的高丽贡女进入元朝，喜蕾在《元代高丽贡女制度研究》中提到：

> 奇氏继续发展高丽贡女势力，将元、高丽两国的高丽贡女政治集

---

[1] 柯劭忞：《新元史》卷一百四，列传第一，艺文印书馆 1955 年版。
[2] 申万里：《元朝末代皇后奇完者忽都》，《历史月刊》2003 年第 184 期，第 102 页。
[3] 《宋史》全文卷二十六下《宋孝宗六》："夏四月癸卯，知南康军朱熹上疏言：'天下之大务莫大于恤民。'"
[4] 黎靖德：《朱子语类》卷第七，中华书局 1986 年版。

团发展到了颠峰的状态，奇氏发迹后，入元的高丽贡女人数急遽增长。[1]

这些大量的高丽贡女进入了元代的社会与家庭，其汉文化背景必然在与元代蒙古文化接触中产生冲突与融合，对汉文化在元代的影响有一定的促进作用。例如女性的贞节观念：

　　高丽贡女遵循的儒学伦理观念也对蒙古贵族发生了潜移默化的影响。[2]

她在书中引用了元代文人陶宗仪《南村辍耕录》中的《高丽氏守节》（"阔阔歹之妾高丽氏为夫守节、抗拒嫡子执行收继婚而遭迫害的事例"），举蒙古官员帖木儿不花对其高丽女的赞赏之词，认为代表了他"完全认同到儒家传统文化价值观念体系之中，表明了蒙古贵族阶层对于中原文化的自觉认同"[3]。而高丽贡女透过对后代的家庭教育，也影响了这些带有蒙古与高丽血统的"新元人"，成长在元代的蒙古文化、高丽的文化及高丽汉文化这种多元文化的环境中。虽此非奇皇后之功，但因为如上文所说，奇皇后的成功促进了之后大量高丽贡女进入元朝，奇皇后于此起了间接促进之作用。

# 四、结语

元代对汉文化的重视不若清代，终究未能使元代如清代那般汉化，然而元人受到汉文化的影响是必然且有迹可寻的，这在前言所提的前人研究中已有不少发现。奇皇后的出现，显示了元代汉文化中一些特殊的现象。首先，虽然在她之前"贱高丽女子，不以入宫"的"世祖家法"[4]就已经被打破，但她却成为元代唯一的外族正宫皇后，而且是深受汉文化影响的高丽人，在汉人地位并不高的元代，无形中突破了汉人的地位，也显示蒙古文化对汉文化的一种接受。

此外，在对元代汉文化影响的研究中，对象多来自中原汉人，且大多为男性文人学者或官员，中原女子的相关资料可以说非常少，但来自高丽的奇皇

---

[1] 喜蕾：《元代高丽贡女制度研究》，民族出版社 2003 年版，第 77 页。

[2] 同上，第 254 页。

[3] 同上，第 77 页。

[4] [明] 权衡：《庚申外史》，江西教育出版社 2000 年版。

后，却因为她正宫皇后的地位及其对政治的掌握，有着一定的影响力，如她力主以儒学教导皇太子，虽然以儒学教育太子非其独见，但她推崇儒学方为治国之道，驳斥了帝师的重佛轻儒，在元代佛法压抑了儒学的发展趋势上，更具意义，而这与高丽理学盛行，重儒于佛的思潮相符。这位来自高丽的女子对作为汉文化核心的儒学之重视，在轻儒的元代更显得有意义。

再者，奇皇后的品行也展现出儒家传统伦理观，加上在她之后有大量高丽贡女进入元朝社会，她们深厚的儒学文化背景对蒙古的汉文化有促进的作用。可惜的是，奇皇后身处元代末期，虽然中间一度握有政治主导大权，但劳于面临元末纷乱动荡之局面，可能无暇于汉文化的推动，若当处元代兴盛之际，以她的恩宠与对政治的影响，势必对于元代汉文化的提升更有帮助。

**参考文献**

[1] 萧启庆. 论元代蒙古人之汉化 [J]. 台大历史学报，1992（17）.

[2] 萧启庆. 论元代蒙古人之汉学 [C]// 林恩显. 国际中国边疆学术会议论文集. 台北："国立"政治大学，1985.

[3] 明荪. 元代蒙古人的汉学补述 [J]. 蒙藏季刊，1999，20（2）.

[4] 许正弘. 元答己太后与汉文化 [J]. 中国文化研究所学报，2011（53）.

[5] 喜蕾. 元代高丽贡女制度研究 [M]. 北京：民族出版社，2003.

[6] 宋濂. 元史 [M]. 北京：中华书局，1976.

[7] 陶宗仪. 南村辍耕录 [M]. 北京：新华书店，1976.

[8] 郑麟趾，等. 高丽史 [M]. 2 版. 台北：文史哲出版社，2012.

[9] 杨昭全，何彤梅. 中国——朝鲜·韩国关系史 [M]. 天津：天津人民出版社，1996.

[10] 柯劭忞. 新元史 [M]. 台北：艺文印书馆，1955.

[11] 叶子奇. 草木子 [M]. 北京：中华书局，1997.

[12] 权衡. 庚申外史 [M]. 南昌：江西教育出版社，2000.

[13] 颜吾芟. 中国历史文化概论 [M]. 修订版. 北京：交通大学出版社，2006.

[14] 朱熹. 朱子语类 [M]. 北京：中华书局，1986.

[15] 申万里. 元朝末代皇后奇完者忽都 [J]. 历史月刊，2003（5）.

# Korean Tribute Beauty Queen Qi and Chinese Culture in the Yuan Dynasty

## HU Qianru

(School of Applied Chinese in Ming Chuan University, Taipei: 111)

**Abstract:** Though the Yuan Dynasty, as the first dynasty established by non-Han peoples Mongolians were least assimilated into the Chinese culture and did not show much respect to Confucianism, they were still influenced by Chinese culture. In addition to the early promotion made by dominator Kublai, another factor that cannot be ignored was Korean tribute beauties. Some of those Korean beauties, who were fostered by Confucian doctrines were presented to Yuan's court and distributed to aristocratic families, gradually became concubines in the royal family. They surely had a certain influence on the cultural assimilation of Mongolian nobles into Chinese culture.

The most famous of them is the one who later became Ukhaantu Khan's wife, Qi（普显皇后完者忽都）, also known as Queen Qi. In *The New History of Yuan Dynasty*（《新元史》）, it is said she 'read the *Classic of Female Filial Piety*（《女孝经》）and other history books to see what queens of past dynasties were supposed to do and behave'. She showed great respect to Confucianism and she also educated her son Ayursiridara with Confucianism. Having won Ukhaantu Khan's favour, Queen Qi once owned a great power, and her influence upon Mongolian nobles' assimilation into Chinese culture is much worth mentioning. This paper chooses Queen Qi as an example and uses some historical documents for the discussion of what influences and significances Korean tribute Beauty Queen Qi had on the Yuan Dynasty's Chinese culture.

**Key words:** Queen Qi ; Chinese Culture ; Confucianism ; Korea

# 新罗"花郎"和萨摩"兵儿二才"
## ——"年序组"习俗之日韩比较

山田直巳[1]

（成城大学社会革新学部　东京：157-8511）

**摘　要：**"花郎"在《三国遗事》中是怎样被处理的？它在相应的社会中的功能又是怎样的呢？佛教向朝鲜半岛的渗透及与本土民间信仰的调和（混交），作为其结果的宗教、社会、政治是怎样形成的？其中有无尽的疑问。另外，与"花郎"类似的"年序组"习俗可见于日本萨摩（鹿儿岛县），称为"兵儿二才，へこにせ"，其社会的、文化的或制度的（组织）也呈现近似的状态。本论文欲比较和讨论"花郎"与"兵儿二才"。

**关键词：**花郎；三国遗事；弥勒信仰；年序组；萨摩；兵儿二才；社会功能

## 一、前言

以曾归属于新罗的清道郡（庆尚北道）为例，在它的旅游手册里我们可以读到下面这段来自清道郡守的表述。

> 我们清道不仅山清水秀，而且民风淳朴。自古以来，三清郡流传着"路不拾遗"美德，即路上有掉落的财物也没人会拾取，正是这种延绵流淌的正直的学者精神，在历史的长河中培育了众多的忠臣、义士、忠孝烈者，使三清成为一座忠孝之镇。
>
> 清道孕育了民族精神支柱的花郎精神，还是"新农村"运动的发祥地。让您在饱览得天独厚的秀丽自然风光时，尽情畅享文化遗迹。
>
> （《旅游〈清道〉》2002 年版）

总之，"花郎精神"迄今仍是这一地方的关键词，与所谓的"农村近代化运动（20 世纪 70 年代新农村 Sae-Maul 运动）"一起，作为重要精神力量，在推动社会进程中发挥着巨大作用。"花郎精神"并不仅仅停留在遥远的过去。

那么，"花郎"在《三国遗事》（一然，1206—1289）中是如何被描写的

---

[1] 山田直巳，成城大学社会革新学部教授。

呢？他们又在相应的社会发挥了怎样的作用？佛教传播、渗透到朝鲜半岛，又与本土民间信仰进行混杂、调和，作为其结果的宗教、社会、政治是怎样形成的呢？如果将这些问题作为整体加以明确，将对我们揭开一然时代及社会的面纱大有帮助。

从 20 世纪 20 年代后半期开始，日本的"花郎"研究取得了令人瞩目的成果，有今村鞆的「新羅の花郎を論ず」（『朝鮮』，1928），鲇贝房之进的『雑考』第四辑，池内宏的「新羅の花郎について」（『東洋学報』第二十四卷第一号），八百谷孝保的「新羅社会と浄土教」等。这里特别指出，自昭和四年（1929）起，三品彰英对众多"花郎"的相关问题孜孜不倦地进行了研究。他的代表性作品『朝鮮古代研究　第一部—新羅花郎の研究—』（1943）至今仍受到好评，一直是研究"花郎"的基本文献。此外，关于研究史的详细情况，三品彰英在「新羅花郎の研究」（『三品彰英論文集』第六卷，1974）和「日鮮神話伝説の研究」（同第四卷）中做了详尽的整理。毫无疑问，本篇论文的推进离不开其恩泽。

但是，相较于这些先行研究，目前比较迫切的是找出"花郎"与"乡歌"的关联之处。此外，还有一个大课题，即"乡歌"与"花郎"有何关联，而"花郎"又是以怎样的形式与"乡歌"结合的。在此关联点之上，"乡歌"与佛教，特别是与弥勒信仰之间的密切联系也应作为一个大问题进行讨论，同时还必须明确它是如何与各个"乡歌"的成立紧密联系到一起的。

不过，这次笔者想考察的是"花郎"与在萨摩（鹿儿岛）所见到的"年序组"习俗的比较。这一"年序组"习俗与"花郎"类似，被称为"兵儿二才（へこにせ）"，在社会、文化或组织、制度上与"花郎"有着诸多共同之处。正如前文所提及的那样，关于这一点的研究有不少，其中自 1929 年起三品彰英就不断进行着这方面的探寻。

据说关于"年序阶级""集会舍""兵儿的训练和义务""歌舞"这些项目，无论参加哪一项都必须进行严格的训练，过纪律严明的公共生活，并保持高尚的道德伦理。像"兵儿"这样在生活伦理上要求年轻人集体禁欲的例子就是日本民俗学里经常被提起的"若众宿"。据说这对从青春期跨到青年期的男子（女子为"娘宿"）而言是成年的考验（条件），或必经的过程。类似这样的要求在民俗社会里被赋予了所谓"成人式"的地位，在世界各地都能看到各种这样的报告。虽然"花郎"与"兵儿二才"都是根据"年序组"，即按照年龄阶层划分的年轻人组织，但是因为日本和韩国在地理上的差距而产生了不同的意义，对此也必须加以注意。下面笔者将做详细考察。

## 二、《三国遗事》之"花郎"

《三国遗事》中记载了十处与"花郎"有关的事迹，下面分别做了摘记。（以下的引用只要非片段，原则上将依照金思华的《全译本 三国遗事》。）

①卷一，纪异第一，金庾信。

庾信公以真平王十七年乙卯（595 年）生。禀精七曜。故背有七星文。又多神异。年至十八壬申（612 年）。修釖（剑）得术为国仙（花郎，新罗时期的武王）。

②卷二，纪异第二，孝昭王时期。

第三十二孝昭王代。竹曼郎之徒有得乌（一云谷）级干。隶名于风流（花郎，新罗武士）黄卷（人名录）。追日仕进。隔旬日不见。郎唤其母。问尔子何在。母曰。幢典牟梁益宣（人名）阿干（职衔）以我子差富山城（在庆州西面）仓。直驰去。行急未暇告辞于郎。（中略）

朝廷花主（花郎团最高指挥者）闻之。遣使取益宣。将洗浴其垢丑。

③卷二，纪异第二，四十八（代）景文王。

王讳膺廉。年十八为国仙（花郎的别称，新罗武士）。至于弱冠（成人，二十岁）。宪安大王召郎。宴于殿中。问曰。郎为国仙优游四方。见何异事。郎曰。臣见有美行者三。王曰。请闻其说。郎曰。有人为人上者。而执谦坐于人下。其一也。有人豪富而衣俭易。其二也。有人本贵势而不用其威者。三也。王闻其言而知其贤。不觉（感激）堕泪而谓曰。朕有二女。请以奉巾栉。（中略）

国仙邀元郎誉昕郎桂元叔宗郎等游览金兰（今江原道通川）。暗有为君主理邦国之意。乃作歌三首。使心弼舍知（职衔）授针卷（杂记账）送大炬和尚处。令作三歌。初名玄琴抱曲。第二大道曲。第三问群曲。入奏于王。王大喜称赏。歌未详（因未流传）。

④卷三，塔像第四，栢栗寺。

天授（唐朝则天武后的年号）三年壬辰（692 年）九月七日。孝昭王奉大玄萨餐之子夫礼郎为国仙（花郎）。珠履（以珠装饰的鞋。由花郎徒穿）千徒。亲安常尤甚。（中略）

天授四年癸巳（693 年）暮春之月。（夫礼朗）领徒游金兰（今江原道通川）。到北溟（今元山湾附近）之境。被狄贼（鞨靺）所掠而去。门客皆失措而还。独安常追迹之。是三月十一日也。

大王闻之。惊骇不胜曰。先君得神笛传于朕躬。今与玄琴藏在内库。困何国仙忽为贼俘。为之奈何（琴笛事具载别传）时有瑞云覆天尊库。王又震惧使检之。库内失琴笛二宝。乃曰。朕何不予。昨失国仙。又亡琴笛。乃囚司库吏金贞高等五人。四月。募于国曰。得琴笛者赏之一岁租。（以下省略）

⑤卷三，塔像第四，弥勒仙花 未尸郎 真慈师。

（新罗）第二十四真兴王。姓金氏。名乡麦宗。一作深麦宗。以梁大同（武帝的年号）六年庚申（540年）即位。慕伯父法兴之志。一心奉佛。广兴佛寺。度（度牒）人为僧尼。又天性风味多尚神仙。择人家娘子美艳者。捧为原花要。聚徒选士。教之以孝悌忠信。亦理国之大要也。

乃取南毛娘峧贞娘两花。聚徒三四百人。峧贞者嫉妒毛娘。多置酒饮毛娘。至醉潜舁去北川（庆州北侧河流）中。举石埋杀之。其徒罔知去处。悲泣而散。有人知其谋者。作歌诱街巷小童唱于街。其徒闻之。寻得其尸于北川中。乃杀峧贞娘。于是大王下令。废原花。

累年。王又念欲兴邦国须先风月道（花郎道）。更下令选良家男子有德行者。改为花娘（郎）。

始奉薛原郎为国仙（花郎）。此花郎国仙之始。故竖碑于溟州（今江原道江陵）。自此使人悛恶更善。上敬下顺。五常六艺。三师六正。广行于代。（中略）

（关于这点）未与弥声相近。尸与力形相类。乃托其近似而相谜也。大圣不独感慈之诚款也。抑有缘于兹土。故比比示现焉。至今国人称神仙曰弥勒仙花。凡有媒系于人者曰未尸。皆慈氏之遗风也。路傍树至今名见郎又俚言似如树（一作印如树）。

⑥卷四义解第五，惠同尘（惠宿、惠空二僧与俗尘结交）。

释惠宿。沈光于好世郎徒。（好世）郎既让名（辞任）黄卷（花郎名簿）。师亦隐居赤善村（今安康县赤谷村）二十余年。时国仙（花郎）瞿旵公尝往其郊。纵猎一日。宿出于道左。揽辔而请曰。庸僧亦愿随从可乎。公许之。于是纵横驰突。裸袒相先。公既悦。及休劳坐。数炮烹相馈。宿亦与啖啮。略无忤色。既而进于前曰。今有美鲜于此。益荐之何。公曰善。宿屏人割其股。置盘以荐。衣血淋漓。公愕然曰。何至此耶。宿曰。始吾谓公仁人也。能恕己通物也。故从之尔。今察公所好。唯杀戮之耽。笃害彼自养而已。岂仁人君子之所为。非吾徒也。遂拂衣而行。公大惭。视其所食盘中。鲜截不灭。（以下省略）

⑦卷五，感通第七 月明师 兜率歌。

景德王十九年庚子(760年)四月朔。二日并现。挟旬不灭。日官（掌管天文的官员）奏。请缘僧（有因缘的僧人）作散花功德（供养）。则可禳。于是洁坛于朝元殿。驾幸青阳楼望缘僧。时有月明师行于阡陌时之南路。王使召之。命开坛作启。明奏云。臣僧但属于国仙（花郎）之徒。只解乡歌。不闲声梵（梵语歌）。王曰。既卜缘僧。虽用乡歌可也。明乃作兜率歌赋之。

⑧卷五，感通第七 融天师彗星歌 真平王时代。

第五居烈郎。第六实处郎（一作突处郎）第七宝同郎等三花之徒。欲游枫岳（金刚山别名）。有彗星犯心大星（心宿的大星。心宿是指天球被划分成的二十八宿之一）。郎徒疑之。欲罢其行。时天师作歌歌之。星怪即灭。日本兵还国。反成福庆。大王（真平王）欢喜。遣郎游岳焉。

⑨卷五，孝善第九 贫女赡母。

孝宗郎（真圣女王时的花郎）游南山鲍石亭（或云三花述）门客（门下食客）星驰。有二客独后。郎问其故。曰芬皇寺之东里有女。年二十左右手抱盲母相号而哭。问同里曰。此女家贫。乞啜而反哺有年矣。适岁荒。倚门难以藉手。赎赁他家。得谷三十石。寄置大家服役。

日暮橐米而来家。炊饷伴宿。晨则归役大家。如是者数日矣。母曰。昔日之糠秕。心和且平。近日之香粳。膈肝若刺。而心未安。何哉。女言其实。母痛哭。女叹已之但能口腹之养。而失于色难（察父母颜色令其心安）也。故相持而泣。见此而迟留尔。

郎闻之潜然。送谷一百斛。郎之二亲亦送衣袴一袭。郎之千徒敛租一千石遗之。事达宸聪。时真圣（女）王赐谷五百石。并宅一廛。遣卒徒卫其家。以儆劫掠。旌其坊（表彰忠臣、孝子、烈女而在其家门前建的赤门）为孝养之里。后拾其家为寺。名两尊寺。

若将以上①～⑨条逐一检查，即可明白"花郎"的意思。

①是最根本的资料，强调了"花郎"的特别之处。其中就有"禀精七曜。故背有七星文。又多神异"的表述。而到了十八岁，也就是成为青年时"修釰（剑）得术为国仙"，则说明了他成为"花郎"靠的并不仅是与生俱来的神秘能力，后天的修养也是要点，也就是说训练是必须的。"禀精七曜"是其与生俱来的能力，证据就是"背有七星文"。虽说多神异，但这个故事想表明的应该是超越常识性理解的卓越性吧。

所谓"花郎"，就是这种特殊的存在，此事记于公元612年。根据②可知"风流"的事迹及《黄卷》这一人名录，据说其中记载了"花郎"的人名。人名录中记载的"花郎"预备者为了成为花郎，每天都要按计划进行训练。根据③可知，与①一样，18岁是有一定意义的年龄，据称是"游览四方"，其作用似乎是为了观察社会，然后将游览情况报告给大王。大王要求的正是冷静、客观的观察力。传说元郎、誉昕郎、叔宗郎三人在游览某地时创作了《琴抱曲》《大道曲》《间群曲》，还向大王进言地方政情、解决对策等，据说"王大喜称赏"。所以说在宗教层面上，"花郎"对维护政治统治是有所帮助的。

④叙说了国仙夫礼郎被狄贼抓住的事件。紧接着讲述了被尊为国宝的"先君所得神笛"和玄琴丢失事件。由此我们可以知道国仙夫礼郎的存在价值堪比国宝。

⑤暗示着花郎与佛教密切相关。由"慕伯父法兴之志。一心奉佛。广兴佛寺。度人为僧尼"可知，大王在谋求提升僧尼的国家认可度。另外，"多尚神仙。择人家娘子美艳者。捧为原花要"，是指要按着男子的"花郎"制度开创女子的"原花"制度，却由此产生了重大问题。因嫉妒加重，最后竟然衍变出俊贞女谋杀南毛女的杀人事件。后来根据"作歌诱街巷小童唱于街"可知之后阴谋被揭发。就如同日本古代的童谣（わざうた）那样，"原花"制度也因此被废止。但是，据说大王又考虑到"欲兴邦国须先风月道"，所以这次"更下令选良家男子有德行者。改为花娘"，即把挑选对象从女子变成了男子。总觉得这与日本男歌舞伎的产生有相似的一面，这点从"始奉薛原郎为国仙。此花郎国仙之始"可以看出，甚至为其设立纪念碑的入手方式也已大不相同。

⑥是指试探花郎的品性行为。"纵猎一日"，虽说惠宿名字已不在黄卷之列，但将狩猎归结到杀生的想法实在有点荒谬。⑦讲述了出现两个太阳的反常事态。据"日官"说"请缘僧作散花功德。则可禳"。掌管天文的官员不惜放弃职守前去请求有缘僧，而受邀的月明师则说了非常有趣的话："臣僧但属于国仙之徒。只解乡歌。不闲声梵。"也许是法僧不擅长梵文吧，但这话听上去很奇怪。不过，王既已认定了"缘僧"，便说乡歌也可，遂作了兜率歌。笔者认为"臣僧但属于国仙之徒"很有趣，且这一场景很好地展示了花郎与弥勒之间的密切联系。

⑧讲述了融天师帮助花郎应对危难之事，跟⑦略有差异。⑨讲述了母亲和女儿内心交流存在的问题。母亲所期待的与女儿所想之事相互背离，好在两人最终察觉了。两人的悲哀在于这份背离。

# 三、萨摩的"兵儿二才"

在鹿儿岛县内出水兵儿和国分兵儿十分出名。以昭和九年（1934）为限采集的数据为中心，在各种各样的民俗调查中，又以三品彰英先生整理的数据最为全面，最容易感知全貌。因此，笔者想借助三品先生的研究来介绍下概况。

萨摩藩曾设"健儿之社"，旧称"兵儿二才"。不过大多数研究多针对鹿儿岛市内的学舍内容和历史研究。三品先生从1934年开始展开调查，对当时已七十岁左右，曾加入"兵儿二才"的亲历者进行实地调查，并把内容展现出来。

据说三品先生访问了出水郡出水町、同野田村、川边郡加世田町、伊佐郡大口町、姶良郡蒲生町、同郡加治木町、同郡国分町，走遍了郡管辖下的所有地区（称乡下或许更好）。

（1）关于组织

藩政时代的出水郡被分成六个组，并形成了一种行政区。具体分配如下：兵儿山——从六七岁到十四岁零八月；兵儿二才——从十四岁零八月到二十岁零八月；中老——从二十岁零八月到三十岁。

这六组藩士子弟被要求按照如上三个年龄等级结成组织。在这些年龄等级组织中，兵儿二才集成的士族男子集会拥有最高的社会功能，也可以称为青年战士团。兵儿山是指加入二才前的幼年团。中老是指完成兵儿二才后加入的组织，主要起指导和监督二才组的任务，拥有相应的自由，还可成家，但他们不参加集会，只延续二才时代起鼓励文武双全、修德养义的作风。这些组织之间及组织内的个人之间最讲究的就是长幼意识，这或许可以称得上是这个社会中最重要的德目，甚至成为组织立身的根本。即使在20世纪40年代，在鹿儿岛县内地区仍然可见以长幼观念否定近代社会阶级性财产和勋位等级等方面的现象。

兵儿二才算得上是出水兵儿的精英士族青年团，由总支配组长负责统管，其内部按照排辈细分为「フテモノ・オコセズネ・コズネ・カドヒキダチ・コニセ」五个等级。六组中各个二才并非各立门户，而是分成两个集体，每个集体各自遵奉"稚儿先生"（执持稚儿，トリモチチゴ），两相对峙，在文武比试、祭祀仪式演习和各种比赛中形成了两个集体对抗形式的二分组织。其中，所谓的"稚儿先生"，是指奉戴年纪在十岁到十二岁的乡中名门嫡长子，特别是美貌的少年。出水奉戴"稚儿先生"的由来可解释为鹿儿岛地处偏远，无法朝夕直奉主君，兵儿们就向藩公拟荐"稚儿先生"去日夜侍奉。但是，说不定"稚儿先生"还有别的本质意义。

（2）每天的惯例活动和义务

守护"稚儿先生"是兵儿二才每日作习的中心。每到傍晚五点，兵儿就会在稚儿先生的家门前集合护卫他。新加入者的第一年除了父母去世，盂兰盆节在户主处吊唁父母和除夕三种情况外，即使生病也不许缺席。若有一日懈怠，又将重新计算第一年。

谁如果无法完成这项义务，就会无法在社会上立足，被埋没一生。作习的内容大体如下：

①每夜守护门前两小时。

②在城门广场集合一起练习殿歌。

③各个集会所调和武艺练习，轮流朗读军事文件。

④到共同宿舍住宿（严禁回自家）。

兵儿的共同宿舍会轮换多个地方，其中会常备消防工具、夜警木刀、灯笼等。就寝时没有铺盖，也不能躺在榻榻米上，还只有一件衣服。每天都重复以下这样的练习：

①六点起床，向老师求学，然后是前往剑术场。八点左右回自家，吃早饭。再去发奋馆学习。正午回家待到傍晚。晚饭后如前所叙，守护"稚儿先生"。

②德目，具体如下：

　·不与妇女往来，嘴上言及也不行。

　·有关金钱利欲的都是下贱之事。

　·绝口不提与寒暑、恐怖、饥饿相关的事。

　·愉快地做困难、无理的事。

其根本精神在于学习侍奉长者之道。对内，受到这样训练的他们在社会中拥有很多权限，特别是平民，对他们又敬又怕。

（3）全年活动

初次狩猎（一月四日）

海边摔跤

箭之射击——为了武艺和祈祷

枪之射击（新年一周）

前往国分、蒲生

打石子战

爱宕神社参笼

二才入团（八月一日）

祭祀仪式

川内新田八幡参拜（九月十四,五日）

雾岛参拜（秋分）

国分兵儿二才来游（九月二十五日）

弓之事（十一月）

义士引线念（十二月十四日夜）

（4）儿请（或童男童女）

每代稚儿先生要进行一次"儿请"的仪式，这起源于岛原紊乱之际，出水的地头山田昌严任命孙子松之助担任国境守护。当时的松之助正值十三岁，容貌美丽，而且装束华丽，山田昌严骗其出征，这就是最初的稚儿先生。下面是拥戴松之助出征时出水的兵儿歌：

松先生乘上小席哎呦嘿

本渡迫门唱歌来哎呦嘿

车上装了石火箭哎呦嘿

攻打的是富冈城哎呦嘿

（5）开展

兵儿二才拥戴稚儿先生，在临时搭建的小房集合，随后整顿队伍前往雾岛。具体情况如下：装备朱色刀鞘的刀和枪→将稚儿先生安置在看台→在海上竖起与猪实物般大的画靶→兵儿比赛射击→射得第一位能得到稚儿先生的敬酒（走运之人）→唱歌→被敬酒的人浸头发→返回临时搭建的小房。

## 四、结语

笔者认为有必要比较思考一然《三国遗事》中描写的"花郎"和萨摩、鹿儿岛上 1934 年时期的兵儿二才传说的区别。三品彰英先生也曾探讨过这个问题。但是，在此，笔者想要主张的是文化、社会事项的研究不能只看其是否有直接传播和文献记载等，比如在民俗（民俗学）中看到的青年"力试"，类似于（举重的）"石锁"或蹦极，在不同的文化、社会中都有它相应的方式。研究它们各自追求的形式在其社会又是否是被需求的也是很好的主题。

（浙江工商大学东方语言文化学院硕士研究生王越译，吴玲校译）

# Silla「karo」and Satsuma「hekonise」: Compare Japan With Korean in「nenjogumi」Folklore

## YAMADA Naomi

(Faculty of Social Innovation in Seijo University, Tokyo: 157-8511)

**Abstract:** In what manner is "karo" dealt at the *Sangoku—iji*（I−ryon, 1206—1289）? And what is the sort of function in the society? A permeation of Buddhism at the Korean Peninsula, and a syncretic fusion of popular folk belief and Buddhism—the result of it, how formation religion, society, and politics—this kind of a question will be even more. A similarity of "karo" and "nenjogumi" folklore is in existence in Japan（Satsuma, Kagoshima Prefecture）.It is called "hekonise." Both（"karo" and "hekonise"）have the similarity of society, culture, and system（organization）. I have made a comparative study of both.

**Key words:** Function ; Buddhism ; Korean Peninsula ; Folk Belief

# 宋风石刻东传日本与东亚海域交流

郭万平[1] 孔 媛[2]

（浙江工商大学东方语言文化学院 杭州：310018）

**摘 要：** 由于明州地处东亚海域交流的中心位置，因而以明州为代表的南宋石刻文化的发展直接影响了日本的石刻文化。在宋日贸易发展的背景下，中国大量的碑拓、石塔、石佛造像等石刻，经宋商、僧侣等传入日本，演化为风靡一时的宋风石刻。同时，一批技艺精湛的宋人石工赴日，形成了独具特色的"伊派""大藏派"等石工集团，其石刻作品深受日本文化的影响，逐渐融入日本元素，显现出"和风"特征。在"宋风石刻"东传日本并衍变为"和风石刻"的过程中，佛教、贸易均发挥了重要作用，凸显了佛教、贸易在东亚海域交流中的独特地位。本文从东亚海域交流的视点出发，主要以萨摩塔、宝箧印塔为例，探讨宋风石刻东传日本的途径及其对日本石刻文化的影响，丰富中日文化交流史的内涵。

**关键词：** 宋风石刻；萨摩塔；宝箧印塔；东亚海域交流

物可言志，即便是一块冰冷的石头，经过石工雕刻，或经文人吟咏，也会被赋予文化气息。石刻（日本称"石造物"）一般指刻有文字、图画的碑碣或石壁，亦指上面所刻字画的拓本，是一门古老的中国传统艺术。这门艺术早在原始时代便有萌芽，以后逐步形成文字碑刻和石刻造像两大类。南宋是我国古代经济、文化发展的繁盛期，以明州（今宁波）、杭州为中心的江浙一带迎来了佛教发展的高潮，佛寺林立，佛堂建筑、石刻造营事业鼎盛。此外，南宋时期明州名门望族（如史氏、楼氏）对建筑石件和工艺刻石需求旺盛，石刻营建数量庞大。明州一带以"石"为中心的石刻文化，亦达到顶峰。南宋石刻文化的发达，直接影响了日本的石刻文化。在宋日贸易往来密切的背景下，大量中国碑拓、石塔、石雕造像等石刻（包括梅园石等石材）不断传入日本，同时宋人石工也赴日、滞日，形成了独具特色的石工流派。在他们的直接参与和影响下，加上日本僧侣的大力推动，和风石刻兴盛一时。

有关以石刻为中心的中日文化交流史的先行研究，中国的成果相对薄弱，日本学者则有大量论著问世，成绩斐然，但日本学者多重视实地调查，侧重某一石刻种类的专题研究，较缺乏从东亚海域的视点分析宋风石刻东传及其对和风石刻的影响。限于篇幅，本文主要以萨摩塔、宝箧印塔为例，探析宋风石刻

---

〔1〕郭万平，浙江工商大学东方语言文化学院副教授。

〔2〕孔媛，浙江工商大学东方语言文化学院硕士。

东传日本的途径及其影响。疏漏或讹误之处，祈请方家指正。

## 一、萨摩塔及其东传日本

南宋时期，宋日贸易高度发展，中日两国以佛教为载体的文化交流十分频繁。僧侣、宋人工匠搭乘宋日贸易的商船赴日，弘传禅宗教义，带去石刻、木雕等先进技术。来日宋僧自中国学成回国，带回佛经、画卷等佛教文物，在日开山建寺，移植大陆禅堂建筑，使禅宗在日本得以广泛传播。据日本学者研究，宋风石刻多分布于禅宗寺庙及贸易港口城市（如博多）附近，且多数石刻具有舶来品性质。[1]218 所谓"宋风石刻"，主要指宋人石工的石刻作品及在形制、局部构造、功能、石材上与南宋石刻有着相同或相似性的日本石刻遗存，包括与宗教相关的石塔、石碑、石佛、石像等石造遗物，如石灯笼、五轮塔、板碑、笠塔婆、石幢、层塔、宝箧印塔、无缝塔、多宝塔、石佛、石狮、摩崖佛等。

萨摩塔是指 12—13 世纪宋朝工匠以浙东宁波梅园石为材料，在宁波雕制完成后装船输往日本九州的佛教供养塔[2]（参见图 1）。关于萨摩塔的研究，目前已知其石材为宁波梅园石，但其造立年代、石工、制作意图、造立地等，仍是不解之谜。

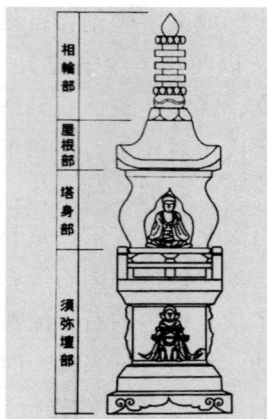

**图 1 萨摩塔基本形状 [6]**

日本学者高津孝认为，萨摩塔有广义、狭义之分，广义上萨摩塔统称为"萨摩塔类"，狭义上即指"萨摩塔"（即分布于九州一带的萨摩塔）。[3] 广义萨摩塔包括六角和四角形制，除了相轮部屋根（屋顶）、佛龛、须弥坛等部分，可由多块石头或独石雕造而成，佛龛内本尊造像可以是另外雕刻安置或直接内部浮雕，其体量有大有小。而狭义萨摩塔的佛龛内本尊造像一律为内部浮雕，而非单独安置。中日石造物考古学家经实地调查，发现浙江丽水的灵鹫寺内所藏四座石塔的形制、局部纹饰，与九州平户市志志岐神社冲之宫萨摩塔相似，极有可能是九州萨摩塔的祖形。[3]灵鹫寺石塔有铭文记载其中一座建于南宋嘉定十一年（1218），另三座建于南宋嘉定九年（1216），由此可知，九州萨摩塔造立时间可能在南宋时期。

关于萨摩塔的来源，中国学者刘恒武推测，应该是浙东或宁波工匠在宁波雕刻完成之后运至日本的。[4]因为目前关于萨摩塔的信息多是来自考古调查，文献记载甚少，[4]因此，有关萨摩塔的来源等问题，尚待进一步考证。

萨摩塔与其他石塔（如多宝塔、层塔、无缝塔）的最大区别在于其塔身的壶形构造。在中国，"壶"往往是拥有神仙思想的道家、道教的常用术语。东晋葛洪《神仙传》中记载卖药翁壶中藏有奇妙时空，即"入后不复是壶，唯见仙宫世界"。《后汉书》卷82《方术列传·费长房》中亦记载壶内"玉堂严丽，旨酒甘肴，盈衍其中"。此外，唐代诗人吕岩在《赠罗浮道士》中有写："世间甲子管不得，壶里乾坤只自由。"可见，壶象征道教仙境，是一个与现世截然不同的美好自在的全新世界。萨摩塔壶形塔身内雕刻佛像，显然是道教与佛教信仰结合的产物。

在日本九州鹿儿岛县川边町一带出土的石刻中，除萨摩塔、宋风石狮外，还有宝箧印塔和摩崖佛。如此丰富的石刻遗存，令人不禁猜想附近是否有佛寺遗迹和僧侣的踪迹。据史料记载，日僧无关玄悟[1]曾入宋求法长达十二年，于1262年前后自明州回国，在河野部（属萨摩河边郡，今川边町）居留两年。[5]无关玄悟是镰仓时代临济派高僧，为东福寺三世、南禅寺开山。无关玄悟在鹿儿岛川边町生活的两年中，应该会传播临济禅法，移植南宋僧堂生活。由此推测，这些宗教性质的石刻遗存很可能与无关玄悟居留萨摩的经历密切相关。

那么，作为舶来品的萨摩塔，是通过什么途径运入日本的呢？日本学者桥口亘认为，萨摩塔的东传与硫黄贸易相关。[6]南宋明州地方志《宝庆四明志》卷六和《开庆四明续志》卷八中，关于日本对中国输出的物品中，都有硫黄这一输出品的记载。遗憾的是仅仅提及名称，并没有具体记载其数量和用途。既然可以称为"硫黄贸易"，想必数量不少。关于硫黄贸易，最早进行系统研究的是日本学者山内晋次，他形象地将以硫黄为纽带的贸易线路称作"硫黄之路"[7]。在宋代，火药作为武器被广泛用于战争，而硫黄是制作火药武器的主要成分。11世纪中后期，北宋与西夏关系紧张，尤其是1081年灵州之战

〔1〕无关玄悟（1212—1291），又名无关普门，信浓（今长野县）出身，敕谥"大明国师"。

后，两国在宋朝西北边境处于交战状态。众所周知，日本地处环太平洋地震火山带，火山众多，硫黄储量丰富。为了满足军需，宋政府从日本大量进口硫黄。学界认为，今鹿儿岛南部的"硫黄岛"正是日本中世时期出口硫黄的主要产地。日本关于硫黄岛的记载，最早见于《平家物语》。在书中，硫黄岛被称为"鬼界岛"，是政治犯的流放地。"鹿谷阴谋"失败后，参与密谋的俊宽、平康赖和藤原成经便被流放至萨摩"鬼界岛"。后来藤原成经、平康赖被赦免返京，唯俊宽留在硫黄岛。俊宽在京都的弟子有王乘坐萨摩前往鬼界岛的船舶前来看望，询问俊宽岛上的生活状况时，俊宽回答道："此島には人のくひ物たへてなき所なれば、身に力の有りし程は、山にのぼって湯黄と云物をとり、九国よりかよふ商人にあひ、くひ物にかへなンどせしか共、日にそへてよはりゆけば、今はその態もせず。"[1] 此处"汤黄"应指硫黄，"九国"即九州。从俊宽所言可知，岛上的硫黄作为商品被来自九州本土的商人以物物交换形式买走。由此可以推测，鬼界岛与九州本土之间应该有商船往来。对于这些商船而言，岛上所产硫黄自然是重要商品。

此外，三人居留硫黄岛期间，《平家物语》中有如下描述："丹波少将（成経）のしうと平宰相（教盛）の領、肥前国鹿瀬庄より、衣食を常にをくられければ、それにてぞ俊寛僧都も康頼も、命をいきて過しける。"[2] 其中，"鹿瀬庄"即今佐贺市。由三人经常从肥前国（今佐贺、长崎）近亲的庄园获得衣食可以推测，当时已有商船路线可从鬼界岛通过九州西海岸到达肥前。

藤原成经、平康赖被赦免，在返京途中，他们先乘船到达肥前国鹿瀬庄，后几经周折到达京都。结合上文可知，其返京路线大概是从鬼界岛先乘船至萨摩，然后经九州西海岸到达肥前，后又沿九州西海岸的港口、岛屿北上，通过关门海峡进入濑户内海。他们途经的海湾极有可能包括当时九州的重要国际化港口博多。由此可知，12世纪末的硫黄岛通过与鹿儿岛→佐贺、长崎→博多间的航路与九州本土相连。而硫黄作为贸易品，自硫黄岛被运往九州博多，再通过博多与明州的宋日贸易航线被运至中国。与此同时，通过这条"硫黄之路"，中国的许多物品也被运往九州西海岸及南部岛屿。萨摩塔极有可能是通过"硫黄之路"传入日本九州，由此便不难理解萨摩塔广泛分布于九州一带的原因了。

---

〔1〕《平家物语》卷三《有王》，大意为："此岛全无供人可吃的食物，身体有力气时，便上山采掘硫黄，与来自九州的商人交换食物。久而久之，身体累垮，力气减弱，便没有办法采掘硫黄。"

〔2〕《平家物语》卷二《康赖祝文》，大意为："幸而丹波少将的岳父平宰相（教盛），在肥前国鹿瀬庄领有庄园，因此经常送衣送食救助，俊宽僧都和康赖得以勉强维持生存。"

## 二、宝箧印塔及其东传日本

宝箧印塔因其形状似箱箧且内藏《一切如来心秘密全身舍利宝箧印陀罗尼经》（简称《宝箧印经》）而得名。在中国诸塔中，其形制特殊，异域风情浓厚，且为数不多。以中国现存宝箧印塔论，体量上分类有大塔、小塔两种，从材质上区分则有金属塔、木塔、漆塔、石塔、砖塔五类。[8] 金属塔、木塔、漆塔属于小塔，石塔、砖塔属于大塔。其中，木塔仅宁波阿育王寺宝箧印塔一例。金属塔究其缘由，是吴越王钱弘俶命人仿阿育王塔用铁、铜等金属材质而造，[1] 又称"金涂塔"或"钱弘俶塔"，目前遗存数量颇丰。漆塔、砖塔（残件）仅在温州白象塔出土文物中各有一例。[9] 石塔多分布于闽南地区。日本的石造宝箧印塔则分布于日本全境，就目前遗存数量来看，远远超过中国。

一般而言，日本石造宝箧印塔自上而下由相轮（塔刹）、屋根（塔檐）、塔身和基础（基座）构成[10]1227（参见图2）。塔身一般刻有金刚界四佛、胎藏界四佛或显教四佛的种子。宝箧印塔区别于其他石塔的最主要特征，在于其屋顶部有四角挺然的隅饰（即山花蕉叶）构造。目前日本考古发现的宝箧印塔中，年代较早的有京都府旧妙真寺塔、高山寺塔。川胜政太郎把日本宝箧印塔分为"关东式""关西式"两类[11]，关东式以舆山往生院宝箧印塔为代表，关西式以额安寺宝箧印塔为代表。

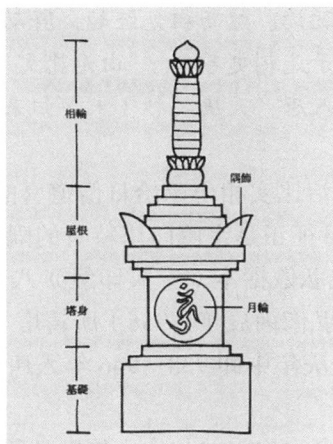

**图 2 日本石造宝箧印塔基本形状** [10]

---

〔1〕钱弘俶，947—978 年在位，谥号忠懿。传言钱弘俶效仿阿育王造塔之事，命人铸塔共计八万四千座，铸塔年代主要分乙卯年（955）和乙丑年（965）两次。乙卯年制塔皆为铜塔，塔身有"吴越国王钱弘俶敬造八万四千宝塔，乙卯岁记"的题记；乙丑年制塔基本为铁塔，偶有铜塔，塔身题记为"吴越国王（俶）敬造宝塔八万四千所，永充供养，时乙丑岁记"。

关于宝箧印塔东传日本的文献记载，中国最早见于（宋）程珌《临安府五丈观音胜相寺记》，其内容如下：

> 有西竺僧曰转智，冰炎一褚袍，人呼纸衣道者，走海南诸国，至日本，适吴忠懿王用五金铸千万塔，以五百遣使者，颁日本使者还，智附舶归。[12]卷7

以上史料中的"十万""五百"等数字未必真实，但吴越王钱弘俶造塔一事及宝箧印塔由使者传入日本一事，值得探究。因为钱弘俶所造宝箧印塔为金属制塔，由此可知使者传入日本的可能是金涂塔。

日本文献中也有关于来自中国的宝箧印塔的记载，如僧道喜所撰《宝箧印经记》中有如下记载：

> 去应和元年春，游右扶凤，于时肥前国刺史（多治比实相）称唐物，出一基铜塔示我，高九寸余，四面铸镂佛菩萨像，德宇四角，上有龛，龛形如马耳，内亦有佛菩萨像，大如薑核。捧视瞻视之顷，自塔中一囊落，开见一经，其端纸注云："天下都元帅吴越王钱弘俶摺本《宝箧印经》八万四千卷之内安宝塔之中，供养迴向已毕，显德三年丙辰岁记也。"文字小细，老眼难见，即雇一僧令写大字，一往视之，文字落误，不足耽读。然而粗见经趣，肝动胆奋，泪零涕迸，随喜感悦。问弘俶意，于是刺史答曰："由无愿文，其意难知。"但当州沙门日延，天庆年中入唐，天庆之杪（末）归来，即称唐物。[13]234-235

由上可知，肥前国多治比实相出示给日僧道喜的这座塔为铜制塔，"德宇四角""龛形如马耳"的特征正是宝箧印塔特有的隅饰构造，再加上从塔内落下的经纸上有"吴越王钱弘俶摺本《宝箧印经》八万四千卷"等字，可以明确这座塔为金涂塔，是钱弘俶丙辰年（956）所铸塔之一。另外，由文末可知，日僧日延是肥前国人，天庆年中即938—946年入唐，在天历末年即956年前后携这座金涂塔回国。

目前，在日本，包括考古出土的与作为传世品留存下来的铜制宝箧印塔约有十几座。那么，日本石造宝箧印塔是否就是以金涂塔为祖形发展而来的呢？关于这一问题，日本学者看法不一，一种观点认为日本石造宝箧印塔起源于钱弘俶塔，即金涂塔；另一观点认为其起源于两宋时福建泉州地区建造的石造宝箧印塔。关于后者，虽然暂无发现石造宝箧印塔传入日本的直接史料记载，但从宋日贸易大背景下日僧往来于宋日之间且携带大量佛门物品回国的史料记载中，我们或许可对石造宝箧印塔的东传做一分析。

明州是宋日贸易的重要据点，同时也是日僧来华的主要巡礼访学之地。从入宋僧在宋行迹来看，他们大多活跃于杭州、明州等两浙沿海一带，极少游历闽南地区。那么，石造宝箧印塔集中所在的福建泉州一带是否有日僧来访的记载呢？日僧庆政（1189—1268）是镰仓时代天台宗僧人，曾一度入宋，关于其入宋的具体时间，目前学界尚难以确定，大概在嘉定五年（日本建历二年，1212）十一月至嘉定十二年（日本建保七年，1219）正月之间。[14] 今日本东山寺藏《波斯文书》（由南宋时期侨居泉州的一波斯商人所著），其序中有载：

> 此是南蕃文字也，南无释迦如来，南无阿弥陀佛也。两三人到来舶上，望书之。尔时大宋嘉定十年丁丑于泉州记之。为送遣本朝辨和尚，禅庵令书之，彼和尚殊芳印度之风故也。沙门庆政记之。[15][16]

由上可知，序文为日僧庆政于嘉定十年（1217）在泉州所题，庆政将此书赠予一僧友。通过翻阅与庆政有密切来往的日僧的记载可知，庆政赠书对象为明惠[1]。其实，《波斯文书》仅是用波斯文写成的诗文，庆政误认为这是"南蕃文字"即印度文字，且特意指出明惠和尚"殊芳印度之风"的缘故，才将此书送给他。

上则史料虽未提及宝箧印塔，但通过解读内容可知，庆政在宋期间曾侨居泉州。那么，他是否目睹过泉州的石造宝箧印塔呢？陈支平编《福建宗教史》中，虽无史料出处，但其记载有"南宋宁宗嘉定十年（1217）日僧庆政上人曾来泉州，挂锡开元寺研习佛学"[17]247。泉州开元寺内有东西两座石造宝箧印塔，其中东塔建于绍兴十五年（1145）。考虑到庆政在宋期间为1217年前后，倘若其曾在开元寺访学，那么他应该亲眼见过这两座石塔。由于当时日本尚无类似石造宝箧印塔的石塔，如此特殊形制的石塔可能给庆政留下了深刻印象。庆政回国后，于嘉禄元年（1225）在京都西山修建法华山寺。安贞元年（1227）三月二十四日，明惠以导师身份，主持法华山寺多宝塔的百僧供养仪式。宽喜四年（1232）正月，明惠去世。同年四月，庆政继明惠之后接任导师一职，主持百僧供养仪式。延应元年（1239），正值明惠逝后七年祭，明惠墓塔边上修建了一座"发爪塔"，即高山寺宝箧印塔。这座宝箧印塔可能是模仿阿育王塔而建，塔内纳入明惠遗发、指甲，以此进行供养。但庆政入宋未到明州，亦未游历阿育王寺见到阿育王塔，这座宝箧印塔收纳"发爪"的形式又是从何而来

---

〔1〕明惠（1173—1232），华严宗僧人，谥号高弁。他在京都栂尾山开创高山寺，以此复兴华严宗道场。明惠曾在东大寺、高雄山等地修行，研究禅宗、密教、悉昙，著有《摧邪论》《三时三宝礼释》等。

呢？且此塔是否就是庆政命石工所建呢？为了解开这一谜团，我们不妨对庆政的重要事迹做一回顾。

庆政一生中颇有影响力的事迹之一，便是致力于法隆寺东院伽蓝修复事业。自承久元年（1219）法寺舍利殿发愿造立开始，至家祯三年（1237）法隆寺上宫王院礼堂、回廊等细部修葺的完成，历时约二十年。从高山寺宝箧印塔的造立时间即1239年来看，与庆政主持的法隆寺东院修复事业在时间段上几乎重合。另外，需要指出的是，法隆寺内藏有古代舍利塔，是圣德太子舍利信仰的圣地。高山寺宝箧印塔或许正是庆政基于泉州开元寺宝箧印塔的印象并融入法隆寺舍利塔的供养形式而命石工建立的。

无论是金涂塔还是泉州石造宝箧印塔，较之日本宝箧印石塔，虽然都有着区别于其他塔形的共同特征，但在形制上仍存在着差异。金涂塔自不必言，从大小、塔刹、塔身、塔座等各部分雕造来看，都难以与日本宝箧印石塔视为同类。而中国宋代石造宝箧印塔，以福建泉州开元寺东西二塔为例进行比较，亦能发现多处异样。首先，日本宝箧印石塔在相轮（塔刹）下有段状造型，而开元寺宝箧印塔却没有这种造型。其次，开元寺宝箧印塔的山花蕉叶明显大于日本宝箧印石塔。再者，从塔身主体的雕刻来看，开元寺宝箧印塔雕有"舍身饲虎、出脑、舍眼、救鸽"的本生图，而日本宝箧印石塔塔身刻梵文种子，显然抽象化了。

不同于日本学者提出的日本宝箧印石塔起源的两种观点，中国学者路秉杰、张毅捷认为，日本镰仓时期石造宝箧印塔是在日本的佛教发展背景下独立形成的。他们认为，日本镰仓时期大量出现的石造宝箧印塔和这一时期前后日本佛教发展背景中"宝箧印法"的兴起和隆盛密切相关，是当时日本佛教酝酿和成就了这种类型的佛塔在日本的大量、不断和广泛建造。[18]

笔者认为，日本宝箧印石塔的产生是内外因共同作用下的结果，其外因即宝箧印塔实物及入宋僧对其所见中国宝箧印石塔的大致印象的传入，内因则是佛教在日本的发展尤其是《宝箧印陀罗尼经》的广泛传播。也就是说，日本宝箧印石塔是在拥有广泛的"宝箧印法"信仰的背景下，结合入宋僧记忆中的石造宝箧印塔图像的基本构造而建造起来的。

## 三、结论

以上通过对今存日本的石刻考古资料和中日文文献史料的分析，以萨摩塔、宝箧印塔为例，对宋风石刻东传日本略做分析，认为萨摩塔的东传与宋日贸易尤其是硫黄贸易相关，宝箧印塔则与来宋日僧庆政曾留学泉州、宝箧印法在日本的传播等因素有关。可见，宋日贸易、宋日佛教交流在中日石刻文化交流甚而东亚海域交流中发挥了十分重要的作用。至于宋风石刻在日本国内的传播和变异，将是笔者今后重要的研究课题之一。

## 资　料

严宝明投《日本国五山之上瑞龙山南禅寺开山大明国师行状》，东京大学史料编纂所据京都南禅寺天授庵藏本誊写本。

程珌《临安府五丈观音胜相寺记》,《洺水集》卷七，明崇祯元年刻本。

## 参考文献

[1] 山川均.寧波と宋風石造文化 [M].東京：汲古書院，2012.

[2] 刘恒武,陈竞翘.萨摩塔与宋日海上丝绸之路 [J].日语学习与研究，2015（5）.

[3] 高津孝.薩摩塔と碇石：浙江石材と東アジア海域交流 [C]// 山田奖治，郭南燕.江南文化と日本——資料・人的交流の再発掘.国際日本文化研究センター，2011.

[4] 刘恒武.旅日宋人的活跃与浙东石刻艺术的东渐 [J].南开日本研究，2014（00）.

[5] 橋口亘.中世前期の薩摩国南部の対外交流史をめぐる考古新資料—南さつま市芝原遺跡出土薩摩塔・同市加世田益山八幡神社現存の宋風獅子・三島村硫黄島発見の中国陶磁器を中心に—[J].鹿児島考古，2013（7）.

[6] 山内晋次.日宋貿易と「硫黄の道」[M].東京：山川出版社，2009.

[7] 闫爱宾.中国宝箧印塔的研究历史及现状 [J].营造，2007（4）.

[8] 温州市文物处，温州市博物馆.温州市北宋白象塔清理报告 [J].文物，1987（5）.

[9] 日本石造造物辞典編集委員会.日本石造物辞典 [M].東京：吉川弘文館，2012：1227.

[10] 川勝政太郎.宝篋印塔に於ける関西形式・関東形式 [J].考古学雑誌，1936，26（5）.

[11] 木宫泰彦.日中文化交流史 [M].胡锡年，译.北京：商务印书馆，1980：234-235.

[12] 山川均.石造物が語る中世職能集団 [M].東京：山川出版社，2006：39.

[13] 藤田元春.上代日支交通史の研究 [M].東京：刀江書院，1943：347-348.

[14] 荻野三七彦.波斯文文書と勝月坊慶政 [J].古文書研究，1983（21）.

[15] 陈支平.福建宗教史 [M].福州：福建教育出版社，1996：247.

[16] 路秉杰，张毅捷.从佛教的发展背景看镰仓时期石造宝箧印塔的形成 [J].
建筑史，2012（2）.

# On the Export of the Song-Dynasty Style Stone Carving to Japan and East Asian Waters Communication

## GUO Wanping，KONG Yuan

(School of Oriental Languages and Culture in Zhejiang Gongshang
University, Hangzhou: 310018)

**Abstract:** Mingzhou was located at the center of East Asian waters communication, whose stone carving culture had a direct influence upon that of Japan on behalf of the Southern Song Dynasty carving culture. With the development of trade between the Song and Japan, a large quantity of Chinese stone carving such as stone rubbing, stone towers, and rock Buddha statues were carried by Song Dynasty businessmen and monks into Japan, where Song-Dynasty style stone carving was popular for a time. Meanwhile, a group of highly skilled masonry came to Japan and developed into masonry groups such as the known "I-ha," whose stone carving works gradually integrated into the Japanese elements under the influence of Japanese culture. In the development of the Song-Dynasty style stone carving into Japanese style, both Buddhism and trade played an important role, representing their unique role in East Asian waters communication, on basis of which, the present study, for the purpose of enriching the cultural exchanges between China and Japan, takes Satsuma Tower and Baoqieyin Pagoda as examples to discuss how the Song-Dynasty style stone carving was exported into Japan and influenced Japanese stone carving culture.

**Key words:** The Song-Dynasty Style Stone Carving ; Satsuma Tower ; Baoqieyin Pagoda ; East Asian Waters Communication

# 日中妖怪比较研究之可能性及课题
## ——以鬼、天狗、河童为例

今井秀和 [1]

（国际日本文化研究中心 京都：610-1192）

**摘 要：**在日本，"妖怪"一词是对传统意义上的怪物的称呼。近年，中国国内对日本妖怪研究的兴趣增强。这是因为如今妖怪多作为大型的娱乐内容存在于日本的大众文化（漫画、动画、游戏）中。在中国，以日本和中国的妖怪为对象的研究不断增加。可以预想，今后以妖怪为题材的日中比较文化研究会进一步增加。本稿的目的之一，就是指出进行与日中妖怪相关的比较研究时需要留意的问题点。另一目的，则是提示在解决这些问题点的基础上进行研究的可能性。

**关键词：**妖怪；日中比较文化研究；鬼；天狗；河童

## 序 言

近年来，热衷于日本漫画及动画的中国年轻人逐渐对出现在亚文化中的日本妖怪产生了浓厚的兴趣。也许出于此因，大家开始更加关注中国的妖怪和神话传说。比如近年来，国内不断涌现以《山海经》为创作灵感的游戏及艺术作品，对以日本和中国妖怪为对象的研究也在逐渐增加。

据此可以预料，今后以妖怪为题材的日中文化比较研究将会进一步增加。本文旨在指出在进行日本妖怪及日中妖怪比较研究时应注意的几个问题，并在此基础上对该研究的发展前景提出些许看法。

需要说明的是，在对日本妖怪的研究过程中，笔者本人虽然对日中妖怪影响关系进行过时断时续的探讨，但迄今未对日中故事中的妖怪做过深入的比较研究。[2]

因此，本文既是为初学者，同时也是为笔者自己，对研究中需要注意的问题做了梳理。具体而言，围绕鬼、天狗、河童这三个具有代表性的日本妖怪形象，对日中妖怪做一比较研究。[3]

---

[1] 今井秀和，国际日本文化研究中心机关研究员。

[2] 例如下文所述，本人就刊载在中国《异苑》中的虫妖"缢女"与日本的虫妖"菊虫"二者之间的影响关系进行了论述。（今井秀和：「お菊虫伝承の成立と伝播」，小松和彦編『妖怪文化研究の最前線』，せりか書房 2009 年。）本稿所涉及的所有信息，都基于执笔时点，即 2016 年 9 月 30 日。

[3] 以下的书籍，是初学者也可简单掌握的关于日本妖怪的古今情报研究史。

# 一、妖怪与研究、教育

日本妖怪广泛出现在漫画、动画、游戏等"二战"后兴起的亚文化中。水木茂的漫画、宫崎骏的动漫电影，以及在他们影响下而诞生的众多新作品……这些作品接连不断地进入市场，积攒了不少人气。许多日本学生受此影响，拟以妖怪为主题撰写小论文或毕业论文。

此外，日本的亚文化在国外也大获人气，因此海外人士对妖怪的兴趣也不断加深。来日的留学生中，也有不少人是通过亚文化认识日本妖怪，进而对它们产生兴趣的。实际上，笔者在担任客座讲师的大学，或是之前工作过的日语语言学校中，都曾指导过不少欲以妖怪为题做研究或创作的留学生，他们多是中国人。

然而，不论是日本学生还是来日的留学生，当他们实际着手资料调查或是考察时就会体会到：把兴趣爱好作为研究对象存在很大的难度，绝非仅凭兴趣就可以解决问题。当然，所有欲以亚文化为研究对象的初学者皆是如此。

例如，他们会认为江户时期带插图的出版物与现代漫画相似，因而欲对此进行研究。于是就会出现以下一些问题：我们现在所说的妖怪在江户时代出版物中会以其他名称如"化物"[1]称呼，即使使用同样的"化物"，其意思也与现在有着不小的差异。因此，研究伊始，很多人会因称呼的界定问题受到挫折。[2]

现代日本妖怪研究第一人小松和彦是一位文化人类学者，同时也是一名民俗学者。他将"妖怪"的概念分为以下三层：①具体事件中出现的妖怪（现象—妖怪）；②超越自然存在的妖怪（存在—妖怪）；③被造型的妖怪（造型—妖怪）。[3]

他指出，妖怪起初被认为是超越个人及群体常识的一种"现象"，其次被认为是引起这些现象的一种"存在"，继而这种存在（妖怪）被描绘成具体物象，即造型化。在这阶段，妖怪形象的共同化得以快速形成。

其实，使用"妖怪"一词来指常识无法理解的"现象"，以及引起这种"现象"的"存在"，都是始于近代以后。现今许多被拟人化的"妖怪"，在江户时代基本上都用"化物"一词表示。

因此，我们在考虑上述抽象概念的历时性问题时，需要找到如小松理论这样合适的先行研究，但是由于初学者没有这些知识储备，要找到这些先行研究

---

〔1〕译者注：读作"bakemono"，意思相当于"妖怪"。

〔2〕关于对妖怪定义相关问题，可以参考以下列举的文章观点。小松和彦：『日本妖怪学大全』，小学館 2003 年。

〔3〕小松和彦：『妖怪文化入門』，角川学芸出版（角川文庫）2012 年。

会困难重重。

也有人青睐现在连载漫画新作中登场的妖怪，并试着进行研究。于是就会出现这样一个问题：因直接可用的先行研究几乎不存在，故研究者往往不知如何开展而陷入死胡同中。要解决这个问题，依然有必要寻找相关的优秀参考文献。因为即使先行研究的对象不同，但分析对象所用的理论仍然相通。而这对于初学者来说具有相当的难度。

因此，指导初学者的教员在学问上应具备辅助这类跨领域研究的基础能力，以及随机应变的指导能力。以妖怪为研究对象，对学生或老师来说皆看似不易，但源于日本文化，同时也被亚文化积极吸收的"妖怪"是一剂可引起其兴趣的催化剂。"妖怪"无论在教育还是在研究成果的反馈社会方面，都能起到不可忽视的作用。

我们需要做的不过是保持最基本的研究态度，发现创见的想象力及寻找合适的先行研究，在前人的基础上开展自己的研究，并找到与之不同的新发现。这样看来，虽说是对妖怪的研究，但与一般的研究也差别不大，只是研究对象相对模糊这点稍带特殊性罢了。

## 二、日中妖怪比较的众相

言归正传，本文用日语撰写后将被译成中文。因此，由于构成日语表达方式的汉字源自中国，我们在用日语撰写时，会面临一个如何用文字表达的问题。

中国的"gui"和日本的"oni"均用汉字"鬼"表示，但内在含义却大相径庭。因此，在谈及二者区别时，就有必要采取一些措施。下文介绍的马场秋子的《鬼的研究》等作品中将日本的鬼用日语平假名"おに（oni）"来表达，以便将二者进行区分。

日本的妖怪在近代以后通过民俗调查收集的事例中出现时，有很多用日本独特的表记方式即片假名表达的情况，但其在古典作品中亮相时，多数以汉字表达。

例如"天狗"一词，在中国是指不吉利的彗星和流星，该认识经文献流传到了古代的日本。但经过时代变迁，其本意逐渐淡薄，最终形成了日本独有的含义。

与之相对，人们普遍认为，日本的"鬼"是在日本诞生"オニ（oni）"这一概念之后，再用汉字"鬼"来表示的。由于日本和中国使用同一汉字，这难免给我们区分两国的"鬼"带来困难。本文将中国的"鬼"统一用汉字"鬼"

表示，日本的"鬼"，用片假名"オニ（oni）"表示，在此基础上展开论述。

日本的"オニ（oni）"从古代开始就已使用"鬼"这一汉字进行表述。与之相对，"河童"一词或其共同形象则迟至中世纪末江户时期才出现，是日本较新的独有妖怪。

到了江户后期，日本的国学者、本草学者积极地从中国文献中找出"水虎""河伯"等水神，认为它们与日本河童具有共通点，试图将毫无关联的它们联系到一起。这样，日本具有代表性的三种妖怪，均以不同方式与中国的妖怪相连接。因此，对日中妖怪进行比较时，需要注意它们在文化史上的不同之处。

## 三、日本的妖怪研究

进入正文之前，需要先就当代日本对妖怪研究的概况进行阐释。在当代日本，妖怪文化研究最大的特征是跨学科研究。

妖怪研究中，各专业除了有各自的研究成果以外，还广泛进行跨学科的研究。国际日本文化研究中心对怪异、妖怪、异界等进行的一系列共同研究成为该研究领域的据点。[1] 该中心以前文所述的小松和彦的研究为中心，积极致力于将研究成果反馈于社会，在网上公开了"怪异、妖怪数据库"及"怪异、妖怪画像数据库"供研究者和普通民众利用。[2]

此外，东亚怪异学会在与妖怪近似的研究主题——"怪异"上取得了不少成果。[3] 国际日本文化研究中心的共同研究以文化人类学、民俗学、日本文学等领域的研究者为中心，聚集了各学科的研究人员，与此相对，东亚怪异学会主要以历史学为中心，聚集了一批相邻专业的学者开展研究。此外，怪异怪谈研究会以日本文学研究者为中心，近年来通过发行一般读物，开始将研究成果

---

〔1〕国际日本文化研究中心的一系列怪异、妖怪、异界等共同研究的成果，收录在以下的书籍或报告书中。小松和彦：『日本妖怪学大全』，小学館 2003 年；『日本人の異界観—異界の想像力の根源を探る』，せりか書房 2006 年；『妖怪文化研究の最前線』，せりか書房 2009 年；『妖怪文化の伝統と創造—絵巻・草紙からマンガ・ラノベまで』，せりか書房 2010 年；『怪異・妖怪文化の伝統と創造 ウチとソトの視点から』（国際研究集会報告書），国際日本文化研究中心 2015 年。此报告书可在以下网站浏览：http://publications.nichibun.ac.jp/ja/item/kosh/2015-01-30/pub（小松和彦：『怪異・妖怪文化の伝統と創造 ウチとソトの視点から』，2016 年 9 月 30 日浏览）。

〔2〕可在国际日本文化研究中心"怪异、妖怪传说数据库"中检索到江户时期的随笔及近代以来收集到的一部分民俗资料。另外也可在"怪异、妖怪画像数据库"中检索、阅览本所所藏的绘画资料。此外，笔者作为小松工作室的研究员还担任收集画像资料的总负责人职务。
"怪异、妖怪数据库"国际日本文化研究中心，2002 年 6 月 20 日第 1 版公开，2016 年 9 月 30 日浏览。〔http://www.nichibun.ac.jp/YoukaiDB/〕
"怪异、妖怪画像数据库"国际日本文化研究中心，2010 年 6 月 16 日第 1 版公开，2016 年 9 月 30 日浏览。〔http://www.nichibun.ac.jp/YoukaiGazouMenu/〕

〔3〕一柳廣孝監修『怪異の時空』。今井秀和・大道晴香：『怪異の時空 1 怪異を歩く』，青弓社 2016 年；飯倉義之：『怪異の時空 2 怪異を魅せる』，青弓社 2016 年。

反馈社会。[1]

其次，在思考当代妖怪文化时，不可忽视的一点是研究成果与娱乐作品的界限极为相近。在一些轻小说、漫画等娱乐作品中时常会引用最新的研究成果，反之，一些研究者也会对当代的娱乐作品进行分析。从研究和娱乐两个方向互为参照这点上来看，妖怪可以说是一个罕见的课题。

如前所述，包括初学者在内的一般读者都对妖怪抱有强烈的兴趣，这也是娱乐作者热衷于把妖怪作为主题的理由之一。近年来，日本出版业行情萧条，但相比较而言，以妖怪为书名的书籍比人文科学领域的其他书籍更受到人们的欢迎。不仅如此，以妖怪为主题的研讨会等活动也格外受人追捧。

此外，妖怪专业杂志《怪》（1997 创刊），以及怪谈、幽灵专业杂志《幽》（2004 创刊），目前仍由角川书店发行。这两部杂志除了刊登小说和漫画之外，还收录了研究者与评论家等带有学术性的研究与对话、书评等，典型地展示出了"怪异、妖怪文化"这一领域的特殊现象。

早在《怪》《幽》创刊之际，身为作家的京极夏彦便参与其中。同时，京极还是国际日本文化研究中心妖怪共同研究初期的成员，与东亚怪异学会有着深厚的关系。他作为维系妖怪创作和研究两方面的人物，具有非常重要的地位。而从研究者与普通读者二者兴趣重合这点来看，妖怪也称得上是个好课题。

我们还应注意到以下事实：近代佛教哲学家井上圆了（1858—1919）大力提倡"妖怪学"，民俗学家柳田国男（1875—1962）与折口信夫（1887—1953）开展妖怪研究，民俗学家藤泽卫彦（1885—1967）与风俗史家江马务（1884—1979）等推出妖怪主题的大众读物，前近代国学家平田笃胤（1776—1843）的著作也对后世产生了不小的影响，限于篇幅，不再一一赘述。对这些问题的研究史，可参考本文注释中列举的先行研究。

## 四、日本的"オニ"与中国的"鬼"

接下来，笔者将日中妖怪之间的影响关系稍做整理，并对研究时所面临的问题进行讨论。遗憾的是笔者对中国国内"鬼"的研究历史不甚明了，以下姑且以几个日本的先行研究为例来做一探讨。

关于日本"オニ"的先行研究，以马场秋子的《鬼的研究》（三一书房1971 年版）为代表，不胜枚举。知切光岁的《鬼的研究》（大陆书房 1978 年

---

[1] 一柳廣孝監修『怪異の時空』。今井秀和・大道晴香：『怪異の時空 1　怪異を歩く』，青弓社 2016年；飯倉義之：『怪異の時空 2 怪異を魅せる』，青弓社 2016 年。

版），以日本为中心，收集分析了东亚的鬼或者类似于鬼的传说；由小松和彦担任责任编辑的《怪异民俗学 4 鬼》（河出书房新社 2000 年版），收录了古今20 名研究者的研究。此外，还有中国文学研究者——日本人泽田瑞穗的著作《修订 鬼趣谈议——中国幽鬼之世界》（平河出版社 1990 年版），该书对中国的"鬼"等进行了分析。

诹访春雄在其著作《灵魂的文化史——神、妖怪、幽灵、鬼的日中比较研究》（勉诚出版 2010 年版）中，对包括"鬼"在内的日中两国的神、妖怪等进行了比较研究。在日本的妖怪研究中，大多情况下中国的"鬼"都被视为与日本的"鬼"不同的存在。对此，诹访介绍了中国的先行研究，认为中国的"鬼"除了有幽灵、徘徊现世的死者的含义之外，还具有万物精灵之意。

相反，日本只有在使用"幽鬼""鬼火"等汉语词汇时，才有"幽灵、灵魂"的含义。日本的"オニ"在古代《风土记》等时代作品中，时而是笼统的"不祥之物"的形象，时而是身材魁梧、相貌堂堂的"非人之物"的形象。在中世到江户时代期间，"オニ"经绘画作品图像化，最终形成了大众熟知的形象。

一般认为，日本"オニ"的形象是源自佛教地狱图中狱卒的形象——头长犄角，体色或赤或青，手持金棒。

如上所述，日本妖怪的形象有不少是从兴盛于中世的佛教绘画（地狱图、九相图等）中选取部分图像要素，淡化原形象特征后设计而成的。江户时代的鸟山石燕所作的《画图百鬼夜行》系列中的"片轮车"，桃山人作与竹原春泉画的《绘本百物语》中的"寝肥"等妖怪画都被认为是以地狱绘与九相图等中的图像为样本所作的。[1]

日本的文字文化始于汉字的输入。所以，日本最原始的鬼是什么样的形象，是一个难以解开的谜题。虽无确凿证据，但日本出现"オニ"这一概念，应该要比从中国传来"鬼"这一汉字更早。

所以，需要用文字来记载时，就采用了中国传来的"鬼"这个汉字。这也成了日中两国在"鬼"的研究上一个有趣的谜题。在进一步分析日中"鬼"文化时，必须要意识到以上问题。

---

[1] 今井秀和：「江戸期の妖怪図像に見られる地獄絵・九相図の影響」，小松和彦編『怪異・妖怪文化の伝統と創造 ウチとソトの視点から』（国際研究集会報告書），国際日本文化研究中心 2015 年。

# 五、日中"天狗"文化史

"天狗"一词是由海外传入日本的，且很有可能起源于中国。该词传入日本之后，日本对于天狗的认识也发生了巨大变化。

日本对于天狗形象变化的研究，可以列举出很多作品，例如前文提到的《鬼的研究》的作者知切光岁所著的《天狗的研究》（大陆书房 1975 年版）。此外，《怪异的民俗学 5　天狗和山姥》（河出书房新社 2000 年版）也收录了关于天狗的基本理论研究。马场秋子《鬼的研究》中也用一章篇幅谈论对天狗的认识。近年，在日本学界出现了杉原拓哉《天狗从何处而来》（大修馆书店 2007 年版）关于日中天狗的研究（详见后述）。他主张日本天狗与中国雷神有着极为密切的关系。而李均洋的著作《雷神、龙神思想和信仰——日中言语文化的比较研究》（明石书店 2001 年版），也对日中两国中的"雷神"进行了比较研究。

此外，有趣的是，中国对于天狗的认识在后世发生了变化，而日本的天狗研究在很长的一段期间，并未对中国的天狗形象变迁给予足够重视。

不过，中国民俗学专家川野明正等人整理了中国天狗形象的变迁史。川野的研究表明，中国天狗的形象表现为流星、月食、日食的起因，战乱的征兆，危害人类和农作物的恶物等，历经多次递嬗才演变成如今的形象。[1]

此外，研究中国古代美术史的（中国古代美术史专家）杉原拓哉在参照了川野的研究之后，认为天狗的形象在中国流传的过程中也发生了变化。[2]研究中国哲学史的王鑫也发表了关于中国的天狗与日食、月食关系的见解。[3]

如上所述，起源于中国的天狗，在日本和中国均产生了与最初形象不同的变化。在此认识的基础上，我们来论述一下将二者进行比较研究的可能性。

众所周知，在古代中国，一旦天际划过彗星或流星，人们便会对此不明现象深感恐惧，并认为这是苛政的结果，于是将其起名为"天狗"。对此，中国的《汉书》和《史记》中有相关记载。此后，天狗的相关认识传入日本，被载入《日本书纪》。中国的天狗传说传入日本后，经过不断变化，最终形成了自己独特的性格特征和具体的形象。

在古代的《日本书纪》中，天狗是预示凶兆的彗星或流星；在平安时期的《源氏物语》等作品中，天狗成了掠人于无形的可怕形象，在《今昔物语》中

〔1〕川野明正：「天翔る犬　大理漢族・白族の治病儀礼'送天狗'と'張仙射天狗図'にみる産育信仰」，『饕餮』2000 年第 8 号。

〔2〕杉原拓哉：『天狗はどこから來たか』，大修館書店 2007 年。同「西王母と赤松子」，选自小松和彦：『妖怪文化の伝統と創造—絵巻・草紙からマンガ・ラノベまで』，せりか書房 2010 年。

〔3〕王鑫：《天狗食日考》，选自小松和彦：《怪异、妖怪的文化传统和创造——从内和外的视点》（国际研究集会报告书），国际日本文化研究中心 2015 年版。〔日本語：『怪異・妖怪文化の伝統と創造　ウチとソトの視点から』（国際研究集会報告書），国際日本文化研究中心 2015 年。〕

则成了妨碍僧侣做佛法的存在。在中世，诞生了许多被称作《是害房绘》的绘画。这些绘画，多来自《今昔物语》记载的传说，天狗长有鸟的翅膀和喙，成了"乌天狗"的雏形。

这时，天狗的形象早已与彗星、流星大相径庭。但中世的《太平记》则是例外，该作品中曾预言了预示北条氏灭亡的"妖灵星"的出现，天狗的形象再次与"灾星"联系到一起。之后，从中世后期到江户时期登场的则是所谓的"鼻高天狗"。"鼻高天狗"是新的天狗形象，它是栖息于山中的天狗、山中修炼的日本宗教者及"山伏"（日本修验道的修验者）这三者形象的混合体。[1]现在所说的"天狗"，多指"鼻高天狗"，事实上这是一个相对较新的形象。

如上所述，中国的天狗也流传到了后世。与日本不同的是，中国天狗的形象经历过发生日食、月食和战乱、疾病的诱因，以及"黑猿""女仙""人参之精"等几个变化过程。[2]

例如《山海经》中载有的天狗形象，是山猫的形态，而不是狗（犬）；直至现代，道教的咒符中画的天狗依旧是狗的形象。有趣的是，天狗的形象发生了多种变化，但万变不离其宗，始终保留着汉字"狗"的字样。

与此相反，在日本，"狗"的形象并未流传后世。虽然也有将"狗"字读作"kitsune"（意为狐），即将天狗理解为"天狐"的观点，但更多人认为天狗的形态与人相近。或许是继承了彗星、流星"飞天"的形象，日本的天狗变成了身长羽毛的鸟人形象。

起源相同的日中两国的天狗形象，在社会、文化影响下是如何变迁的，笔者期待着今后有新的研究进展。


## 六、日本的"河童"与中国的"水虎""河伯"

下面，笔者将对日本独有的妖怪"河童"进行讨论。"河童"是产生于日本中世末期和江户初期的妖怪。然而，若说与中国没有关联，也并非如此。江户后期，学者认为"河童"源于中国文献中记载的水神，并对"河童"与"水虎""河伯"等形象进行了比较，将看似毫无关联的它们联系到了一起。

关于日本"河童"的先行研究，其数量不仅不亚于"鬼"和"天狗"，甚至更胜一筹。在此，笔者首先想介绍的是作为总论的中村祯里的著作——《河

---

[1] 关于天狗形象的变迁做出比较粗拙的整理。今井秀和：「星の知らせは凶事のサイン—天体ショーと社会不安—」，『怪』36 号，角川書店 2012 年。

[2] 知切光歳：『天狗の研究』，大陸書房 1975 年，P22；川野明正：「天翔る犬 大理漢族・白族の治病儀礼'送天狗'と'張仙射天狗図'にみる産育信仰」，『饕餮』2000 年第 8 号。

童的日本史》[1]。其次，以小松和彦《怪异的民族学 3 河童》（河出书房新社出版 2000 年版）为代表的论文集是研究河童的基础文献。[2]此外，和田宽对近代以后的河童展开了富有特色的研究。[3]

饭仓义之编纂的指南读物《日本河童之真相》（新人物往来社出版 2010 年版），收录了上述的先行研究。此外，日本国立历史民俗博物馆将有关河童研讨会的内容整理成书，这是近年来最大的成果。[4]

虽然"河童"二字在中世末期就有见使用，但其发音"kappa"，以及流传后世的形态特征，实际上是在江户时代才确定下来的。让我们参照先行研究，来整理河童的来历吧。[5]

综观现在的研究，关于河童的记述，最早见于室町时代的古辞书《下学集》。然而，并不是汉字的训读"kappa"，而是"kawarowu"。据记载，河童是由衰老的水獭演变而成的。

另外，江户初期的《日葡辞书》也有水中栖息着一种类似猴子的兽类"カワロウ"（kawarowu）的相关记载。1715 年《和汉三才图会》（日本初期的插图百科事典）中也有"川太郎，一名川童子（カワロウ）"的记述，并附有猿猴一样的插图。概言之，在日本关西地区大多称之为"カワタロウ"（kawatarowu），而在关东和东北地区则多称其"カッパ"（kappa）。

值得注意的是"河童"这一妖怪出现之后学者在江户后期的动向。进入19 世纪，当时人们相信"河童"是真实存在的。在江户的学者（儒学者、本草学者）对"河童"的信息进行统合、整理时，江户的叫法"kappa"及与龟、蛙相似的形象影响了"河童"在日本全国的形象。

更有江户时期的学者认为日本的"河童"就是中国的水神——"水虎""河伯"。"水虎"是《本早纲目》等文献中所记载的水神，它通体覆有鳞片，成年后看起来类似儿童大小，通常全身潜入水中，仅将极似虎爪的膝盖露出水面，故被称为"水虎"。

日本的"水虎"，通常认为是通过《和汉三才图会》而被知晓的。书中描绘了"水虎"身上被鱼鳞覆盖的样子，而下一项词条"川太郎"则是全身覆毛的形象。青森县的津轻等地区中，"水虎"的日本语发音"suyiko"，就是因为

〔1〕中村祯里：『河童の日本史』，日本エディタースクール出版社 1996 年。

〔2〕大岛建彦：『双书フォークロアの视点 河童』，岩崎美术社出版 1988 年；谷川健一：『日本民俗文化资料集成 8 妖怪』，三一书房 1988 年。

〔3〕和田宽：『河童的文化誌 明治・大正・昭和编』，岩田書院 2010 年；同『河童的文化誌 平成编』，岩田書院 2012 年。

〔4〕国立歴史民俗博物館、常光徹：『河童とはなにか（歴博フォーラム民俗展示の新構築)』，岩田書院 2014 年。

〔5〕今井秀和：「河童の歴史—河童以前の姿」，选自飯倉義之：『ニッポンの河童の正体』，新人物往来社 2010 年。

"河童"有"osuyikosama"（オスイコサマ）和"オシッコサマ"（osikkosama）等异称，这些称呼是在明治以后才广泛流传的。

"河伯"是掌管黄河的水神，与中国的土地神、土伯（后来的土地公）相对应，《庄子》《汉书》《和图》等书均有载述。"河伯"栖息于黄河，据说其形态为人面鱼身。《史记》中记述有向"河伯"供奉美女的习俗。日本关于河童的研究中，也有把"河伯"（カハク）视为"河童"（カッパ）词源的倾向，但从诸条件来看，"河伯"应该是在"河童"出现后才与其产生联系的。

不难看出，江户后期的上述动向是受到了中国传来的"本草学"及其他学科的影响。他们将日本的文物与中国更悠久的记载相联系，试图予以新的诠释。本草学的研究对象囊括了自然界里众多有用、无用的物产，从而诞生了《和汉三才图会》《本草纲目启蒙》等众多本草书和百科全书。并且，他们深信有"河童"存在，将它置于本草学的研究对象中。

例如，在江户时期最高学府任教的昌平黉的教师古贺侗庵依据本草学，对"河童"进行了详尽的考察。古贺编写的《水虎考略》，是一册完整记载了关于"河童"研究的书。古贺采用来自中国的"水虎"作为"河童"类生物的总称。江户时期的本草书及受其影响浓厚的考证随笔，均轻易地将日本的"河童"和中国的"水虎""河伯"视为同类而联系在一起。

日本的本草学的历史，是从一开始便将日本产的动植物、矿产等和中国本草书中所载内容进行实名考辨的历史。因此，日本所特有的水怪"河童"和中国的"水虎""河伯"被同等而视。在对日本的"河童"、中国的"水虎""河伯"进行考察时，必须意识到上述文化背景。

若以"河童"为中心，对日中两国形象交流进行考察，日本版的《西游记》在吸收上也是一个饶有兴味的问题点。日本版的《西游记》中，陪同三藏法师玄奘赴西天取经的有三人：孙悟空、猪八戒和沙悟净。其中，猴妖孙悟空和猪妖猪八戒广为人知，而沙悟净原是水神——"深沙大将"却在日本罕为人知。这是因为，日本在翻译《西游记》时，考虑到日本人比起"深沙大将"更熟悉"河童"，从而把沙悟净设定为"河童"。该设定何时开始，又是如何为大众所接受，对此，目前尚未见详尽的调查研究。从近世到近现代，"河童"在《西游记》传播过程中所起的作用，有待今后深入研究。

## 七、结语

以上，笔者举例论述了日中妖怪比较研究的可能性及存在的问题。

日本的妖怪中，有不少像"天狗"一样源于中国；也有诸如"oni"，诞生于古代日本，早期与汉字相结合，导致其具有多种形象；还有像"河童"这样，形成于不久远的江户时代，被学者与毫不相关的中国水神联系到一起。

如上所述，代表日本的三种妖怪均与中国的妖怪、神仙存在一定的联系。当然，日本也存在着很多与中国妖怪并无直接关联的妖怪，但同时也存在着不少与本文所提及的那些与日中两国存在关联的妖怪。因此，以本文未提及的妖怪作为对象进行日中文化比较研究时，必须对两国妖怪形象的关联性自觉进行整理。

总而言之，对不同文化中的事象进行比较研究时，有必要明确双方（例如"河童"和"河伯"）是否存在直接关系，存在怎样的关系。对此，本文算是在资料整理和问题提出上尽了绵薄之力。

从海外的比较研究来看，日本的妖怪研究仍处于起步阶段。当然，本文中的介绍只属于冰山一角，个别研究也已取得一定的成果，但日本取得的丰硕成果主要局限于国内，与此相比，尚未开展的国际比较课题堆积如山。我们不仅需要在国内积极开展研究，还需要加强与以中国为首的海外学者的相互合作。

（浙江工商大学东方语言文化学院硕士研究生李园园、王琦、石鲁豫、张付梅译，王宝平校译）

# The Potentiality and Subjects of Japan–China Comparative Yōkai Culture Studies: Examples of Oni, Tengu, and Kappa

## IMAI Hidekazu

(International Research Center for Japanese Studies，Kyoto: 610-1192)

**Abstract:** Yōkai is the appellation of traditional monsters in Japan. The interest in Japanese Yōkai is growing in China. As Yōkai is the huge entertainment content of Japanese popular culture, such as Japanese comics, animation, and video games. In China, studies of Japanese and Chinese Yōkai are increasing. Hereafter the Japan-China comparative culture studies themed Yōkai are expected to be further more. One of the purposes of this paper is to point out the issues to be paid attention to when comparative culture studies of Japanese and Chinese Yōkai. Another purpose is to present the potentiality after clear up all those issues.

**Key words:** Yōkai ; Japan-China Comparative Culture Studies ; Oni ; Tengu ; Kappa

# 复仇与义杀
## ——中国法在近世日本的作用

岛善高[1]

（早稻田大学社会科学部　东京：169-8050）

**摘　要：**本文以 1853 年在熊本藩发生的杀人事件为例，介绍了其审理过程中始终参照中国法律这一事实。此外，在中国，自古以来礼的约束和既定法律之间总是矛盾重重，那么熊本藩案件中是如何处理二者关系的呢？关于此问题，本文也会进行探讨。

**关键词：**复仇；义杀；周礼；清律；熊本藩

# 一、引言

自古以来，日本在诸多方面受到中国文化的影响。法律也不例外，奈良平安时代的律令就是以唐律令为母法的。

中世武家政权登场以后，日本虽然没有直接模仿中国法律，但江户幕府第八代将军德川吉宗很热衷于研究中国法律。

江户时代幕府下面有 300 个左右的藩。各藩的"独立处罚权"得到公认并可以制定与幕府不同的法律。但是编纂法典是一项大工程，故此大多数的藩选择了模仿江户幕府的法律。

与此相反，少数有实力的藩参考了中国明、清的法律，制定了独自的法典。如熊本藩的《刑法草书》、新发田藩的《新律》、会津藩的《刑则》、弘前藩的《宽政律》、纪州藩的《国律》、土佐藩的《海南律例》等。由于当时不知西方法律，所以中国的明清律成为其参考的法典。

下面，笔者想在以明清律为蓝本的藩中最具代表的熊本藩为例，具体讲述在熊本藩，中国法律起了怎样的作用。

熊本藩在 1754 年制定了名为《刑法草书》的刑法典，共 142 条。与明律 460 条相比，它是一个小规模的法典。因此，在发生该法典规定之外的案件时，首先要参考日本的先例，其次是明清律，再次是儒教经典特别是《周礼》。[2]

另外，江户时代日本的法律坚持不对外公开的大原则，不论是幕府的法律还是《刑法草书》，只有少数人可以看。即便知道其内容，也不可以肆无忌惮

---

〔1〕岛善高，早稻田大学社会科学部教授，浙江工商大学东方语言文化学院客座教授。
〔2〕小林宏：『日本における立法と法解釈の史的研究（近世）』，汲古書院 2009 年。

地引用。[1]

下面，笔者将以 1853 年 11 月 13 日夜里发生在熊本藩的案件为例来进行说明。这个案例是当时熊本藩的特殊事件，也处于江户时代这一特殊时期，实际上有诸多复杂要素交错其中。——交代这样的特殊情境很需要时间，因篇幅关系，此处省略不提。[2]

## 二、处分宫川兄弟一事概要

事件的概要如下[3]：

①熊本藩家臣宫川五郎在数年前离家出走。[4] 1853 年 11 月 13 日夜里其与熊本藩的支藩——肥后新田藩家臣安东弁喜[5]在酒后发生争论，用刀致使弁喜身负重伤后逃亡。

②安东弁喜之子安东熊彦听闻此事后追赶逃亡的宫川五郎并将其杀害。

③宫川五郎的兄弟及友人在 14 日夜晚，闯入安东熊彦家寻仇。

④安东熊彦的亲戚住田弥八郎为防止事态扩大化[6]，伪装熊彦自杀的场面，向熊彦背后砍去。惊慌中的安东熊彦匆匆逃离。

⑤宫川五郎的兄弟们追赶安东熊彦，但没有追到。

⑥ 11 月 16 日，事情传到熊本藩藩校时习馆。学生间也开始讨论宫川兄弟的复仇行为是否妥当。因为宫川五郎之弟宫川权次郎是时习馆的学生。

⑦熊本藩的官员开始介入调查此事，于是宫川兄弟决定就此收手。

---

〔1〕在熊本县立图书馆木下家文书里保留的关于此事件的史料中也这样写道："在日本，以幕府为首，熊本藩的法律也不对外公开，因此，不能以这些为依据作为处理犯人时的规则。"

〔2〕除本文提及的问题外，学术界也在激烈地讨论着关于宫川五郎和安藤熊彦的身份差异、离家出走的宫川五郎是否具有武世身份、义杀的"义"的意思等问题。

〔3〕关于此事件的史料可见于保留在熊本县立图书馆、由木下真太郎所记录的『刑法関係書』『内密書附写』『調人職考辨草案』『宫川兄弟处分之儀他』『宫川勝左衛門兄弟处分之儀二付同役中追々咄合之始末手控』及熊本大学图书馆永青文库所藏的熊本藩方面的记录『安政二年　叱贖答　口書』『嘉永七年　遠慮帳』。

〔4〕宫川家族担任熊本八代城的警卫，长子宫川辰之允（250 石）曾担任此职位。宫川辰之允有 3 个弟弟，分别是胜左卫门、五郎、权次郎。三弟宫川五郎经常离家出走，虽然每次都会被带回，但在天保十三年（1842）三月二十五日晚上离家后失踪。

〔5〕宽文六年（1666）七月，由第五代藩主纲利分得三万五千石后，熊本藩的第四代藩主细川光尚的次男利重建立肥后新田藩。肥后新田藩的藩宅位于江户，藩宅里有新田藩主和使者去下国时的宿舍、熊本在住的家臣。在盐屋町的御用住宅里，有办公用地，世世代代由猿木家管理。[2]安东弁喜于弘化二年（1845）隐居，其养子安东准之助也效法父亲。嘉永六年（1853）九月，安东准之助被任命为江户诘留在江户。隐居的安东弁喜居于沼山津手永，担任水车一职。嘉永六年，安东弁喜六十一岁，除作为江户诘的准之助以外，家人还有妻子和二十四岁的儿子安东熊彦及女儿"かち"。[3]

〔6〕安东熊彦是支藩的家臣，身份比作为熊本藩直属家臣的宫川五郎低一个等级。在江户时代，等级高的人杀了等级低的人可以宽大处理，但相反的情况时，也就是等级低的人杀了等级高的人时要严惩。

⑧时习馆的教员柏木文右卫门[1]向熊本藩的官员进言，"对宫川权次郎来说，安东熊彦是哥哥宫川五郎的仇人。但同时宫川五郎又是安东弁喜的加害者。所以为了平息学生们的议论，决定先在学校教员中讨论此事并得出一定结论"。

⑨大多数时习馆的教员认为"宫川兄弟复仇是理所当然的，按照清律，安东熊彦应处以绞刑"。在当时的日本，幕府法律只适用于幕府统治地，而各个藩能自由制定法律。熊本藩决定参考《刑法草书》和中国的明律与清律。

⑩木下真太郎认为熊本藩官员已经介入此事，教员们再讨论是多此一举。但他的主张没有被采纳。

## 三、清律斗殴、父祖被殴条

熊本藩的刑法典《刑法草书》中，与本件相关的条文如下[4]：

> 祖父母、父母被他人所杀，子孙将此人杀掉的话，无罪。
> 但，伯父母、叔父母被杀的话，酌情判决。

就是说，没有规定祖父母、父母被殴打该怎样处理。由此时习馆的大多数教员参照了如下清律：

> 凡祖父母父母为人所殴、子孙实时少迟即救护、而还殴行凶非折伤勿论、至折伤以上减凡斗三等、虽笃疾亦得减流三千里为徒二年、至死者依常律。
> 若祖父母父母为人所杀、而子孙不曾擅杀行凶人者杖六十、其实时杀死者勿论、少迟即以擅杀论、若与祖父母父母同谋共殴人、自依凡人首从法、又祖父母父母被大服亲属殴打、止宜救解不得还殴、若有还殴者仍依服制科罪、父祖外其余亲属人等被人杀、而擅杀行凶人、审无别项情故、依罪人本犯应死而擅杀律杖一百。
> ※ 清律辑注

---

[1] 嘉永六年（1853），当时，藩校时习馆里有作为教员有：
　　助教——山口仁九郎（71岁）、柏木文右卫门（41岁）。
　　训导——簗濑骐兵卫（37岁）、加贺山权内（46岁）片山喜三郎（39岁）、井口呈助（35岁）、饭田熊之助（31岁）、辛嶋多喜次（48岁）、木下真太郎（48岁）。
　　教室负责人——大塚七右卫门、佐村巳三郎。
　　宿舍负责人——平川贞四郎、生驹新太郎。

> 至死依常律、故杀亦在内矣、容有见父祖被殴而忿怒还殴之时、
> 起意欲杀、径情杀之者、虽救护而故杀、情重、自依常律坐斩〇秦司
> 寇批本云、此指救护而斗、即一时义忿杀之、不可以故杀论、参杀死
> 勿论之文自见。

※条例

> 人命案内、如有祖父母、父母及夫被人殴打、实系事在危急、其
> 子孙及妻救护情切、因而殴死人者、于疏内声明、分别减等、援例两
> 请、候旨定夺。

在清律中规定①祖父母、父母被他人殴打，子孙及时救护而打行凶之人，如不是造成对方手足骨折受伤的话，无罪。②子孙救护来迟，殴打行凶之人，按通常的斗殴罪论处。③造成对方手足骨折受伤时，比凡斗（一般的斗殴罪）降低三等论处。④即便造成对方笃疾（如瞎双目、折两肢），也要将流放三千里的判决减为徒刑两年。⑤如致对方致，按常律（通常的规定）论处。常律就是刑律人命的"斗殴杀人者，不论手足，他物，金刃处以绞刑"的规定。⑥如祖父母、父母被人杀害，子孙没有向上报告而自作主张杀害行凶之人的话，杖六十。当场杀人的话无罪。

清律文本中两行小字的注释为"总注"，是官撰的注释。

另外《辑注》为 1715 年沈之奇编纂的《大清律辑注》的略称。《辑注》是处理法律案件的人员参考的学说和前例，在实际运作中最具参考价值。

《辑注》中出现的秦司寇，即秦承恩。[5] 他是状元秦大士的长子，号芝轩，江苏江宁人，乾隆辛巳年进士，官至刑部尚书，是司法方面的专家。

"条例"是修正法律及增设例外规定时加在律文后面的。

## 四、清律的解释

### 1. 时习馆多数教员的主张

时习馆的教员们首先援引了汉高祖灭秦后，废除秦始皇规定的苛律而只处罚杀人、伤害、盗窃的所谓"约法三章"。"杀人者死、伤人者刑"是天下古今之大法，所以安东熊彦应判死刑。

另外，在清律斗殴的父祖被殴条中，即便是为保护祖父母、父母而杀害对方的话，也要"依常律"论处。常律就是主张要"故杀斩罪"。

### 2. 木下真太郎的主张

对此，木下真太郎认为"杀人者死、伤人者刑"只不过是汉高祖的一言，

并没有法律的约束力和伦理的约束力。

并且，他注意到清律的《辑注》中引用的秦司寇的文章，即"出于义愤杀人不应以故杀斩罪论处，应参考清律正文'即时杀死者勿论'"。据此，木下真太郎认为安东熊彦的行为是出于"义愤"，不应判处死刑。

另外，在清律里规定"如父母被他人殴打，实系事在危急，其子孙救护情切，因而殴死人者，应向天子陈述，援引先例，候旨定夺"。由此可见，处于危机情况的话应向皇帝请旨。木下真太郎认为安东熊彦的所为实属危急下的行为，处罚应听从藩主的意见。

时习馆的教员们屡屡开会商议，木下真太郎坚持己见，毫不让步。时习馆的意见很难得到统一。

### 3. 熊本藩官员的意见

熊本藩官员们看到时习馆教员意见无法统一，于是催促其拿出统一意见。但时隔一年，也未见达成，于是对时习馆说道：

> 清律是外国的法律，虽有时作为参考，但不可都以其为依据。在可供参考依据不足的情况下，只能参考《礼经》。在《周礼》中有这样值得借鉴的表述"为义而杀人的人，不能复仇"。

这与木下真太郎的意见如出一辙。

## 五、《周礼》地官司徒教官之职

熊本藩官员在做出以上判断时论及的《周礼》，毋庸赘言是儒教经典中最为重要的部分，不只在中国，在日本自古以来亦得到重视。

《周礼·地官·调人》中有这样的内容，"凡杀人而义者。不同国。令勿雠。雠之则死"。意思是，为"义"而杀人，不处罚。但为了躲避被害者家族复仇，令移居别国，被害者的遗族亦不可报仇，如报仇则处以死刑。

> 调人。下士二人。史二人。徒十人。
> 调人。掌司万民之难而谐和之。凡过而杀伤人者。以民成之。鸟兽。亦如之。凡和难。父之雠。辟去声诸海外。兄弟之雠。辟诸千里之外。从父兄弟之雠。不同国。君之雠眡父师。长之雠眡兄弟。主友之雠。眡从父兄弟。弗辟。则与之瑞节。而以执之。凡杀人有反杀者。使邦国交雠之。凡杀人而义者。不同国。令勿雠。雠之则死。凡

有鬭怒者。成之不可成者。则书之先动者诛之。

※《周官义疏》卷十三

正义、王氏应电曰、杀人而义者、被杀者不义也、若为寇攘、诱臣妾之小人、身其害而杀之者、为得其宜、被杀者之子孙不得为雠、雠则罪其不服义、而加死刑也。

案、杀人而义者、如夫为寄貑、穿窬夜入人室之类、详玩文意、不同国三字、盖衍文、左传郑游贩夺人之妻、其夫攻杀之、而以其妻行、子产复之、令游氏弗怨、可见不必不同国也。

## 六、《周礼》的解释

### 1. 时习馆多数教员的解释

熊本藩的官员以《周礼》为论据，主张不判处安东熊彦。与之相对，时习馆的教员们认为《周礼》中的义杀与"杀人者死、伤人者刑"这一天下古今大法相抵触，至少应该对安东熊彦做出处罚。

此外，《周官义疏》中引用的王应电的注释中指出，"寇攘"（即盗贼）、"诱臣妾之小人"都是义杀的一例，并且案说还列举了"夫为寄貑"（即不伦）、"穿窬夜入人室之类"（非法入侵）的例子。时习馆的干部们认为，历代的注释中只举出这些事例，为此对义杀应进行限定性的解释。的确，郑玄有言"其父母兄弟师长，尝辱焉，而杀之为得其宜"，但这是后汉一时的轻侮法，随即被废。另外明代的郝敬（1558—1639）也说"如其言，则天下挟睚眦之怨，皆得借口父兄见辱而杀人矣"，并指出如果承认郑玄的说法，那杀人事件将会无止境地重复上演。另外，时习馆的教员认为安东熊彦的行为不符合义杀。

### 2. 木下真太郎的解释

木下真太郎认为，最初安东熊彦杀害宫川五郎是符合复仇的。但父亲安东弁喜只是负重伤，并没有死亡，就是说又不属于复仇。如果解释为复仇的话，是在其父死亡这一大前提下进行的。于是木下真太郎认为该行为符合《周礼》中提到的义杀。

但是，《周礼·地官·调人》中出现的义杀，都不是给人带来伤害的重大犯罪。虽说不能给他人造成伤害，但由于其不义，故此可杀害。这些比较轻的犯罪与复仇之间又应怎样权衡？《周礼》的注释中没有写明。木下真太郎也持这样的疑问，说道：

至其父遇凶。伤重。子登时杀仇。民间必有之事。纂辑例案者。尝不一言之。何也。[6]

（父亲身负重伤，孩子立即杀害加害者，这是民间必有之事。为何《周礼》注释者们一字不提？）

严格来说，安东熊彦的行为，不是义杀亦不是复仇。那该怎样处置呢？有这样一种意见，就是让安东熊彦交赔偿金而取代实际刑罚，冠攘、穿窬、寄豭、夜入人室等轻罪可判为无罪，让安东熊彦交赔偿金似不合理；还有一种意见请求政府再审免其死罪，但原本安东熊彦就罪不至死。

最后，木下真太郎也没有给出明确的结论。

# 七、判决

## 1. 熊本藩政府对于本事件的态度

事过两年时习馆的意见也没有得到统一，于是熊本藩的官员在 1855 年 12 月 6 日宣布了判决。判决认为"法律惩戒任意杀人，但对于出于义的杀伤，应该得到减刑、特殊宽大处理。日本与中国风土不同，安东熊彦的行为应属于义杀"。"对于此次事件，大多数时习馆的教员主张宫川兄弟有复仇的权利。但是宫川五郎是数年前就离开家的人，不能以通常的兄弟关系论处。"

判决书的最后附加了《周礼·地官·调人》和《春秋·公羊传》中"父不受诛，子复仇可也"的文面，这是熊本藩官员做出判决的依据。对于安东熊彦的判决，依照《周礼·地官·调人》的叙述，为防止被害者复仇，让他搬到离熊本遥远的江户居住。

## 2. 判决文 [7]

○宫川五郎之弟宫川权次郎

其兄宫川五郎为离家出走之人。即便是这样，他还是起复仇之心带领友人闯入安东熊彦之宅。这是不当的。⇒禁闭 20 日。

○住田弥八郎

为造成安东熊彦自杀的假象而砍向熊彦。由一己之私而伤人，是武士不应有的行为。⇒作为熊本藩的武士永不雇用。

○安东弁喜

被宫川五郎砍杀时，没有精神准备也没有持刀相向，致使宫川五郎逃走。另外，儿子安东熊彦逃亡期间，为其提供衣服钱财，这是武士不应有的行为。⇒逼塞（禁闭 30 到 50 天）。

○安东熊彦

杀死宫川五郎是武士当有的行为，但在面临住田弥八郎的突然袭击时却逃跑，这是作为武士不成熟的行为。⇒送至江户的肥后新田藩，禁闭50日。剥夺武士身份，降至军队职员。

## 八、结语

就这样，发生在1853年11月13日夜里的事件得以解决。但是判决下达后，确切地说，到1857年9月的4年间，围绕《周礼·地官·调人》的解释的讨论依旧继续。由于对《周礼·地官·调人》的解释没有得到统一，熊本藩官员责令时习馆对其解释达成共识。熊本藩政府最终采纳了木下真太郎的意见，在此有两点需要交代。

首先，对于《周礼·地官·调人》中记载"凡杀人而义者"中的"义"，时习馆的教员的干部认为，义分公义与私义，《周礼》义杀中的义为公义，并且公义是国家制定的法律，与法律一致。就是说，安东熊彦杀害宫川五郎的行为，按照法律是无罪的，被杀的宫川五郎的行为在法律上是有罪的话，应该按照《周礼·地官·调人》论处。

但是，这样的解释又有些牵强。木下真太郎认为"义"不止要按是否符合法律，也要按是否符合"天理""道理""本性""人情"来判断。[8] 此外，"天理""道理""本性""人情"等是存在于人"心"的不变价值。木下真太郎指出，朱子也在《朱子语类》中提到把"天理""人情"置于价值的根源。木下真太郎认为既然朱子学是一门公认的学问，那么最终只能把朱子的解释作为依据。还有，在对《周礼》的解释上，朱子以郑玄的注和贾公玄的疏为义举，《周礼·地官·调人》说"杀人为义者"也应全面采用郑玄之说。郑玄之说指的是"其父母兄弟师长，尝辱焉，而杀之为得其宜"一句。

其次，对于礼与法律之间的关系也展开了激烈的讨论。木下真太郎这样认为：

> 人不可不知礼，这与国家刑法不同。然刑法成后，人民放弃礼，以刑书为依据，为一点的小事借口争吵。
>
> 心有礼（经术）的话，作为法官也会斟酌法外的条理，该宽大处理时宽大处理。自己心中有礼（经术），犯罪者的义与不义，该减缓还是不该减缓，自然会明白。
>
> 如有杀人者，刑官只引用触犯国法的部分，一味依据法律判罪。

但人已杀，如有人认为可从情理为出发点平息的话，心怀经术之人，自会以《春秋》《礼记》《周礼》为依据，在法外建义理，助孝子之心。以圣人教诲为先，经义不许之处，刑官也不能仅依法就判罪。

木下真太郎把礼秩序视为最高价值，认为刑法只不过是其辅助。他在《律论》[6]一文中分别论及了"天刑"与"人刑"。"天刑"即是以情理论罪，"人刑"则是以人为（法律）论罪。在此基础上，木下真太郎认为"杀人却没有遭到任何人的怨恨，这是为什么呢？是由于没有私心。没有私心即可以聪慧明理，仁恕达情，议之亦不违背天。没有利心，可以与民共享利。与之相对，以自己的好恶来立法，将失信于民。故此，立法者必去私心与利心"。另外"天刑"与"人刑"的区别，用现代语言来解释是自然法与实定法吧。

另外，除木下真太郎以外的时习馆的教员们，基本上全员持拥护宫川五郎的立场而不断要求严惩安东熊彦。但大多数教员一致反对木下真太郎的意见的原因却不得而知。据说宫川五郎的一位亲属来到时习馆的干部家，其他的教员也纷纷加入其中共同商量宫川五郎一事。

可以这样猜想，时习馆的教员们受了宫川家亲属之托，从而在言行上达成一致，即减轻处罚宫川家而从重处罚安东熊彦。在木下真太郎看来，这正是出于私心与利心的体现吧。

**参考文献**

[1] 小林宏 . 日本における立法と法解釈の史的研究（近世）[M]. 東京：汲古書院，2009.

[2] 中川斎 . 肥後高瀬藩史 [M]. [出版地不詳]：高瀬藩設置百周年記念出版，1969.

[3] 安藤家：安東家先祖附 [M]. 熊本：熊本県玉名市博物館こころピア蔵，[出版時間不詳].

[4] 小林宏，高塩博 . 熊本藩法制史料集 [M]. 東京：創文社，1996.

[5] 昭槤 . 啸亭杂录 卷9 [M]. 北京：中华书局，1980.

[6] 竹添光鴻，韡村遺稿拾遺（上）[M]. 熊本：木下重三，1916.

[7] 熊本藩：安政二年　叱贖答　口書 [M]. 熊本：熊本大学永青文庫所蔵，1855.

[8] 木下真太郎 . 調人職考弁 [M]. 熊本：熊本県立図書館，[出版時間不詳].

[9] 木下真太郎 . 調人職考弁草案 [M]. 熊本：熊本県立図書館，[出版時間不詳].

# Revenge and Righteous Murder — The Role of Chinese Law Played in Modern Japan

## SHIMA Yoshitaka

(School of Social Sciences in Waseda University, Tokyo: 169-8050)

**Abstract:** This paper, taking a murder case happened in Kumamoto in 1853 as an example, introduces the fact that Chinese law was consulted all through the trial. Considering that in China there were always conflicts between the restraint of rite and established law since ancient times, how did Kumamoto court handle the relation between the two? This issue will also be covered in the paper.

**Key words:** Revenge ; Righteous Killing ; Rite System of the Zhou Dynasty ; Laws of the Qing Dynasty ; Kumamoto Domain

# 近代中日笔谈文献之瑰宝
## ——《大河内文书》前言

王宝平[1]

（浙江工商大学东方语言文化学院　杭州：310018）

**摘　要：** 笔谈谓书面谈话，是汉字文化圈文人间克服口语障碍进行交流的一种独特的方式。笔谈文献是近年开始受到学界关注的一种新文体，其中《大河内文书》为大河内辉声等日本友人与在日中国人和朝鲜半岛人士之间的交流记录，它以持续时间之长、数量之庞大、内容之丰富、参加人数之众名列近代笔谈资料之首。本文拟对《大河内文书》的文本发现者实藤惠秀、笔谈的主人公大河内辉声、笔谈的地点、《大河内文书》的特点、先行研究，以及出版经纬进行综合探讨。

**关键词：** 笔谈；大河内文书；大河内辉声；在日中国人

时光倒转，穿越百年。

1884年春，江户幕府儒官林罗山第12代哲嗣林学斋为驻日外交官黄吟梅举行家宴，日僧高冈殷勤作陪。屋内半晌不闻动静，仆人深感诧异，走近一看，惊讶地发现：三人宛如哑人，时而以手摹画，时而相视而笑，不停地在纸上涂写。于是奔走相告：文昌帝君的侍童——天聋和地哑降临老爷家了！[2]

无独有偶，相似的一幕也出现在著名汉学家冈千仞府邸。晚清驻日使节沈文荧应邀做客，两人觥筹交错，以笔代语，一语不发。一旁殷勤服侍的冈妻不由得嘀怪：你俩一声不吭，表情和手势酷似哑巴。何苦作"哑饮"来着？！[3]

这两则轶事发生在130多年前，均是由笔谈引发的"误会"。所谓"笔谈"，《汉语大词典》有一精准的界定：书面谈话，亦即通过书写进行交谈。明治时期，日本人不会说汉语，但擅长书写，而中国人不谙日语，于是往往以笔代舌，开展交流。笔谈与唱和、序跋、书信一起，成为当时中日文人间盛行的交流方式。[4]本文介绍的《大河内文书》，就是明治时期笔谈文献中的荦荦大者。

---

[1] 王宝平，浙江工商大学东方语言文化学院教授。

[2] 實藤惠秀：『大河内文書：明治日中文化人の交遊』，平凡社1964年，第11页。又，传说文昌帝君掌管文章科举，关系富贵贫贱。天聋、地哑是其侍童，一个掌管文人录运簿册，一个手持文昌大印，意为能知者不能言，能言者不能知，以免天机泄漏。

[3] 冈千仞：『芝山一笑』后序，文昇堂1878年。参见拙编：《晚清东游日记汇编·中日诗文交流集》，上海古籍出版社2004年版，第74页。

[4] 参见拙稿：《清季中日文化交流的一个视角（代前言）》，《日本典籍清人序跋集》，上海辞书出版社2010年版。

# 一、何谓《大河内文书》

顾名思义，《大河内文书》原指有关大河内姓氏家的文书，但近代中日文化交流者，多指大河内辉声保存的笔谈资料，它是大河内辉声等日本友人与在日中国人和朝鲜半岛人士之间的交流记录。在现存林林总总的笔谈记录中，《大河内文书》以其持续时间之长、数量之庞大、内容之丰富、参加人数之众名列近代笔谈资料之首。

《大河内文书》总计约 95 卷，缺 17 卷，现存 8 种 78 卷 76 册，庋藏于大东文化大学图书馆 51 卷 50 册、早稻田大学图书馆 16 卷 16 册、高崎市赖政神社 6 卷 6 册，以及实藤惠秀抄本 5 卷 4 册。大东文化大学和赖政神社藏本册子装，早稻田大学藏本卷子装，其中，册子装藏本书根写有书名。笔谈资料多以笔谈者（《罗源帖》等）和笔谈时间（《丁丑笔话》等）命名。具体情况如下：

（1）《罗源帖》：1875 年（乙亥，光绪元年，明治八年）9 月 3 日至翌年 8 月 22 日，大河内辉声等与中国寓日民间文人罗雪谷的笔谈记录。现存 16 卷 16 册，缺第 1 卷和第 15 卷，前者当为 1875 年 9 月 3 日前的笔谈，后者应在 1876 年 5 月 19 日至 6 月 19 日之间。据第 18 卷内容推测，不排除此后尚有逸稿。

（2）《丁丑笔话》：1877 年（丁丑，光绪三年，明治十年）7 月 7 日至同年 12 月 31 日的笔谈记录。笔谈人物主要为大河内辉声、王氏三兄弟（王泰园、王琴仙、王惕斋）等中日友人，凡 7 卷 6.5 册 [《丁丑笔话》（七）与《戊寅笔话一》（一）合为 1 册]。

（3）《戊寅笔话》：1878 年（戊寅，光绪四年，明治十一年）1 月 2 日至同年 12 月 15 日的笔谈记录。中方参加者有何如璋、黄遵宪等公使馆人员，以及王氏三兄弟、冯雪卿等寓日民间文人；日方除大河内辉声外，尚有石川鸿斋、龟谷省轩、增田岳阳、青山延寿、加藤樱老、森春涛等著名汉学家。该笔话现存 25 卷 24.5 册，其中第 6 卷、第 15 卷和第 24 卷已逸，前两卷仅存实藤抄本；逸失的第 24 卷，笔谈时间当在前后两卷（10 月 28 日至 11 月 14 日）之间。由于第 26 卷终于 12 月 15 日，此后或有逸稿。

（4）《己卯笔话》：1879 年（己卯，光绪五年，明治十二年）笔谈记录。原有 16 卷，仅存第 15、16 两卷，1.5 册 [《己卯笔话》（十六）与《庚辰笔话》（一）合为 1 册]，1879 年 12 月 12 日至 12 月 31 日大河内辉声、龟谷省轩、石川鸿斋与公使馆人员、寓日民间文人之间的交流记录。缺第 1 卷至第 14 卷，时间当在 1879 年元月至 12 月 12 日（第 15 卷）之间。又，第 16 卷原件已逸，现存实藤抄本。

（5）《庚辰笔话》：1880 年（庚辰，光绪六年，明治十三年）1 月 1 日至 5

月 26 日的笔谈记录，参加人员有大河内辉声、龟谷省轩、石川鸿斋、驻日公使馆人员、寓日民间文人等。现存第 1 至第 9 卷，8 册，其中第 1 卷原件已逸，现存实藤抄本。1880 年 5 月 26 日之后，大河内辉声依然为公使馆的常客，而第 6 种《棪园笔话》未见何如璋等外交官的笔谈记录，因此第 9 卷之后或有散逸。

（6）《棪园笔话》：1880 年（庚辰，光绪六年，明治十三年）5 月 10 日至 1881 年 10 月 13 日中日民间交流记录，中方主要有王治本等寓日文人，日方主要有大河内辉声等日本友人。凡 17 卷 17 册，足本。

（7）《韩人笔话》：1 卷 1 册，1880 年（庚辰，光绪六年，明治十三年）8 月 27 日至 9 月 6 日大河内辉声、龟谷省轩、王治本与朝鲜修信使金宏集等人的交流记录。是年朝鲜派遣礼曹参议金宏集为修信使出使日本，与日方交涉外交悬案。此行修信使带回黄遵宪的《朝鲜策略》，最终促使朝鲜决策者改变对外政策，与美签约。

（8）《书画笔话》：1 卷 1 册，分书画筵、茶燕、赠友、赠美、课题、偶吟等，多为王治本为大河内辉声修改的诗作。审其内容，似不应归入笔谈，大河内辉声本人亦将之单独设卷，但鉴于封面卷名有"笔话"二字，且诗文交流亦为笔谈的一项重要内容，姑且予以保留。借此亦可窥见诗文交流的原始状态。

值得指出的是，有些《大河内文书》的纸背亦传递着一些不可忽视的信息：或贴有明信片，或书有文字，如第四册：1774（明信片，以下称"明"，未注者为文字）、1799、1801、2026（明）；第五册：2100（明）、2123（明）、2166（明）、2168（明）、2369（明）、2467（明）；第六册：2733、2749（明）、2811（明）；第七册：3148、3153、3175、3190、3196、3198、3204、3231（明）、3294、3310、3397（明）、3402、3444。明信片有 12 通，纸背文字 14 处。

大河内辉声生前已对笔谈做了精心的整理，如在每次笔谈的卷首（《罗源帖》除外）用朱笔标有序号，对此我们在本书附录《大河内细目》中予以保留。据此可知，《丁丑笔话》共进行 89 回笔谈（含书信，下同），缺第 1、第 2、第 7 之下，共 3 回笔谈；《戊寅笔话》凡 178 回，缺第 6 至第 9、第 24 卷 6 回（第 61 至 66），凡 10 回笔谈；《己卯笔话》共有 93 回笔谈，缺第 1 至第 14 卷 84 回；而《庚辰笔话》现存 9 卷本 70 回笔谈毫无缺失；《棪园笔话》第 8 卷 9 月 11 日第 83 回笔谈（第 3119 页）与 9 月 10 日第 82 回笔谈（第 3123 页）错简[1]。遗憾的是，未知何故，序号的标识工作至《棪园笔话》第 13 卷 3 月 30 日第 160 回（第 3381 页）戛然而止，我们失去了判断 4 月 1 日至 10 月

---

[1] 此外，《棪园笔话》第九卷九月二十四日笔谈（第 3173 页）应移至九月二十五日（第 3171 页）前。

13 日 80 回的笔谈是否足本的重要依据。

据此，我们可以对《大河内文书》的文献做进一步的界定：《罗源帖》存 16 卷 16 册，缺第 1 卷和第 15 卷，第 18 卷后或有逸稿；《丁丑笔话》存 7 卷 6.5 册，卷帙完整，但缺 3 回；《戊寅笔话》现存 25 卷 24.5 册，除第 24 卷 6 回笔谈外，尚缺 4 回，第 26 卷后或有逸卷；《己卯笔话》存 2 卷 1.5 册，缺第 1 卷至第 14 卷凡 84 回笔谈；《庚辰笔话》存 9 卷 8.5 册，第 9 卷后或有逸卷；《黍园笔话》17 卷 17 册，足本；《韩人笔话》1 卷 1 册，足本；《书画笔话》1 卷 1 册，足本。

大河内辉声对笔谈的精心整理还体现在以下几个方面：

首先，注明笔谈者。在笔谈者较多的情况下，大河内辉声常在句末用较小字形的字号或名字的省称写明笔谈者。如"黍"（王黍园）、"琴"（王琴仙）、"惕"（王惕斋）、"哲"（秦哲明）、"梅"（沈梅史）、"如"（何如璋）、"枢"（廖枢仙）、"公"（黄公度）、"斯"（张斯桂）等，不一而足。

其次，注明笔谈时间。人数不多无须注明笔谈者，仅在每次交流后写明笔谈的时间，如《罗源帖》"系乙亥第九月三日之谈话也"（第 16 页）、"系乙亥第九月四夜之谈话也"（第 50 页）、"系乙亥第九月初五日朝之谈话"（第 74 页）、"系乙亥第九月五之谈话也"（第 77 页）等。但《罗源帖》以外的 6 种资料，则在笔谈首页朱笔注明笔谈的时间或信件往来的时间。

最后，注明笔谈情景。大河内辉声多在卷首或卷中用朱笔加入一些提示，这些提示，或长或短，详略不一，补充说明笔谈时的情景。如戊寅三月三日（光绪四年一月三十日，1878 年 3 月 3 日），首届驻日公使何如璋率领沈文荧等外交官首次做客大河内辉声家。大河内在笔谈前如此介绍：

> 此日午後（戊寅三月三日也）四時、公使何如璋、沈梅史、○何氏僕、通辨官魏梨門来る。○此日櫻屋の料理の外、蝦、玉子、鶏の馳走。藝者小鐵と酌福助ヲ聘す。松井強哉ヲ陪セしむ。何氏の僕は女部屋にて食事（第 1383 页）。

汉译：此日午后（戊寅三月三日也）四时，公使何如璋、沈梅史及何氏仆人、通辨官魏梨门来。此日除樱屋料理外，尚品尝虾、鸡蛋、鸡等佳肴。招艺妓小铁和陪酒福助，令松井强哉陪席。何氏仆人去女佣房间用膳。

现存笔谈文献中，其保存形态概言之有三种：一，散叶。原封不动地保留着笔谈时的初始状态，有时写在传统的花笺上。多走笔疾书，书主不明，次序不清。二，整理本。对原始记录进行了整理的文本，如宫岛诚一郎对大量的笔谈记录做了重新抄录[1]。它克服了散叶之不足，却需今人谨慎面对整理后新产生的异文。三，半整理本。在保留原文的基础上，对笔谈时间、地点、顺序，甚至背景进行提示，《大河内文书》即是。这些提示，犹如脚本中的舞台说明，起到画龙点睛的作用。

## 二、《大河内文书》的发现者——实藤惠秀

实藤惠秀（1896—1985），广岛人，早稻田大学文学部文学科中国文学专业毕业，1949 年起担任早稻田大学教授，1967 年荣退。他以研究中国人日本留学史起家，1939 年出版『中国人日本留学史稿』（日华学会），后推出修订本『中国人日本留学史』（くろしお出版，1960），同年获得文学博士学位。该书中译本《中国人留学日本史》（谭汝谦、林启彦译，生活·读书·新知三联书店，1983）问世时，恰逢中国改革开放之初，深受好评。

实藤在近代中日关系史料上也有颇多建树。"二战"中，学术自由受到严格限制，实藤潜心于《大河内文书》的整理，战后分别以『大河内文書：明治日中文化人の交遊』（平凡社，1964）和『黄遵憲與日本友人筆談遺稿』（早稻田大学东洋文学研究会，1968）付梓。他还出版了『中譯日文書目録』（国际文化振兴会，1945）和『日本訳中国書目録：日中友好の一つの礎石として』（与小川博合编，日本学生放送协会，1956），并在此基础上，监修出版《中国译日本书综合目录》（谭汝谦主编，香港中文大学出版社，1980）、《日本译中国书综合目录》（同上，1981），填补了该领域的空白。此外，1933 年，实藤作为外务省文化事业部在华特别研究员来华研究。在这一年中，收集了许多东游日记等清末民国时期的珍贵文献，它们现在全部庋藏在东京都立图书馆实藤文库，成为近代中日文化关系研究的资料宝库。

实藤主要研究近代中日关系、中国文学和中国语言学，前者的成果还有：『日本文化の支那への影響』（螢雪书院，1940）、『近代日支文化論』（大东出版社，1941）、『明治日支文化交涉』（光风馆，1943）、『アジアの心』（与实藤远合著，淡路书房，1956）、『日中非友好の歴史』（朝日新闻社，1973）、『中国留学生史談』（第一书房，1981），以及『日中友好百花』（东方书店，1985）。著述丰富，为近代中日文化关系研究的主要开拓者[2]。

[1] 参见拙文：《日藏黎庶昌与宫岛诚一郎笔谈记录》，《文献》2014 年第 6 期。
[2] 实藤惠秀的介绍部分参考「實藤惠秀先生略歷附著述」，选自『早稻田大学教育学部学術研究 人文科学·社会科学篇』，1967 年；六角恒广：「ああ 實藤惠秀先生」，『中国研究月报』1984 年第 442 号。

1943 年 11 月 14 日，在大河内辉声哲嗣大河内辉耕的斡旋下，实藤偕黄遵宪《日本杂事诗》合译者丰田穰[1]前往平林寺调查中日笔谈资料。该寺位于埼玉县新座市野火止，属临济宗妙心寺派，也是大河内家的菩提寺（家庙）。当住持白水敬山[2]打开保存资料的库里时，他俩完全被眼前的景象惊呆了——原以为仅有五六页散页的资料，不料竟达数十册之巨，并且装裱如此完整！从此，《大河内文书》掸去半个世纪之久的封尘，重现天日。[3]实藤根据藏主姓名，名之为"大河内文书"。

笔谈资料深藏于远离市井的平林寺，固然无遗失之虞，无奈库房下流淌着来自多摩川的居民用水——玉川上水，湿气严重，以致笔谈资料即使夹有烟叶，仍不敌纸鱼的侵蚀。白水住持介绍：前几年已处理了部分虫蛀严重的数据。大河内辉声去世后，著名汉学家龟谷省轩为其撰写墓志铭，其中有"有诗数卷、清韩笔话百卷藏于家"[4]一语。实藤据此推测：完整的笔谈数据或有百册，不排除在《罗源帖》《戊寅笔话》和《庚辰笔话》之后，尚有佚卷。[5]

## 三、《大河内文书》主人——大河内辉声

大河内辉声（1848—1882），初作辉照，后改辉声，字子斌，江户（今东京）人，嘉永元年（1848）十月望日（十五）生，故号桂阁。祖先乃江户时代前期著名的大名松平信纲（1596—1662），生于大河内久纲家，过继给松平正纲做养子，易姓松平。庆应四年（1868），松平哲嗣恢复旧姓，辉声始称大河内。由于大河内辉声家源于摄津（今属大阪府和兵库县）源氏源显纲（镰仓时代后期公卿），而源显纲为平安末期著名武将源赖政之文孙，故辉声除大河内外，又时称源氏。

大河内辉声的父亲辉聪早逝，他 13 岁就继承八万二千石领地的家业，成为上野高崎藩（今群马县高崎市）最年轻的藩主。文久二年（1862）任从五位下右京亮（右京职次官），庆应二年（1866），聘请法国教练，带兵苦练西式军

[1] 丰田穰（1912—1946），著有『日本雑事詩』（黄遵宪著，实藤惠秀、丰田穰译，生活社 1943 年）、『唐詩選評釈』（森槐南著，丰田穰补注，富山房 1938—1939 年）、『唐詩研究』（丰田穰著，养德社 1948 年）。

[2] 白水敬山（1897—1975），平林寺住持，著有『牧牛宿閑話』（1974 年）、『自屎録』（1974 年）、『敬山録』（1981 年）等。

[3] 郑子瑜认为"黄遵宪与日本友人的笔谈遗稿，先是由大东文化大学教授铃木由次郎先生发现于平林寺"（《怀念实藤惠秀先生》，郑子瑜《挑灯集——郑子瑜散文选》，人民文学出版社 1992 年版，第 129 页），此似有误。铃木由次郎在平林寺发现的是黄遵宪《日本杂事诗》诗稿。见实藤惠秀：『大河内文書：明治日中文化人の交遊』，そえがき一，第 229 页。

[4] 「大河内桂閣君墓銘」，『省軒文稿』卷二，榊原文盛堂 1902 年，第 19 页。

[5] 實藤惠秀：『大河内文書：明治日中文化人の交遊』，平凡社 1964 年，第 235 页。

事。翌年，担任陆军奉行，负责幕府的步兵、骑兵和炮兵。

庆应三年十月十四日（1867 年 11 月 9 日），因无力应对西学东侵，江户时代第 15 代将军德川庆喜被迫宣布向天皇"大政奉还"。从此，大河内辉声的命运开始多舛。明治二年（1869），"版籍奉还"，他被任命为高崎藩知事，贵为华族。明治四年（1871）五月，进入大学南校（东京大学前身），研习英语。未几（七月），政府宣布"废藩置县"，大河内辉声被免去知事，成为高崎藩末代藩主。[1] 被褫夺权力后，他在东京过起寓公生活。明治十四年（1881）7 月，大河内辉声任职修史馆，王治本、王仁爵（第 3494 页）及叶庆颐（第 3496 页）致函祝贺。在修史馆任上，他曾吟诗《史馆夜翻古书，与僚属校雠即作，伏乞郢政。仍用史馆僚属铃木成章韵》一首（第 3711 页），诗曰：

> 检点云篇灿烛花，此书原是属官家。
> 半残半阙遗三箧，且阅且披满五车。
> 玉轴频陈香木架，缥囊高曝竹竿叉。
> 兰台日落吟情倦，聊拨红炉烹涧茶。

这首诗栩栩如生地再现了大河内辉声在修史馆夜翻古书的气氛。明治十五年（1882）8 月 15 日，其因哮喘病早逝，享年 35 岁。

大河内辉声是中国文化的"铁杆粉丝"。祖上辉和（1750—1800）号听雪，祖父辉充（1822—1862）善书法，父亲辉听（1827—1860）号乐甫，从他们的号和爱好中可以窥见他们崇尚中国文化之一面。生活在这样的文化氛围中的大河内辉声，耳濡目染，浸染不浅。高崎藩非常重视教育，除在高崎设有"游艺馆"外，还在江户添设"育英馆"，两所学校聘请著名学人任教，其中有江户末期汉学家长谷川域（1816—1868）。长谷川，字子肇，号昆溪，别号醒翁、寒香园，遗有《昆溪百律》和《寒香园诗文钞》。据研究，大河内辉声的汉诗深受其影响。[2]

或因如此，大河内辉声对中国文化充满敬仰之情，与中国人吟诗笔谈，乐此不疲。首届公使何如璋驻日后，大河内辉声是较早主动拜访的日本友人之一。他"陶然心醉，于是来往无虚日，谈笑戏谑，以至彼我相忘"。他经常赴使馆笔谈，"终日不知倦，纸迭作丘，奇论成篇"[3]。大河内辉声曾这样直白地

---

〔1〕据明治四年统计，高崎藩有士族 429 户、1923 人，卒 601 户、1992 人，市民 2357 户、8729 人，属于小藩。参见深井景员：「大河内辉声聲侯略歴」，上毛郷土史研究会『上毛及上毛人』，1919 年第 32 号。

〔2〕上述大河内辉声的介绍主要参考实藤惠秀的『大河内文書：明治日中文化人の交遊』卷首，以及深井景员的「大河内輝声聲侯略歴」。

〔3〕源（大河内）辉声：『芝山一笑』后序，文昇堂 1878 年。拙编《晚清东游日记汇编·中日诗文交流集》，上海古籍出版社 2004 年版，第 61 页。

比较中西文化：

> 庆应年间，余结交于西洋人，讲习其艺术，窥其所为，无事不穷其精妙者，大喜其学之穷物理，以能开人智。明治初，余解组挂冠，占栖墨江。自是后，以无用于世，乃改辙结交清人。相识日深，情谊月厚，而其交游之妙，胜于西洋人远矣。盖西洋人神气颖敏，行事活泼，孜孜汲汲，覃思于百工器用制造也。至清国人，则不然，百官有司，庙漠之暇，皆以诗赋文章，行乐雅会，善养精神，故性不甚急也。

在比较中西文化之差异后，他得出结论："京畿之商贾、天下之人士，其求名趋利辈，宜交西洋人；高卧幽栖，诗酒自娱之人，宜交清国人也。"[1]

景仰中国文化、有钱、有闲，这些缺一不可的要素催生了百卷巨著《大河内文书》的诞生。

而今冢木已拱，但墓碑依然高耸于平林寺。久久摩挲汉学耆老撰写的墓志铭[2]，再次细细品味其对大河内辉声公允的评价：

> 君天资敏捷，善文辞，工笔札。有诗数卷、清韩笔话百卷藏于家。诸藩主之罢官，会东京也，大率娱狗马，耽曲蘖，与歌妓优伶相狎。君独潜心书史，下贤礼士。会清国公使何子峩来驻节，君昕夕过从，又延其国儒生王漆园为馆客。如副使张鲁生、参赞黄公度兄弟，及沈梅史、廖枢仙，皆博雅秀达之士也。君与之酬唱，文字之飮，几无虚日。而余幸得从其后，周旋笔砚间，诚一时之盛也。（下略）

可谓掷地有声，盖棺而定。

## 四、《大河内文书》的笔谈场所

由于笔谈时间较长，《大河内文书》的笔谈场所亦多达数十处。为叙述方便，析为以下 5 处：

---

[1] 源（大河内）辉声：『芝山一笑』后序，文昇堂 1878 年。拙编《晚清东游日记汇编·中日诗文交流集》，上海古籍出版社 2004 年版，第 61-62 页。

[2] 「大河内桂閣君墓銘」，『省軒文稿』卷二，榊原文盛堂 1902 年，第 19 页。明治十七年（1884）七月龟谷行（省轩）撰文，成濑温（大域）书，太政大臣从一位大勋位公爵三条实美篆额。又，成濑温参加《大河内文书》笔谈（第 1808 页等），后为何如璋和黄遵宪题楣"人境庐"。

第一，私宅。以大河内辉声寓所占多数，尤其《罗源帖》16 卷和《泰园笔话》17 卷，几乎均是如此。大河内辉声寓所位于浅草今户町十三番地（今隅田公园内），临河而建，横穿市区东部的墨川尽收眼底，白鸥飞来，舟船远去，对岸的向岛更是花红似火，乃闻名遐迩的赏樱胜地。在这座名为桂林庄的寓所，中国友人经常成为座上宾。由此它也因清季文人的妙笔而生动起来：

> 辉声，号桂阁，为日本世袭诸侯，封地在西京高崎。今主新政，概废藩封，令各诸侯俱迁往东京，所有采地全行归公，视其地之大小，岁给俸金数千元至数万元不等，如愿出仕亦可。桂阁年仅三十馀，澹泊不仕，以诗文自娱。所住之屋临水，名曰墨江。对岸樱花十里，春日景致极佳。室中皆名人字画，照中国式，设有桌椅、茗碗、尊彝，位置优雅。[1]

另一文人如是介绍大河内辉声的书斋：

> 天然图书楼　楼为袭侯源桂阁别墅中之庋藏图书好玩处也。凡五楹，在墨沱江西滨之今户町，颇占江山风月之胜。按，桂阁，名辉声，源氏，为东国世勋食邑大河内，自纳土归藩，侨居京邸，结构亭榭，以吟咏翰墨自娱。尤酷爱华人书画，故楼中所藏，于我国初以来诸大家法绘名书，莫不罗而致之。[2]

而王韬的笔下则流淌着墨川烟花大会的宝贵记录：

> 六月朔日　午后，应大河内源桂阁之邀，往观烟火。高楼数椽，俱临河滨，凭栏一望，墨江如带，而环河数百家，无不历历在目。一至黄昏，灯火远近可数，诚大观也。相距数十武为新楼，尤轩爽。[3]

除此以外，笔谈还在汉学家家中举行，龟谷省轩、森春涛、神波即山、关根痴堂、成濑大域等府邸都曾作为交流场所。有时也在旧藩主家交流，如佐仓藩藩主纪鹿洲、津藩藩主藤堂询荛和胜山藩藩主小笠原化堂。此外，也有数次在曾根俊虎和町田久成家中举行，前者时任海军少尉，后者历任内务省博物局

〔1〕李筱圃：《日本纪游》光绪六年（1880）四月十七日条，"走向世界丛书"，岳麓书社 1985 年版，第 174 页。
〔2〕叶庆颐：《策鳌杂撺》卷七，上海古籍书店影印本 1980 年版，第 10 页。
〔3〕王韬：《扶桑游记》光绪五年（1879）六月朔日条，"走向世界丛书"，岳麓书社 1985 年版，第 473 页。

长、帝国博物馆馆长等。

除日本人府邸外，笔谈也移至客寓扶桑的中国民间文人住所进行。其中周幼梅处最多，达9次，其他有冯雪卿、卫铸生等。周幼梅，苏州人，首任东京外国语学校（今东京外国语大学）汉语学科教师，后客居日本以绘画为生，终老他乡。

第二，料理店。上野和向岛是东京最著名的赏樱胜地，店家林立，聚会便利，因此成为笔谈的首选之地。其中植半楼最多，凡17次。该店又名千秋楼，坐落于向岛景区，专营日本料理，院后拥有优雅的日式庭院，为近代文人墨客经常聚会之地。[1] 此外，上野的长酡亭、真松亭、无极庵、醋春楼等料理店亦曾作为中日交流的场所。

除上野和向岛外，新桥的卖茶屋、芝的长门屋和福住楼、日本桥的福井楼、汤岛的鱼十楼，皆为中日文人交流时经常光顾的料理店。

可以想见，僻静之处，中日二三挚友铺纸研墨，挥毫不辍。窗外是鸟语花香，屋内是"哑语"进行时。谈至会心处，微笑写在脸上，肚子出现小饥，就地解决，料理店的笔谈，一如今天中国的茶楼。"幸亏文字同，笔砚结友邻。花前静默座，未见嘴唇动。伺童惊相告，天聋地哑到俺家。"[2] 这首诗道出了日本普通民众眼中笔谈交流的情形。

第三，公使馆。在中方的笔谈场所中，以驻日公使馆居多，达80余次。何如璋赴日后，使馆最初设在芝的月界院。该院为增上寺子院，此前曾用于海军家属楼。首届外交官在此办公十月，何如璋以此为据点与明治政府交涉球案，现为劳动委员会会馆。后因月界院空间逼狭，光绪四年九月二十一日（1878年10月16日）履行购置手续后，使馆移砚麴町区（今千田区）永田町二丁目二番地。此地原是华族会馆，面积3332坪（合一万多平方米），现已易为众议院第一议员会馆和总理大臣官邸。因此，以1878年10月为界，在公使馆举行的笔谈包括新旧两馆。而在公使馆举行的首次笔谈是在1877年2月25日。明治时期日本导游书中曾刊登其正门照片，并有这样的描述："高阁宏檀，让人遥想咸阳宫。寓居馆内的中国人，多为显官，服饰极美，童女嬉戏，丰颊绿鬓，可爱之至。"[3]

第四，王氏兄弟处。许多笔谈也选在凌云阁（13次）、履祥号（29次）和闻香社（10次）进行。凌云阁和履祥号均为王惕斋经营的杂货店，前者位于浅草黑船町，后者在外国人定居点筑地的入舟町（一作"入船町"），明治十一

〔1〕實藤惠秀：『大河内文書：明治日中文化人の交遊』，平凡社1964年，第30-31页。
〔2〕同上，第11页。
〔3〕瀨川光行：『日本の名勝』，史传编纂所1900年。

年（1878）开业[1]。闻香社为王治本（1835—1908）在"上野池の一端"开办，每月 2 次传授诗文和汉语，学员中有森春涛、永阪石埭、林栎瘛等人[2]。王治本号黍园，亦作漆园，浙江慈溪人。明治十年（光绪三年，1877）赴日，先后任日清社、同人社汉语教师，中国驻日公使馆学习翻译生。长达 17 卷的《黍园笔话》主要为他与大河内辉声等人的笔谈资料。[3] 从笔谈场所亦可证明，王惕斋和王治本的居处成为中日民间交流的据点，他们为中日交流发挥了不可忽视的作用。

第五，其他。如天德寺、大养寺、净名院和龟户菅公庙（天神社）等寺庙，伊东屋、山田屋等旅馆，日清社等汉语学校，以及墨江畔、堀切村、皇园（明治神宫御苑）等景区。大河内辉声还专程访问横滨领事馆，在横滨关帝庙、会芳楼和均昌号等留下了笔谈记录。

《大河内文书》第七种为《韩人笔话》。十天（1880 年 8 月 27 日至 9 月 6 日）的交流均在东本愿寺和宗重正府邸举行。前者自江户时代 1711 年起就成为朝鲜官方代表团的下榻之地，后者宗重正（1847—1902）乃江户末期对马国（今长崎县对马市）府中藩的第 15 代藩主，明治维新废藩后担任外务大丞，负责对朝外交。

## 五、《大河内文书》的特点

笔谈资料是近年开始受到学界关注的一种新的文献，由于其文献资料跨越数百年，内容林林总总，其文献特点、学术价值等有待于进一步深入探讨。李庆教授曾有过比较精准而全面的表述，他认为笔谈文献具有 4 个特点：内容的广泛性、表述的简要性、交流的直接性和存在的单一性。"因为笔谈记录有着如上的一系列特点，所以保存至今的笔谈记录保持了原始性，作为历史数据可以说弥足珍贵。"[4]

《大河内文书》确实也具有内容广泛性的共性。现存晚清笔谈文献中，《宫岛文书》与《大河内文书》堪称双璧，但前者多集中在与黎庶昌等驻日外交官

[1] 关于王惕斋可参见拙文：《明治前期赴日浙商王惕斋之研究》，《浙江工商大学学报》2012 年第 2 期。
[2] 實藤惠秀：『大河内文書：明治日中文化人の交遊』，平凡社 1964 年，第 40、225 页。
[3] 关于王治本，可参考拙文《清季东渡文人王治本序跋辑存》，《文献》2009 年 10 月第 4 期；《明治时期赴日文人王治本之基础研究》，吴伟明：《在日本寻找中国——现代性及身份认同的中日互动》，香港中文大学出版社 2013 年版。
[4] 李庆：《汉文笔谈之我见》，王勇：《东亚的笔谈研究》，浙江工商大学出版社 2015 年版，第 14-15 页。

的对话，有时抱有刺探情报的目的[1]，因此，其外交史料价值胜于《大河内文书》，长期以来受到中日近代史学者的关注，并且取得了一系列成果。[2] 而《大河内文书》的主事者乃一介被褫夺政治权利、早已被边缘化的旧藩主。他热衷于笔谈仅仅是出于对中国传统文化的爱好，用今天的话来说，完全是为了中日友好。明治维新后，日本虽然在政治上与清朝渐行渐远，但社会上普遍存在着中国文化的拥趸，大河内辉声就是其中典型一员。他与中国人过往密迩，热心提供力所能及的帮助，甚至爱屋及乌，连小孩、侍从、门房、店员等，不分长幼贵贱，都饶有兴趣地与之对话。他甚至称仅年长他9岁的何如璋为"慈爹"，自己是匍匐伏拜的"乳儿"（第1937页）。难怪一直主张中日友好的实藤惠秀，在『大河内文書：明治日中文化人の交遊』付梓前，禁不住在扉页上写下了意味深长的一段话：

> 这是明治时代日本人与中国人不断进行笔谈的珍贵记录。论文、作诗、问俗、话风流，这是中国崇拜的最后写照，蕴含着日中友好的诸多问题。

正因如此，"整个'笔谈'，内容五花八门，上至天文地理、人文历史、博物医学、古典章句，下至两国间的名山大川、风情民物、民间习俗、贩夫走卒用语、扇页的题字和漫画等几乎无所不包"，"且因彼此关系亲密无间，语言上不见什么客套和外交辞令，十分亲昵，身边的琐事，特别是涉及男女之私，向为中国士大夫们所讳，但在'笔谈'中却从不掩饰"[3]。由此构成了《大河内文书》内容广泛性的特点。而这广泛性，如同一座未被开发的富矿，只要去粗取精，由表及里，会带给人们各种研究的收获。

《大河内文书》除了一般笔谈资料的共性外，还具有自己的个性。

一是时间长，频度高。如前所述，该资料现存8种78卷76册，上自1875年9月3日《罗源帖》第2卷，下迄1881年10月13日《黍园笔话》第17卷，共记录667次笔谈（含信函），持续时间6年1个月零3天。当然，仅就笔谈时间长度而言，《大河内文书》略逊于宫岛文书。供职于修史馆的宫岛诚一郎（1838—1911），自首届驻日公使何如璋始，中经黎庶昌、徐承祖、李经方等历任驻日使节，一直持续至甲午战后首任公使裕庚，与中国外交官和

〔1〕大日方純夫：「宮島誠一郎の対外認識と対外活動」，由井正臣：『幕末維新期の情報活動と政治構想：宮島誠一郎研究』，梓出版社2004年；戴东阳：《近代中国同盟思想的表与里——以宫岛诚一郎为例》，《史学月刊》2013年第12期。
〔2〕伊原泽周：《从"笔谈外交"到"以史为鉴"——中日近代关系史探研》，中华书局2003年版；刘雨珍：《清代首届驻日公使馆员笔谈资料汇编》，天津人民出版社2010年版，前言；戴东阳：《晚清驻日使团与甲午战前的中日关系》，社会科学文献出版社2012年版。
〔3〕王维：《"笔谈遗稿"的发现与研究价值》，《寻根》2008年第3期，第99、101页。

文人展开了大量的笔谈交流，时间从 1878 年至 1895 年，跨越 17 年。[1]但是，《大河内文书》的笔谈频度远胜于宫岛文书。如本书第一种《罗源帖》，在 1875 年 9 月 3 日至翌年 8 月 22 日约一年时间中，大河内辉声与做客桂林庄的罗学谷开展了 76 次笔谈交流，其中 1875 年 9 月达 34 次，几乎每天都有交流，有时一天数次，早上不过瘾，晚上继续挑灯夜战。又如《桼园笔话》17 卷，大河内辉声与王治本在一年零五个月期间，共进行了 241 次交流，其中 1880 年 8 月达 23 次，同年 6 月和 11 月分别达 21 次。它们宛如录音机，原生态地记录下交谈内容，又如智能手机，精准地记录下他们每天的行踪。因此我们可以认为：持续时间长且频率高是《大河内文书》最显著的特点。而这一特点自然会衍生其数量庞大、内容广泛、参加人数多等诸多特点。

二是参加人数多。据统计，在 6 年的笔谈交流中，中国、日本及朝鲜半岛地区共有 132 人参加（不包含出席但未参加笔谈者），其中中国 58 人，日本 69 人，朝鲜半岛 5 人。

中方参加者主要有首届驻日外交官和寓日民间文人。前者有何如璋（公使）、张斯桂（副使）、黄遵宪（参赞）、潘任邦（翻译）、梁殿勋（翻译）、杨枢（翻译）、范锡朋（横滨理事）、刘寿铿（神户理事）、沈文莹（随员，以下同）、廖锡恩、陈衍范、何定求、任敬和等，大多数驻东京的外交官都参与了交流；后者有王氏三兄弟（王治本、王惕斋、王琴仙）、张滋昉、冯雪卿、卫铸生、周幼梅、罗雪谷等。罗雪谷为《罗源帖》主角，画家，尤其擅长指头画，是晚清较早赴日的文人之一，也是明治初期较为著名的中国画家之一。[2]

此外，不少外交官的亲友也参与其中。如何如璋之子何其毅、何如璋族叔何虞臣、何如璋侄何定光、何如璋侄何蔬荪、何其毅家教梁诗五等。还有张子敬家教施积型、黄遵宪弟黄幼达、黄遵宪族弟黄钧选、沈文荧弟沈兰生等。更有甚者，使署的侍从何绍文、童仆范升和郎升、门房李奕全和薛耀坤等在大河内辉声的热心邀请下亦参与其中。

《大河内文书》所载中国人的记录具有拾遗补缺的价值。如据《大河内文书》，吴葆仁（静轩）与大河内辉声有多封来往信件，直接参加了数次笔谈（第 2486、2490、2499、2500、2504、2549 页），他的身份似乎已经是正式外交官。但他从第四届公使黎庶昌时代开始才正式出现在驻日外交官名单中，自光绪十六年（明治二十三年，1890）八月至光绪二十年（明治二十七年，1894）七月，他一直担任使署通事，历经黎庶昌、李经方和汪凤藻三届公使。

[1] 参见早稻田大学图书馆：『宫岛诚一郎文书目录』，1997 年，第 9–11 页。关于宫岛与黎庶昌的笔谈记录，参见拙稿：《日藏黎庶昌与宫岛诚一郎笔谈记录》，《文献》2014 年第 6 期。

[2] 关于罗雪谷，可参见鹤田武良：「来舶畫人研究—羅雪谷と胡鉄梅」，『美術研究』1983 年第 324 号；川﨑智子：「曉斎・夏良筆「東京開化名勝 浅草奥山」に見える羅雪谷」，『曉斎：河鍋曉斎研究誌』2013 年第 110 号等论文。

就是他带着朝鲜金玉均去上海，然后金在上海被杀，引起了很大的风波。[1]吴葆仁是否参与了暗杀，为什么他一直到黎庶昌第二次出使的时候才出现在名单中，此前到底是什么身份，吴葆仁身上充满着诸多谜团。

又如，何如璋次子何其毅、何其毅家教梁诗五、黄遵宪季弟黄幼达，以及黄遵宪族弟黄钧选[2]，他们都屡屡参与笔谈交流。值得注意的是，他们日后都成为外交官，前三人均担任驻日本使署商务委员，梁诗五还出任长崎正领事官，黄幼达充任神户兼大阪领事，着有《戊申中日贸易论》等对日经贸调研报告；黄钧选担任驻美国旧金山总领事署副领事、纽约正领事、驻秘鲁二等参赞等。可以认为这段在日体验对他们日后的外交生涯起到了直接或间接的作用。而外交使团出使前在向总署递交的驻扎名单中，往往仅写正式人员，赴日后在向日方递交的公文中，虽然根据日方的要求，有时也申报亲属和仆役的姓名，但由于人员有变动，未必完整。因此，《大河内文书》正好可以弥补这一不足。

日方参加者可分为三类：汉学家、江户时代旧臣和其他。前者有西岛睡庵、青木可笑、加藤樱老、高谷龙洲、森春涛、青山延寿、木原元礼、增田岳阳、依田百川、鹫津毅堂、成濑大域、小山春山、小永井小舟、神波即山、石川鸿斋、冈鹿门、宫胁通赫、龟谷省轩等。他们在年龄上皆长于或同于何如璋（1838—1891），其中西岛睡庵（1806—1880）和青木可笑（1807—1881）比何氏长三十余岁。较何氏年轻的有关湘云、关根痴堂、永阪石埭、广部鹿山、小川果斋、林栎愡。以上皆为一时之选，或汉学爱好者。

参加笔谈者中，还有一部分来自前朝旧臣，如下总国（今千叶县）佐仓藩藩主纪鹿洲、越前国（今福井县）福井藩藩主松平春岳、越前国胜山藩（今并入福井县）藩主小笠原化堂、下总国结城藩（今茨城县）藩主水野忠爱、骏河国（今静冈县）田中藩藩主本多正讷、伊势国（今三重县）津藩藩主藤堂询蒸等，加上上野国高崎藩（今群马县高崎市）藩主大河内辉声，仅藩主就达7人。此外，还有幕臣小笠原甫三郎、武藏国忍藩（今埼玉县行田市）藩士山田求马等。值得注意的是，或许佐仓藩藩主纪鹿洲为高崎藩藩主大河内辉声舅父的缘故，两藩交往密切，参加人员较多。高崎藩有上邨干泽、内邨绥所、松井强哉、武井义之、高木正贤、宫部襄等，佐仓藩有依田柴浦、佐治自谦、平野知秋等。

---

〔1〕戴东阳：《晚清驻日使团与甲午战前的中日关系》，社会科学文献出版社2012年版，第295-306页。

〔2〕黄钧选还与黄遵宪、王韬等人为冈千仞的著作撰写了不少批语（郭真义、郑海麟：《黄遵宪题批日人汉籍》，中华书局2009年版），但他的身份，语焉不详。黄氏哲嗣认为："1880年，因父亲思想精进，博晓时事，应广东大埔县何如璋（时为清驻日公使）之聘，往任驻日公使署文案。在日本两年余。时值驻日大使黄遵宪编修《日本志》，父亲成为其得力助手，协助完成。"（黄甘英口述、张岱霞、张楠楠整理：《客家妹的无悔人生——黄甘英自传》，群众出版社2013年版，第13页。）其他亦有不少学人持此说，如蒋英豪《黄遵宪师友记》（上海书店出版社2002年版，第70页），笔者也不可免（拙编《日本典籍清人序跋集》，上海辞书出版社2010年版，第385页）。其实根据《大河内文书》，此时黄钧选是自备斧资赴日。

其他还有僧人义应，汉方医盘濑薤洲，报界人士福地樱痴、成岛柳北、加藤秋爽、前田莺花，官员町田久成、小笠原虚舟、町田今亮、安达清风，艺术家小泽圭二郎、斋藤拜石等，不一而足。

这些围绕在中国驻日公使馆身边的士人，构成了明治初期中国外交官和寓日民间文人在日活动的主要社交关系网，他们就像蜡像馆中形形色色的人物，栩栩如生地出现在我们面前。

1890 年，黄遵宪在英伦使馆为《日本杂事诗》撰写自序时这样回忆道："余所交多旧学家，微言刺讥，咨嗟太息，充溢于吾耳。"[1]这里所说的"旧学家"，当主要包括上述汉学家和前朝旧臣。他们时常出入公使馆，"腐儒辈频频出入公署"，尤其周五，"敝邦迁生争来，门无容车"。[2]因此，他们对黄遵宪等中国人产生的影响需要具体分析，不能以"友好"二字概化之。

# 六、《大河内文书》研究综述

《大河内文书》自 20 世纪四十年代惊现人间后，学界对其进行了不懈的探讨。

在资料的发现与整理上，实藤惠秀功不可没。战后未久，他撷取《戊寅笔话》中 1878 年 5 月 28 日的记录，发文介绍大河内辉声这一天开展的笔谈活动。[3]这或是披露《大河内文书》的滥觞之作。未几，实藤又选取《戊寅笔话》中较为生动有趣的内容，原汁原味地将笔谈数据呈现在读者面前。[4]在此基础上，实藤在 20 世纪 60 年代进一步推出日文普及版『大河内文書：明治日中文化人の交遊』（平凡社，1964）。该书将笔谈资料编译成二十则故事，或以人物命名，如《桂林庄主人》《公使何如璋》《黄遵宪》《曾根俊虎》《副岛种臣》《森春涛》《依田百川》，或以事项和内容命名，如《中国公使一行来日》《中国古乐》《抢夺笔谈》《赏樱前奏》《向岛赏樱》《与少年笔谈》《犬猿问答》《一问一答》《培元安神汤》《大久保利通之死》《并非"同文"》《和服问答》等。由于编写生动，可读性强，借助"东洋文库"丛书拥有的广泛和持久的影响力，《大河内文书》开始不胫而走，广为人知。

同时，实藤与著名学者郑子瑜先生联袂整理《大河内文书》中黄遵宪的笔

〔1〕黄遵宪、钱仲联：《人境庐诗草笺注》，上海古籍出版社 1981 年版，第 1095 页。
〔2〕《大河内文书》1878 年 10 月 28 日大河内与黄遵宪笔话，第 2275 页。
〔3〕實藤惠秀：「ある日の大河内輝聲」，『新中国』，実業之日本社 1948 年，第 40-45 页。
〔4〕實藤惠秀：「大河内文書（資料）」，『東洋文学研究 4』，早稻田大学東洋文学会 1956 年，第 126-138 页；實藤惠秀：「大河内文書（二）」，『東洋文学研究 5』，早稻田大学東洋文学会 1957 年，第 51-63 页。

谈内容。1965 年编校完成之后，一直无力出版，1968 年在新加坡经济学者黄望青先生的资助下，《黄遵宪与日本友人笔谈遗稿》（简称《遗稿》）终于由早稻田大学东洋文学研究会出版。《遗稿》问世后，影响广泛，或全文转载（以下 1，3，4），或部分摘引（以下 2，5），嘉惠学人不少。

（1）《近代中国史料丛刊续辑 94》《黄遵宪与日本友人笔谈遗稿》，（台湾）文海出版社 1974 年版；

（2）郑海麟、张伟雄编校《黄遵宪文集》，（京都）中文出版社 1991 年版；

（3）吴振清等编校《黄遵宪集》（下卷附录一），天津人民出版社 2003 年版；

（4）陈铮编《黄遵宪全集》（上册第五编），中华书局 2005 年版；

（5）吴振清等编校《何如璋集》（卷四），天津人民出版社 2010 年版。

2010 年，南开大学教授刘雨珍推出了《清代首届驻日公使馆员笔谈资料汇编》（天津人民出版社，2010）。该书第一次对大河内辉声等与首届驻日公使馆员的笔谈资料做了精心的整理，是继实藤的《遗稿》后，《大河内文书》研究中的传世之作。

除资料整理外，亦不乏研究之作。被誉为新中国中日文化关系研究第一人的汪向荣先生（1920—2006），在其著名的《日本教习》（读书·生活·新知三联书店，1988）中，开辟《笔谈遗稿》专章，对《大河内文书》发现经纬做了介绍。几乎在同时，年轻一代学人郑海麟、吴伟明、张伟雄也借助中国改革开放之东风，运用笔谈资料对黄遵宪开展了富有新意的研究。[1]此后，王晓秋教授撰文对王治本《黍园笔话》及润笔料进行了深入细致的研究，进一步补充了实藤的研究。[2]进入 21 世纪后，《大河内文书》再次引起学人的重视，中国社会科学院哲学研究所王维的一文[3]，或是国人撰写《大河内文书》相关文章中最为翔实的佳作。

近年来，对于《大河内文书》的研究进一步走向多元化。中村史郎的论文从书法交流的视角做了有益的探讨[4]；邹光椿和 Youtei Chin 的论文，把《大河内文书》的研究引入了修辞学领域[5]；而倪红娜的论考则论述了首届驻日外交

〔1〕郑海麟：《黄遵宪与近代中国》（第四章第一节《笔谈遗稿》），中华书局 1988 年版；吴伟明：「「大河内文書」に見られる日本滞在中の黄遵憲」，『日本歷史』1989 年 8 月；张伟雄：「明治初年日中文化人交流の一側面—筆談に表わした「風流逸話」考—」，『比較文化論叢：札幌大学文化学部紀要』1998 年第 2 号。

〔2〕王晓秋：《近代中日文化交流史》（第七章民间往来），中华书局 1992 年版。后以《晚清王治本的日本漫游与文化交流》收入郑州渠、史革新：《近代文化研究》，商务印书馆 2007 年版。

〔3〕王维：《"笔谈遗稿"的发现与研究价值》，《寻根》2008 年第 3 期。

〔4〕中村史郎：「「大河内文書」にみる明治期の日中書法交流—楊守敬来日前後の事情をめぐって—」，『書學書道史研究』2008 年第 18 号；中村史郎：「「大河内文書」にみる中国文人の活動実態—その文芸思想と経済活動—」，『書法漢學研究』2009 年第 4 号。

〔5〕邹光椿：《〈黄遵宪与日本友人笔谈遗稿〉中的"用典"艺术》，《修辞学习》2001 年 5 月。Youtei Chin：「翻訳論的アプローチ・慣用表現の翻訳—『黄遵憲與日本友人筆談遺稿』と『大河内文書』を中心に」，関東学院大學文學部人文學會比較文化學部會編『KGU 比較文化論集』，2009 年。

官与日本女性的问题[1]。不难想见，本资料的出版，将会极大地促进《大河内文书》的研究。

## 七、《大河内文书》出版经纬

实藤惠秀发现《大河内文书》后，常往来于位于埼玉县新座市的平林寺借阅抄写。时值"二战"末期，物资相当紧张，实藤只能每次借抄数册。当时天上有美机轰炸，地下无食物果腹，交通极其不便。在如此恶劣的环境下，实藤怀着对学术研究的执着追求，克服难以尽言的困苦，时断时续，至 1946 年抄毕 36 卷[2]。此后，他又于 1958 年将《大河内文书》全部拍摄照片，置于早大图书馆供学人阅览。

长期以来，汪向荣先生是目睹《大河内文书》原件的唯一一位中国学者，深知该数据价值的他受实藤的重托，一直想把它介绍到中国来。他在实藤去世 2 年后撰写的文章中，这样深情地介绍实藤给他的书信："'你作为第一个和唯一的一个见到笔谈原件的中国人，希望能将它介绍到中国大陆上去，为我们数十年共同从事的中日文化交流工做出些力。'遗憾得很，一直到他死时，我没有完成他的愿望。"汪先生在文章的结尾处祈愿："希望在我有生之年，还能见到这本《遗稿》在国内出版，供更多研究黄遵宪和中日关系史的学者所利用。"[3]

汪先生不仅祈愿，更是身体力行地将它付之实践。20 世纪 80 年代，在他的建议下，时任中国社会科学院院长的胡乔木曾拨出专款，让社科院某研究所设法复印全部的《大河内文书》数据，但无功而果。1990 年，中科院哲学所王维赴早稻田大学社会科学研究所合作研究，汪先生再次委托其筹款全部复制。在早稻田大学社会科学研究所所长蜂岛旭雄和依田熹家教授的帮助下，王维从福田财团申请到经费，终于如愿以偿。但回国后，多方联系出版，均无功而返，举步维艰，使这批珍贵资料束之高阁 20 年。[4]

---

[1] 侣红娜：「清国初代駐日公使館員と日本女性」，『岡山大学大学院社会文化科学研究科紀要』2014 年第 38 号。
[2] 佐藤三郎曾帮助实藤抄写。"我抄到了三十六本，没有功夫再抄写下去，幸而我的老朋友佐藤三郎（山形大学教授）代我继续抄写完毕。"（实藤惠秀：『黃遵憲與日本友人筆談遺稿』そえがき一（平凡社 1964 年，第 240 页），实藤抄写《丁丑笔话》七至《庚辰笔话》六，佐藤抄写《庚辰笔话》七至《棽园笔话》十七。据此可知，本书所收 5 种均为实藤所抄，其他不知所终，本书所收的 5 种实藤抄本，据早大图书馆 1958 年拍摄的胶片。
[3] 汪向荣：《一部中日文化交流史的宝贵资料——〈黄遵宪与日本友人笔谈遗稿〉》，宗廷虎：《郑子瑜的学术研究和学术工作》，复旦大学出版社 1992 年版，第 4、11 页。
[4] 王维：《"笔谈遗稿"的发现与研究价值》，《寻根》2008 年第 3 期。

1996 年，笔者在位于京都的国际日本文化研究中心担任客座研究员时，曾在早稻田大学图书馆复制全部胶片，以寻机出版。但一直力有不逮，只能组织读书会，与浙江工商大学日语语言文学专业硕士研究生共同研读，聊以自慰。2010 年，笔者向教育部申请的人文社科项目"日本藏晚清中日笔谈史料集录与研究"获批，加快了《大河内文书》的研究计划。

2014 年，本书被纳入"十二五"国家重点图书出版规划项目，2015 年，被纳入王勇教授领衔的国家社科基金重大招标项目"东亚笔谈文献整理与研究"。在图书制作过程中，意外地发现本书的底本——早大图书馆拍摄于 1958 年 11 月的胶片，存在严重的质量问题。无奈之下，只能推倒重来，另行拍摄。经过考验智慧和耐力的漫长交涉，最后终于由东京都板桥福祉工场营业グループ高质量地完成了数码拍摄工作。

本书的出版，有赖于早稻田大学文学学术院河野贵美子教授、国学院大学讲师城崎阳子博士、大东文化大学外国语学部藏中しのぶ教授的穿针引线；得到了早稻田大学图书馆嶌田修先生、大东文化大学图书馆青木清美女士、赖政神社堤克政先生的深刻理解；也得到了中国社科院哲学研究所龚颖研究员、成蹊大学原非常勤讲师日野俊彦博士、早稻田大学社会科学总合学术院岛善高教授、早稻田大学尖端社会科学研究所研究原白春岩博士、天津图书馆历史文献部李国庆研究员，以及浙江古籍出版社吴迪编辑的热心支持；在一切向"钱"看的时代，浙江古籍出版社寿勤泽总主编豪爽地接受了笔者的不情之请——彩色影印出版。没有他们对学术的理解和鼎力相助，或许本书还在胎中待机。最后，笔者供职的浙江工商大学东方语言文化学院教师徐磊、许海华两位博士不计名利，牺牲数月宝贵时间精心制作了细目和日方笔谈者简介，极大地提高了本书的质量，使之更具有公器的性质。谨在此表示衷心的感谢！

《大河内文书》诞生于一百多年前，它本身是中日友好交流的产物。《黄遵宪与日本友人笔谈遗稿》出版后，实藤先生在该书的序中高兴地写道："把这么稀有的日中文化交流的资料介绍给日本和中国的读者，我觉得很高兴，黄遵宪与大河内辉声等地下有知，当更高兴吧。"[1] 今天，经过中日双方通力合作，这部寄托众多学人梦想的珍贵资料，一波三折，藏事在即。这怎么不令人感慨万千！

（本文是笔者为《日本藏晚清中日朝笔谈资料：大河内文书》一书撰写的序言，该书即将由浙江古籍出版社出版。）

---

〔1〕實藤惠秀：『黄遵憲與日本友人筆談遺稿』序一，早稻田大學東洋文學研究會 1968 年。

# A Treasure of Modern Chinese v.s. Japanese Bitan (Conversation by Writing) Literature —Introduction of *Ôkôchi Monjo* (《大河内文书》)

## WANG Baoping

(School of Oriental Languages and Culture in Zhejiang Gongshang University, Hangzhou: 310018)

**Abstract:** Bitan, meaning communication in writing, is a unique way of communication used by Sinosphere intellectuals who needed to overcome oral communication barriers. Bitan literature is a new writing style which is arousing interest among the academic community in these years. As a representative of this writing style, *Ôkôchi Monjo* is an archive registering the writing communication between some Japanese like Teruna Ôkôchi (大河内辉声) and those Korean and Chinese people living in Japan at that time. It ranks first among Bitan literature works because of its long-lasting, comprehensive and rich materials and its numerous participants. This paper aims at an integrated study into the texts of *Ôkôchi Monjo*, the discoverer Saneto Keishu (实藤惠秀), the main character of the writing communicator Teruna Ôkôchi, and the places this Bitan was taken and the details of the publishing of this book.

**Key words:** Conversation by Writing ; *Ôkôchi Monjo* ; Teruna Ôkôchi ; Chinese Living in Japan

# 汪康年致山本宪书札考注[1]

吕顺长[2]

（浙江工商大学东方语言文化学院　杭州：310018）

**摘　要：** 日本高知市立自由民权纪念馆所藏"山本宪关系资料"中，含汪康年致日本汉学家山本宪书札 19 通，时间跨度为 1897 年 11 月至 1909 年 3 月。本文以考注的形式对此 19 通书札进行整理和研究，从中不难发现书札不仅含有与维新变法、义和团事件等历史事件相关的内容，而且较多反映了汪康年在与山本宪长期交流过程中所表露的思想和情感。这些书札作为中国近代史、近代中日文化交流史的研究史料，弥足珍贵。

**关键词：** 汪康年；山本宪；书札；维新变法

日本高知市立自由民权纪念馆所藏山本宪后人提供的"山本宪关系资料"中，含山本宪本人作品、友人书信、各类图片等共 6000 余件。山本宪，字永弼，号梅崖，1852 年出生于日本土佐藩（现高知县）的汉学世家，自幼接受良好的汉学教育。1883 年，辞去报社记者工作，于大阪创办汉学塾"梅清处塾"，除招收本国学生外，后来还接收了多名中国留学生。1885 年，参与以大井宪太郎为中心的自由党左派策划的通过插手朝鲜内政改革试图制造日本国内混乱的所谓"大阪事件"，起草檄文《告朝鲜自主檄》，以"外患罪"获刑入狱，1889 年因颁布宪法而被恩赦。释放后，他主要致力于汉学塾的经营，由于"大阪事件"后知名度大增，其汉学塾一时几乎与同样位于大阪的藤泽南岳所经营的泊园书院齐名，山本宪本人也因此与藤泽南岳、近藤南州、五十川讯堂一起被称为大阪的四大汉学家。1897 年，山本宪来华游历，与汪康年、梁启超、罗振玉、张謇等人均有接触。戊戌变法失败后，康有为、梁启超、王照等维新派人士逃亡日本，山本宪曾予以多方援助，并与他们保持紧密交往。1904 年，他移居风景秀丽的海边小镇冈山县牛窗町，直至 1928 年去世，在此度过了"晴钓雨读"的相对平静的晚年。著有《论语私见》《燕山楚水纪游》《梅清处文钞》等作品。

"山本宪关系资料"含汪康年致山本宪书札 19 通，时间跨度为 1897 年 11 月至 1909 年 3 月。在所有与山本宪交往过的中国人中，与山本保持通信时间

---

〔1〕本文为国家社科基金后期资助项目"清末维新派人物致山本宪书札考释"（项目编号：15FZS051）、日本学术振兴会项目"近代大阪の在野儒学者の研究—その経学と社会政治活動—"（项目编号：15K02093）中间研究成果之一。

〔2〕吕顺长，浙江工商大学东方语言文化学院教授。

最长的是汪康年。另外，山本宪在其自撰年谱中也称："自客岁游清国后，与清人交游稍广，与汪穰卿书信往来不断。"[1]查上海图书馆编《汪康年师友书札》，所收录的28名日本人的书札共72通中，有山本宪书札15通，除曾任《时务报》翻译的古城贞吉16通为最多外，山本宪书札数量列其次，由此可知山本宪是与汪康年交往最密切的日本人之一。将本文的19通汪康年书札与《汪康年师友书札》中所收的15通山本宪书札进行比较，其内容虽大多能相互对应，但也可发现现在所能看到的并非二人往来书札的全部。

汪康年与山本宪的书信往来持续了十三年之久，这除了二人曾三次相见这一原因外，可能与他们所接受的教育及思想观念较为接近有关。汪康年于清咸丰十年（1860）出生于浙江省钱塘县，父亲为举人出身，长期任地方官吏。汪康年自年幼时便开始接受良好的家庭教育，但自1879年考取秀才至1892年进士及第，经过了十余年的时间，科举之途并不顺利。1895年汪康年参加上海强学会，翌年与黄遵宪、梁启超等一起创办《时务报》，宣传维新变法思想。与山本宪相识就在其致力于《时务报》经营的1897年，此时山本宪已四十五岁，汪康年近四十岁。

在汪康年书札19通中，以1898年作成的为最多，共达7通。这与汪康年于1897年末在上海与山本相见后，立即于1898年1月前往日本访问并在大阪再次与山本相见有关。1898年1月2日，汪康年与曾广铨抵达东京开始访问日本，1月15日入大阪，1月18日从神户乘船回国。在大阪访问期间，汪康年于16日在下榻处与山本宪相见，相见时在场的还有同行的曾广铨、正在梅清处塾学习的嵇侃和汪有龄、大阪华商孙淦、苏杭汽船会社负责人白岩龙平、第二次赴日的孙文、《大阪每日新闻》记者等。会见时，孙文自称"中山樵"，与汪康年于15日同时前来大阪。在大阪期间，汪康年还访问了朝日新闻社，参观了印刷器械并了解其印刷状况。此外，还考察了大阪东区高等小学校和大阪造币局。[1]

1898年汪康年致山本的信函，在戊戌政变前，除对山本在大阪给予的热情接待表示感谢外，多有书报及礼物往还之内容。如汪康年多次寄送《时务报》和礼物给山本，山本则将游记《燕山楚水纪游》及译自日本报刊的作品寄赠给汪，翻译作品后来登载于《时务报》。（汪康年书札二、三、四、五）戊戌政变发生后，山本宪得到汪康年也已被逮捕的误报，数次来函询问安危。汪康年在复函中，除表示感谢外，也谈了自己对此次政变的看法，称："敝国今岁改革，一切颇有除旧更新气象，实皆康君有为一人所为。顾求治未免太急，康

---

[1]《清国新闻记者》，《大阪每日新闻》，明治三十一年（1989）1月17日。此外，1月12日、1月16日、1月17日、1月18日的《大阪朝日新闻》，以及1月11日、1月12日的《大阪每日新闻》，也对汪康年的日本访问进行了报道。

君又不能容人，凡与己不协者，必驱之而后快，以致酿此奇祸。"并对政变后逮捕诛杀党人、查封报馆及学会等行为深表悲愤，称："同志诸人均深愤激。顾假柯无日，偿愿何时？搔首问天，益增悲恫。"（汪康年书札六、七）

1899 年后，汪康年与山本的书信往来在数量上虽明显减少，但内容却呈多样化。如：山本宪塾生田宫春策前来中国留学，汪康年安排叶瀚给予照顾，而后来田宫与叶瀚却发生争执（汪康年书札九、十）；义和团事件发生后，汪康年"频月上书各大官，请其自行剿匪，终不见听采"（汪康年书札十）；互赠书籍、照片及香茸、茶叶、茶杯等礼物（汪康年书札十一、十二、十三、十七、十八）；1903 年大阪举办内国博览会，汪康年虽受到了山本的邀请，但未能前往观览（汪康年书札十四）；汪康年因事赴日，希望与山本相见（汪康年书札十五）等。

上述"山本宪关系资料"中，除汪康年书札外，尚有康有仪、康有为、梁启超、王照等人致山本宪书札计一百数十通。2011 年始，由日本高知大学吉尾宽教授负责组织相关研究者对这些资料开展专门研究，笔者为课题组成员之一，担任康有仪等人书札的整理研究工作。本文以考注的形式着重对汪康年致山本宪的 19 通书札[1]加以整理研究。

一（1897 年 11 月 22 日）

山本先生阁下：

　　弟到馆[2]读尊示，敬悉。弟当于初一日诣尊处，偕阁下往各友处一谈。专此奉布。敬请道安。

　　　　　　　　　　　　　　　　　　　　　　　　　弟汪康年顿首

按：山本宪资料 C73。此札一纸，信封正面书"即送东和洋行　山本老爷台启　十月廿八日　汪缄"。作成时间当为阳历 1897 年 11 月 22 日。1897 年冬，山本宪游历中国，至上海后于 11 月 16 日、18 日、24 日、25 日、26 日与汪康年多次相见。函中所称"尊处"，指山本宪在上海的入住旅馆"东和洋行"。《燕山楚水纪游》有"至上海码头，则已燃灯。直至铁马桥东和洋行投宿"[2]卷一，30，以及"余所寓东和洋行，在米租界虹口铁马桥西，楼前一渠，可以通苏杭及镇江松江等处"[2]卷二，3等记载。另外，此函中汪康年称"偕阁

〔1〕 有关汪康年致山本宪书札的先行研究有：吉尾宽「清末の変法派人士汪康年から山本憲への手紙—〈山本憲関係書簡〉の史料価値を示しつつ—」（『高知市立自由民権記念館紀要』2008 年 8 月第 16 号）、拙文「汪康年の山本憲に宛てた書簡」（『四天王寺大学紀要』2012 年 3 月第 53 号）。
〔2〕 馆：当指汪康年任经理的时务报馆。

下往各友处一谈"，指 11 月 24 日（初一日）陪同山本宪拜访张謇和叶瀚，并到《时务报》社见了汪大钧、曾广钧、田其田、古城贞吉等人。还曾拜访汤寿潜，但因汤不在而未得相见。[2] 卷二，37-41

二（1898 年 1 月）

梅崖先生执事：

大坂停骖[1]，得候望颜色，蒙以优礼相待，并得遂升堂拜母之愿。惜以归期迫促，不获久留。乃荷远送，又赐珍食。康年千里归来，梦寐之中，犹如聆謦欬也。回上海后，闻胶州事[2]已结。然苟且敷衍，将来之患，正未有艾。又闻张香帅[3]及刘岘帅[4]均极以与贵国联和为上策，已将奏请派员赴贵国，但未识内意何如。此事若成，诚两国之福也。康年近来料理日报，事极忙冗。不多及。敬颂起居。并候太夫人万福。又候贤夫人安好。

弟康年顿首

按：山本宪资料 C75。此札二纸，信封正面书"请转交山本梅崖殿"，背面书"汪康年"。1898 年 1 月，汪康年与曾广铨访问日本，2 日抵达东京，15 日入大阪，18 日从神户乘船回国。在大阪期间，与山本宪相见并受到热情招待。汪康年的此次日本之行，除考察日本报业、会见日本友人外，似乎与加盟日本亚细亚协会并谋求与日人结盟有直接关系。赴日期间，汪康年加入了日本兴亚会，即日本亚细亚协会。吴以棨致汪康年函称："闻兴亚会已入公名，条例如何，能示大概否？"[3]294 高凤岐在致汪年康的书信中也称："执事东游，自为东亚要计，彼中贤士大夫怀此久矣。得吾国有心人一鼓其机，当更奋发。惜吾政府之不动耳。"[3]1598 此函为汪康年回国后不久致山本宪的感谢信，同时还表示了对胶州湾事件交涉结果的不满，以及对中日两国进一步加强联合的愿望。

三（1898 年 2 月 5 日）

---

〔1〕大坂停骖：指 1898 年 1 月汪康年访问东京后，于 1 月 15 日入大阪，并与山本宪相见。
〔2〕胶州事：胶州湾事件。1897 年 11 月，德国以 2 名传教士被杀害为借口，派军舰强行登陆并占领胶州湾。
〔3〕张香帅：湖广总督张之洞，号香涛。
〔4〕刘岘帅：两江总督刘坤一，字岘庄。

前日奉一函，由邮便寄，想已鉴入。顷奉上敝报[1]两包共五十期，乞鉴入。余详前函。敬上梅崖先生。

康年顿首 正月十五日

按：山本宪资料 C74。此札一纸，信封正面书"敬祈饬交大阪东区谷町一町目 山本梅崖先生样[2] 西历二月七日"，背面书"书另交下期船寄上 因西村已行也 汪康年"。正面邮戳无法判读，背面邮戳有"大阪 卅一年二月十五日"字样。发信时间当为 1898 年 2 月 5 日（正月十五日）。接汪康年回国后不久及此 2 月 5 日信函后，山本给汪康年复函："客日大驾东游，适留大阪，光顾蓬蒿，弟荷荣殊大。但草卒失款待，最非迎长者之意，弟负罪亦大。然幸不以弟不敏，归帆后，屡辱手教音问，又惠赐《时务报》，隆意殷殷，弟实不知所报。而弟方草贵国观光纪行文，不即裁书奉答，弟负罪于是乎益大矣。万在所阔略，幸甚幸甚。所草纪行文才脱稿，不日将奉呈左右，仰正教。稽、汪二君语学大进，可刮目，请为安意。近日新闻报俄人益猖獗之事，东亚形势日迫，真可闷闷。敝国伊藤博文方为相，此人心术可知耳，何得有强人意之事。前四日议员公选始毕，反抗内阁者数占大半，顾伊藤为相不得久欤。代伊藤内阁者不可知为何人。然至支持东亚形势，比之伊藤必有可见者矣。时下为世道自重是荷，兹请文安，万祈炳鉴。弟山本宪顿首。三月十八日。"[3]3295

### 四（1898 年 6 月 8 日）

敬启者，佐泽[3]先生来，带到手书并惠赐印泥一匣。具见吾二人心心相印，永矢勿谖。不同鸿爪雪泥，徒成陈迹已也。领谢领谢。今乘王君惕斋[4]东游之便，托其带呈杭州龙井雨前茶二瓶，聊以伴函，敬祈晒纳。不敢希古人如水之交，聊使吾兄一尝异乡清味，如见故人也。前承惠寄译件，已登敝报六十一册，其于敝馆增光曷已。併此鸣谢。此上梅崖先生。

弟汪康年顿首 四月廿日

附佐泽先生信，乞转交。

---

〔1〕敝报：时务报。
〔2〕样：日文用语，表敬称。
〔3〕佐泽：未详。
〔4〕王君惕斋：王仁乾（1839—1911），字惕斋，浙江慈溪人。1870 年前后赴日，1877 年于东京筑地入船町开办经营书籍、文具、药材的商店"凌云阁"。与日人文士大河内辉声、冈千仞，以及赴日考察官员张謇、罗振玉、胡景桂等均有交往。

按：山本宪资料 C76。此札二纸，信封正面书"外茶叶二瓶　敬祈饬交大阪谷町一丁目　山本梅崖先生（印甫）宪台启　康年谨托　四月廿一日"。此函系托在日华商王惕斋带往，为下面山本来函的复函。"前数日所赐《时务报》，昨日到达，接手感荷无已。今日适读《朝日新闻》，摘译一、二页，载在别开，以呈左右。自今之后，读诸新报有所得，摘译奉上，是期非敢谓酬厚谊，聊表鄙衷尔。此请文安，万祈炳鉴。弟山本宪顿首。明治三十一年三月廿三日。"[3]3296 查《时务报》第 61 册，载有山本宪所翻译的《朝鲜辞俄国陆军教习及度支部顾问官本末》。此外，《农学丛书》（第三册）、《清议报》（第二、四、六册）等也载有山本宪的译文或论文。

五（1898 年 7 月 28 日）

梅崖先生阁下：

奉书敬悉。尊著《燕山楚水游记》[1]四部亦收到。除拜领一部外，余三部即遵嘱分致叶浩吾[2]、汤蛰仙[3]、梁卓如[4]三君矣。捧诵大著，觉从者于行役之时，采风问俗，随地留意，定为不负此行。书中于敝邦政治颓废之原，孔教式微之故，尤能洞见瘕结，言之确凿。弟忝属士流，关怀宗国，读之不觉悚然汗下，惭愧交并。至于兴亚之念，中东[5]联合之思，时时流露于言间，则尤足见先生志事所在，不仅以笔墨雅饬追踪古人已也。敝邦近事无复可言。前月法人忽欲翻二十余年之成案，索宁波人在申所置之义塚。宁人大怒，聚众与争，罢市五日。近虽已开市，而此事尚未了结。外人要挟已成惯技，此次忽为阛阓中人所挫，忠义之气仅留于市井，可愧也已。敬问起居，伏维为道自重。

弟汪康年顿首

大著记张季直[6]修撰吸食洋烟，其实伊同住友人有吸食者。此事似系误会。又及。

---

〔1〕燕山楚水游记：指山本宪 1897 年游历中国时的游记《燕山楚水纪游》，1898 年 7 月由印刷所上野松龙舍以非卖品形式印行。
〔2〕叶浩吾：叶翰（1861—1936），字浩吾，浙江省仁和县人，清末维新派思想家。1897 年与汪康年等在上海创刊《蒙学报》，1902 年作为发起人与蔡元培、章太炎等在上海设立中国教育会。1897 年曾在上海与山本宪相见。著有《尊圣论》《墨子大全》等。
〔3〕汤蛰仙：汤寿潜，字蛰仙，浙江省山阴县人，清末民初实业家、思想家。著有《危言》，提出淘汰冗员、改革科举、开设学校、开发矿山、建设铁道、强化海防等一系列改革措施。
〔4〕梁卓如：梁启超，字卓如。担任汪康年任经理的《时务报》主笔。
〔5〕中东：中国和日本。
〔6〕张季直：张謇，字季直，翰林院修撰。

按：山本宪资料 C77。此札三纸，信封正面书"寄日本大阪谷町一町目山本宪殿　阴历六月初十日缄"，背面书"上海汪穰卿缄"。背面邮戳有"大阪卅一年八月三日"等字样。此函主要为阅读山本宪游记《燕山楚水纪游》后的感想。所及"宁人大怒，聚众与争"，当指 1898 年 7 月在上海法国租界发生的宁波籍民众与法国人之间的大规模冲突事件。而"张季直修撰吸食洋烟"，即指山本宪在游记中的有关张謇房中有鸦片器之内容。1898 年 11 月 24 日，汪康年陪同山本拜访张謇，山本在游记中除记录了与张謇交谈的内容外，还附记了"见诱访张子（名謇，字季直，通州人，甲午状元，今家居），房中具鸦片器"之内容。[2]卷二，37 汪康年在此函中认为"此事似系误会"，房中有鸦片具是因为"同住友人有吸食者"，并非张謇吸食鸦片。接汪康年此函后，山本宪复函表示："张先生家鸦片具之事，奉承来命，鄙著将再刊，再刊必除削。"[3]3297

六（1898 年 10 月 3 日）

梅崖先生阁下：

昨奉手书，承以敝国朝事变更，垂念鄙人，感荷之至。敝国今岁改革，一切颇有除旧更新气象，实皆康君有为一人所为。顾求治未免太急，康君又不能容人，凡与己不协者，必驱之而后快，以致酿此奇祸。敝国皇上已奉太后垂帘，维新诸政已奉诏不行。康君只身南下，抵申后即为英兵轮接去，闻已至香港。其门人梁卓如行踪已不知若何。康君之弟广仁及参预新政之杨锐、林旭、谭嗣同、刘光第又杨深秀，则已奉旨处决矣。志事未遂，遽遭冤祸，深可惨痛。此外幸未株连。风闻当轴巨公已私召俄兵保护京城，而英公使亦电召印度兵到天津听令。两雄相角，其不以敝国北方为战场也几希。书至此，悲愤欲绝。想先生亦当同此浩叹也。敬问起居。

汪康年顿首

按：山本宪资料 C78。此札二纸，信封正面书"日本大阪谷町一丁目山本宪殿　上海昌言报馆缄　八月十八日"，背面无文字，背面邮戳有"大阪卅一年十月十七日"等字样。得知发生戊戌政变后，山本宪即于 9 月 26 日致函："北京来电云，贵朝廷变故，岂止贵国安危，可谓东亚大事矣。如闻汪君穰卿亦被逮捕，未知信否？关心甚。因此转书问安否，请赐回音。谨请贵馆诸先生道安。"[3]3297 汪康年在此复函中，阐述了对政变的看法："求治未免太急，康君又不能容人，凡与己不协者，必驱之而后快，以致酿此奇祸。"

## 七（1898 年 10 月 21 日）

梅崖先生阁下：

八月十七日曾奉一缄，亮日内必可达览。昨又奉手示，敬谂一切。蒙殷殷以鄙人为念，感何可言。敝国朝事变迁，实出意外。自康梁远飏后，谭嗣同等六人即行伏法，此外亦株连大员数人。近又新奉上谕，查封报馆及学会等事。生民智识益以锢蔽，维新其无日矣。从者热肠冷眼，方以唇亡之危，代为忧虑。同志诸人均深愤激。顾假柯无日，偿愿何时？搔首问天，益增悲恫。余不赘。肃复。敬问起居。

弟汪康年顿首

按：山本宪资料 C79。此札二纸，信封正面书"日本大阪谷町一丁目山本梅崖先生 上海昌言报馆缄 九月初七"，背面邮戳有"大阪卅一年十月三十一日"。山本宪在 9 月 26 日致函汪康年后，因未收到复函，故又于十月十三日给汪康年致信："汪先生阁下 向者接北京政变之报，窃虑执事安否。直寄信昌言报以问之，未接复书。然依新闻所报，详悉执事安泰，慰甚慰甚。窃惟北京政变，实为贵国近日大事。继以各国兵入京，贵国从此滋多事。将如何生变，注目东亚大局者所痛忧不措也。弟不敏，私思欲入贵国，附随贵国大家骥尾，竭尽驽钝，从事贵国革新者日久矣。但未获旅资，旷日弥久，神空骋魂徒逝耳。及接近日多故之报，益不堪技痒，日西望咨嗟，幸见怜察，敬请道安。弟山本宪顿首。十月十三日。"[3]3298 汪康年此函，为对山本十月十三日来函的回复。

## 八（1898 年 11 月 12 日）

梅崖先生经席：

敝国不幸变政祸起，屡承垂询，深所感愧。前草布闻近状，未能详也。缘敝国诸大臣蒙塞未启，而食于弊者，持之尤坚固，且稍知时事者，又杂出多途，未尝有真能联合为一者。而某欲以不合之人心，行未谋之政法，又间杂以私意，遂致倏忽之间溃裂横决，难复措手。他不足惜，其奈无计挽回何？先生最关心东亚时局，有何高识，望随时见教。弟今年叠受震撼，犹欲持之以坚忍，今则真无可为矣。近又得肺症，愁病交侵，亦适与时局相会耳。贵国合操[1]，本欲至大坂亲观盛典，以新有所戚不果，东渡当再刻期耳。敬候起居。尊太夫人暨

---

〔1〕合操：1898 年 11 月在大阪举行的陆军大演习。

尊夫人前一并候问。

汪康年顿首　八日

按：山本宪资料 C80。此札二纸，信封正面书"大阪谷町一丁目山本宪殿华历九月二十九日"，背面书"汪康年拜"。背面邮戳有"大阪卅一年十一月十六日"等字样。在此函中，汪康年表达了自己对维新变法之所以最终失败的看法。

九（1900 年 10 月 8 日）

梅崖先生阁下：

　　不见积年，想望为劳，近方以未见手翰为怅。乃日前得尊函，知春日见赐两函，并辱赠大著。既纫厚意，尤恨邮递之阻，致未得奉读，怅怅何极。田宫春策[1]君，人极醇实。已与浩吾兄商量，即在浩吾之经正学堂中读书，并学习敝国语言。因学堂中人多，可期庄岳之效。弟就田宫生询得先生近况，并询得太夫人及夫人均平安，甚以为慰。敝国上下懵然，致有此等奇异之事，可痛亦复可愧。弟频月上书各大官，请其自行剿匪，终不见听采。目下两宫播迁，深入陕西，祸首亦不肯重办。各国藉此不允议和。祸变之来，曷其有极。先生关怀东亚，当必日夕忧劳也。专肃。即候起居。

弟康年顿首　闰月十三日

　　前函写讫未发，昨田宫生又持赐物见付，已拜受矣。年来栖迟海上，实劳我心。回忆从前吾二人申坂过从时局，心境盖已相去天壤。今对珍贻，益增凤感矣。将来弟或有闲暇能再至大坂，一叙积怀，亦快事也。复候文安。浩吾函[2]附上。

康年又上　闰月十五日

按：山本宪资料 C81。此札三纸，未见信封。作成时间"闰月十五日"，据内容判断当为光绪二十六年闰八月十五日，即阳历 1900 年 10 月 8 日。本年 9 月末，山本宪致函汪康年："穰卿先生阁下　夏以来奉书问候两次，鄙著

---

〔1〕田宫春策：山本宪梅清处塾塾生，1900 年来上海留学。据山本宪称，其父从医，而山本又与在大阪从医的田宫之春多有接触，可推断田宫之春与田宫春策为父子关系的可能性较大。参见汪康年书札十。

〔2〕浩吾函：叶瀚致山本宪信函，内容如下："梅崖先生大人阁下：前奉惠书，敬悉令门弟田宫君将来弊邦学习官话。今昨得见田宫君，出惠函，拜悉起居佳畅，至慰至慰。田宫君气质厚重，清英内含，望而知为道门佳士。现已延居弟经正书院中，居清上海英界新马路梅福里二弄二十九号。屋中月定房膳金八元。其官话弟可亲教，不须论修，日教两点钟，诸祈放心。恐系尊盼，特乘汪康年先生寄书之便，敬陈数言。即请道安。叶瀚拜上。阴历闰八月十三日夜。"（山本宪资料 C103）

献呈一此，不知到达左右否？贵国事变，未知所底止。东亚艰难日棘，不堪鸿叹也。此次门生田宫春策至上海学中国语，欲请举一身立于执事教鞭命令之下。此人性太醇，父业医，学资不乏，如费额多少，毫无所顾，念择师方法以下，一皆仰执事下命也。既至上海之后，拟寓贵国人之家，起卧饮食与贵国人同之。今既束装开船在近，因奉一书，有所恳请，屈意容纳，幸甚，至恳至恳。敬请道安。弟宪顿首。（闰月初四日到）见许寓于先生之门若叶先生之门，至幸至幸。束修及羁寓费额多少，皆奉命纳上。"[3]3298-3299 汪康年此函除答复山本所介绍的留学生田宫春策的落实状况外，还涉及了对当时正发生的义和团事件的看法，并表示自己曾"频月上书各大官，请其自行剿匪，终不见听采"。那么，汪康年上书的"各大官"具体指何人？据称："（光绪二十六年）五月，北方拳乱既盛，南方亦岌岌可危。先生甚忧之，特至湖北，以剿拳匪劝政府之说上诸张孝达制军，又至江宁托人将前说上书刘岘庄制军。至而李少荃傅相至上海，复联合同志上书傅相，请即率兵入都，以剿匪为媾和之根本。惜均未见采用。"[4]128

十（1901 年 1 月 18 日）

梅崖先生惠察：

  碌碌久未奉笺。秋间弟恐有意外之虞，官中之缇骑，海外之暴徒，谣诼四起，在在可虞。然弟自问无他，淡然听之而已。两三月来，始渐宁息。方欲图为汗漫之游，而慈亲忽寝疾，奉侍不得暂离。医药失调，遂致弃养。五中摧绝，无复生意。家国之事，咸尽如斯，可为奈何？阁下所言田宫[1]生，初时颇见谨饬，后闻其游燕稍频，因告叶君，请其随时告诫。日前叶君[2]复想其侮慢，讯诸田宫，语多差异。问诸学堂，始知叶君以学堂需用，乘夜问田宫索下月应补之款，田宫意不谓然，遽挥令去。叶君办学堂极坚苦，而于人事未尽妥惬。田宫气盛，诋毁之辞，殊多失当。今已函劝田宫，属其移去。闻其不日将游福州云。弟值新丧，本不敢辄作书。因恐阁下念及田宫事，故特函告。不尽欲言。

棘人康年稽颡

  按：山本宪书札 C82。此札一纸，信封正面书"敬祈转交为荷　山本宪样　华历十一月廿一日　汪康年拜"。此函汪康年除报告自身近况外，主要报告田

〔1〕田宫：田宫春策。参见书札十注"田宫春策"。
〔2〕叶君：叶瀚。参见书札十注"浩吾函"。

宫之春来华后的行为及与叶瀚之间的争执。接汪康年此函后，山本复函致以慰问并指责田宫，其信函称："汪先生阁下　兹接来示，得悉令堂失养，有风树之叹，一读令人愕然，令堂寿算几何？逝者不复可追，切望居丧务节哀自重。依来示，又闻之孙先生，田宫春策失事师之道，加非礼于叶先生，书生无状，弟实无言可谢，恐因以致先生于弟交道有碍。田宫现在汉口，待其归上海之日，将呼还或致书大加戒饬，且削弟子籍，是弟处田宫之法，亦所谢先生及叶先生也。请谅弟无佗心焉。贵国北方之事，益不忍言。俄人于满妙吞噬之谋，全成东亚之危急，如坐积薪上，忧国之士皆期与俄人开仗，是合机宜之论也。然伊藤在相位，徒为偷安之谋，不知黄种覆灭，何堪慨叹！有高见见教幸甚。敬请道安。弟宪顿首。敝国产香茸，托邮呈先生及叶先生两家厨下，得上匕箸感幸。"[3]3299

十一（1901 年 3 月 5 日）

梅崖先生阁下：

　　正月初四奉到手书，承以先慈见背，远致唁慰，曷胜悲感。康年自少年至今，咸荷慈亲教训，凡诸行事，恒禀命焉。忽失瞻依，何以自励？承规勉再三，谨当凛遵。田宫之事，盖一时血气之过，希随意戒饬之，必能娇揉以归于正。甚不可削弟子籍，使彼难于改过也。叶先生得尊函，亦同此意。又承远致香茸，已与浩吾一同拜受。味甚清腴，可与蘑菇香菌等物比美。屡蒙厚饷，何以克当？至敝国事，摧剥至此，益无可言。然果能回銮归政，变法自强，或尚可挽回。所虑政府无主持之人，徒以粉饰敷衍为事，则更不可救药矣。弟于变法之事，颇有所拟，但徧观近日要人，无可与语，徒仰屋窃叹而已。专此。敬候起居。伯母大人、尊嫂夫人前同此请安。

弟制康年稽　十五日

　　按：山本宪书札 C83。此札一纸，信封正面书"大坂天神桥南　山本宪殿　清国汪康年拜　华历正月十五日"。此函为对上函按语中所引山本宪函之回复。

十二（1901 年 9 月 13 日）

梅崖先生执事：

　　久未奉书，深自怅歉。然于执事之言论起居，固日在寤寐中。吾国近日之事，若起若仆，上下之人，若睡若醒。虽疾起直追，无从致力。非迎机徐导，巽以行权，不能为功。惟外力之迫促日甚，真令人不知税驾之所矣。至于事变之蕃赜，新机之阻滞，异端之横出，正非一二语所能了。执事于同洲之谊，最为关注。恕搉之情，彼此同之。兹因有友人东游，奉上龙井之雨前茶二瓶，天目山云雾茶二瓶，刻磁茶杯十个，敬备奉养之需，敢乞察入。如箸述有暇，尚望有以蕲之。专肃。敬请台安。即颂俪祉。太夫人尊前敬候起居。

汪康年稽首　八月一日

按：山本宪资料 C84。信此札一纸，封正面书"外茶叶四瓶　刻磁茶杯一匣　为十个　大阪天神桥南　山本宪殿　汪康年拜　华历八月一日"。无邮戳。据汪康年书札十三，此函及函中所记茶叶等当由姚锡光携带至日本。

十三（1902 年 1 月 17 日）

梅崖先生执事：

　　秋间曾托姚生（锡光子，名鸿法，字兰荪）奉信一封并刻磁茶杯十只（共一匣），茶叶四瓶。据云由敝国神户领事转寄。久未得覆书，不知已达否？近维萱侍清健，德业日进，至为欣羡。敝国之事，见日报者想先生久已览悉。近虽和议初定，两宫回銮，然俄约[1]、商约[2]关系极重，尚未知所底止。至变法一事，尤难措手。心志既不一，又扞格甚多。惟望亲政有期，或尚可徐图布置。然兹事绝非在下者所能设法如何如何。康年近年以来枯索如一槁木，反己自思，极深罪疚，惟自恨虚具形骸而已。尝欲与先生一论此事，然事类至繁，非笔墨所能宣罄。东望蓬瀛，聊伸意款。犹冀不我遐弃，时惠教之为幸。专此。敬候起居。不一。

弟汪康年拜　初七日

按：山本宪资料 C85。此札二纸，信封正面书"敬祈转交为感　大坂天神桥南　山本宪殿　汪康年拜托　华历十二月初八日"。正面邮戳有"大阪川口卅五年一月三十日"等字样。此函因山本宪久未复函而作。山本宪接此函后，复函如下："穰卿先生执事　昨蒙赐华教，并磁盃十个，茶叶四瓶。今复辱接华

---

[1] 俄约：当指中俄就交还俄国所占东北所进行的交涉，最终于 1902 年 4 月 8 日签订《交收东三省条约》，俄国从中国东北分三期撤兵。签约后，俄国第一期按约定撤兵，而第二期却违约不撤，引发"拒俄事件"，并加剧日俄之间的矛盾，最终导致日俄战争。

[2] 商约：按照《辛丑条约》约定，清政府应于 1902—1906 年与英、美、日、葡、德、意等国分别商谈修订原有的"通商行船条约"。

教，厚意殷殷，弟何以得之，感铭不知所谢。独弟不敏，久欠候问，多罪无道，伏审兴居万福，至欣至慰。弟昨秋初有贱恙，暂地养疾数旬，尔来身心比旧倍健，幸勿劳远念。贵国两宫回銮，变政事业，逐次就绪，真可为东亚贺。李少荃伯殁后，俄人狼心差挫，近日依新报，俄人改图满洲，平定似当期。然彼封豕长蛇，待隙而发，可寒心！可寒心！只希贵国变政一日速完而已。弟每久拟再航住贵国竭驽钝，未能得资，空延领空望耳。敬兹奉复，并请文安。弟宪顿首。日历二月三日。" [3]3300

## 十四（1903 年 5 月 8 日）

梅崖先生执事：

久未得音问，方深想念，前日奉手书，如荷百朋之锡。伏承雅意，招阅贵国博览会[1]，藉兹盛举，得觐芳仪，于以拾坠欢，理旧绪，宁非快事。惟近日大局日坏，吾辈处漏舟之上，日夜怵惕，不知所措。所谓"伤心人别有怀抱"，安得复有心情与贵国诸君子辜较品物，角胜工艺？（此非虚语。盖弟所亟欲得一见，同道其心曲者，惟君耳。）若天假之缘，得因事会与君相见，深所愿也。至鄙意所怀，端绪千万，恨非笔墨所能宣罄，谨函陈其略，惟君鉴之。罗君[2]于前月初丁内艰，能至东与否，未可知。叶君方有译书之役，恐未及东行也。专覆。敬请箸安。

弟康年顿首　廿八夜

再，此函前日廿八所作，近日始发，亦可见弟意志隳败之大端矣。

按：山本宪资料 C86。此札二纸，信封正面书"敬祈饬送山本先生　康年手具　四月十二日"。此前 3 月 19 日，山本来函邀请汪康年、罗振玉、叶瀚等赴大阪观览博览会，其函称："穰卿先生执事　平日疏懒，久不奉问，徒增愧仰已。今年敝国设博览会，目今各馆诸品陈列渐整。从此十数日之后，春风和畅，益可人身，伏惟与罗、叶诸贤泛槎东来，得经一瞥，弟将趋走为导是荷。敬请道安。弟宪顿首。新三月十九日。" [3]3294 汪康年接此函后，复函表示因故难以前往。

---

〔1〕博览会：1903 年在大阪举行的第五次内国劝业博览会。
〔2〕罗君：指罗振玉。

### 十五（1903 年 9 月 29 日）

梅崖先生阁下：

自相别后，欲言万端，虽时致缄函，恒虑格格不得达。顷以事至东京，约敝国八月内必至大坂，与先生畅浚衷臆。谨先奉布，用致相思。敬候起居。余俟面述。

汪康年拜　华八月初四日

按：山本宪书札 C89。此札一纸，信封正面书"大阪天神桥南　山本宪殿　东京赤坂区冰川町四十五番　汪寄　华八月初四日，日历九月廿九发"。正面邮戳较难辨认，但似有"36-9-30"字样，即明治三十六年（1905）9 月 30 日，当为寄达大阪的时间。据《汪穰卿先生传记》，汪康年与陈宜人再婚，并于"某月遂偕陈宜人往游日本"。[4]142 此函或为此次赴日时所发。山本接此函后，复函称："穰卿先生阁下　尔来每想高风，只增渴倾而已。顷者，蒙赐翰教，有会到东京，西旋之日过大阪，何等庆幸，得慰倾注。谨拂门庭以候，万期拜晤。弟山本宪顿首。日历十月一日。弟欲再航贵国，致驽钝于日新之业者久矣。未得机会，私以为憾。今幸得大驾过阪，畅叙别后衷怀，以慰平日渴想。幸甚。"[3]3295

### 十六（1905 年 9 月 11 日）

前者辱蒙赐书，欣悉先生以高年清德，犹得循南陔之养[1]，尽莱彩之懽[2]，近且卜筑林泉，表率后进，敬仰无已。承教以敝国势濒危，宜及时有所陈纳。先生厚爱吾国之心，诚足感佩。彼时即欲奉书，顾以方欲有所营构，思欲得当以报，故迟迟未发。今则所希望之事悉成梦幻，惟姑为其所得为，以俟不可必得之天幸而已。敝国之不能即振，更仆难数[3]。要而言之，则腐败之原因，不尽在政治，而在于社会。今者上无握权出治之大臣，下无章志贞教[4]之大儒，而发于上与号召于下者，咸不能出以精白诚一之心，则气运之挽回，正未易言也。贵国上下戮力一心三十年，遂得战胜强俄，为地球上第一等强国，使敝国亦得有变法自强之机会，斯实下士所欣幸也。和议之成，贵国社

---

〔1〕南陔之养：《诗序》："南陔，孝子相戒以养也。"
〔2〕莱彩之懽：《艺文类聚》卷二十引《列女传》："老莱子孝养二亲，行年七直，婴儿自娱，著五色彩衣。尝取浆上堂，跌仆，因卧地为小儿啼。"
〔3〕更仆难数：《礼记·儒行》："遽遽数之不能终其物。悉数之乃留，更仆未可终也。"
〔4〕章志贞教：《礼记·缁衣》："故长民者，章志、贞教、尊仁，以子爱百姓，民致行己以说其上矣。"

会咸不满意。弟意小村[1]大臣明于形势，熟于计划，其所以不能尽其力量者，盖实察于彼己及列强相对待之故，遂有不得不出于此者。不知先生以为何如？弟旅京年余，近复南下，将来当仍入京一行。跋来报往，自顾殊无所谓，以承雅意，姑述所怀，意所欲言，百不及一。奉上小说一种，聊为先生下酒物，望哂存之。即上梅崖先生。并候堂上万福。

汪康年拜上　中历八月十三日

按：山本宪资料 C87。此札二纸，信封正面书"敬求涤盦兄带至大阪饬交山本梅崖先生　汪康年拜　八月十三日"。据内容判断，作成时间当为 1905 年 9 月 11 日，为对山本来函之回复，但《汪康年师友书札》未见此函。此前的 1905 年春，山本宪曾致函汪康年，称："叩贺年禧，尔来契阔，兴居何似，伏惟万福。弟理当屡裁书候问，日常疏懒，负罪寔深。客年俄人无状开衅，天祐敝国，连战连捷，俄人虽未悔咎，大局既有可洞见者，想执事有高论，所处时局，幸勿吝开示。弟以日历十一月下旬营隐栖于此地，地位于山阳海上，富海山之胜与鲜鱼，去大阪不远，若有东游之便，幸赐来过。敬请道安。弟宪顿首。立春之日，住备前牛窗。叶先生及汪有龄、嵇慕陶二君，起居何如？久不闻消息，请见示近况。"[3]3301汪康年函中所称"旅京年余"当指 1904 年入京任内阁中书。

十七（1907 年 9 月 24 日）

梅崖先生执事：

积年未修笺候。前奉惠书，如获拱璧。承甘饴之奉，与日俱永。栽花钓鱼，怡适天性，羡佩无似。弟所处境地，与君煞隔。匪风[2]之惧，排日而积。加以情性迫狭，怀倚柱之悲，少乐天之趣。近来踪迹南北靡常，而颠踬频仍，见排时贵，颇谓冰蘖之怀。无当大雅，故未敢辄以鄙状相告。兹因便羽，聊奉此函并家刻《清尊集》[3]一部（附

---

〔1〕小村：小村寿太郎（1855—1911），日本外交家、政治家。曾于 1901—1906、1908—1911 年两次任外务大臣。
〔2〕匪风：《诗序》："匪风，思周道也。国小政乱，忧及祸难，而思周道焉。"
〔3〕《清尊集》：十六卷，（清）汪远孙编，道光十九年（1839）振绮堂刊行，收入"东轩吟社"社员七十余人的作品。

《东轩吟社画象》[1]一册）。是书为先伯祖小米公[2]在道光朝宾游雅集之事，是时海宇无事，士大夫家居者，率以文酒为欢。抚今追昔，曷胜浩叹。敢希晒入，聊供插架。又《庄谐选录》[3]一部，此短书小言，不为佳撰，然其间颇有以激讽时人为意者。前时曾托人奉一部，来函未及，疑已浮沉。再奉一部，亦请是正之。敬候侍祉。余不饩缕。

弟汪康年拜　八月十七日

　　按：山本宪资料 C88。此札二纸，信封正面书"另书一包　大坂山本宪殿汪康年拜托　八月十七日"，背面书"再附上近日写真（在书包内）一纸　希察入"，无邮戳。此函作成年不详，或为 1907 年。函中所称"见排时贵"，或指 1907 年汪康年在北京创办的《京报》因报道"杨翠喜事件"被勒令停止出版一事。

十八（1908 年 12 月 15 日）

梅崖先生执事：

　　前奉露笺并大箸三种，及尊容写真二纸，均已拜悉。又睹清严之状，无异昔年，颇用为慰。惟论汉字不可废，此意绝佳。然其理博奥，骤难寻究。故濡滞未覆。自余两种，崇正辟邪，故适如康年所欲言也。今者东西之说，固已大相争竞，复有最新之说起相搏击。而实能洞见其误，起而大声疾呼，以全力抨击之者，乃尚无其人。盖斯事极难。盖非学识足以洞见一切，而道力又足胜之，不能措一字也。敝国不幸连遭国恤，荷远相慰唁，感何可言。差幸国有大故而内容尚无他异，政府复能处以镇定，故远近咸称安谧，是则尚为不幸中之幸。惟吾国新政尚无基础，将来教育武备既在在须著力，而财政尤须整理。此则甚望在上者之能合群策群力以相主持，而非可恃寻常智巧为之者矣。云海无涯，北风渐厉，望为道自重。不尽所怀。敬候起居。余不一一。

弟汪康年拜　十一月廿二日夜

　　按：山本宪资料 C90。此札三纸，信封正面书"备前冈山县牛窗町山本宪

---

[1]《东轩吟社画象》："画象"当作"画像"。"东轩吟社"为清代道光年间杭州的文人结社，创办人为汪远孙等。此《东轩吟社画像》由清代画家费丹旭所绘，共绘有"东轩吟社"社员七十余人的画像。

[2]先伯祖小米公：汪远孙（1789—1835），汪康年祖父之兄。字小米，嘉庆间举人。曾于杭州结成诗社东轩吟社，并刊行成员作品《清尊集》。

[3]《庄谐选录》：札记小说集，汪康年辑录，多取材于《中外日报》。

殿 清国上海静安寺路 汪寄"，正面邮戳有"牛窗四十一年十二月二十三日"等字样。此函当为收到山本来函后的复函，但《汪康年师友书札》中未见类似内容的信函。汪康年作此函时，正逢光绪帝和慈禧太后相继去世后不久，汪康年在函中表示中国虽突遭此变故，但无大的动乱，实为不幸中之万幸，中国新政尚无基础，今后当着重在教育、武备、财政等方面倾注大力。

## 十九（1909 年 3 月 13 日）

梅崖先生执事：

前者承以新年远寄大刺，相庆欣荷，相庆欣荷。阁下处景运方隆之国，于焉上奉萱闱，下顿家族，一庭之内，雍睦有加，洵人生之至幸，抑亦不易有此遭逢也。弟半生事业已付漂萍，近且体羸多病，与时复多乖迕，遥对故人，良有不堪为怀者。今正以友人之约姑作北行，顾亦渺无宗旨，少住一二日即当南返，为顽然待尽之身。庄子所谓"心固可如死灰，身固可如槁木"[1]，不图千载而后。弟乃似之。盖以生为赘，以死为幸，与乐生恶死之人情正相拂戾。先生闻之，倘亦甚迂诞其说乎。胸中所怀万端，闭不能述。聊以此义质诸左右，以为何如？专肃。敬候侍祺。

弟汪康年拜 二月廿二日

按：山本宪资料 C91。此札二纸，信封正面书"日本冈山县牛窗町梅清塾主山本梅崖先生 清北京汪寄 十二月廿二日"。正面邮戳有"备前牛窗四十二年三月十九日"字样。本年正月，汪康年接山本寄来的贺卡，称："海乡迁居以来，五年于此，可观者海山之景，可听者万鸟之声。出则与鱼樵亲，入则求知于书中。客岁造一钓舟，铭云：寓天地于楫上，弄风月于竿头。一蓑一笠，不羡封侯，是弟近况也。敬请道安。弟宪顿首。正月朔日。"[3]3302 汪康年此函，为对收到山本贺卡之回复，由此可知其当时不仅体弱多病，且情绪极度低落。

以上以考注的形式对汪康年致山本宪的 19 通书札进行了整理和研究，从中不难发现书札不仅含有与维新变法、义和团事件等历史事件相关的内容，而且较多反映了汪康年在与山本宪长期交流过程中所表露的思想和情感。这些书札作为中国近代史、近代中日文化交流史的研究史料，弥足珍贵。

---

[1] 心固可如死灰，身固可如槁木：形容极度灰心。语出《庄子·齐物论》："形固可使如槁木，而心固可使如死灰乎。"

**参考文献**

[1] 山本宪. 梅崖先生年谱 [M]. 大阪：松村末吉，1931：31.

[2] 山本宪. 燕山楚水纪游 [M]. 大阪：上野松龙舍，1898.

[3] 上海图书馆. 汪康年师友书札 第四册 [M]. 上海：上海古籍出版社，1989.

[4] 汪诒年. 汪穰卿先生传记 [M]. 台北：文海出版社，1966.

# Note on Letters Between Wang Kangnian and Yamamoto Ken

## LU Shunchang

(School of Oriental Languages and Culture in Zhejiang Gongshang University, Hangzhou: 310018)

**Abstract:** In the "Archive of Yamamoto Ken" （山本宪关系资料）, kept in Kochi Liberty and Civil Right Museum, there were 19 letters from Wang Kangnian （汪康年） to Japanese sinologist Yamamoto Ken between November 1897 to March 1909. This paper uses the form of note to collate and research these 19 letters. It is easy to find out that these letters not only contain information about historical events like Reform Movement and Boxer Rebellion, but also reflect a lot of thinking and emotion Wang Kangnian revealed to Yamamoto Ken in their communication. These letters, as historical documents of modern Chinese history and modern Sino-Japan cultural exchange history, are extremely precious.

**Key words:** Wang Kangnian ; Yamamoto Ken ; Letters ; Reform Movement

# 文学

## LITERATURE

# 佚存日本的《唐人送别诗并尺牍》辑考

吴　玲 (1)

（浙江工商大学东方语言文化学院　杭州：310018）

**摘　要：** 1963 年被日本政府指定为国宝的《唐人送别诗并尺牍》两卷，汇集了日本天台宗僧人圆珍赴唐求法归国后唐人送给他的 18 首诗和 7 封信简，这些唐人所作的送别诗和信简不仅可填补中国文献中的空白，更为 9 世纪中后期遣唐使实际停止后的中日交流史研究提供了极其珍贵的资料。本文拟在先行研究的基础上，分析《唐人送别诗并尺牍》的特点，并对其作者进行考证。

**关键词：** 唐人送别诗并尺牍；唐商人；智证大师；圆珍

## 一、引言

唐代是古代中日文化交流的鼎盛时期，众多日本僧侣东渡唐朝求法，他们与唐人交往，建立了深厚的友谊，留下了大量的诗篇和信简。作为"入唐八家" [2] 之一的智证大师圆珍在唐求法历时六年，交友广泛。《唐人送别诗并尺牍》两卷汇集了部分圆珍求法归国后唐人送给他的诗和信简，现存日本园城寺（三井寺） [3]，于 1963 年被日本政府指定为国宝。

《唐人送别诗并尺牍》两卷中共收录了 18 首诗和 7 封信简，1998 年 10 月，这些诗文、信简的影本收录在《园城寺文书》第一卷《智证大师文书》 [1]100-117 中，在日本首次公开发表。这些唐人所作的送别诗和信简不仅为我国唐代的文学研究提供了资料，更为 9 世纪中后期遣唐使实际停止后的中日交流史研究提供了极其珍贵的资料。由于该史料在《全唐诗》《全唐诗逸》《全唐文》《唐文拾遗》等中国文献中均未收录，所以也可以为增补全唐诗和全唐文提供珍贵的新史料。

关于《唐人送别诗并尺牍》，日本学者小野胜年在《入唐求法行历的研究——智证大师圆珍篇》一书中全面引录了这些唐人的送别诗和信简，并做了详尽的译注 [2]381-450。在此基础上，寓日中国学者石晓军在《日本园城寺（三井

---

〔1〕吴玲，浙江工商大学东方语言文化学院教授。

〔2〕日本最澄、空海、常晓、圆行、圆仁、惠运、圆珍、宗叡被称为"入唐八家"。

〔3〕园城寺现名三井寺，位于日本大津市别所，为日本天台宗寺门派之总本山，与称"山门"之延历寺相对而称"寺门"。园城寺始建于 672 年，为弘文天皇皇子大友与多王所创建。日本天台宗五祖圆珍从唐朝求法归国后，于 859 年成为园城寺第一任住持长吏。圆珍根据天台山"三井潭"将"园城寺"更名为"三井寺"。现该寺共藏有国宝及重要文化财（文化遗产）100 多件。

寺）藏唐人诗文尺牍校证》一文中对《唐人送别诗并尺牍》进行了校证，并对其在日本的历代著录情况做了详细的介绍[3]109-142。本文拟在先行研究的基础上，分析《唐人送别诗并尺牍》的特点，并对其作者做进一步的考证。

## 二、《唐人送别诗并尺牍》录文

现存日本园城寺的《唐人送别诗并尺牍》为卷子本两卷，成卷年代不详。两卷均为 9 张笺纸组成，笺纸长度为 35.5—49.5 厘米不等，宽度为 28—32 厘米不等。上卷收录了诗 15 首，下卷收录了诗 3 首及信简 7 封。18 首诗均为七言诗，其中绝句 14 首、律诗 4 首。兹将《唐人送别诗并尺牍》全文录文如下[1]：

（1）昨日鸿胪北馆门楼游行一绝七言奉上上人
　　　　　　高奉
　　鸿馆门楼掩海生，四邻观望散人情。
　　遇然圣梨游上嬉，一杯仙药奉云青。

（2）怀秋思故乡诗一首七言奉上上人
　　　　　　高奉[2]
　　日落西郊偏忆乡，秋深明月破人肠。
　　亭前满露蝉声乱，霜雁天边一带长。
　　尽夜吟诗还四望，一轮桂叶落四方。
　　一年未有鸿胪馆，诗兴千般入文章。

（3）大德归京敢奉送别诗四首
　　　大唐容管道衙前散将蔡辅谨上
　　鸿胪去京三千里，一骑萧条骏苦飞。
　　执手叮咛深惜别，龙门早达更需归。

　　一别去后泪恓恓，心中常忆醉迷迷。

---

〔1〕本文录文主要参见《园城寺文书》第一卷《智证大师文书》（讲谈社，1998 年 10 月）第 100–117 页，原本缺损难辨而据文义推断的字用"（）"表示，原本缺损无法推断其字的用"□"表示。诗前序号、尺牍前序号及名称为笔者添加，为求体例上的统一，笔者对原本中诗和尺牍的排序做了适当调整，（1）—（11）为诗，（12）—（18）为尺牍。

〔2〕本首诗原本无署名，但从笔迹判定，应为高奉作。此处作者高奉为笔者所加。

看选应是多仙子，直向心头割寸枝。

一别萧萧行千里，来时悠悠未有期。
一年三百六十日，无日无夜不相思。

游历天下心自知，斋前惜别不忍啼。
自从一辞云去志，千里相送侯来期。

（4）上人西游汉地将得宗旨回到本国奉诏入城送诗一首七言奉上
人坐前

高奉[1]

吾师奉诏入皇城，巡念禅房意叮嘱。
莲花贝字驾龙马，明月金刚指云呈。
一朝控锡飞上界，何时得见拜真容。
奉辞一到天王阙，去后千回忆断肠。

一首绝句
高奉[2]

西游大士送天涯，君王续命便交归。
惠云一去千里国，谁懈玩珠系袖衣。

（5）今月十二日得上人忆天台诗韵和前奉上点韵五十六字

小生高奉

飞锡东流憩四龙，却赠天台五领松。
难忘众仙行道处，望思罗汉念真容。
六年洗骨金刚汁，八戒熏心邀身通。
谓纵法界无障碍，志缘常在五台中。

（6）奉和大德思天台次韵

唐客李达

金地炉峰秀气浓，近离双涧忆青松。
控锡斸泉净心相，远传法教现真容。

---

[1] 本首诗原本无署名，但从笔迹判定，应为高奉作。此处作者高奉为笔者所加。
[2] 同上。

（7）跪受大德珠玉不揆卑劣谨次来韵

唐客詹景全

大理车回教正浓，乍离金地意思松。

沧溟要过流杯送，禅坐依然政法容。

同前

一乘元议道无踪，居憩（观）心静倚松。

三界永除几外想，一诚归礼释迦容。

（8）大德唐归入朝新天临途之（日）奉献诗一首

大唐容管道衔前散将蔡辅谨奉（上）

唐归入朝月（腾）光，（新）天时亮曙色霜。

纵然浮云暂遮却，须臾还照莫苦（伤）。

（9）大德唐归伏承苦忆天台敢奉诗二首

大唐容管道衔前散将蔡辅上

忆昔大唐天台寺，乍离惆怅拭泪啼。

忽然喜悦有情赖，应是仙德有所期。

同前

别忆天台五岭岐，两伴森林尽松枝。

辞归本国鸿胪馆，无日游戏暂相思。

（10）谨呈琮内供奉上人从秦归东送别诗

镇西老释道玄上

一时倾盖恩如旧，岂敢情论白发新。

（贰）岳知踪拾玉早，海藏迷路阻玄津。

龙宫入者虽多客，独得骊珠宝髻琮。

若遇（善）根分付了，台（山）有室待□□。

（11）大德璠心之唐国遊帝京等道搜寻经（教）归本国诗一首

蔡辅[1]

判心唐国遊帝京，寻得经教甚分明。

无过为搜精华尽，且归本国更朝天。

---

[1] 为求体例上的统一，此处作者蔡辅为笔者所加。

唐国进仙人益国带腰及货物诗一首

大唐仙货进新天，春草初生花叶鲜。

料知今（朝）随日长，唐家进寿一（千）年。

时天安二年十月廿一日。大唐容管道衙前散将蔡辅鸿胪馆书进献谨上。

（12）詹景全等尺牍

请大德诸徒众。右，今日辰时，聊备空饭。谨专状咨屈。伏惟降重。谨状。十月十一日。詹景全等状。

（13）李达尺牍

拜辞巳久，驰慕极深。季冬凝寒，伏惟和尚尊体起居万福。即日达旅中蒙（推）免，不审道德如何？伏愿善加宝重。前者和尚控锡，至于郡城，都无一物堪充供养，反侧尤甚。顶拜未期，空增瞻恋之至。谨因从六兄往附状。不宣。谨状。十二月九日。不宣。李达再拜。和尚座前谨空。

时穷，别无异物，绵长袽袜壹两、松脯壹斤，不责轻微。伏望赐与授纳，即当恩幸。达重上。

（14）陈季方尺牍

专使到，伏奉告示，下情无任（感慰）。季秋渐冷，伏惟大德法体动止万福。即日季方蒙恩，不审近日法体何如？伏惟善加保重。伏缘道程遥远，无因顶拜，下情伏增驰恋。谨因廻信，奉状起居。不宣。谨状。大德法前谨空。贞观五年九月一日。陈季方状顶拜。

（15）陈泰信尺牍

孟春犹寒，惟（大）德道体动止康和。即日泰信蒙恩，不审近日道体何似？伏计不失葆重。自泰信从台州四月一日得疾病，直到本国，不可上鸿胪馆。更疾病困重，至九月末间些些可瘥，赖得拾活命。今闻从京中朝使来收买唐物，承蒙大德消息，伏知大德庆化。泰信不胜喜庆之至。伏惟珍々重々。幸逢播州少目春大郎廻次，奉状起居。不宣。陈泰信再拜。正月四日。大德座前谨空。

（16）常雅尺牍

一别□年，每常思咏。詹四郎到，伏扗来书，更蒙见惠。□□□

下，难以喻怀。仲夏盛热，伏惟大德（动止）万福。即此常雅年老，今且随分遣日。不审归彼（刚）气如何？愿善加保重。发时云，相送到海门。又见（廻）书，却归本国。彼处主上，崇重三宝，见归欢喜，便请为供奉大德三教大师。遥闻深深美美，忻庆之至。在寺之时，更无主人，至今惆怅。不知何当更得相见？深思仁德，相见未前，促多思仰。谨因詹四郎回信，附状申情。不宣。谨状。五月十九日。大唐国台州开元寺僧常雅状上。琛供奉大德座前。

寺内徒众，总此申奉，不及一一有状。特见附水银肆斤，更谢远远用心，促多愧荷。一斤常雅自收。二斤闾丘和尚，身已迁化，众议又无徒弟，便廻入功德讫。一斤季皋和尚，有弟子五人在，便收设斋被用讫。虽称中华，并无一土物相献。天台南山角子茶壹，又生黄角子贰谨上。不见轻鲜，伏垂见到。又见书云，前年中曾附陈宝子书及信物，不蒙见到。更谢重重用心，实当悚恻。相见未期，千千万万善为保重。闲静律师，善吉行，奉待为劳，不及有书。常雅身边小师文戏在，随分供顶。伏垂见悉。谨空。

（17）师静尺牍

□□□递深重，殃及和（尚），三月廿六日迁化。日月不居，已经安厝。攀号殒咽，荼苦崩摧。罪若苍天，罪深苍天。师静薄祜所追，延及和尚。奄归寂灭，号慕哽咽。不自灭身，但增酸哽。伏惟哀念抽切，何可胜任？未由号诉，伏增殒绝。谨扶力奉状，荒迷不次。姪比丘师静状上。琛师叔供奉座前谨空。咸通三年四月廿五日。

（18）徐直尺牍

乌眼绫两疋，花拔尖叠子贰拾面。右件物，谨凭附往。窃以此月十日得书，十一日便言告发，匆遽更不备别物，献上此缣素并叠子，粗充微意不空。不责轻寡，伏垂特赐容纳。恩恩幸幸。谨状。徐直状。

## 三、《唐人送别诗并尺牍》的特点

分析《唐人送别诗并尺牍》收录的18首诗和7封信简，主要有以下特点。

1.所有作品的作者均可确定。18首诗中有作者署名的15首，未署名的3

首；而从笔迹上看，可以断定是高奉所作。18 首诗的作者分别为高奉（5 首）、蔡辅（9 首）、李达（1 首）、詹景全（2 首）、道玄（1 首）。7 封信简的作者分别为詹景全、李达、师静、陈季方、陈泰信、常雅、徐直。关于这些作者将在后文再做详细考证。

2. 所有作品的创作地点基本可以确定。从内容和圆珍行迹基本可以确定，18 首诗均在日本大宰府鸿胪馆创作，7 封信简中詹景全、李达、陈季方、陈泰信的信简写于日本大宰府，僧师静的信简写于天台山国清寺，僧常雅的信简写于台州开元寺，徐直的信简写于苏州。可见《唐人送别诗并尺牍》主要收录了唐人在域外创作的诗和书信。从这一角度来看，它也具有极高的史料价值。

3. 部分作品可以确定具体创作时间，大多作品可以推定创作时间。18 首诗中明确标明创作时间的是蔡辅所作的七绝两首，时间是日本天安二年（858）十月二十一日；其他 17 首的完成时期也大致在此前后。7 封信简中标明了年、月、日的有两封，分别是陈季方尺牍和师静尺牍。陈季方尺牍写于日本贞观五年（863）九月一日，师静尺牍写于唐咸通三年（862）四月二十五日。信简中未标明年份，但标有月、日的有 4 封，只有徐直的信简年月日不详。

4. 从内容来看，18 首诗中除了高奉所作《昨日鸿胪北馆门楼游行一绝》《怀秋思故乡诗一首》及蔡辅所作《唐国进仙人益国带腰及货物诗一首》之外，其余 15 首均为圆珍归国赴京前的送别诗，以及对圆珍思天台所作诗的唱和诗。信简中包括詹景全等人的邀请信、僧常雅的回信、僧师静的某僧讣告信、徐直的赠物信，以及李达、陈季方、陈泰信的问候信件。从这些可以看出，赴唐求法期间及渡航期间圆珍和唐代僧侣、地方官员、唐日贸易商人之间建立起的深厚友情。

5.《唐人送别诗并尺牍》收录的诗大多平仄不分，押韵不齐，很难称得上是佳作。由于其作者主要是晚唐时期沿海赴日的低级官吏和贸易商人，可以说在一定程度上反映出了当时民间大众诗作的水平。

## 四、《唐人送别诗并尺牍》的作者

《唐人送别诗并尺牍》的作者共有十位，分别是高奉、蔡辅、李达、詹景全、道玄、师静、陈季方、陈泰信、常雅、徐直。由于身份的局限，这些作者大多不见于中国文献和日本正史，只见于圆珍的传记和他留存的文书中。现利用有限的史料，分别考证一下他们的生平事迹。[1]

---

〔1〕关于浙江商人李达、詹景全的生平和作品，笔者曾撰专文考证，本文中不再赘述。参见吴玲：《佚留日本的唐末浙江商人送别诗及尺牍》，《浙江外国语学院学报》2014 年第 3 期，第 85–90 页。

### 1. 高奉

高奉的名字只见于《唐人送别诗并尺牍》，不见于其他中、日史料。他共留下五首诗，都是在他滞留日本大宰府鸿胪馆时所作。其中一首是游玩日本大宰府鸿胪北馆之后所作，一首是深秋思故乡的诗，两首是圆珍奉召入京时的送别诗，还有一首是对圆珍忆天台诗的唱和诗。

高奉的身份很有可能是唐代商人，他应该是和圆珍一同在唐大中十二年（日本天安二年，858）六月乘渤海国商主李延孝的商船到达大宰府的。台州开元寺僧常雅写给圆珍的信中提到"发时云，相送到海门"[1]114，可见这次渡航的出发港应该在海门（今浙江省台州市椒江区）。当然也不排除从海门直接出洋的可能性，但根据当时交易船大都以明州（今浙江省宁波市）为据点的情况来看，李延孝的商船从海门沿海北上，到达明州镇海后再出洋的可能性最大。关于这一次的渡航情况，《天台宗延历寺座主圆珍传》中有如下记载：

> （大中十二年）六月八日，辞州，上商人李延孝船过海。十七日申头，南海望见高山。十八日丑夜，至止山岛，下碇停住待天明。十九日平明，傍山行至本国西界肥前国松浦县管旻美乐埼。天安二年六月二十二日，迴大宰府鸿胪馆。[4]1370

可见，高奉和圆珍等于日本天安二年（858）六月二十二日进入日本大宰府鸿胪馆。从他登鸿胪北馆门楼后的赋诗看来，高奉可能是首次赴日。

此后，圆珍在鸿胪馆拜别高奉等人，去了当年赴唐途中曾滞留过的大宰府城山四天王院。在此，圆珍向文德天皇上奏归国之事。八月十四日，文德天皇下敕命圆珍上京。但是，八月二十七日，文德天皇突然驾崩，延缓了圆珍的上京日程。直到十二月中旬，圆珍接到太政大臣藤原良房的敕命，随即启程上京，于十二月二十七日抵达京都。

高奉的五首诗和其他同行商人等的送别诗和唱和诗应该是在此期间创作的。

高奉于何时归国不详，但从同行商人李达的行迹看来，其归国时间应该是在日本贞观元年（859）至贞观三年（861）五月之间。按常理推测，日本贞观元年归国的可能性最大。

### 2. 蔡辅

蔡辅和高奉一样，其名只见于《唐人送别诗并尺牍》，不见于其他中、日史料。他在《唐人送别诗并尺牍》中留下的作品是最多的，共有九首诗。其中圆珍上京前的送别诗五首、对圆珍忆天台诗的唱和诗两首、歌颂圆珍在唐求法取经后归国的诗一首、歌颂唐朝货物的诗一首。同为圆珍上京前的送别诗，从《大德归京敢奉送别诗》四首中的"鸿胪去京三千里"一句判断，应该是圆珍在鸿胪馆拜别蔡辅等人时蔡辅所作。而从《大德唐归入朝新天临途之日奉献诗一首》中"新天"等词及内容来判断，应该是在文德天皇驾崩、清和天皇即位后，圆珍奉敕上京的十二月中旬所作。

蔡辅的官职是容管道衙前散将。容管道是唐后期的方镇之一，其治所在容州（今广西容县），衙前散将是地方节度使下设幕府中的下级幕职官员，实际上并不统兵马，属于闲职。蔡辅赴日应该也是为了交易，他和高奉等人一样，应该是和圆珍一同在唐大中十二年（日本天安二年，858）六月乘渤海国商主李延孝的商船到达大宰府的。他的归国可能也在翌年。在大宰府逗留期间，他创作了以上九首诗。

### 3. 道玄

僧人道玄的生平不详，他在《唐人送别诗并尺牍》中留下的送给圆珍的送别诗中自称"镇西老释道玄"。镇西是大宰府的别称，天平十五年（743）日本朝廷在筑紫设置镇西府，天平十七年（745）又重新改称大宰府。可见道玄在创作这首诗的时候应该是在大宰府，他自称老释，应该是上了一定年纪。从他诗中的内容看来，道玄应该也是和圆珍一起在唐大中十二年（日本天安二年，858）六月乘渤海国商主李延孝的商船到达大宰府的。

据《入唐求法巡礼行记》记载，承和遣唐使的第二艘船上有一名担当翻译的新罗僧人，也叫道玄，从年龄、经历等判断，这位新罗僧应该就是在大宰府赠诗给圆珍的僧人道玄。

### 4. 师静

师静是天台山国清寺的僧侣，在《唐人送别诗并尺牍》中收录的他写给圆珍的信简是一封讣告信。师静在信中自称"姪比丘"，称圆珍为"师叔"，可见二人关系密切。信中提到的于唐咸通三年（862）三月二十六日圆寂的和尚姓名不详，应该是与圆珍有深交的国清寺僧侣。

从唐大中七年（853）八月至十二年（858）六月，圆珍在唐求法历时六年，其间他在天台山国清寺逗留的时间是最长的。圆珍在国清寺逗留期间分别为唐大中七年（853）十二月十三日至翌年二月九日、唐大中八年（854）四月至九月、唐大中十年（856）六月至大中十二年（858）二月上旬、唐大中十二年（858）五月中旬至六月初，合计两年零四个月。在此期间，他与国清寺的僧侣同吃同住，建立起了深厚的友情。圆珍与师静相交也开始于此期间。

据《五灯会元》卷八记载，师静居国清寺三十余年，足不出山，博览经藏。除了在《唐人送别诗并尺牍》中留有信简之外，《全唐诗续拾》中还收录了他的偈语一首。

问诸学流偈

若道法皆如幻有，造诸过恶应无咎。

云何所作业不忘，而藉佛慈兴接诱。

### 5. 陈季方

陈季方生平不详，其身份可能也是唐代商人。他的记载只见于《唐人送别诗并尺牍》，其中收录了他于日本贞观五年（863）九月一日写给圆珍的书信。

日本贞观五年（863）八月，圆珍托日本朝廷派遣到大宰府的唐物交易使将自己写给长安智慧轮三藏的信简交给当时在鸿胪馆的唐商人詹景全，并托詹景全将信带给智慧轮。当时陈季方也在鸿胪馆，他于九月一日修书一封，托使者带去给圆珍。陈季方的具体渡日时间不详。

### 6. 陈泰信

陈泰信的记载见于《唐人送别诗并尺牍》《智证大师请来目录》。其名又写作"陈太信"[4] 1280。《唐人送别诗并尺牍》中留有他的信简一封，该信简写于正月四日，但未署年份。

陈泰信的身份应该也是当时往来于中日之间从事贸易活动的唐代商人。据《智证大师请来目录》记载，唐大中十年（日本齐衡三年，856）八月，商人陈泰信和李英觉在广州遇到了日本僧侣圆觉，受圆觉所托，将天竺贝多树拄杖、广州斑藤拄杖、琉璃瓶子等信物带到了在台州国清寺的圆珍处。[4] 1280

据《唐人送别诗并尺牍》收录的陈泰信尺牍可知，他在赴日当年的四月一日，在台州得了疾病，此后到了日本，不能上鸿胪馆。之后病情愈重，直到九月末才稍有好转，得以存命。翌年正月四日他修书一封托播州少目春大郎带给圆珍。日本学者佐伯有清在《〈入唐求法巡礼行记〉所载人名考异》一文中，对春大郎进行了详细的考证，认为春大郎就是春日宅成，可信度较高。[5]另据《日本三代实录》贞观三年（861）一月二十八日条、贞观十四年（872）一月六日条记载可知，春日宅成任播州少目是在日本贞观三年（861）至十三年（871）之间，所以陈泰信尺牍的成立年份应该在此期间。

### 7. 常雅

常雅是台州开元寺僧侣，生平不详。圆珍在唐求法期间，两度逗留台州开元寺，第一次是唐大中七年（853）十一月二十六日至十二月九日，当时圆珍刚到唐不久。第二次是唐大中十二年（858）二月上旬至五月中旬，正值圆珍归国当年。当时台州开元寺的主持是明秀，上座是知建。常雅就是在此期间和圆珍相识并建立了深厚的友情。

根据《唐人送别诗并尺牍》中收录的常雅尺牍可知，他们之间应该不止一次托唐商人互通音信。这封书信是常雅收到圆珍托詹景全捎来的书信和礼物

（四斤水银）之后，给圆珍写的回信。可惜落款处只写了日期五月十九日，未写年份。常雅尺牍应该也是詹景全渡日时带去给圆珍的，随信还捎去了天台南山角子茶一份和生黄角子两份。唐乾符四年（日本元庆元年，877），詹景全在最后一次赴日途中遇难身亡，所以可以肯定的是常雅的这封书信写于这之前。

除了在《唐人送别诗并尺牍》中留有信简之外，《全唐诗》卷八百五十中还收录了常雅的一首诗。

题伍相庙

苍苍古庙映林峦，漠漠烟霞覆古坛。

精魄不知何处在，威风犹入浙江寒。

### 8. 徐直

徐直，苏州人氏。《天台宗延历寺座主圆珍传》中记载其官职为"衙前同十将"[4]1368，《行历抄》中记载其官职为"押衙"[4]1230,1231。衙前同十将和押衙是唐代后期地方节度使下设幕府中的下级幕职官员。

唐大中九年（855）四月初，圆珍前往长安求法途经苏州时，不幸患病，于是寄居在徐直家中养病，受到了徐直全家无微不至的照顾。圆珍为了给徐家求福去灾，于四月七日写下了祈愿文。四月二十五日，圆珍病愈后离开徐直家，前往长安。翌年三月前后，圆珍从长安求法归来，再次途经苏州，又寄居在徐直家中。逗留了两个多月，于五月十七日前往越州。

圆珍回国后与徐直通过唐商人互通书信，《唐人送别诗并尺牍》中收录的徐直尺牍是徐直收到圆珍书信后的回信，附信还送去了两匹鸟眼绫和二十面花拔尖叠子。

## 五、结语

像《唐人送别诗并尺牍》这样不见于中国文献、佚存日本的唐人作品还有不少。对它们的发掘和研究，不仅对我国的唐代文学研究，而且对唐代的中日文化交流史研究也具有重大的意义。

### 参考文献

[1] 園城寺 . 園城寺文書 第一卷 智証大師文書 [M]. 東京：講談社，1998.

[2] 小野勝年 . 入唐求法行歴の研究—智証大師円珍篇 [M]. 東京：法藏館，1982-1983.

[3] 石晓军 . 日本园城寺（三井寺）藏唐人诗文尺牍校证 [M]// 唐研究第八卷 . 北京 : 北京大学出版社，2002.

[4] 円珍，等 . 智証大師全集下卷 [M]. 京都 : 円城寺事務所，1919.

[5] 佐伯有清 .『入唐求法巡礼行記』所載人名考異 [M]// 井上光貞博士還暦記念会 . 古代史論叢（下）. 東京 : 吉川弘文館，1978.

# Research on *Farewell Poems and the Correspondence of Tang Merchants* (《唐人送别诗并尺牍》) Founded and Saved in Japan

## WU Ling

(School of Oriental Languages and Culture in Zhejiang Gongshang University, Hangzhou: 310018)

**Abstract:** The two-volume *Farewell Poems and the Correspondence of Tang Merchants*, which was designated as national treasure by the Japanese government in 1963, collects 18 poems and 7 letters written by people in Tang Dynasty and sent to a Japanese monk named Yuan Zhen after his travel to China. These poems and letters not only can fill the gap in Chinese literature, but also can provide extremely valuable information for Sino-Japan exchange history after the cessation of sending diplomats to Tang Dynasty in the mid and late ninth century. This paper, on the basis of the prior study, tries to go further into the analysis of the characteristics of *Farewell Poems and the Correspondence of Tang Merchants* and researches on their writer.

**Key words:** *Farewell Poems and the Farewell Poems and the Correspondence of Tang Merchants* ; Merchants From Tang Dynasty ; Master Chisho ; Enchin

# 苏轼与李奎报的佛教诗比较研究
## ——以《楞严经》的接受为中心

李 燕[1]

（东国大学中文系 首尔：04620）

**摘 要：**《楞严经》优雅的文字、思辨性的论议和深刻的教理探究在北宋和高丽文人中掀起了一股热潮，并对他们的诗歌创作影响甚大。六根清净的观点为两位诗人生活中遇到的身体健康问题提供了理论根据。苏轼写了多首针对耳、眼、鼻和身体的佛教诗，李奎报也写了多首关于耳、眼、身体和舌的诗。尽管如此，两位诗人对此经所倾注的关心在诗中还体现了更多的不同之处。

苏轼吸收了《楞严经》华丽而丰富的语言风格，创作了多彩的写景叙事诗。他在诗中对清静的本心进行了很多讨论，并通过"三无漏学"试图寻找内心的禅定境界。李奎报则经常引用摩登伽女的典故来讽刺佛教界的丑闻，警戒本人内心存在的诱惑。《楞严经》中关于"心性"的论述也引起了其对人心和本性的思考。

尽管两位诗人在佛教诗中所体现的对《楞严经》的关心并不一致，但他们的诗歌作品则具体记录了《楞严经》对两国文人所产生的思想和文学方面的影响及历史性的痕迹，乃是兼具佛教诗学价值与《楞严经》研究史价值的重要文献和文学作品。

**关键词：**苏轼；李奎报；楞严经；佛教诗；如来藏

## 一、绪论

苏轼（1037—1101）和李奎报（1168—1241）是11到13世纪中国和韩国出现的文学家。两人的生存时期有六十多年的差距，却留下了相似的文学作品。苏轼平生作诗2800余首，其中跟佛教相关的有500余首。李奎报也留下了2100多首诗，其中佛教诗有430余首。佛教诗在两位诗人的诗作中都占据了约20%的比重。

两位诗人创作的佛教诗受到了很多佛教经典的影响。苏轼主要吸收了《维摩经》《楞严经》《金刚经》《法华经》《华严经》和《景德传灯录》等经典的思想，李奎报则受到《维摩经》《楞严经》《金刚经》《六祖坛经》《景德传灯录》

---

[1] 李燕，韩国东国大学文学博士，北京语言大学孔子与儒家研究所研究员，中国屈原学会国学研究中心研究员，韩国放送大学中文系讲师，韩国东国大学中文系讲师。

和《梁高僧传》的影响。

由此可看出，对两人产生影响的佛典具有很多的相似性，这也使得两人的佛教诗比较研究成为十分重要的课题。本文仅就其中《楞严经》所产生的影响作为分析对象，拟找出苏轼和李奎报的佛教诗中所体现的受此经书影响的异同点。

## 二、《楞严经》解题

《楞严经》，或称《大佛顶首楞严经》，即《大佛顶如来密因修证了义诸菩萨万行首楞严经》，共 10 卷，主要是讲将陷入淫女幻术的阿难拯救出来的如来为众讲说区分真实与虚妄的正见、戒律的履行及楞严咒的持诵等内容。总体来看，第 1—5 卷论证了佛教的教理，第 6—10 卷说明了能够证得教理的修行方法。尽管前后的重点有所不同，但整体上是有逻辑性的。首先，教理部分的核心是"如来藏"思想。通过对"七处征心"和见精的讨论，以及见精阐明内心清净的本性——如来（觉悟），继而展开了由心而通的"五阴""六入""十二处""十八界"等是如何都具有如来的真如性的论证。就是说，如果人心本来就有清净本性的话，那么人人都能证得如来。如果"五阴""六入""十二处""十八界"都具有清净本性的话，打破其所依存的、引起妄相的人之六根来寻获内心的如来就成了可能。通过"六解一亡"的道理可知，只要精进六根之一的话，就能达到圆通的境地，并且其中耳根对大众来说是最便利的方法。以此逻辑为基础，就能明白进入六根修行的方法为何自然而然就明了了的道理。修行法部分的丰富内容主要是戒、定、慧道场的设置和楞严咒诵读的重要性，以及坐禅修持过程中的成果、顺序和不那样修行会产生的后果等。

《楞严经》比其他禅宗经典出现得晚得多，一般认为是一部 8 世纪初在中国汉译的经典。根据现代研究者的统计，《楞严经》的注释本达到了 87 种，现存 53 种。[1] 虽然大部分的注释本作者为佛教界法师，但世俗文人也编撰了不少注释书。文人注释者主要有宋代的王安石，明代的陆西星、凌弘宪、钱谦益和曾凤仪，以及清代的刘道开等。

能为《楞严经》做注释的士大夫文人可以称得上是《楞严经》的专家了，没有专门为《楞严经》编撰过注释书却十分热爱并沉浸于《楞严经》的文人也非常多。唐代白居易（772—846）晚年手抄《楞严经》，其多达百页的行楷《楞严经册》真迹现藏于北京故宫博物馆。[2] 另外，上海博物馆也收藏有王安石于元丰八年（1085）4 月 11 日所写的行书帖《楞严经要旨》一卷。[3] 由此可以看出，士大夫文人手抄佛经乃是将其对佛经的热爱毫无保留地表现出来的一种方法。就算不如此做的文人也在各自的著书中记录下了对《楞严经》的关注。苏辙（1039—1112）于 1103 年 3 月 25 日所写的《书〈楞严经〉后》道："崇宁癸末，自许迁蔡，杜门幽坐，取《楞严经》翻覆熟读，乃知诸佛涅盘正路，从六根入。"[4] 陈善（1147 年前后）将孔子所说的"逝者如斯夫，不舍昼夜"的认知跟《楞严经》中"变者受灭，彼不变者元无生灭"[5]卷2 的道理相结合，认为"盖孔子说前段，佛说后段。合二是说，其意乃全"[6]。另外，秦观（1049—1100）根据《楞严经》中文殊菩萨的话以"闻复"为字[7]326，李元阳（1497—1580）在《读〈楞严经〉有感》的诗中写道"千江渺渺同看月，七处[1] 堂堂始露真"[8]。《楞严经》在中国古代文人中的人气可见一斑。

然而在韩国，还没有明确史料显示《楞严经》是什么时候、如何、由谁首先传布到这个国家的。"尽管有文献提出了《楞严经》是在新罗末期传来的假说，事实上新罗末期并没有看到任何信仰方面的展开。因此，《楞严经》正式传来被认为是高丽时期，迄今为止有关《楞严经》研究大部分集中在这个时期。高丽时代，除了《楞严经》传人，在进入中期和后期后，还传来了各种有关《楞严经》的注释本。《楞严经》的思想对以当时思想界为首的佛教意识也产生了影响，而且跟此经典有关的意识也被实践起来。"[9]12 高丽宣宗六年（1089）三月起出现了开设楞严经道场的记录。[2] 此楞严经道场的开设之功还要归于义天（1055—1101）在 1085—1086 年的中国求法行动。"他为续藏经做准备工作而著述的《新编诸宗教藏总录》中，足足整理了多达 28 种的《楞严经》注释书，着实反映了他对《楞严经》的高度关注。"[9]70 如此看来，汉文《楞严经》在中国出现以后，新罗末期可能已经有人知晓，但是大规模流布是从 11 世纪后半期——高丽的前半期开始的。然而，由于《楞严经》集中于义理论述、文意深刻，并非一部容易理解的经书，其流布极可能只局限于王室或知识阶层。

由上可知，《楞严经》在文献记录中的传播情况在古代的中国和韩国存在着很大差异。但是，若通过对苏轼和李奎报佛教诗的具体分析，可以显示出其对两国文人所产生的具体影响。

## 三、苏轼的佛教诗与《楞严经》

苏轼曾说："《楞严经》者，房融笔受，其文雅丽，于书生学佛者为宜。"（《书柳闳楞严经后》）[7]2065 他本人就是认真学习《楞严经》的佛学者，受了

---

[1] 色、习、尽、道、味、苦、要等七处。
[2] "三月庚寅，设楞严道场于干德殿七日。"[10]卷10

《楞严经》的巨大影响，这从他所写的文章中就可以窥见一二。他的《送钱塘僧思聪归孤山叙》《胜相院经藏记》《成都大悲阁记》《苏程庵记》《思无邪斋铭》《梦斋铭》《大别方丈铭》《代黄檗答子由颂》《答孔君颂》《鱼枕冠颂》《东坡羹颂》《油水颂》《六观堂赞》《僧伽赞》《与程全父二十首·五》[7]325-326, 388-389, 394-395, 569, 574-576, 579, 592-596, 607, 619, 1624 等作品就明显地体现了《楞严经》对他的影响。尤其是在惠州所作的《与程全父二十首·五》中用"老拙慕道，空能诵《楞严》言语，而实无所得……"这样的谦虚之语阐明了其对《楞严经》的感悟。同时期所作的《思无邪斋铭》中用孔子的"思无邪"之语命名书斋，并运用《楞严经》中跋陀婆罗问得水因觉悟证得无所有的传说写了铭文，将孔子和《楞严经》的思想结合起来。另外，苏轼于元佑六年（1091）六月所作的《送钱塘僧思聪归孤山叙》中结合《周易》《中庸》等儒家思想和《楞严经》的戒、定、慧做了一番议论，并且通过此叙文还能得知秦观也熟知《楞严经》的史实。元丰二年（1079），他44岁时所作的《赠惠山僧惠表》中还提到"山中老宿依然在，案上楞严已不看"。通过此句可看出当时僧侣中间也掀起了一股阅读《楞严经》的热潮。不仅如此，苏轼于建中靖国元年（1101）四月八日为了母亲程氏的忌日而亲自手抄了《楞严经》中文殊菩萨所说的《圆通偈》。后来经过庐山时，还将此《圆通偈》送给了山中有道者。[1] 其对《楞严经》的热情及为此经的流布所做的贡献都可从此窥见一二。

然而《楞严经》究竟对苏轼产生了何种程度的影响还得通过记录其日常生活的诗来更详细地把握。苏轼所作的跟《楞严经》有关的40余首佛教诗中，可以看出其最关注的部分乃是此经的第二、五、六卷，其次是第一、三、四卷，第六卷以后的部分几乎没有被关注。由此可以看出，苏轼主要重视《楞严经》教理部分的内容。其跟《楞严经》相关的最初的诗作乃是作于三四十岁中段的熙宁四年（1071），这种影响一直持续到苏轼人生的最后阶段。尤其是他被流放到儋州时，曾说"《楞严》在床头，妙偈时仰读"，可见《楞严经》在他经历痛苦的时候俨然成了精神良药。《楞严经》对其思想的影响可通过以下诗篇得到详细考察。

### （一）《楞严经》的运用

苏轼诗作中跟《楞严经》相关的痕迹最初可在《自金山放船至焦山》中发现。此诗作于熙宁四年（1071）苏轼赴任杭州途中11月游览润州之时，其中描写风景的部分如下：

〔1〕《跋所书圆通偈》："今者北归，舟行豫章、彭蠡之间，遇先妣成国太夫人程氏忌日，复以阻风滞留，斋荐尤不严，且敬写《楞严经》中文殊师利法王所说《圆通偈》一篇，少伸追往之怀，行当过庐山，以施山中有道者。"[7]2204

……
　　　金山楼观何耽耽，撞钟击鼓闻淮南。 [11]309
……

　　这两句表现了金山寺刹的雄壮和庞大气势。"撞钟击鼓"的佛事活动跟《楞严经》中佛说法时所说的"阿难，汝更听此祇陀园中，食办击鼓，众集撞钟，钟鼓音声前后相续"[5]卷3 的场面有关系。金山的钟鼓声能传到约六百公里远的淮南，这喻示着金山寺刹佛法的宏盛，属夸张的文学手法。如此相似的意图还能在其他诗中发现，例如：

　　　道人出山去，山色如死灰。白云不解笑，青松有余哀。
　　　忽闻道人归，鸟语山容开。神光出宝髻，法雨洗浮埃。 [11]825
……

　　以上是《闻辩才法师复归上天竺，以诗戏问》的前半部分。所谓"道人"即指辩才法师。苏轼在此对比了法师出山后和归山后风景的不同，由此赞颂了法师高深的佛道。尤其是法师归山后"神光出宝髻"之语乃是借用了《楞严经》中如来宣说神咒时所显现的神奇场面之描写。[1]此处将雨后日出时耀眼的日光比喻成如来的神异之光，从而说明辩才法师的归来使得道场的面貌焕然一新，即暗示了辩才法师的无上佛教造诣深得人心。

　　苏轼44岁在湖州送好友刘攽到余姚时还写了一首《送刘寺丞赴余姚》做留念。此诗中的"我老人间万事休，君亦洗心从佛祖。手香新写《法界观》，眼净不觑登伽女"[11]953 引用了《楞严经》中的摩登伽女典故来描写刘攽赤诚的向佛之心。

　　元丰四年（1081）停留在黄州期间，苏轼也借用《楞严经》的典故表现了对有道高士的仰慕。当时房州通判许安世给苏轼修书一封，向其介绍了善于作诗作画却不得其名，常戴三朵花之奇异人士，还欲送一本"三朵花"的诗集给他。苏轼于是作《三朵花》一首答谢。[2]

　　　学道无成鬓已华，不劳千劫漫蒸砂。[3]
　　　归来且看一宿觉，未暇远寻三朵花。

〔1〕"尔时世尊从肉髻中涌百宝光，光中涌出千叶宝莲。"[5]卷7
〔2〕"房州通判许安世，以书遗予言：'吾州有异人，常戴三朵花，莫知其姓名，郡人因以三朵花名之。能作诗，皆神仙意。又能自写真，人有得之者。'许欲以一本见惠，乃为作此诗。"[11]1103-1104
〔3〕"若不断淫，修禅定者，如蒸沙石，欲其成饭，经百千劫，祇名热沙。何以故，此非饭本，石沙成故。"[5]卷6

两手欲遮瓶里雀，四条深怕井中蛇。

画图要识先生面，试问房陵好事家。[11]1104

头两句中，苏轼用《楞严经》中"若不断淫，修禅定者，如蒸沙石，欲其
成饭"的典故表达了诗人对自己上了年纪却未能得道的遗憾。接着，诗人说欲
以一夜之觉获顿悟，所以没时间寻访被称为"三朵花"的高士。其后，"瓶里
雀"指的是附着在人形体上的精神，"井中蛇"指的是四个季节，表现了诗人
对岁月飞快流逝的担忧之心。最后一句则表达欲向好友许安世打听详情后亲自
访问"三朵花"高士之意。

苏轼于元符三年（1100）所写的《庚辰岁人日作，时闻黄河已复北流。老
臣旧数论此，今斯言乃验》乃是其 65 岁时的作品。元丰四年（1081）发生黄
河改道事件，宋朝朝廷起初人为将水道恢复如初，元符二年（1099）终究失
败。此诗乃是作者针对此事的感想。那时，苏轼正在琼州，听说此事后，当初
自己因在皇帝面前说了句"黄河势方北流，而强之使东"的话而遭当权者怨恨
的事又涌上心头，从而留下了下面一诗。

......

春水芦根看鹤立，夕阳枫叶见鸦翻。

此生念念随泡影，莫认家山作本元[1]。[11]2343

尽管纪昀主张后面的两句诗仅仅是自我安慰之语，无见禅悦，[11]2343 但实
际上将其看作禅悦也无妨。所谓"本元"，是《楞严经》中描写心之本来面目
的指称，具有"无还"的本性。而所谓的"家山"，指的是人之故乡，永远都
是可还之处。可还的话，非事物之本性，此乃《楞严经》中主张的道理。所
以，苏轼晚年借《楞严经》之理觉悟到人生如泡影，原本无还。

另外，建中靖国元年（1101），即苏轼前往拜见现位于江西赣州南康的显
圣寺元法师时，作有《留题显圣寺》，其中有"幽人自种千头橘，远客来寻百
结花"[11]2427 之句，这也源自《楞严经》。"阿难白佛言，世尊，此宝迭花缉绩
成巾。虽本一体，如我思惟。如来一绾得一结名，若百绾成终名百结。"[5]卷5
"结"字乃佛用来比喻人之"六根"中的"根"。佛以解六结之法来说明通过人
的六根——六种感官来消除烦恼之事。若以六种感官来消解的话，就能摆脱烦
恼，从而圆满获知通达的根本感官。此诗句就字面意思来看，只能体现寺里的
橘树景致和客人寻找百结花的目的。但事实上，苏轼自称为远客，表达了他来

---

〔1〕"我虽承佛如是妙音，悟妙明心，元所圆满，常住心地。而我悟佛现说法音，现以缘心，允所瞻仰，
徒获此心，未敢认为本元心地。"[5]卷2

向元法师寻求解决人生烦恼之法的言外之意。用《楞严经》的典故在诗中描写景致和记录事情是苏轼非常熟练的一种创作手法。同年同地所作的《戏赠虔州慈云寺鉴老》中同样体现了《楞严经》的影响。

> 居士无尘堪洗沐，道人有句借宣扬。
> 窗间但见蝇钻纸，门外惟闻佛放光。
> 遍界难藏真薄相，一丝不挂且逢场。
> 却须重说圆通偈，千眼熏笼是法王。[11] 2448-2449

此诗乃是苏轼当年正月经过虔州时写给此地慈云寺明鉴长老的诙谐诗。无论是从"洗沐"，还是"一丝不挂"来看，此作都是以苏轼在慈云寺沐浴为契机而诞生的。前四句说明了苏轼沐浴的场面，而后四句却体现了道人（明鉴长老）说法的内容——《楞严经》里的圆通偈，可以算得上是用《楞严经》的细小比喻之句来创作优美闲适诗句的佳作。

尽管无法得知确凿的创作时间，以《观湖》为题的诗二首也值得瞩目，首先第一首如下。

> 乘槎远引神仙客，万里清风上海涛。
> 回首不知沙界小，飘衣犹觉色尘高。[1]
> 须弥有顶低垂日，兜率无根下戴鳌。
> 释梵茫然齐劫火，飞云不觉醉陶陶。[11]2550

这首诗以形成佛教世界的"沙界""须弥""兜率"和"释梵"等比喻描写了作者乘船游玩的湖水及其周边的景致。读者阅读此诗后，说不定其置身仙人世界的飘然心境油然而生。其中的"飘衣犹觉色尘高"之句则是出自《楞严经》中解释"如来藏中，性风真空，性空真风，清净本然，周遍法界，随众生心，应所知量"的示例。此句描写了湖水中央诗人迎风的优雅模样。

上文所述之诗皆为运用《楞严经》典故所成之作。苏轼留下了在日常生活的行迹中充分利用《楞严经》所作之诗，同时也隐约透露出其生存时期《楞严经》流行的情况。然而，以《楞严经》的教理思想为基础而写的所谓说理诗则另有其作。

---

〔1〕"阿难，如汝一人，微动服衣，有微风出，遍法界拂满国土生，周遍世间，宁有方所。循业发现，世间无知，惑为因缘及自然性。皆是识心分别计度，但有言说都无实义。"[5]卷3

### （二）如来藏思想

据说，"如来藏"最初出自《大方等如来藏经》。此经说道："我以佛眼观一切众生，贪欲恚痴诸烦恼中，有如来智、如来眼、如来身，结加趺坐俨然不动。……一切众生，虽在诸趣烦恼身中，有如来藏常无染污，德相备足如我无异。……若佛出世、若不出世，一切众生如来之藏，常住不变。"[12]佛说一切众生皆有如来。

"如来"的梵语为Tathāgata，佛的十号之一。Tathāgata可分为两个词语来看其意，前词为tatha或tathā，后词为gata或āgata。tatha指的是真实、真理，tathā意为一起，也就是如是或如实的意思。gata乃逝之意，āgata是到达、来格之意。因此，如果是tathā+gata的话，意指迄今为止与众佛一起走与他们相同的道路而前往彼岸的人们，即跟善逝、到彼岸的意思相同；但万一是tatha+āgata的组合的话，则意为到达真理之人；如果是tathā+āgata的话，意指迄今为止与诸佛一起走跟他们相同之路而到达同一理想境的人们。除此之外，如果认为āgata为来之意的话，所谓如来就是指跟随众佛走相同之路而来现此世间之人，或随顺如实真理来到世间出示真理之人。汉译依据此意解释如来，由如来生之人。"藏"为停驻或隐藏之意。由此，所谓"如来藏"是指身陷迷界的众生全都合藏如来的德性，即全部众生都可成如来。

初期的如来藏思想仅言及人的个体，而到了唐代出现的《楞严经》中，其理念发展成人的各个器官都具有着如来的本性。在《楞严经》中，心灵和六根全都具有如来的清净本性。这一历史性的发展将"人可成如来"更具体地升华到了"该如何做才能表现出如来的本性"上，而且其时代性的影响也流传在文人的诗文之中，在下列的苏轼诗中也得到了很好的体现。

《病中独游净慈，谒本长老，周长官以诗见寄，仍邀游灵隐，因次韵答之》一诗是苏轼37岁——熙宁六年（1073）任杭州通守时游览净慈寺而作。

> ……
>
> 自知乐事年年减，难得高人日日闲。
> 欲问云公觅心地，要知何处是无还。[11]474-475

该诗前部分内容跟拜访净慈寺的缘起有关，上边所列四句则包含了拜访的核心内容。所谓"云公"，出自《华严经》的典故，[1]这里指上面诗句中的"高士"，即题目中所提到的杭州净慈寺的宗本禅师。[11]474宗本禅师就是圆照宗本

---

〔1〕"【文殊师利菩萨告善财童子言】'善男子！于此南方有一国土，名为：胜乐；其国有山，名曰：妙峰；于彼山中，有一比丘，名曰：德云。汝可往问：菩萨云何学菩萨行？菩萨云何修菩萨行？乃至菩萨云何于普贤行疾得圆满？德云比丘当为汝说。'"[13]卷62

（1020—1099），是净慈寺的主持；周长官指的是周邦彦（1056—1121）。此四句诗乃苏轼向周邦彦诉说拜访宗本禅师的收获。"觅心地"是《楞严经》里阿难对佛所提出的心在何处之问的七次回答的典故，又称为"七处征心"。苏轼不仅跟宗本禅师讨论了心之本性，还告知了同僚周邦彦。周邦彦乃北宋著名词人，号清真居士，[14]卷66 也可算是北宋居士集团成员之一。通过苏轼跟作词的同僚周邦彦共同对心性的关注这一点，可以窥见这一时期北宋文人将心以哲学的方式进行思考的趋势，同时还能从某种程度上看到佛学对此趋势所产生的影响。

《楞严经》中佛对心的描述之词为"无还"。"无还"意为没有归还之处，是佛在对阿难解释妙明元心的实相时所用之语。[1]"无还"的反义词为"有还"，即有归还之处。若有归还之处，乃因缘和合之故，返回因之后，果也会消失。因此，有可还之处的，全是虚妄；无可还之处的，非依据因缘而存在的虚妄，其本身就是永远明净的存在。这就是人之心。佛用"无还"说明了心中原本所具有的如来真如的本性。上边的诗句中所表现的"要知"很好地体现了苏轼对心的佛学认识之词。这一时期可以看作苏轼对《楞严经》心性问题的入门阶段，因为从之后的诗作中可看到其对《楞严经》或佛教心性问题的深刻认识。

苏轼在元丰元年（1078），也就是42岁时，以尚书祠部员外郎任职徐州时写了《次韵潜师放鱼》，如下。

> 法师说法临泗水，无数天花随尘尾。
> 劝将净业种西方，莫待梦中呼起起。
> 哀哉若鱼竟坐口，远愧知几穆生醴。
> 况逢孟简对卢仝，不怕校人欺子美。
> 疲民尚作鱼尾赤，数罟未除吾颡泚。
> 法师自有衣中珠，[2] 不用辛苦泥沙底。[11] 882-883

题目中的"潜师"是指道潜法师（1043—1106）。道潜法师，字参寥，今浙江临安人。他是北宋有名的诗僧，有诗集《参寥子集》。道潜幼时起食素，诵读《法华经》并剃发出家。他无经典不读，善文章，尤喜诗。起初跟秦观是好友，苏轼任职杭州时，他驻智果禅寺，于是跟苏轼也成了好友。道潜的诗清秀，深得苏轼之心。苏轼后来贬谪黄州之时，道潜追随一年左右。最后苏轼流配海南，道潜也要过海追随而去，苏轼送诗阻拦下来。道潜因为跟苏轼交好的

---

〔1〕"阿难言：'若我心性各有所还，则如来说妙明元心云何无还。'"[5]卷2
〔2〕"譬如有人于自衣中，系如意珠不自觉知，穷露他方乞食驰走，虽实贫穷珠不曾失。忽有智者指示其珠，所愿从心致大饶富，方悟神珠非从外得。"[5]卷4

关系而受诏还俗，直到苏轼 1101 年去世以后才重新接到诏书剃发出家。两人一生都维持着密切的关系，上列之诗乃二人因缘开始时期的作品。

此诗以跟鱼的放生有关的比喻来将现实中的事件连接起来，形成了向道潜表达羡慕之情的内容。从结构上来看，诗前后通过对法师的称赞而形成了相互呼应的完整形式。从内容上看，大致上可分为两部分：首先，前四句展示了法师精彩演说不杀生佛法的场面。其次，后边的部分，作者从法师的佛法着眼对自己经历的世上之事进行了一番议论。从"哀哉若鱼竟坐口"到"数罟未除吾颡泚"，苏轼将自己比喻成鱼，因自己在官僚社会中无法察觉微妙的政治苗头而像落网之鱼一样陷入了艰难的状况。最后，"衣中珠"事实上是《楞严经》的典故，指的是隐藏在所有人身上的清净本心。苏轼说法师具有清净本心的同时，表达了自身还没能找到那本然之心而无法解脱的惋惜之情。苏轼在这里已经用如来藏的思想找到了解决自身精神苦闷的可能性。这种尝试通过以后的作诗活动也可找到其痕迹。

经历"乌台诗案"后流配至黄州的苏轼在这一时期的元丰六年（1083）闰八月写了一首《题沈君琴》。

> 若言琴上有琴声，放在匣中何不鸣？
> 若言声在指头上，何不于君指上听。[1]

此诗中所说的琴在诗的序言中留有相关记录，据此可知，琴指的是当时任武昌主簿的友人沈氏所写的"十二琴之说"。苏轼跟沈氏原本并不认识，但读了沈氏的文章后了解了他的意思和趣旨，就以仿佛看到了作者本人一般或者直接听到了其十二琴的声音一般的心情写下了该诗。[2]这首诗还属于同年所写的《与彦正判官》一信中的一部分内容，[15]其性质也可说是纯粹地分析佛教教理之诗。指和琴各自存在的时候，什么声音都听不到。两者相互作用而产生美妙声音，由此来比喻依据佛之教导唤醒隐藏在各自身上的菩提心并让本来的真心显现。苏轼引用此典故称赞了沈氏"十二琴之说"的出色之处。

苏轼在黄州时还针对两面镜子作了一首诗，题目或者准确地说序言为："数日前，梦一僧出二镜求诗。僧以镜置日中，其影甚异。其一如芭蕉，其一如莲花。梦中与作诗。"

---

〔1〕"譬如琴瑟、箜篌、琵琶，虽有妙音，若无妙指，终不能发。汝与众生，亦复如是。宝觉真心，各各圆满。如我按指，海印发光。汝暂举心，尘劳先起。由不勤求无上觉道，爱念小乘得少为足。"[5]卷4
〔2〕"予不识沈君，而读其书，乃得其义趣，如见其人，如闻其十二琴之声。"[11]2535

> 君家有二镜，光景如湛卢[1]。
> 或长如芭蕉，或圆如芙蕖。
> 飞电着子壁，明月入我庐。
> 月下合三璧，日月跳明珠。
> 问子是非我，[2] 我是非文殊。[11]2533

此诗前四句描写了梦中僧所出示的两面镜子的光泽和模样，其余诗句叙述了因此二镜而起的思考。首先，由梦中僧将镜放置日光下的行动联想到了韩愈（768—824）《和虞部卢四酬翰林钱七赤藤杖歌》中出现的"空堂昼眠倚牖户，飞电着壁搜蛟螭"，而且"飞电着子壁"是跟当时苏轼的处境相应的描写，即明月之光照耀。如此月光之下，二镜跟它们的影子一起成了三块玉似的，日月照镜也跟明珠一般。其次，苏轼以《楞严经》中佛与文殊菩萨的问答结束了此诗。"是非文殊"的问题实际上阐明了"见与见缘，并所想相，如虚空华，本无所有。此见及缘，元是菩提，妙净明体"[5]卷2 的论证。苏轼在此以二镜为例引用了如来藏存在的思想。

黄州时期以后，他在元丰八年（1085）49岁时所写的《记梦》一诗是跟梦相关的又一代表作。这次的梦并非苏轼本人所梦，而是其前辈张方平（1007—1091）之梦。此诗之序如下："乐全先生梦人以诗三篇示之，字皆旁行而不可识。傍有人道衣古貌，为读其中一篇云：人事且常在，留质悟圆间。凡四句，觉而忘其二，以告客苏轼。轼以私意广之云。"此诗可从当时士大夫文人相互探究《楞严经》教义的侧面来理解。

> 圆间有物物间空，岂有圆空入井中。
> 不信天形真个样，故应眼力自先穷。
> 连环已解如神手，万窍尤号未济风。
> 稽首问公公大笑，本来谁碍更求通。[11]1327

此诗中的"圆间有物物间空，岂有圆空入井中"借用了《楞严经》中佛问"空"是方是圆和提及虚空的实相时所举示例而写。《楞严经》中说，"性圆周，皆如来藏，本无生灭"，"一切众生从无始来迷己为物，失于本心为物所转，故于是中观大观小。若能转物，则同如来，身心圆明，不动道场，于一毛端遍能含受十方国土"。苏轼通过最后两句诗表达了张方平和自己认可该道理的立场。

---

〔1〕湛卢：《越绝书》中记录的吴王阖闾（？—496）之剑名。
〔2〕"【佛曰】'文殊，吾今问汝，如汝文殊，更有文殊。是文殊者，为无文殊。'【文殊曰】'如是世尊。我真文殊，无是文殊。何以故？若有是者，则二文殊。然我今日非无文殊，于中实无是非二相。'"[5]卷2

万物原本没有隔膜，何须另求通达的观点。即，不要受碍于物体，此乃如来藏思想的另一表达。苏轼在此阶段已精通如来藏思想的模样可以窥见一二。

再通过苏轼于元佑六年（1091）55 岁时所作的《刘景文家藏乐天身心问答三首，戏书一绝其后》还可看到同样的思想状态。刘景文（1033—1092），名季孙，字景文，父亲乃北宋将军刘敍。他出身名门，生性豪放，喜收藏奇异古书和石刻。苏轼看到收藏在他家的三首白居易的诗后，将其对白诗的感受表达在了如下诗中。

> 渊明形神自我，乐天身心相物。
> 而今月下三人，他日当成几佛。[11]1818

此诗结合了陶潜和白居易以身与心的关系为核心内容而写的诗来表现《楞严经》中佛对心的见解。陶潜作有《形赠影》《影答形》和《神释》[1]诗三篇，总称为"形、影、神"。此三诗的写作初衷如下。

> 贵、贱、贤、愚，莫不营营以惜生，斯甚惑焉。故极陈形影之苦，神辨自然以释之。好事君子，共取其心焉。[16]

陶潜用"形、影、神"来象征辩论的三方，从而一一展开了对人生的不同想法。接着，他阐述了形影应摆脱生存、死亡、名声、开心、害怕等对自己生命有害的因素而任运自然的见解。陶潜为了治愈这世上为生计而奔波的人们的心而创作了这三篇，但就相似内容也作诗三首的白居易却有着不一样的理由。白居易作有《自戏三绝句》，分别是《心问身》《身报心》《心重答身》。其创作这些诗的背景和缘由可通过序文得知——"闲卧独吟，无人酬和，聊假身心相戏，往复偶成三章"[17]。尽管表现得自己好像在开玩笑，但白居易却在这三首诗中表现了心为身之主、主宰身的思维方式。

苏轼通过前面所介绍的诗的前两句总结和比较了陶潜和白居易诗中所体现的核心意思。此诗的第三句看起来也是活用了李白有名的"举杯邀明月，对影成三人"[18]。苏轼以陶潜和白居易的观点为基础，借用《楞严经》中佛批评阿难认识之语最后提问结诗。[2]这一提问的背后实际上是佛对阿难论证实相之语，"清净妙净明心，性一切心，而自无体"，苏轼在此以佛的如来清净心反驳了陶

---

〔1〕63 岁的苏轼专门针对此篇作有《和陶神释》："二子本无我，其初因物著。岂惟老变衰，念念不如故。"[11]2307 诗中也活用了《楞严经》中"见精"本无生灭之性之理说明了形影有生灭、神无生灭的道理。
〔2〕"必汝执言，身眼两觉，应有二知。即汝一身，应成两佛。是故应知，汝言见暗名见内者，无有是处。"[5]卷1

潜和白居易的观点，用佛学观点概括了前辈对身心的论证。这也可以说是能够很好掌握他所具有的如来藏思想水平的关键性作品。

《南华寺》是苏轼59岁被贬谪至惠州南下途中造访六祖慧能道场南华寺诗留下的作品。他在遭遇了一生的迂回曲折后于慧能祖师的道场发表了以下的感怀。

> ……
>
> 饮水既自知，指月无复眩。
> 我本修行人，三世积精炼。
> 中间一念失，受此百年谴。[11]2061
>
> ……

所谓"指月"，是佛在向阿难解释什么是"缘心听法"[1]时所用过的比喻。此诗包含了苏轼抛掉自身的因缘之心并反省自己原本是空门中人的意思。他说不会再迷惑，并坦言因一念之差而遭受了一生的仕途之苦。以前的苏轼觉得指月之指就如月一般，因而找错了自己人生的方向，到如今他终于离开指月之指而看到了真正的月亮。此真月就是对人生真味的再认识。通过《楞严经》对心之本性的论证可以考察到其对苏轼人生给予了重大影响的事实。

以上，笔者通过7首诗向读者展示了苏轼掌握《楞严经》如来藏思想的过程。不仅如此，修证如来藏的方法也对苏轼产生了巨大影响，并在其日常生活中处处可见。

### （三）六根本烦恼

所谓六根，指眼根、耳根、鼻根、舌根、身根、意根，即六种感觉器官。以六根开悟的修行法可以说是《楞严经》的核心理念。佛对阿难说，"汝欲识知俱生无明，使汝轮转生死结根，唯汝六根，更无他物。汝复欲知无上菩提，令汝速登安乐解脱、寂静妙常，亦汝六根更非他物"[5]卷5，即六根是众生能觉悟俱生无明、证得菩提的唯一途径。因为"根尘同源，缚脱无二。识性虚妄，犹如空花。……由尘发知，因根有相。相见无性，同于交芦"[5]卷5。换句话说，所谓分别万物的"识"，其性质是虚妄的，由根的见机和尘的模样相互作用而形成。根、尘都消失的话，识也就消失没有了。因此，"随汝心中选择六根，根结若除，尘相自灭"[5]卷5即通过六根证得圆通而找到真理。

此六根思想对宋代文人产生的影响，学者周裕锴在2005年和2011年的两

---

〔1〕"汝等尚以缘心听法，此法亦缘非得法性。如人以手指月示人，彼人因指当应看月。若复观指以为月体，此人岂唯亡失月轮、亦亡其指。"[5]卷2

篇论文中做过专门论述。他主要考察了宋代文人将《楞严经》六根的互相作用之说运用到写诗、作画、品茶等艺术创作中的具体表现。[19], [20] 根据他考察的结果来看，苏轼是宋代文人中最初在诗中使用六根思想的"鼻观""耳视""目听"等用语的。[20]70 事实上，苏轼在其诗中运用六根思想加入了很多对人生的思考。

苏轼在元丰二年（1079）44 岁时创作了《次韵秦太虚见戏耳聋》。同年 3 月，他从徐州出发迁往湖州，4 月抵达。此诗就是在途中写的。同年 8 月发生了著名的"乌台诗案"。此诗就作于事发前夜，诗句中充满了凌锐之气。

> 君不见诗人借车无可载，留得一钱何足赖。
> 晚年更似杜陵翁，右臂虽存耳先聩。
> 人将蚁动作牛斗，我觉风雷真一噫。
> 闻尘扫尽根性空，[1] 不须更枕清流派。[11]950
> ……

前六句叙述了诗人无钱且如杜甫 (712—770) 般耳聩听不见风雷之声的状况，接着导入了《楞严经》的根尘思想来说明由于根、尘的相互作用而产生了对万物的认识，所以听尘消失的话，耳根也会回归到原本的空性中去。若为空的话，诗人自己就算不被称作"清流派"也能安然入眠了。这里显然表现了以六根思想来释放内心积压的政治性愤懑的企图。不仅如此，他还用根尘思想来向自己问病。其于元佑二年（1087）52 岁时所作的《次韵王都尉偶得耳疾》中也体现了类似的观点。

> 君知六凿皆为赘，我有一言能决疣。
> 病客巧闻床下蚁，痴人强觑棘端猴。
> 聪明不在根尘里，[2] 药饵空为婢仆忧。
> 但试周郎看聋否，曲音小误已回头。[11] 1550–1551

佛教中的六根在这里被称作《庄子》中的"六凿"，指的是人的六个感觉器官。作者首先表明这六个感官是无用之物的立场，然后用身体或精神方面不正常的人也可以具备听觉或视觉方面奇异才能的事例进行了佐证。接着，出现了能够治愈王都尉耳疾的诗眼之句"聪明不在根尘里"。即，听觉和视觉的本

---

〔1〕"根尘既销，云何觉明不成圆妙。"[5]卷4 "根尘同源，缚脱无二。识性虚妄，犹如空花。"[5]卷5
〔2〕"汝心若在根尘之中，此之心体为复兼二、为不兼二？ 若兼二者，物体杂乱。物非体知，成敌两立，云何为中？ 兼二不成，非知不知，即无体性，中何为相。是故应知，当在中间，无有是处。"[5]卷1

性原本并不依靠根和尘。因此，所谓的药物都对耳病没有作用。最后以周瑜（175—210）酒醉后仍然能在音乐演奏中识别细小错误的典故再次补充说明了听觉的本性与耳朵好坏无关。这是苏轼用根尘思想安慰友人生病时所产生痛苦的范例。还有一首诗以眼根来对世事发了议论，即元丰八年（1085）49 岁时所作的《赠眼医王彦若》，将通过眼睛而得到的觉悟送给了名叫王彦若的眼科大夫。

> 针头如麦芒，气出如车轴。间关脉络中，性命寄毛粟。
> 而况清净眼，内景含天烛。琉璃贮沆瀣，轻脆不任触。
> 而子于其间，来往施锋镞。笑谈纷自若，观者颈为缩。
> 运针如运斤，去翳如拆屋。常疑子善幻，他技杂符祝。
> 子言吾有道，此理君未瞩。形骸一尘垢，贵贱两草木。
> 世人方重外，妄见瓦与玉。而我初不知，刺眼如刺肉。
> 君看目与翳，是翳要非目。目翳苟二物，易分如麦菽。[1]
> 宁闻老农夫，去草更伤谷。鼻端有余地，肝胆分楚蜀。
> 吾于五轮间，荡荡见空曲。如行九轨道，并驱无击毂。
> 空花谁开落，明月自朒朏。请问乐全堂，忘言老尊宿。[11]1331-1332

王彦若是张方平的眼科大夫。苏轼在张方平家中给他的眼科大夫写了这首诗。从诗头到"他技杂符祝"，苏轼极力称赞了王彦若大夫以针疗眼如魔法般的出色技术。其余的部分是王彦若针对自己在治疗眼病中得道的叙述，主要观点如下：人的身体如世上之尘一样跟草木一般不分贵贱而平等，然而世上之人重视其外表，并将其如玉瓦一般区分贵贱。治眼也跟治身一样。遮眼之翳虽不是眼，但正如铲除杂草之时也会伤到谷物一般，治翳也会伤眼。如果能看到鼻端的话，肝、胆也能看得见了。因为由翳而生的虚空之花如明月圆缺，会自动出现而又自动消失。

王彦若在此论证的核心是，由于对眼的人工治疗会对眼造成损伤，应该放任翳自生自灭。这样的话，眼病也会自然好起来。其论证过程中，以眼观五轮乃是借用了《楞严经》中以眼证得圆通的方法。根据《张文定墓志》记载，张方平那时眼睛患有宿疾。[11]1331 苏轼以诗阐述了对眼病的态度。

与眼有关的诗还有一首是苏轼于 51 岁（1087 年）时所作的《和黄鲁直烧香》。此作品乃是对黄庭坚《惠江南帐中戏赠二首》的和答诗之二。

---

〔1〕"【狂花】若目出者，既从目出，还从目入。即此花性，从目出故，当合有见。若有见者，去既花空，旋合见眼。若无见者，出既翳空，旋当翳眼。又见花时，目应无翳。云何晴空号清明眼？是故当知色阴虚妄，本非因缘、非自然性。"[5]卷2

万卷明窗小字，眼花只有斓斑。

一柱烟消火冷，半生身老心闲。[11]1477-1478

　　此诗中所谓的"眼花"乃佛对阿难解释色阴的虚妄性时使用的示例，说的是睁着的眼睛疲劳时晃动在虚空中的空华。[1] 前两句说的是，阅读小字所写的万卷经书的代价就如眼前的空华一般是虚妄的。后两句表达了反倒是焚香参禅才能获得年老时节的悠闲之心的意思。此诗也是从读经之眼出发描写了达到欲望消失了的心境。而此诗的前一首诗则是用鼻子来进行的。

四句烧香偈子，随香遍满东南。

不是闻思所及，且令鼻观先参。[11]1477

　　该诗的前两句称赞了黄庭坚所写的诗。黄庭坚在其诗中仔细描写了焚香参禅的情景，苏轼说黄庭坚的诗就如美妙的香气一样自然而然地就广为流传开了。苏轼的这首诗在后两句中同时引用了《楞严经》中观世音菩萨听闻修行法[2] 和孙陀罗难陀的以鼻修行之法[3]，并主张《楞严经》所崇尚的"闻思"法在这里起不了作用，反倒是闻得到香气的"鼻观"法更合适。可以说，苏轼也是具有修道的"方便"式智慧的。

　　这种智慧一直持续到人生末期。停留在惠州的绍圣二年（1095），他作有《次韵定慧钦长老见寄八首》，其中的第四首如下。

幽人白骨观，[4] 大士甘露灭。根尘各清净，[5] 心境两奇绝。

真源未纯熟，习气余陋劣。譬如已放鹰，中夜时掣绁。[11]2116

　　"定慧"指的是位于苏州的定慧禅院。那儿的长老守钦在那年通过其弟子卓契顺给远在惠州的苏轼寄了《次韵定慧钦长老见寄八首》。苏轼评价此诗"语有璨、忍之通，而诗无岛、可之寒"[11]2114，即守钦禅师之语跟禅宗三祖僧璨（？—606）及五祖弘忍（601—675）相同，且没有贾岛（779—843）和僧可明的冷清风格。苏轼称赞其诗并写下了和答诗。

---

〔1〕"譬如有人以清净目观晴明空，唯一精虚、迥无所有。其人无故不动目睛，瞪以发劳，则于虚空，别见狂花，复有一切狂乱非相。色阴当知亦复如是。"[5]卷2

〔2〕"彼佛教我从闻思修入三摩地。"[5]卷6

〔3〕"世尊教我及俱絺罗观鼻端白。"[5]卷5

〔4〕"优波尼沙陀即从座起，顶礼佛足而白佛言：'我亦观佛最初成道，观不净相，生大厌离，悟诸色性以从不净，白骨微尘，归于虚空。空色二无，成无学道，如来印我名尼沙陀。'"[5]卷5

〔5〕"世尊若复世间一切根尘阴处界等。皆如来藏清净本然。"[5]卷4 "佛告阿难根尘同源缚脱无二。识性虚妄犹如空花。"[5]卷5

这首诗可分为两部分来分析。前四句交叉使用了《楞严经》和《维摩经》的典故，阐明了六根和尘境原本清净，因此人心也原本清净之理。后四句中，他反省了自身因还没能掌握那真正的清净本元而使得如夜里不停拉拽绳子、渴望如自由的鹰一般的坏习性常常出现。这种反省一直持续到其人生的老年时期。

他在绍圣四年（1097）62 岁时在昌化谪居时写有《和陶归去来兮辞》。此诗前面部分描写了苏轼在昌化闲适的谪居生活，后面部分是借具有独特意志的"畸人"身份抒发的自我安慰之语。

> ……
> 畸人告予以一言，非八卦与九畴。方饥须粮，已济无舟。
> 忽人牛之皆丧，但乔木与高丘。警六用之无成，自一根之返流。[1]
> 望故家而求息，曷中道之三休。已矣乎，吾生有命归有时，我初无行亦无留。[11]2560–2561
> ……

上面的"八卦"与"九畴"乃儒家的象征，所以苏轼说从"畸人"那儿所听到的并非儒家之说。不过，取儒家而代之的乃是佛教思想。饿则食、无舟渡河指的是禅宗的修行之法和修行结果。苏轼听说此话后内心忽然觉悟，仿佛达到了"人牛俱亡"的境地。"人牛俱亡"之说引用了禅宗《牧牛图》的故事。禅宗《牧牛图》以人放牛的各种场面比喻修行者修行的阶段，放牧之人指的是修行者的本体，牛乃指修行者之心。牛起初凶猛不听话，但被人驯服的话就会变乖。人心也如牛一般不想受限制，但通过修行就能变清净而达到空的境界。在如此圆满的心境下，六根对它起不了作用，从一个感官精进而返流就能找到原本的真实。苏轼懂得此理后虽萌发了归乡的想法，但却追忆起了历经多次挫折的往日。所以对自身这种心愿的最终认识是，自己生命中回归的时期跟随因缘，到了时候的话一定会实现的，因而自我人生也最终会到本无的境地。

苏轼针对听的能力和看的能力首先从与六根的关系开始，将对六根思想的探究持续到了人生末期，最终觉悟到了六根无用。对以苏轼为代表的宋代文人来说，六根思想在眼、耳等各种感官得病之时成了很大的安慰，也为他们提供了通过自己的感官这一独特的层面来看世界的机会。

---

〔1〕"阿难，如是清净持禁戒人，心无贪淫，于外六尘，不多流逸。因不流逸，旋元自归。尘既不缘，根无所偶。反流全一，六用不行。十方国土，皎然清净。"[5]卷8

## （四）三无漏学的智慧

"三无漏学"中的"无漏"乃"有漏"的相对概念，"漏"是针对客观对象源源不断地从六根漏出瑕疵之意，烦恼的别名。"无漏"在大乘中说的是无烦恼。"三无漏学"在《楞严经》中是这么说的："所谓摄心为戒，因戒生定，因定发慧，是则名为三无漏学。"[5]卷6 其中所谓"戒、定、慧"的概念早在《阿毗达磨集异门足论》中就出现了，即"三修者，一修戒，二修定，三修慧。修戒云何？答于诸善戒，亲近数习，殷重无间，勤修不舍，是名修戒。修定云何？答于诸善定，亲近数习，殷重无间，勤修不舍，是名修定。修慧云何？答于诸善慧，亲近数习，殷重无间，勤修不舍，是名修慧"[21]卷5。此外，修"戒、定、慧"的理由是"善修戒定慧，至极究竟者，已永尽诸有，无垢亦无忧"[21]卷5。再加上"非有定无慧，非有慧无定。要有定有慧，方证于涅盘"[21]卷3，更是强调了"定"和"慧"不可分割的关系。

然而《楞严经》将此平行的关系进一步发展成了更深层的关系，即守戒是禅定的基础，好好修禅，智慧才能出现。还用生动的比喻对戒律与禅定的关系进行了论证——内心不断淫、杀、偷、大妄语而修禅的话，就好比蒸砂石为饭或掩耳大喊而希望别人都听不见一般，又或是如想要把漏瓢装满水或者刮了人屎做成栴檀模样希望发散香气一般，都是错误的行为。此外还说到，世上修心之人中，如果不依据禅定的话，就不会有智慧。修禅也分阶段，由初禅、二禅、三禅、四禅构成。初禅，清净心中不萌发各种烦恼；二禅，清净心中牵挂烦恼都被压制；三禅，安定之心中具备了禅定之乐；四禅，修得之心中功德作用变得纯熟。其间以平等之心阐释智慧，智慧的光明圆满通达，立即从这烦恼世间成就阿罗汉，并可以进入菩萨乘。总而言之，《楞严经》对所谓"戒、定、慧"修订的"三无漏学"进行了仔细的说明。苏轼也对"三无漏学"十分有兴趣。

《赠黄山人》是黄州时期的苏轼于元丰五年（1082）所写的作品。根据《墨庄漫录》的记载，此诗的题目也叫作《赠黄照道人》[22]。名为"黄照"之人在历史数据中看不到与其相关的记录，只能推测其身份。"山人"可指隐士，也可指道士，"道人"也包含了和尚和道士的意思。因此，结合诗中来自《老子》中意指世上之道的"玄牝"一词的话，可以认为黄照为道士。苏轼对该道士如是说。

> 面颊照人元自赤，眉毛覆眼见来乌。
>
> 倦游不拟谈玄牝，示病何妨出白须。
>
> 绝学已生真定慧，说禅长笑老浮屠。
>
> 东坡若肯三年住，亲与先生看药炉。[11]1118-1119

以上八句中的前四句描写了黄照道士的容貌，告知了道士的身份和健康状况。接着，诗人说自己最近沉浸于禅学而具备了真正的禅定智慧。最后两句说诗人邀请黄道士到自己家来共住三年。由此可以得知，苏轼在黄州时期修得了"三无漏学"中的"定"和"慧"的事实，并且对"定"和"慧"的详细讨论是跟法师一起进行的。

建中靖国元年（1101）所作的《虔州景德寺荣师湛然堂》的前四句如下。

> 卓然精明念不起，[1] 兀然灰槁照不灭。
> 方定之时慧在定，定慧寂照非两法。[11]2431
> ……

荣禅师的事迹无从考察。但是苏轼作此诗的原因是由这位禅师的"湛然堂"之名联想到了《楞严经》中阿难赞叹菩萨偈颂中"妙湛总持不动尊"之语。首二句阐明了"寂"的明与"照"的不明后，主张智慧存在于禅定之中，并说明了禅定与智慧、"寂"与"照"互相依存的一体性。这里可以说苏轼是将"定"和"寂"、"慧"和"照"相对来看的。在禅定中出现虚空的境界，接着产生照射出的万象。苏轼对"三无漏学"中的戒律的关心是不如禅定和智慧的。他对禅定和智慧进行了更多的思考，尤其是借用了《楞严经》里为获得25种圆通而尝试的禅定方便法门中的几种以留下对世上万事的感想。

《钱道人有诗云"直须认取主人翁"，作两绝戏之》[11]2526 是王文诰的《苏轼诗集》中创作时间不明且在他人编辑的苏轼诗集中被当作偈颂删除的作品。而且其他的苏轼诗集中，此诗分别在卷五、卷八或卷十。[11]2569 考察王文诰的《苏轼诗集》的话，卷十一中有《惠山谒钱道人，烹小龙团，登绝顶，望太湖》一诗。该诗是熙宁六年（1073）末苏轼任杭州通守前往常州救济灾民的路上作于惠山的。这与其他诗集的写作时间相似，钱道人的称号也相同，所以可以推测上下诗的钱道人是同一个人。因此将《钱道人有诗云"直须认取主人翁"，作两绝戏之》看作那年的作品也无妨。熙宁年间苏轼第一次到杭州上任时所作的诗中，钱道人就是当时被称为"铁肝御史"的钱颙[2]的弟弟。[11]532 苏轼以钱道人的"直须认取主人翁"里的主字为中心，借用《楞严经》中有关禅定的典故展开了诗想。

> 有主还须更有宾，不如无镜自无尘。

---

〔1〕"佛告阿难：'且汝见我，见精明元。此见虽非妙精明心，如第二月非是月影。'"[5]卷2
〔2〕钱颙：庆历六年(1046)进士，字安道。

只从半夜安心后，失却当前觉痛人。[1]

"主"和"宾"，即"镜"和"尘"，都指"我"和"物"，苏轼用前两句主张丢弃我和他人的分别之心。后两句描写了以触觉入定、心中无尘、"物""我"不分的清净状态。这种追求"安心"的作品为数不少。

元佑五年（1090）苏轼任杭州知州事时，针对西湖葛岭寿星院里的观台写了同名诗《观台》一首。

三界无所住，一台聊自宁。尘劳付白骨，寂照起黄庭。[2]
残磬风中袅，孤灯雪后青。须防童子戏，[3] 投瓦犯清泠。[11]1688-1689

此诗的氛围就跟这土台一起如冷风一般凉飕飕的。首二句说诗人为了找到世上可以舒适停留的安静之地而暂时借此夜的土台逃离这乱哄哄的尘世。接着，诗人说"尘劳付白骨"，采取由色而证得虚空的方法而发起体内的空感和智慧。这种禅定状态不容易在狂风大作之夜维持，所以要避免月光童子的无知弟子用投瓦的行动打破其禅定的情况。苏轼嗜禅并以禅求心平之意被很好地体现了出来。同样的心意也在绝句中也有表现。

元佑六年（1091）苏轼任颖州知州一职时写了《臂痛谒告，作三绝句示四君子》两首，其中第二首如下。

心有何求遣病安，年来古井不生澜。
只愁戏瓦闲童子，却作泠泠一水看。[11]1800

这里也跟前面的《观台》一样引用了《楞严经》中月光童子由观察水的本质而入禅定的典故。但是，《观台》中诗人为了维持内心的禅定而提醒要注意如童子般的外部妨碍因素。此诗中诗人表达了毫无涟漪的平静心境，于他人而言就会被看作像童子眼中的水一般的忧虑。无澜之水不仅是水的意思，毫无涟漪之心也就是空心。

通过以上五首诗的考察可知，苏轼不仅醉心于《楞严经》"三无漏学"的

---

[1] "毕陵伽婆蹉即从座起，顶礼佛足而白佛言：'我初发心，从佛入道，数闻如来说诸世间不可乐事。乞食城中思法门，不觉路中毒刺伤足，举身疼痛。我念有知，知此深痛。虽觉觉痛，觉清净心，无痛痛觉。我又思惟，如是一身，宁有双觉。摄念未久，身心忽空。三七日中，诸漏虚尽，成阿罗汉。得亲印记，发明无学。佛问圆通，如我所证，纯觉遗身，斯为第一。'"[5]卷5

[2] "见闻如幻翳，三界若空花。闻复翳根除，尘销觉圆净。净极光通达，寂照含虚空。却来观世间，犹如梦中事。摩登伽在梦，谁能留汝形。"[5]卷6

[3] "【月光童子】当为比丘，室中安禅。我有弟子窥窗观室，唯见清水遍在屋中，了无所见。童稚无知，取一瓦砾投于水内，激水作声，顾眄而去。我出定后顿觉心痛，如舍利弗遭违害鬼。"[5]卷5

禅定与智慧的关系，而且还运用禅定的各种方法达到了内心的平和与清净
状态。

## 四、李奎报的佛教诗与《楞严经》

### （一）《楞严经》的爱好

李奎报学习《楞严经》的记载留在他所作的《昌福寺冬安居楞严法席
踈》中。

> 当游学四方则任尔一筇之浪迹，及阅过三冬，则不妨丈室之安身。
> 故于京辇之精庐，处以山门之开士。幸可人之皆集，宜何法之堪扬。
> 唯是纱连花钤，实发紫金聚者。微言甫释，本觉自明。拟受如来伸臂
> 之摩，立祛演若迷头之怖。片缘才集，觉应匪遥。 [23] 卷 41

这里很生动地表现了寒冬时节京城的文人在不便外出和游览的情况下全都
集合在一起探究《楞严经》的场面。他曾用毛笔向喜爱《楞严经》的朋友展示
过。《次韵李学士百全复和前诗来赠》的记载如下。

> 指口唯期日饮连，虚襟早断俗情牵。
> 终身学道功何得，缘督为经计独便。
> 久矣忘家心已佛，偶然落世骨犹仙。
> 中存不皱君如会，休叹容颜化逐年。 [23] 后集卷 2

这首诗是李奎报次韵李百全之作，最后一句诗旁还特别注释道："君好见
楞严，故云。"容颜在念念之间变化的典故正是《楞严经》中波斯匿王的担忧。
李奎报在这儿称赞了李百全不老也没变弱的内心。

然而李奎报似乎比李百全对《楞严经》更加心醉。《楞严经》是他理想生
活中不能缺失的重要部分之一。其理想生活方式被详细地描写在了《有乞退心
有作》中。

> 我欲乞残身，得解腰间绶。退闲一室中，日用宜何取。
> 时弄伽倻琴，连斟杜康酒。何以祛尘襟，乐天诗在手。
> 何以修净业，楞严经在口。此乐若果成，不落南面后。
> 耆旧余几人，邀为老境友。 [23] 后集卷 1

李奎报所描绘的愉快的晚年生活可以说是由本国的琴与中国的酒、白居易的诗及《楞严经》组合而成的。琴、酒释放心情，白居易的诗培养宽广的胸怀，《楞严经》用来洗心。如果这四种都能拥有的话，可以说是比人君都还要棒的事情了。事实上其梦非梦，而是成了现实。《十月十四日，看楞严，傍置琴弹之，因有作》之诗就叙述了现实中如梦般生活的模样。

> 手能司弄目能寻，白伞观时亦按琴。
> 莫道临经容剩事，我将供养以声音。[23] 后集卷 5

这四句诗以非常诙谐的笔法再现了诗人边弹琴边读经的场面。他这么做的目的是用琴的妙音来供养《楞严经》。一代才子之风范充分展现在眼前，并且充满了《楞严经》的阅读感想。《卧诵楞严有作》之诗如下。

> 儒书老可罢，迁就首楞王。夜卧犹能诵，衾中亦道场。
> 恃我夜能诵，从教白日颓。莲花森在眼，千叶梦中开。[23] 后集卷 5

李奎报说，老了的话，儒家经典应该让步于佛教经书，并在这里表现了对《楞严经》的极端热情，不仅夜读经书，甚至将床看作道场，将白天的时间都虚度了，夜里诵读经书，乃至做梦都能梦见经书的内容。他热衷于《楞严经》的模样呈现得十分生动。另外，不知疲倦地读经完毕时，其状态在《看经终又作》中有所叙述。

> 读终经一卷，犹似出斋时。始可亲觞酌，斟来何大迟。[23] 后集卷 5

读完《楞严经》一卷后，李奎报内心彷佛斋戒似的非常痛快，连举杯庆祝的心情都有了，而且对于所读经书该采取何种态度都明示在《诵楞严第六卷有作》中。

> 从初至六诵如流，余复何存了却休。若不贮心归去也，泉台何处纸中求。[23] 后集卷 6

《楞严经》的第一卷至第六卷主要严谨地论证了包括见性和六根在内的佛教教理，所以李奎报不仅能够流畅地诵读，而且认为至死都要放在心中。对《楞严经》的特别之情溢于言表，而其到底吸收了《楞严经》的哪些思想？通过以下诗篇可以窥见一二。

### （二）摩登伽的运用

摩登伽女在《楞严经》中扮演想要破坏阿难戒体的角色，代表了一种色欲。运用阿难和摩登伽女的典故来讽刺世事的手法是李奎报所偏好的。《闻批职僧犯戒被刑，以诗戏之》就是其中的代表作。

> 勿论发在与头髡，好色人心摠一般。不有如来神呪力，摩登几已误阿难。
> 此髡谋拙被人擒，国令何曾一一寻。任遣生雏皆壮大，尽驱南亩力耕深。[23] 后集卷 1

该诗揭示了当时佛教界的丑闻，并对之进行了辛辣的批评。第一、二句告知了每个人不管有无头发，好色之心是一样的这一本质。第三、四句引用《楞严经》中佛用神呪将差点破戒的阿难从摩登伽女手中救出来的典故说明内心一定要具备定力。第五、六句说，全国佛教界中还有很多这种没有定力的僧侣，只是没有策略之人被披露丑闻后被抓住。最后两句叙述了破戒僧侣闯祸后生孩子的后果。当时佛教界的黑暗面通过此诗暴露无遗。

另外，内殿山呼亭的牡丹盛开时次韵有名士大夫所吟之诗的九篇《次韵诸君所赋山呼亭牡丹》中的第三首，还向内道场僧统表达了对僧侣破戒问题的忧虑。

> 年年依旧脸犹丹，堪笑王郎系槛栏。好殿百般花色发，何殊万唤妓儿看。
> 红酥菡上微留捻，绿玉丛间半黦颜。莫学登伽侵戒体，高僧已入定中观。[23] 后集卷 3

这一七言律诗可分两层意思。前四句描写了各种颜色的牡丹盛开的场面，后四句却警告要回避赏花时产生的感情。仔细考察的话，第一、二句在欣赏王郎系栏的行为，并刻画了脸放红光的人们兴奋的心情。第三、四句将多姿多彩的花姿比喻成漂亮的妓儿，使得花的美丽变得具体化。第五、六句具体呈现了在红牡丹和绿叶之间观赏的人们心动的姿态。最后两句向一起观赏的内道场僧侣发起了忠告，不要像阿难一样让摩登伽女入侵戒体，要像高僧一样内心入定后观赏眼前优雅的景致。李奎报对佛教界守戒问题的关心在此得到了很好的体现。

不仅如此，他还经常针对自身运用摩登伽女的典故。他在 74 岁所作的《梦与美人戏，觉而题之》就很好地验证了这一点。

……

翻思是器界，一切皆梦寐。摩登伽亦梦，留汝者谁是。
但得境解脱，如寤一场睡。况以梦中梦，而疑真与伪。
毋谓此真心，生死或有异。[23]后集卷9

　　此诗前面省略的部分描写了诗人梦中见到美人的光景，梦醒后诗人觉得这个世界的一切都如梦一般。紧接着他提出了摩登伽女也是梦的话，那么诱惑自己的到底是什么的问题。这里用摩登伽女来比喻梦中所见的美人，诗人将受诱惑当作自己的真心，认为从这虚伪的梦中醒来的话就可以得到解脱。求得解脱的方法在《诵楞严偶题》中再一次被提出。

　　终朝暗诵妙莲花，地入三摩渐可夸。若把诸缘观幻梦，梦惊那复有登伽。[23]后集卷7

　　诗人诵读《楞严经》后达到了入定三摩地的境地，将所有因缘视作梦，决心不再受摩登伽女的诱惑。如此看来，李奎报本人也通过《楞严经》以达到禅定的境界修行，而且具备了抵制内心色界诱惑的意志。他以《楞严经》中摩登伽女为例，试图解决僧界和俗界中因色戒而起的烦恼。

### （三）六根本烦恼

　　六根思想也常用于李奎报的日常生活，七言绝句《忆旧京三咏·安和寺涟漪亭》可算是其代表作之一。

　　涟漪亭下水涟漪，岂为无人有损亏。莫道泠泠依旧响，闻根不在许声谁。[23]后集卷1

　　这首诗是李奎报追忆旧都城中的安和寺涟漪亭的作品。前两句说的是，涟漪亭下的水并不因为人的有无而有任何变化，而是维持着其流动的本性。后两句用不要说没有闻根的水声依然如前之语来表达诗人对旧地不见的凄凉心情。此处的闻根指的是耳根。赞颂观音菩萨的《次韵其禅师观音赞诗》[23]后集卷8 也对耳根进行了专门论述。另外，言及眼根的《目翳偶吟》如下。

昼因日色见，日乃为吾眼。夜借灯光看，我眼灯是换。
自谓有灯日，眼亦明不绝。云何见空花，咫尺未辨物。
借彼日灯光，是亦非真明。况为花所诳，不奈近于盲。

> 三者皆前尘，明暗互欺真。前尘却断遣，慧眼自然新。[23] 后集卷 5

诗人眼生白斑时写下了上述吟咏的感想。诗人起初以为通过日光和灯光就能看得见，后来眼中出现了叫作空花的白斑，连近处的东西都分辨不了了，因此觉悟到日光和灯光都不是真正的光明。于是诗人将日光、灯光、空花都称为前尘，认为断此前尘的话，真正的智慧就会自然而然在眼中诞生。换句话说，李奎报在该诗中对眼根的体验做了一番具体的论述。

另外，跟身根相关的作品有《七月初二日浴家池》。

> 我今衰弱怯水寒，六月犹无入池浴。今日炎煎胜夏天，始入池中乱澄绿。
> 如坐寒冰不奈久，毛发立竖体生粟。一身炎冷自无常，须臾翻覆一何速。
> 洗尘洗体皆幻妄，谁为能触谁所触。只应达者知此意，我欲答之道未熟。[23] 后集卷 6

此诗充满了个人的生活情趣。第一至六句叙述了诗人因体弱而不能下水沐浴，在某个炎日下水后仍只感受到寒意的故事。第七至十二句说的是通过此沐浴过程中身体感受的瞬时的改变而认识到沐浴本质的幻妄，无法分辨施予触感者和接受触感者。对于触感的探究还出现在《又伤目病》中。

> 我尚不畏死，此病堪任置。其痛竟难堪，为有此身耳。
> 四大本非真，颇亦悟斯理。如今觉痛觉，未入三摩地。[23] 后集卷 9

诗人在经受眼病之痛时留下了上面的文字。诗人本来具有不怕死的意志，但因为身体却忍受不了痛苦。本来已经觉悟到了物质世界本来就非真实的道理，但仍然能感受到痛苦的话，就说明自身还未能到三摩地的境地。这里可以很清楚地看到李奎报试图通过《楞严经》克服自己的苦痛。

通过以上四首诗可以看出，李奎报试图通过深入思考并以《楞严经》的六根论述找到自己在日常生活中所经受的生理方面痛苦的答案。《楞严经》给诗人提供了再次对自身的眼睛、耳朵、身体等器官进行细化考察的机会，并起到一定作用。

### （四）心性论探究

从开始阅读《楞严经》时起，李奎报就一直进行着跟心性相关的思考。

《诵楞严经初卷，偶得诗，寄示其僧统》如下。

> 手披目阅有停时，何似心铭不暂离。诵箒比丘应自愧，伽陀一句
> 善忘遗。[5]卷5
> 欲把莲花昼夜观，日沈灯灭见还难。若于三性无昏住，明了心端
> 倍眼看。
> 儒释虽同还小异，时凭法主略咨疑。假饶尽诵藏胸底，那及吾师
> 卷上知。[23]后集卷5

此七言十二句律诗是李奎报读完《楞严经》首卷后写给守其僧统的感受。
第一至四句刻画了诗人读经时心思一刻也不离开经书，比经书里笨拙的周利盘
特迦还要专心的状态。第五至八句主张虽然准备熬夜阅读经书，但在没有日光
和灯光的情况下无法用眼睛看见，不过心性明亮的话，用心去理解经书比起用
眼去看更好。第九至十二句中李奎报期望从僧统那儿得到对儒家和佛家存在差
异点的问题的印证。

李奎报跟守其僧统对佛教的议论一直在继续。《次韵其公见和》可能是守
其僧统和了上面的诗后李奎报再次次韵的作品。

> 忆昔逢公乳臭时，一家亲炙未曾离。信然许作阿难比，还有亲缘
> 慎莫遗。
> 我眼先除担所观，前尘妄见遣非难。莫论是月还非月，但莫重将
> 第二看。
> 方识三摩路甚夷，一门超出更何疑。蒙公早指令深把，免作祈公
> 悔晚知。[23]后集卷5

此诗的前四句说明了与守其僧统的亲戚关系，并将自己比喻成阿难。中间
四句叙述了对《楞严经》中见性的理解。最后四句称赞了三摩提法门的优异
性，感谢守其僧统的早早儿指点，让自己没有成为很晚才知《楞严经》的杜衍
（978—1057）[1]。李奎报在这里认为只有丢弃已经存在的想法，才能让虚妄的见
识消失而找到本性。

下面是跟从弟守其僧统进行数次和答后所写的《僧统又和复答之》。

> 六用通融互摄时，即于器界傥能离。不然便似凡夫类，性汝真心

---

〔1〕封爵祈国公。李奎报自注："杜祈公晚见此经，谓张安道曰：'知之久矣，何不苦我。'安道曰：'云
云。不可悔，得之早晚也。'祈公致仕后见之。予曾为公所引，乃信之。"

自失遗。

　　海眼光中什么观，问师无对问还难。俄然笑指东山语，案上楞严已不看。

　　遣拂心尘尚未夷，刹那分别即成疑。师今纵示无还地，见见元非见所知。[23]后集卷5

　　这首诗的前四句说明了六根必须互相调和才能从凡夫脱离而不至于失掉真正心性的道理。中间四句叙述了跟守其僧统的问答及守其僧统已经不再看《楞严经》的状况。守其僧统通过此行动展示了无还的真如境界，表现了未能完全丢弃心中尘埃的分别心就不能获知真理的道理。

　　根据以上的分析结果，李奎报晚年极为喜爱《楞严经》，并且进行了仔细认真的阅读。不仅如此，李奎报还用经书中的摩登伽女典故讽刺和警告了僧俗因女色而发生的破戒丑闻，还运用六根思想治疗了日常生活中所经历的苦痛。他主要跟有亲戚关系的守其禅师对经书中出现的心性问题进行了讨论。

## 五、结论

　　《楞严经》是苏轼和李奎报诗中的主要题材。苏轼在《与程全父二十首》的第五首中称自己经常阅读《楞严经》，李奎报读经的记录也能在《十月十四日，看楞严，傍置琴弹之，因有作》《卧诵楞严有作》和《看经终又作》等诗篇中看到。尽管苏轼没有像李奎报一样写很多读经日记，但其40余首诗中很好地体现了苏轼30岁中半期起到晚年为止《楞严经》对其的影响。李奎报晚年表现出了倾心于《楞严经》的热情，甚至于两位诗人还都有卧读《楞严经》的习惯。

　　苏轼和李奎报在诗中所反映的《楞严经》读后感也惊人的相似。

　　首先，他们都灵活运用了《楞严经》的六根思想面对日常生活中的痛苦，并以新的视角来思考。苏轼在《次韵秦太虚见戏耳聋》和《赠眼医王彦若》中利用《楞严经》的六根思想对耳、眼等人体产生的问题进行了超越性的思考。另外，他的《和黄鲁直烧香》《次韵定慧钦长老见寄八首》《和陶归去来兮辞》等诗表现了专注于摆脱眼、鼻等感官的单一机能来寻找清净之心的境地。李奎报在《目翳偶吟》《又伤目病》和《七月初二日浴家池》等作品中认为眼的疼痛和身的虚弱都是幻觉，因自身还没达到三昧境界所致，而且李逵报的《忆旧京三咏·安和寺涟漪亭》《始断五辛有作》和《复用前所寄诗韵寄其僧统》等诗针对耳、舌、眼的日常性功能的论述在《楞严经》中皆能寻到论据。

其次，两位诗人还对心和本性问题很关注。苏轼在《次韵潜师放鱼》《题沈君琴》《记梦》和《南华寺》等诗篇用如来藏的思想讨论了"无还"的境界和清净的本心。李奎报通过《诵楞严经初卷，偶得诗，寄示其僧统》《次韵其公见和》和《僧统又和复答之》等探究了"无还"的真心。

另外，两位诗人还运用了各自对《楞严经》的表现手法。苏轼熟练运用《楞严经》的各种典故描写了《自金山放船至焦山》和《闻辩才法师复归上天竺，以诗戏问》中的雄伟景致，叙述了《送刘寺臣赴余姚》《三朵花》《留题显圣寺》《戏赠虔州慈云寺鉴老》和《观湖》中具有生动感的事情。不仅如此，他还用《楞严经》"三无漏学"的理论通过《赠黄山人》《虔州景德寺荣师湛然堂》和《观台》等诗探究了摆脱欲望而达到禅定境界的智慧。李奎报对《楞严经》的摩登伽女故事怀有特别的兴趣，用《闻批职僧犯戒被刑，以诗戏之》讽刺了僧团的破戒事件，在《次韵诸君所赋山呼亭牡丹》《梦与美人戏，觉而题之》和《诵楞严偶题》等诗中对色欲进行了警戒。

总而言之，以苏轼和李奎报为首的中、朝两国文人对《楞严经》10 卷中第 1—6 卷的内容表现出了相对浓厚的兴趣。其中，苏轼和李奎报对六根思想都很关心，并将其诗化。另外，苏轼对如来藏思想和"三无漏学"，李奎报对摩登伽女和心性论，各自表现了关注，也是他们的差异所在。因此，通过对掌握《楞严经》思想在苏轼和李奎报佛教诗中被吸收情况的研究可以看出，两位诗人在不同的佛教经典中所接受影响的情况也值得期待。

## 参考文献

[1] 段新龙.《楞严经》如来藏思想研究 [D]. 西安：陕西师范大学，2011：7.

[2] 白高来. 白居易的《楞严经册》[J]. 老年教育（书画艺术），2008（1）：18.

[3] 徐邦达. 古书画过眼要录 [M]. 长沙：湖南美术出版社，1987：194.

[4] 苏辙. 颖滨文钞 [M]// 郭预衡. 文白对照唐宋八大家文钞（第 4 册 卷 164）. 广州：广东教育出版社，2002：356.

[5] 般剌密帝. 大佛顶如来密因修证了义诸菩萨万行首楞严经 [M]// 大正新修大藏经（第 19 册 No.945）. 台北：CBETA 中华电子佛典协会，2016.

[6] 陈善. 扪虱新话 [M]. 上海：上海书店，1990：117-119.

[7] 苏轼. 苏轼文集 [M]. 孔凡礼，点校. 北京：中华书局，1986.

[8] 李元阳. 李元阳集 · 诗词卷 [M]. 昆明：云南大学出版社，2008：355.

[9] 김혜경. 高麗時代《楞嚴經》思想의 受容研究：《普幻解》成立을 中心으로 [D]. 서울：동국대학교，1999.

[10] 고려사 [M/OL]. 과천：국사편찬위원회，2016 [2016-08-25]. http://kyu.snu.ac.kr/kyupdf/pdfview.jsp.

[11] 苏轼.苏轼诗集 卷 66[M].王文诰,辑注.孙礼凡,点校.北京:中华书局,1982.

[12] 佛陀跋陀罗.大方等如来藏经[M]// 大正新修大藏经（第 16 册 No.666）.台北:CBETA 中华电子佛典协会,2016.

[13] 实叉难陀.大方广佛华严经[M]// 大正新修大藏经（第 10 册 No.279）.台北:CBETA 中华电子佛典协会,2016.

[14] 潜说友.咸淳临安志[M].杭州:浙江古籍出版社,2012.

[15] 苏轼.苏轼黄州诗文评注[M].梅大圣,选评.武汉:华中师范大学出版社,1992:202.

[16] 陶渊明.陶渊明集[M].王岫庐,点校.上海:商务印书馆,1927:58.

[17] 白居易.白居易集[M].北京:中华书局,1979:805.

[18] 李太白诗[M].中华书局,辑注.北京:中华书局,1936:22.

[19] 周裕锴."六根互用"与宋代文人的生活、审美及文学表现[J].中国社会科学,2011（6）:136-224.

[20] 周裕锴.诗中有画:六根互用与出位之思——略论《楞严经》对宋人审美观念的影响[J].四川大学学报（哲学社会科学版）,2005（4）:68-73.

[21] 玄奘.阿毗达磨集异门足论[M]// 大正新修大藏经（第 26 册 No.1536）.台北:CBETA 中华电子佛典协会,2016.

[22] 张邦基.墨庄漫录[M].上海:上海书店,1936:36.

[23] 이규보.동국이상국집[M/OL].서울:한국고전번역원,2016 [2016-08-25].http://db.itkc.or.kr/index.jsp?bizName=MM&url=/itkcdb/text/bookListIframe.jsp?bizName=MM&seojiId=kc_mm_a004&gunchaId=&NodeId=&setid=275769.

[24] 般剌密帝.大佛顶如来密因修证了义诸菩萨万行首楞严经[M].北京:武英殿,1723-1735.

[25] 释通理.楞严经指掌疏[M].上海:商务印书馆,1923-1925.

[26] 苏轼.王状元集百家注分类东坡先生诗[M].十朋,纂集.刘辰翁,批点.北京:北京图书馆出版社,2005.

[27] 苏轼.施顾注东坡先生诗[M].施元之,顾禧,注.北京:北京图书馆出版社,2004:12.

[28] 苏轼.东坡先生诗[M].施元之,顾禧,施宿,注.台北:"国家图书馆"大块文化出版股份有限公司,2012.

[29] 苏轼.东坡禅喜集[M].凌蒙初,增订.冯梦祯,批点.合肥:黄山书社,2010.

[30] 朴永焕.苏轼禅诗研究[M].北京:中国社会科学出版社,1995.

[31] 이종찬.한국의 선시 (고려편)[M].서울:이우출판사,1985.

[32] 한종만 . 한국 불교 사상의 전개 [M]. 서울 : 민족사, 1998.

[33] 불교학회 , 편 . 고려후기 불교 전개사의 연구 : 고려 불교 결사를 중심으로 [M]. 서울 : 민족사, 1986.

[34] 이평래 . 신라 불교 여래장 사상 연구 [M]. 서울 : 민족사, 1996.

[35] 채상식 . 고려 후기 불교사 연구 [M]. 서울 : 일조각, 1991.

[36] 김경수 . 이규보 시문학 연구 [M]. 서울 : 아세아문화사, 1986.

[37] 강석근 . 이규보의 불교시 [M]. 서울 : 이회문화사, 2002.

# A Comparative Study on Sushi's and Lee Kyu-bo's Buddhist Poems: Focusing on the Acceptance of *Śūraṅgama Sūtra*

## LI Yan

(Department of Chinese Language and Literature and Dongguk University, Seoul: 04620)

**Abstract:** *Śūraṅgama Sūtra* became popular among Northern Song and Goryeo litterateurs by its elegant text, speculative argument and deep dogmata. It influenced their poetic creations greatly, too. The opinion of quiet and clean Sadindriya provided the two poets theoretical base when they met physical health problems. Sushi wrote many Buddhist poems referring to ear, eye, nose and body, and Lee Kyu-bo also wrote a lot poems about ear, eye, body and tongue. Nevertheless, the two poets' attentions on this sutra present have some differences through their Buddhist poems.

Sushi absorbs magnificent and rich language style of *Śūraṅgama Sūtra* and creats colorful epics and poems on scenery. He discusses quiet and clean heart a lot in the poems and tries to find out the real heart to reach Buddhist meditation through threefold training. Lee Kyu-bo often quots Madenga's story to satirize Buddhist scandals and warns himself off seduction. The discussion on mind in *Śūraṅgama Sūtra* leads him to ponder over human being's mind.

All in all, this sutra's ideological influence on two countries' litterateurs and historical trace are specifically recorded. Therefore, it could be argued that Sushi's and Lee Kyu-bo's Buddhist poems related to *Śūraṅgama Sūtra* are important document and literature that are full of Buddhist poetics value and research value for *Śūraṅgama Sūtra*'s research history.

**Key words:** Sushi ; Lee Kyu-bo ; Buddhist poems ; *Śūraṅgama Sūtra* ; Tathāgatagarbha

# 敦煌本《燕子赋》与朝鲜时代"鸟类"讼事小说的关系研究

吴晓丽 [1]

（高丽大学中日语言文学系　首尔：02841）

**摘　要：**敦煌石窟中发现的公案题材作品《燕子赋》分甲、乙本，该作品用拟人的手笔描述了雀燕争窠、凤凰判案的故事，这与朝鲜时代寓话型讼事小说《喜鹊传》的故事情节有很多类似的地方，由此推想，朝鲜时代其他鸟类讼事小说也与《燕子赋》存在一定的关系，而且鸟类在申辩的过程中都用贿赂和炫功的方式逃脱惩罚，以此体现当时官场的丑陋一面。

**关键词：**《燕子赋》；讼事小说 ；鸟类

**한글 :** 중국 돈황 석굴에서 발굴된 공안제재 작품인《연자부》는 갑·을 두 가지 판본으로 되어 있다 . 제비와 참새를 의인화하여 그들의 보금자리 다툼을 우언으로 서술하고 있는데, 이는 한국 우화형 송사소설인《까치전》의 줄거리와 내용면에서 유사한 점이 많다 . 이에 돈황본《연자부》는 다른 조선시기의 '조류' 송사소설과도 일정한 관계가 있음을 추측해 보게 된다 . 이러한 작품들은 조류들이 해명 과정 중 모두 뇌물과 전공 ( 战功 ) 과시를 통해 징벌에서 헤어나는 것을 볼 수 있는데 이는 당시 관료사회의 추잡한 행태를 반영하고 있다 . 본고는 돈황본《연자부》와 조선 '조류' 송사소설의 비교를 통해 연관관계 및 문화적 근원을 탐색하고자 한다 .

**키워드 :** 돈황본《연자부》; 송사소설 ; 조류 ( 鸟类 )

## 一、绪论

　　笔者曾从寓言角度对中国明代公案小说中的动物形象与韩国朝鲜时代中后期寓话型讼事小说中的动物形象进行比较研究，在研究的过程中发现，朝鲜寓话型讼事小说《喜鹊传》的故事情节与敦煌石窟中发现的公案题材作品《燕子赋》有很多共同点，由此推想敦煌本《燕子赋》与朝鲜时代的其他鸟类讼事小说《鹊鸟相讼》《乌对卞讼文》等也存在一定的关系。

　　敦煌本《燕子赋》分甲、乙本，该作品用拟人的手法描述了雀燕争窠、凤凰判案的故事。甲、乙两本风格迥异，但是故事情节相似，抓住了禽鸟的生活

---

〔1〕吴晓丽，高丽大学中日语言文学系博士研究生。

习性和特征，赋予它们人类的语言、行为、思想等，将完整的故事用生动的手法、通俗的语言描绘出来，这样的手法对后世其他文学的创作起到了不可忽视的影响。尤其是甲本，虽然篇幅不长，但是包含了作案、审案的全过程，具备了公案小说最基本的要素；虽然以赋的形式出现，但也可以看作小说的滥觞。而中国通俗文学在亚洲的传播，也对周边国家文学的创作产生了一定的影响。作者希望通过本文来考察它们之间的关系，并找寻其文化寓意。

## 二、敦煌遗书《燕子赋》

敦煌遗书《燕子赋》有甲、乙两个版本，作者无从考知[1]，作品主要描写了燕子和黄雀之间的一次纠纷诉讼事件，揭露恃强凌弱的社会现象，并且由凤凰审案的过程来展现唐代的司法制度。《燕子赋》由王重民先生作为赋体变文收录在《敦煌变文集》中。甲本主要是以四六言赋的形式讲述燕雀争窠的故事。[2]勤劳的燕子夫妻辛苦筑的巢被黄雀霸占，还遭到黄雀的威胁和毒打，最后燕子夫妻向判官凤凰申诉告状。全文以寓言的形式塑造了多个生动形象的鸟类角色，反映了当时唐朝社会的"逃户""括客"现象和法律制度方面的一些情况。《燕子赋》乙本仅存一个写卷，全篇是五言寓言诗，优美生动，燕、雀的形象也不像甲本那么分明，它们的身份没有本质的区别，却增加了天真的童话色彩，结局是燕雀和好。语言方面乙本生动欢快，蕴含着不少普通民众生活中处事交往的哲理。

大多数学者根据原文中一些时代背景的描写，推断《燕子赋》甲本创作于唐代开元天宝年间。其叙事性较强，对事件的描写详细生动，受到很多读者的喜欢，流传相当广泛。而乙本应该晚于甲本，推断创作于唐末归义军时期，更注重燕雀之间的争辩场面。[3]对甲、乙本的故事情节简单介绍如下。

甲本：唐代的逃户现象比较严重，燕子夫妻就属逃户，黄雀恃强凌弱，占了它们的窠，却利用它们逃户的身份以"遁逃落籍"的罪名进行威胁，不仅如此，还拔拳相向，于是燕子夫妻向凤凰"下碟"。凤凰差鹞去捉拿黄雀。黄雀早有梦境预示遭难，逃避无用，只好出门跪拜迎接，卑躬屈膝，向鹞求情。贿

---

〔1〕大部分学者从文笔和用典手法等方面推断甲本的作者是具有一定文化素养的上层文人，甚至可能有一定官职；乙本则出自下层文人之手。

〔2〕"这是一篇典型的民间故事赋。这种形式的作品可以追溯到西汉的《神乌赋》，之后曹植的《鹞雀赋》、傅玄的《鹰兔赋》都是同类俗赋。它们都是以鸟类作为故事的主角，都以代言体展开生动的情节，都是以四言为主体的韵文，而且都根据内容的需要进行灵活的换韵。它们属于同一个系统，有着共同的承继源头。"[7]150

〔3〕简涛：《敦煌本〈燕子赋〉考论》，《敦煌研究》1986年第3期。本文从作品体制、内容、语言、典故等方面对作者、创作年代及写本进行了比较详细的考察。

赂未果，黄雀被带到凤凰面前，先不认罪，还称是燕子诽谤自己，"燕子文牒，并是虚辞"[2]505，而后又故作可怜，赌咒发誓，"若实夺燕子宅舍，即愿一代贫寒。朝逢鹰夺，暮逢鸥笮，行即着网，坐即被弹，经营不进，居处不安，日埋一口，浑家不残"[2]506，以受害者自居。黄雀的形象跟忠厚老实的燕子夫妻形成鲜明的对比。开始时英明的判官凤凰判雀入狱，但是最后雀儿搬出自己当年的战功，经核实后被判释放："雀儿剔秃，强夺燕屋，推问根由，元无臣伏。既有上柱国勋收赎，不可久留在狱。宜即适（释）放，勿烦案责（牍）。"[2]527出狱后的雀儿即与燕子和好："雀儿得出，喜不自胜。遂唤燕子，且饮二升。比来触误（忤），请公哀矜。从今已后，别解祗承。人前（并）屏地，莫更口仍口仍。"[2]532文中除了燕雀以外，还有很多其他鸟类登场，比如百鸟之王凤凰、使者鹈、雀之兄弟鹡鸰、贿赂者鸲鸽，以及文末的多事者鸿霍鸟，等等。各种鸟类独具特色，作者将它们的习性与作品人物的性格紧密结合。

乙本：相对甲本的多卷写本而言，乙本只存一卷，将燕雀的形象以五言诗的形式塑造得极其活泼可爱。它们都能言善辩，充满激情。同样是雀占燕窠的故事情节，相对甲本而言，燕雀的争辩场面更令人印象深刻，从辩理到炫耀、讽刺，甚至还互相诋毁、诅咒。辩驳无果才一起去找凤凰评理，凤凰将窠判给燕子后，燕欢雀羞，两者和好。全篇语言简洁明了，通俗易懂，给读者轻松欢快的感觉。以燕雀争辩中的自夸为例，可以看出手法极其夸张，充满戏谑。但是乙本中登场的鸟类并没有甲本那么多，只有燕雀和凤凰。

> 雀儿："昔本吾（吴）王殿，燕子作巢窟（窟巢）。宫人夜游戏，因便捉窠烧，当时无住处，堂梁寄一宵。其王见怜愍，愍念亦优饶。莫欺身幼小，意气极英雄。堂梁一百所，游扬在云中。水上吞浮蟻，空里接飞虫。真城（成）无比较，曾娉海龙宫，海龙王第三女，发长七尺强。衔来腹底卧，燕岂在称扬？请读《论语》验，问取公冶长，当时在缧绁，缘燕免无常。……赤雀由（古）称瑞，兄弟在天庭，公王共执手，朝野悉知名。一种居天地，受果不相当。麦熟我先食，禾熟在前尝。寒来及暑往，何曾别帝乡？子孙满天下，父叔遍村坊。自从能识别，慈母实心平。"[2]539–540

作为诉讼题材的作品，不可缺少判官的角色，《燕子赋》甲、乙本中的判官都是由凤凰担任的，在听了燕子的哭诉之后，凤凰即刻派鹈去捉拿雀儿，没有听取雀儿的诡辩，果断将其判入狱。"《燕子赋》比较完整地描述了诉讼、受理、传唤、讯问、押禁、审理、判决、结案等一系列司法过程，对法律纠纷的产生，案件审结的余波也有绘声绘色的描写，从中反映出丰富的法律文化、法律观念和社会心理。"[9]42

但是甲本和乙本对凤凰的态度有所不同，甲本中称凤凰为"王"，乙本中凤凰自称为"朕、主"。甲本中的凤凰刚开始还算明辨是非，正直无私。"凤凰大嗔，状后即判：'雀儿之罪，不得称笨。推问根由，仍生拒捍。责情且决五百（下），枷项禁身推断。'"[2]506 可当雀儿拿出"上柱国勋""辽东立功"的招牌时，凤凰的态度立马就变了，判其无罪释放。这显然是影射唐朝封建官吏的形象。虽有积极的一面，但很难摆脱权力的局限。相对来说，甲本中对判官有戏弄的感觉，乙本则是恭敬的态度。与人类世界的现实一样，审讯判决过程中也一样出现贿赂的恶行。雀儿想通过贿赂的方式摆脱罪名，"官不容针私容车"，但是守狱子和判官都没有收受贿赂，并不是因为他们清廉，而是因为惧怕被查出的后果，这也是对当时法律制度的一种反映。

### 三、朝鲜寓话型讼事小说中的鸟类

朝鲜的"寓话型讼事小说"是一种描写折狱断案的小说，主要出现于朝鲜时代后期，大都借助动物的形象反映当时的社会面貌，讽刺人类的一些丑恶行为。如前文所述，《燕子赋》是燕雀争窠的故事，燕子夫妻苦心建的窠落入黄雀之手，加上黄雀的殴打和威胁，只能走上诉讼之路。这种因为住所而引起的诉讼事件，在朝鲜时代也多有存在，尤其是在朝鲜时代的寓话型讼事小说中，因为粮食或住所的诉讼案件占据大部分。其中"鼠类"小说（《鼠大州传》《鼠同知传》《鼠狱记》）大多是粮食问题，"鸟类"小说（《喜鹊传》《鹊乌相讼》等）则是争窠为多。粮食和住所都是生活中最基本的物质基础，也是矛盾和争斗的导火索，寓话型讼事小说中描写的动物之间的争斗正是普通民众现实生活的写照。[1]下面笔者就以代表性的作品为例进行简单的说明。

《喜鹊传》的作者和年代不详，描写的是喜鹊和鸽子的纠纷案件。喜鹊在落成宴上没有邀请口碑不好的鸽子，所以鸽子就来借机捣乱，而且觊觎喜鹊的新窠。鸽子对参加落成宴的其他鸟类一一数落、羞辱，引起群鸟的公愤。宴主喜鹊挺身而出怒斥鸽子，却遭鸽子的毒手，摔身而亡。于是母鹊走上了状告鸽子的道路。

> 鸽子听罢大怒，扑上前用两脚猛踢喜鹊，喜鹊从高枝上掉下，当

---

〔1〕敦煌俗赋《燕子赋》属于讼事型寓言，所以作品的基本结构与朝鲜后期的讼事型寓话小说一致。（돈황 속부〈연자부〉는 송사형 우언이기 때문에 작품의 기본 구조상 조선후기 송사형 우화소설과 그 궤를 같이 하고 있다.）[3]249

场毙命。母喜鹊见此失声痛哭，也向鸽子扑过去，一个劲地撕扯，其他飞禽见到此状也都扑过来，一起将鸽子捆绑起来告官。[1]

诉讼的起因是喜鹊的落成宴。小说中对鸽子的罪行进行了比较细致的描写，尤其是它在落成宴上辱骂其他鸟类的描写，形象生动，占了一定的篇幅，把握住了各种鸟类的特征，与之后诉讼过程中各鸟的表现也形成对照。而且在断案的过程中，鸽子还通过贿赂的方式做伪证，在初审中被无罪释放。因为母鹊的坚持，三年后御使鸾春在微服私访的过程中查明真相，还其公道。

汉文小说《鹊乌相讼》，作者和年代不详，也是讲述乌鸦霸占鹊巢，鹊向神明提出诉讼的故事。如果说《鹊乌相讼》是鹊告乌鸦的诉文，那么《乌对卞讼文》就是乌鸦对此提出申辩的讼文，可以看作《鹊乌相讼》的延续作。此外，《乌对卞讼文》中乌鸦在申辩的过程中也提到始祖平乱有功受封之事，以求免罪，这与《燕子赋》中的雀儿出示战功的行为如出一辙，这样的结构设置不得不说是一种延续关系。

《白鹳决讼》全篇不是一开始就有鸟类登场，前半部分以人为中心进行诉讼案件的叙述，后半部分引用黄鹂、布谷鸟、朱鹮赛嗓子的寓言故事来揭示败诉者的冤屈，讽刺官场的腐败。其中涉及的家产问题主要在粮食和住所方面。

故事的背景是庆尚道的一个乡村，富户一向接济众亲，但由于贫富的差异，蛮横无理的穷亲戚一再要求与富户平分家产，富户出于无奈只好将其告官。正在自认有理的富户安心等待判决的时候，穷亲戚已经买通官府上下，最后判决结果竟然要求平分家产。深感愤怒的富户在判官面前引用了如下寓言故事："黄鹂、朱鹮、布谷鸟都觉得自己的叫声最美，相争无果所以找鹳将军评判。朱鹮自知理亏，所以提前向判官鹳将军献上大量昆虫，得以获'上声'评价。"以此寓言故事来讽刺判官的无能和收受贿赂的行径。对此寓言故事的来源，韩国学者大多认为来自当时民间流行的口传说话"黄鹂和朱鹮赛嗓子"。"《白鹳决讼》有效地反映了朝鲜时代后期的世态，在抢夺财产的情节方面与'黄鹂和朱鹮赛嗓子'类的说话相结合。因此，《白鹳决讼》充分达到小说目的的同时，也对腐败无能的判官进行了强烈的讽刺。"[2]相似的情节在《莺鸠鹙讼卧渴先生传》中也有所体现，只是赛嗓子的主角变为朱鹮、鸽子和黄鹂鸟，判

---

[1] 비둘기 청파에 대로(大怒)하여 달아들며 두 발길로 까치를 냅다 차니 만장고목(万丈古木) 높은 가지에 떨어져 즉사(即死)하는지라 . 이때에 암까치 망극(罔极)하여 대성통곡(大声痛哭)하며 달려들어 비둘기를 쥐어 뜯으니 여러 비금들이 달려들어 비둘기를 결박(结缚)하고 인하여 고변(告变)하니라 . [4]89

[2] 〈황새결송〉은 조선시대 후기의 이러한 시대적 분위기를 효과적으로 반영하면서 위에서 본 바와 같은 재산탈취 이야기를 〈꾀꼬리와 따오기의 목청자랑〉 류의 설화와 결합시켜 만든 작품이다 . 이를 통해 〈황새결송〉은 소설적 효과를 십분 발휘함과 동시에 (腐败无能)한 판관에 대한 강한 풍자의 의도를 중점적으로 부각 · 형상화할 수 있었던 것이다 . [5]75

官则是卧渴先生，结果也是因为朱鹮的贿赂而胜出。除此以外，柳宜建的《乌鹤相讼说》也是乌鸦和鹤因为黑白是非的争辩而找希有鸟评理的故事。

众所周知，朝鲜时代中后期封建体制没落，内忧外患，社会比较动荡，所以阶层矛盾剧增，各类诉讼案件也急剧增加。不少讼事小说的出现正是这种现实的写照。而寓话型讼事小说则是借动物来反映人类的行为，鸟类作为动物的一种，也成为文人创作的素材，以讼事的母题出现在小说中。跟《燕子赋》比较类似的就是禽鸟为窠争斗的情节，无论是唐代兴盛时期，还是朝鲜时代衰落时期，普通民众的争斗大都来自衣食住行这些生活琐碎。解决争斗或诉讼的过程中，除了正常的程序以外，还有靠战功和贿赂摆脱惩罚的腐败事件。这些现实社会的丑陋面在中国和韩国的文学作品中都有所体现。

另外，《燕子赋》和朝鲜时代后期的讼事型寓话小说中都引用了当时的民间俗语、方言、隐语等来表现当时社会的现状，这也是一个共同点。[3]256《燕子赋》作为俗文学的一种，为了突出其大众化和通俗性，大量使用俗语和方言，只有这样才能吸引普通民众的关注。作为赋体虽然用韵，但是大部分属于口语韵。这也是为了吸引更多的听众，有利于作品的传播。

## 四、鸟类的习性与寓意

就赋而言，以鸟类为题材的赋也不在少数，比如西汉的《神乌赋》[1]、贾谊的《鹏鸟赋》、曹植的《鹞雀赋》《白鹤赋》、鲍照的《舞鹤赋》等，都是以鸟来叙述一些事件或暗喻自己的处境。故事类的俗赋就是讲故事的赋作，《燕子赋》甲、乙本都是属于故事类俗赋，甲本的故事性更强。但是鸟类的母题并不是最早出现于赋。

早在《诗经·召南》中便有《鹊巢》[2]的歌谣："维鹊有巢，维鸠居之。……维鹊有巢，维鸠方之。……维鹊有巢，维鸠盈之。"这是以鸟类争巢型故事作为比兴。在《诗经·豳风》中还有《鸱鸮》[3]

---

〔1〕在 1993 年的时候，考古学家在连云港市的东海县尹湾村中的汉代的墓中发现了一批竹简，其中有一篇是《神乌赋》，随后，程毅中先生又发表了《再论敦煌俗赋的渊源》，提出了新发现的《神乌赋》题材要比曹植的《鹞雀赋》更接近敦煌本的《燕子赋（甲）》，而时间则是提早到了西汉，这又增添了一个强有力的例证。[10]11

〔2〕《鹊巢》原文：维鹊有巢，维鸠居之。之子于归，百两御之。维鹊有巢，维鸠方之。之子于归，百两将之。维鹊有巢，维鸠盈之。之子于归，百两成之。

〔3〕《鸱鸮》原文：鸱鸮鸱鸮，既取我子，无毁我室。恩斯勤斯，鬻子之闵斯。迨天之未阴雨，彻彼桑土，绸缪牖户。今汝下民，或敢侮予？予手拮据，予所捋荼。予所蓄租，予口卒瘏，曰予未有室家。予羽谯谯，予尾翛翛，予室翘翘。风雨所漂摇，予维音哓哓！

的歌谣。……敦煌本《燕子赋》，正是继承了鸤鸠、鹊巢寓言的战斗传统，用拟人化的艺术手法来对鸟雀争巢寓言故事加以详尽的描写。[11]33

　　鸟类种类繁多，但在诉讼型寓言故事中经常登场的主要有燕子、黄雀、喜鹊、鸽子和乌鸦等。这些鸟类在东亚一带分布比较多，也是日常生活中常见的鸟类。民间一般认为燕子、喜鹊主吉，乌鸦主凶。喜鹊是喜事的象征，而乌鸦却是灾祸的征兆，所以在诉讼型寓言故事中，喜鹊、燕子大都是正面形象，黄雀、乌鸦则往往是负面形象。比如《鹊乌相讼》中的乌鸦就是伤人害物无所顾忌，激发了其他鸟类的公愤，这样的民间信仰与这些鸟类的羽毛颜色及习性有一定的关系。讼事中不可缺少的角色判官一般都是百鸟之王——凤凰，或者类似凤凰的较有威严的鸟类，比如鸾等。这也与民间信仰有一定的关系，这些民间信仰反映在文学作品中，并且通过寓言的方式创作流传。下面笔者就来分析一下鸟类的习性与其在文学作品中的形象的关系。

　　迁徙是鸟类的本能之一，鸟类根据有无迁徙习性可分为留鸟和候鸟两大类。候鸟是随着季节的变化而南北迁徙的鸟类，每到冬季气温下降就飞到温暖的地区越冬，到第二年春天再回归故乡繁殖。比如燕子、杜鹃、黄鹂、大雁、天鹅等。留鸟是终年在一个地区生活或繁殖，不随季节迁徙的鸟类，比如喜鹊、麻雀、乌鸦、画眉、鹰等。因为气候的原因，相对来说南方的留鸟比较多，但这也不是说北方没有留鸟，北方也有比较耐寒的留鸟。留鸟在冬季觅食比较困难，所以一到冬季，很多留鸟就有群居的习性，靠啄取果实或者种子为食。

　　在诉讼故事中出现的强占巢穴的情节，也与鸟的生活习性有关。候鸟天冷迁徙之后，就会出现留鸟霸占候鸟巢穴的行为。比如《燕子赋》中的燕子属于候鸟，它辛苦建造的窠就是被留鸟黄雀占据了。故事充分抓住了鸟类的习性来反映当时出现的逃户现象。韩国朝鲜时期的汉文小说《鹊乌相讼》中乌鸦霸占鹊巢也是同样的道理。

　　鸟类的生存方式体现在文学作品中，就是对人类生活方式的一种揭露。人表面上看是共存的方式，其实存在不少斗争与强占的事实。如果协调未果就只好走上诉讼之路。但在诉讼的过程中，若没有廉洁正直的判官，一样不能解决纠纷，反而还会引起更大的冤屈。通过贿赂的方式改变判决结果也是常有的事。"《燕子赋》和韩国朝鲜时代讼事型寓话小说的共同特点之一就是在讼事的处理过程中通过贿赂的方式展开，或者因炫耀功勋的邪恶者的狡辩而影响最后的判决结果。两者寓意的焦点都放在对由不正当的方式颠倒是非、善恶的现实进行批判和讽刺。"[1]

赂贿在中国唐代和韩国朝鲜时代后期都是普遍存在的现象，黄雀通过鹪向判官凤凰说情，甚至认为没有赂贿不能解决的问题。刚开始没有鸟类接受黄雀的赂贿，主要是因为惧怕后果。这种情况并非出自清廉的拒绝，因而最后势必导致权力的倾斜。事实也证明，黄雀的手段确实行得通，在它说明自己的出身和功勋之后，很快被释放。《喜鹊传》中鸽子赂贿证人蟾同知，其他鸟类也是考虑与鸽子的关系和影响不敢挺身做证，导致一审中鸽子被无罪释放。《白鹤决讼》下半部中黄鹂、朱鹮、布谷鸟在赛嗓子的过程中，朱鹮赂贿白鹤而获胜的行为正是对小说前半部分出现的人类社会的不当行为的强烈讽刺。可见无论是在中国还是韩国，在《燕子赋》创作的唐代还是鸟类讼事小说盛行的朝鲜时代，官场的赂贿均被当作一种理所当然的程序，甚至成为摆脱罪行的手段。讼事题材的小说不光是为当时的民众提供基本的诉讼常识，也是当时社会的一种写照和揭露，发挥着它的寓意。

## 五、结论

敦煌本《燕子赋》属于变文，这是唐代兴起的说唱文学，在文学由雅而俗的发展过程中，以及文学的传播中，起了重要的作用。"敦煌文学首先是文学，这是不可否认和不容忽视的，但是我们还必须明确，它不仅仅是文学，而更重要的是艺术。"[12]101 其创作主要还是为了表演艺术的需要，但又不仅停留在表演上。随着表演的成熟与流行，对唐代其他文学体裁也产生了一定的影响，尤其是在唐传奇的创作中，散韵夹杂的形式，通俗易懂的语言，形象生动的描写，都跟变文的风格非常接近。从唐传奇到宋元以后的戏曲、话本、拟话本小说，也都跟变文有相通的一面。

以鸟类为题材的文学作品自古就有，它们不仅反映鸟类的生活习性，而且寄托了一定的民间信仰。作为俗文学的《燕子赋》是一篇比较优秀的作品，通过燕雀之间的争斗来反映当时的社会问题，揭露那些丑陋的官场现象和人情世态。在敦煌讲唱文学中，《燕子赋》也是属于比较早的抨击时政的作品，借禽鸟争窠的公案来讽刺世态的手法也可以看作公案文学的滥觞。

中国的公案小说发轫于魏晋时期，唐传奇中也有部分公案作品，真正形成公案小说应该是在宋元以后，到明代达到鼎盛。当时大量的通俗小说流传到朝

---

[1]《연자부》와 조선후기 송사형 우화소설에 공통적으로 나타나는 특징 중 하나는 송사의 처리과정이 뇌물의 공여라는 부당한 방법에 의해 전개되며, 공훈을 자랑하는 패악한 자의 변론이 수용됨에 따라 판결 결과가 부당하게 내려진다는 점이다. 양자 모두 부정과 거짓으로 말미암아 시비와 선악이 전도된 현실을 비판하고 풍자하는 데 우의의 초점이 놓인다. [3]253

鲜，对朝鲜小说的创作起到一定的影响。这其中也包括那些描写官吏折狱断案的讼事小说。韩国朝鲜时期的讼事小说和中国的公案小说有着不可分割的联系，但主要还是传类讼事小说受中国公案小说的影响比较多，寓话型讼事小说相对来说受中国寓言的影响更直接一点。本文通过研究敦煌本《燕子赋》来探索其与韩国朝鲜时代"鸟类"讼事小说的关系。

《燕子赋》作为故事类俗赋，有人说将它归为短篇小说也不为过，因为有生动的故事情节和人物形象，具备叙事文学的基本要素，尤其是通过鸟类的形象来反映和揭露人类社会的问题，这显然是文学中"文以载道"传统的延承。这不是一篇简单的寓言，如此故事性强的俗赋作品，可以说是小说的滥觞。它不仅影响了本国的小说创作，还对周边国家的文学产生了一定的影响。

（此稿曾口头发表于 2016 年 8 月 5—8 日在韩国中央大学举办的"第十三届东亚比较文化国际会议"，经修改后整理完成。）

**参考文献**

[1] 王重民 . 敦煌变文集 [M]. 北京：人民文学出版社，1957.

[2] 项楚 . 敦煌变文选注（上）[M]. 增订本 . 北京：中华书局，2006.

[3] 윤승준 . 한국 우언의 실상 [M]. 서울：월인，2009.

[4] 유영대 · 신해진 . 조선후기 우화 소설선 [M]. 서울：태학사，1998.

[5] 이헌홍 . 한국송사소설연구 [M]. 서울：삼지원，1997.

[6] 장효현（외）. 교감본 한국한문소설（3）：우언우화소설 [M]. 서울：고려대학교민족문화연구원，2007.

[7] 伏俊琏 . 两篇风格迥异的《燕子赋》[J]. 社科纵横，2005（2）：150.

[8] 简涛 . 敦煌本《燕子赋》考论 [J]. 敦煌研究，1986（3）：24-38.

[9] 赵永桥 .《燕子赋》与唐代司法制度 [J]. 文学遗产，2002（4）：41-48.

[10] 马丽京 . 敦煌俗赋与古代小说关系研究 [D]. 青岛：中国海洋大学，2012.

[11] 高国藩 . 敦煌本《燕子赋》析论 [J]. 固原师专学报，1990（4）：33-37.

[12] 简涛 . 敦煌本《燕子赋》体制考辨 [J]. 敦煌学辑刊，1986（2）：101.

[13] 朱凤玉 . 敦煌争讼文学与东亚汉文小说之发展——以《燕子赋》、《聋瞽判辞》、《鹊与乌相讼文》等为例 [C]// 项楚 . 中国俗文化研究（第 9 辑）. 成都：四川巴蜀书社有限公司，2014.

# The Relationship between the Dunhuang Edition *Yanzifu* and Korean Aves Lawsuit Fiction

## WU Xiaoli

(Department of Languages and Literature of Chinese and Japanese in Korea University, Seoul: 02841)

**Abstract:** The lawsuit fiction *Yanzifu* (*The Verse of Swallow*) was found in the Dunhuang caves, divided into two versions. This work describes the swallows and sparrow got involved in a fight over the nest and the phoenix's judgment by anthropomorphic form. There are many similarities with Korean lawsuit fiction *Kkachijon* (*Magpie Story*). It is inferred that *Yanzifu* is related to the other Korean aves lawsuit fictions. Aves escaped from punishment by bribing the judges and showing off their brilliant exploits, to some extent, reflecting the corruption in officialdom.

**Key words:** Dunhuang Edition *Yanzifu* ; Lawsuit Fiction ; Aves

# 中国古代典籍在朝鲜的传播
## ——以金奭準选编的《湖海诗钞》为例

刘　婧[1]

（南首尔大学韩国语学科　天安市：31020）

**摘　要**：清人王昶编纂的《湖海诗传》其曾在不同时期传入朝鲜，对朝鲜文坛产生了重要影响。朝鲜译官金奭準在《湖海诗传》的基础上选编其中的五十一家，辑为《湖海诗钞》并进行评批。金奭準编选《湖海诗钞》的背景、过程和反响，反映了朝鲜学人在对清代学坛的认知过程中对清代诗文典籍的关注，这对分析清代诗文典籍在朝鲜学坛传播和影响的具体环节，具有典型意义。

**关键词**：典籍传播；王昶；《湖海诗传》；金奭準；《湖海诗钞》

## 一、序言

中国和韩国同属东方汉文化圈，两国之间的文化交流已经有两千多年的历史。书籍作为中韩两国文化交流的载体，在两国文化交流的过程中发挥了重要的作用。其中，历代传入朝鲜半岛的中国诗文集作品规模庞大，有些典籍在朝鲜半岛传播的过程中还被改编或翻刻，是历代朝鲜半岛文人阅读和学习的对象，这大大地促进了韩国古典文学的创作和发展。

本文所要考察的《湖海诗钞》，是朝鲜后期文人主动接触、接受中国文学的一个例子。这部诗话集是朝鲜后期译官文人金奭準（1831—1915）选编的一部清人诗话集，其前身是清代中期文人王昶（1725—1806）编撰的《湖海诗传》。王昶为清代著名学者沈德潜（1673—1769）的弟子，其在年轻时即有诗名，后因沈氏在乾隆十八年（1753）编选《吴中七子诗选》而名声大振。《吴中七子诗选》这部诗选集不仅在清朝流传广泛，在刊印后还很快传入日本，[2] 而作为"七子"之一的王昶不仅在诗文创作方面声名显赫，其编选的清代诗文选集《湖海诗传》也很快传入朝鲜和日本，[3] 可知王昶及其作品都曾对朝鲜和日本文人产生过不同程度的影响。

---

〔1〕刘婧，韩国南首尔大学韩国语学科助教授。
〔2〕陈曦钟：《关于"大学头"及其他——〈七子诗选〉流传日本考辨》，《北京大学学报（哲学社会科学版）》2004年第6期。
〔3〕大庭脩：『江戸時代における唐船持渡書の研究』，関西大学東西学術研究所1967年；许敬震：《开化期的主力——六桥诗社》，选自《朝鲜委巷文学史》，（韩国）太学社1997年版。

金奭準编选的这部《湖海诗钞》作为第一次介绍的新材料，不仅对清代诗文集在朝鲜的传播情况这一研究课题提供了重要的参考视角，也为研究朝鲜后期中人阶层[1]的文学和文化活动提供了翔实的依据，其文献价值不可忽视。本文在论证《湖海诗传》在朝鲜传播的情况之前，首先对金奭準编选的这部《湖海诗钞》的抄写和选编情况做一个初步分析，再从《湖海诗传》传入朝鲜的背景、时间、影响等角度来考察朝鲜后期文人在接受清代诗话方面的一些具体细节，以此来进一步探讨中国古典文献在朝鲜时期流通、传播的具体过程和影响。

## 二、朝鲜译官文人金奭準及其评选的《湖海诗钞》

### （一）金奭準的生平

金奭準，字姬保，号小棠，堂号有孝里斋、墨指道人、研白堂等，祖籍善山。朝鲜后期汉译官，1852 年中第译科，曾任金知中枢府事。

金奭準曾师从李尚迪（号藕船，1803—1865）、玄锜（号希庵，1809—1860）、金正喜（号阮堂、秋史，1786—1856) 等学者。作为汉学译官，金奭準和他的业师李尚迪和玄锜都属于中人阶层。李尚迪作为朝鲜后期译官四大家之一，曾十余次前往清朝。李尚迪的诗文造诣很深，其诗文集《恩诵堂集》曾在燕京刊印，在清朝和朝鲜影响颇大。而玄锜在朝鲜曾有"诗神"之称，对金奭準的诗文创作影响深远。另外金正喜作为汉学大家，不但在诗文方面很有成就，在金石、考据、书画等方面的造诣亦非常深厚。金正喜在被流放结束后曾暂居果川（1852—1856），期间金奭準常出入其门下，阅读了金正喜的大量作品，并受到金正喜的悉心教导，不仅诗文书画方面的鉴赏能力得到了提高，也为他接触清代文学打开了方便之门。金奭準受李尚迪和金正喜的影响，和清代文人在学术上交往频繁，在朝鲜哲宗三年（1852）中第译科后，曾多次前往清朝，并和清文人孔宪彝（1808—1863）、冯志沂（1814—1867）、沈秉成（1823—1895）、王轩（1823—1887）、潘祖荫（1830—1890）、周裳（1806—1876）等清文人有很密切的交流。

从金奭準师出多门这一点上，也可以看出他的学问旨趣不拘一家，亦可知他的多才多艺也得益于诸多大家的真传，金奭準在诗文方面的成就在朝鲜和清

---

[1] 朝鲜王朝的中人身份，狭义上指从事医学、观象学（天文气象）、译学、算学、图书、写字等的技术官阶层；广义上指在技术官的基础上又包括的庶孽、胥吏、乡吏（衙前）、军校等。

代文坛都得到了好评。[1]金奭準的文学活动还表现在他积极组织六桥诗社[2]方面，这一诗社成员大部分是中人阶层的年轻人，他们定期聚会进行文学创作活动，曾刊印《六桥联吟集》行世[3]。另外，金奭準在整理和编撰前人的诗文集上也有显著的成绩。他曾经编撰李尚迪的传记诗文《李藕船先生传》，为研究李尚迪提供了可靠的依据。在李尚迪去世五年之后即1869年又刊印了《藕船精华录》。在玄锜去世十年以后，他重新选编恩师的诗文，刊印了《希庵诗略》。此外，金奭準在和清文人交往的过程中，积极向清朝文人介绍朝鲜诗文作品，曾编选同门译官文人的诗文选集《海客诗钞》以求得董文涣等人的点评。[4]金奭準的著述主要有《红药楼怀人诗录》《红药楼续怀人诗录》《怀人诗录》《和国竹枝词》等。

### （二）金奭準评选的《湖海诗钞》

《湖海诗钞》现藏于美国哈佛大学燕京图书馆，抄本，一册不分卷。抄写版式为：四周双边，有界，下向花鱼尾，每页十行，行二十字，26.2cm×16.9cm。全册以整洁楷体书写，无序文和跋文，书后题有"同治甲子初秋雨中小棠山人朱评"，可知这部诗话选集应成书于1864年秋天。

这部诗话选集共收录了清代五十一人的诗话，收录的清人依次为：程梦星、查为仁、彭启丰、梁诗正、商盘、秦蕙田、陈撰、翁照、阿桂、袁枚、金农、蔡珑、刘墉、惠栋、梁同书、钱载、周天度、纪昀、陶璉、张栋、查歧昌、徐坚、朱云骏、蒋士铨、毕沅、王文治、吴璂、谢启昆、吴泰来、赵翼、董潮、曹传虎、冯应榴、储祕书、赵文启、朱炎、潘奕隽、邹炳泰、吴兰庭、吴蔚光、史国华、李骥元、王复、黎简、朱彭、黄易、翁春、阮元、洪亮吉、吴嵩梁、实源。

《湖海诗钞》的编选体例和《湖海诗传》相同，先介绍作者名号、家乡籍贯、及第时间、官职、著作，后引用《蒲褐山房日记》诗话部分，诗话后没有

---

[1] 尹廷琦赞其诗："较古人有过而无不及。"（《舫山先生遗稿》卷三）清代文人董文涣称赞其诗文："视前说为更备，不出户知天下。今小棠此编，尤足补前贤所阙略。"（《红药楼稿》序文）尹廷琦赞其尺牍曰："尺牍则上窥苏黄，下肩随园，笔记则览之如人波斯市，小棠之尺牍笔记，大抵无凡俗语也。"（《舫山先生遗稿》卷三）金奭準不仅通晓诗文，还擅长书法，在隶书和绘画方面成就突出。其绘画才艺不仅在朝鲜，在同时代的清朝也受到很高的评价。朝鲜文人金正喜称赞他："小棠独以沉静处得力，虽学颜平原，而敛其巀犷之气，如文弱人，深得颜书，拙意此为学颜上乘。"（《阮堂集》）郑芝润赞其日："鸭水以东无此作，艺林不朽小棠名。"（《皎亭诗集》）清人孔宪彝在给李尚迪的书札中道："小棠风雅人，书法尤古厚可爱。"（《海邻尺素》）金奭準也戏称自己为"墨指道人"。赵熙龙也赞叹说："堂堂墨指法，盖自小棠始。"（《碧梧堂遗稿》）

[2] 许敬震：《开化期的主力——六桥诗社》，选自《朝鲜委巷文学史》，（韩国）太学社1997年版。

[3] 六桥诗社是由朝鲜后期姜玮（1820—1884）、金景遂（1818— ？）、金奭準等三十多名中人阶层为主的年轻人组织的文学集团，主要活动时期为1877—1882年，曾有《六桥联吟集》问世。具体内容可参照许敬震《朝鲜委巷文学史》（太学社1997年版）中的《开化期的主力——六桥诗社》一节。

[4] 因目前国内外对中人文学的研究还处于起步阶段，对金奭準的研究成果不多。有关金奭準生平的部份，参考了拙稿：《〈海客诗钞〉研究——以传抄本为中心》（韩国延世大学2005年硕士论文）。

收录作者的诗文。"朱评"只是在诗话中引用的诗文部分用朱色做了批点，没有评语。从这部诗话选集的题名、内容及编选体例来看，很明显是出自清代文人王昶所编撰的《湖海诗传》。

《湖海诗传》本身就已经具备诗文选集选本的批评形式，而《湖海诗钞》从《湖海诗传》所选编的六百多家中又精选出五十一家，这也能体现金奭準对清人诗文批评的倾向。因这部诗话选集没有序、跋，很难确切地把握选家的评选目的、标准等，[1]下面只先对金小棠选编这部诗话集的目的及标准做一个初步的探讨。

从编选这部诗话选集的目的来看，首先，作为朝鲜译官身份，金奭準不但要研习汉语语言，也要不断提高自己的诗文创作水平。他选这部诗话选集应是他学习汉语及诗文创作的一个范本。不仅是译官阶层，对于其他朝鲜文人来说，诗话历来是学诗者的最好教材。如十八世纪的诗学大家李德懋的孙子李圭景在其《五洲衍文长笺散稿》中曾强调："诗话者，诗之流亚，而作诗之楷模也。"[2]从选编这部诗话集的时间来看，当时金奭準不过三十三岁，正值学习的黄金时期。金奭準也对这部诗话中的作品做出了批点，可见其对清人诗句的欣赏和批评态度。不过因评语不多，这种诗文批点的形式，也可能是编者有意识地标示"名句"，来作为学习范文。其次，《湖海诗传》的作者及这部诗话选集在朝鲜曾有一定的影响，从下一节分析结果来看，金奭準的业师李尚迪也曾经研习过《湖海诗传》，并想模仿这部诗话集编辑一部《海邻论世集》。[3]受其业师影响，《湖海诗传》也成了金奭準学习诗文及编撰诗文选集的模仿对象。

从选编这部诗话集的标准来看，选出的这五十一家，并没有统一的文学倾向。五十一家中性灵、格调、肌理派三家的著名代表人物都收入其中，也有几家是经学和书画方面的大家。可以看出，金奭準选编《湖海诗传》中的五十一辑为《湖海诗钞》，并没有门户之见，而是为吸收各家之长来提高自己。从所选的清文人来看，如纪昀、阮元等人，都和朝鲜"北学派"人物有过直接的交往，这些清文人的文学作品也被较早地介绍到朝鲜，因而他们的文学思想在朝鲜产生了很大的影响。金奭準作为北学者的后继传人，再次选录这些名家诗话，也有"温故而知新"的目的。

---

〔1〕《湖海诗钞》所选五十一家的"标准"这一问题，还有必要通过相关资料进行挖掘、整理，再结合金奭準的个人文学创作做进一步的研究。

〔2〕李圭景：《五洲衍文长笺散稿》卷下，（韩国）明文堂影印本1982年版，第54页。

〔3〕李尚迪在《朱伯韩禔侍御寄赠〈来鹤山房文集〉，并见怀七古一首，仍叠次原韵，题之卷前》小注中云："余近岁仿王述庵《湖海诗文传》例，钞辑海内知旧投赠之作，积成卷裹，名曰《海邻论世集》，盖取海内知己、天涯比邻之意也。"据韩国学中央研究院所藏道光十七年（1837）经讯堂刻本《湖海文传》中，钤有李尚迪印文，可以印证李尚迪不仅收藏过《湖海诗文传》和《湖海文传》，而且还模仿其体例，曾要编辑一部《海邻论世集》。不过迄今为止还没有发现李尚迪所编撰的这部《海邻论世集》，还有待对相关材料的进一步发掘。

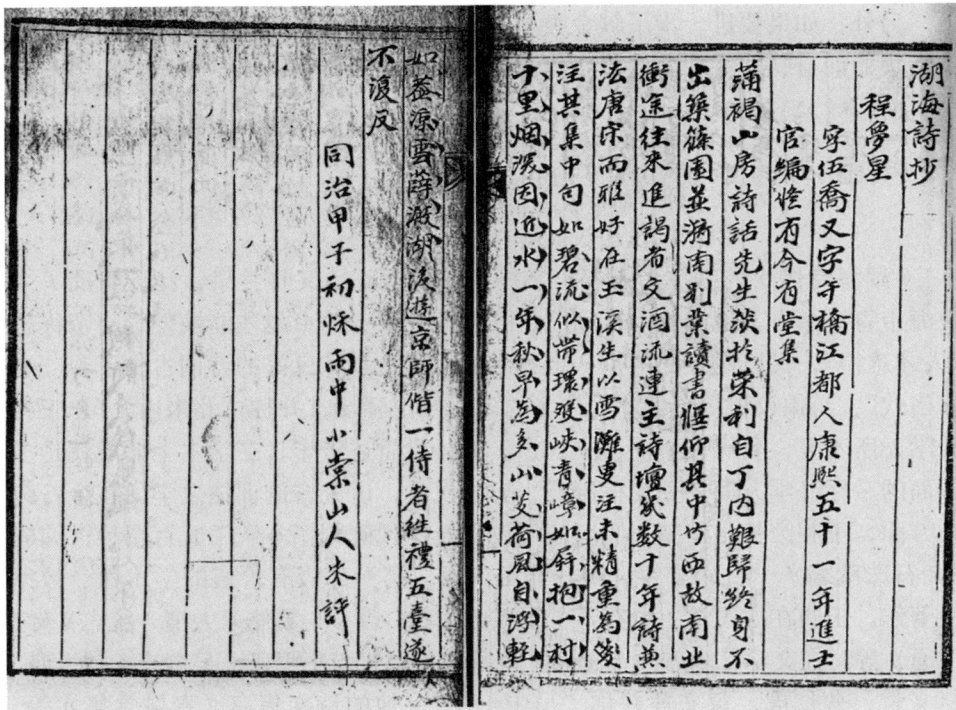

图1《湖海诗钞》内题　　　　　图2《湖海诗钞》卷后金甡准评语

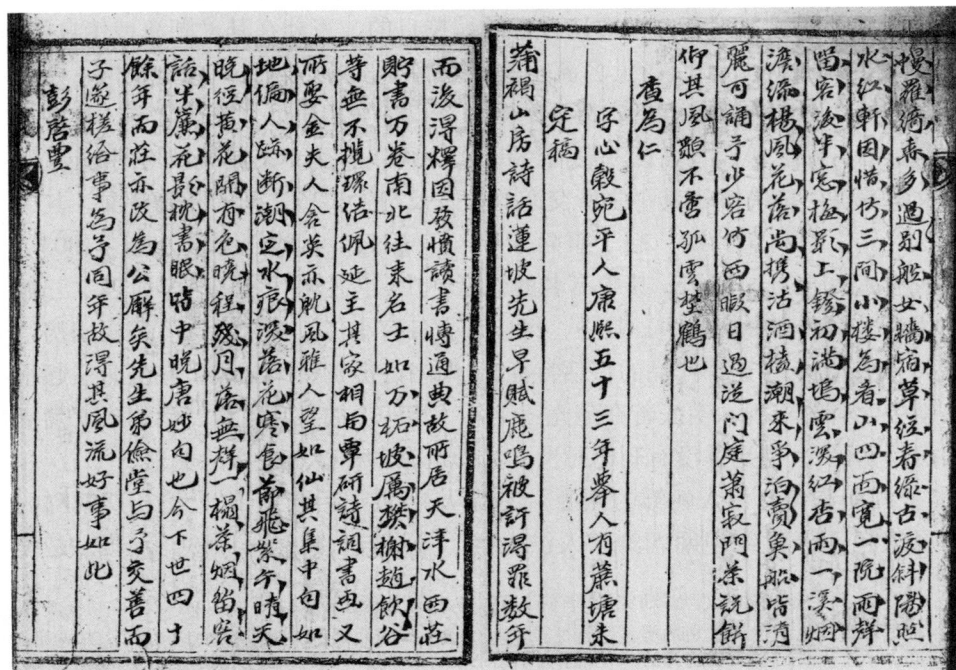

图3《湖海诗钞》收录查为仁诗话部分

　　另外，如果要进一步了解金奭準选编这部诗话选集的渊源，还需分析这部诗话集的前身，即《湖海诗传》传入朝鲜的过程及影响。

## 三、《湖海诗传》传入朝鲜的过程及反响

　　《湖海诗传》的编撰者王昶，字德甫，号述庵，又号兰泉，江苏青浦（今上海市青浦）人。他一生为官南北，既以处理政务的卓越才能被乾隆皇帝称赞"人才难得"，又以对经史考据、金石学的重大贡献和良好的诗词古文素养"炳着当代"，与倡议编撰《四库全书》的朱筠互主骚坛，并称"北朱南王"。王昶于学无所不究，名满天下而不立门户。他一生著述极丰，在学术上的成就是多方面的：在经学方面，受惠栋影响，忠于汉学，讲究音韵训诂之学。在金石考证方面，王昶穷极半生精力收罗商周铜器及历代碑刻拓本一千五百余种，编成《金石珠萃编》一百六十卷，内容非常丰富，是一部极有价值的学术性、数据性著作。王昶在方志学上也有不少积极的贡献，曾参与纂修《大清一统志》《续三通》等。在文学艺术方面，王昶工诗善文，早年与王鸣盛、吴泰来、钱大昕、赵文哲、曹仁虎、黄文莲并称"吴中七子"，他的诗文集有《春融堂集》等，曾编纂《湖海诗传》《清浦诗传》《湖海文传》《明词综》《国朝词综》等重要文献学诗词著作。[1] 对于《湖海诗传》的编撰目的，王昶在其《湖海诗传自序》中云："予弱冠后，出交当世名流，及洊登朝宁，扬历四方，北至兴桓，西南出滇蜀外，贤大夫之能言者，揽环结佩，率以诗文相质证，披读之下，往往录其最佳者，藏之箧笥，名曰《湖海诗传》。"可以看出，王昶编撰《湖海诗传》的文献来源，应有赖于其平生所交游的师友及门人弟子之间的相赠诗文。其中所选之诗，以科第为次，起于康熙五十一年（1712），终于嘉庆八年（1803），共收有六百余人的诗作。其中有名的作者不少，"性灵""格调""肌理"三派的代表人物亦都囊括其中。其中，每位诗人各有小传，传末缀有"蒲褐山房诗话"，充分显示了这部作品的诗话特征。《湖海诗传》[2] 编成后，在当时引起很多朝中学者的重视，毛庆善在道光三十年（1850）抽录其附载诗话编成《蒲褐山房诗话稿》，但是并没有刊印行世，另外也有多种抄本被保留下来。[3]

　　《湖海诗传》传入朝鲜的渊源，还得从 18 世纪后期到 19 世纪初期朝鲜的诗风谈起。18 世纪中期朝鲜学人洪大容（号湛轩，1731—1783）入燕，是朝

〔1〕王慧华：《王昶的文学文献学研究》，华东师范大学 2006 年硕士论文，第 3—6 页。

〔2〕根据蒋寅《论清代诗文集的类型、特征及文献价值》（《河北师范大学学报》2004 年第 27 卷第 1 期）小注所记，《蒲褐山房诗话》有北京大学图书馆所藏清抄本、上海图书馆藏道光间郑乔迁抄本、台湾"中央图书馆"藏毛庆善重编稿本、韩国民族美术研究所所藏抄本。

〔3〕蒋寅：《论清代诗文集的类型、特征及文献价值》，《河北师范大学学报》2004 年第 1 期。

鲜文人对清代学术认识转变的一个重要契机。18 世纪后半期，被称为朝鲜"四家"的李德懋（1741—1793）、柳得恭（1748—1807）、朴齐家（1750—1806）、李书九（1754—1825）掀起了"北学"的思潮。直接表现在文学活动上的是他们积极学习清人诗文并收集编撰清人诗文选集。"四家"中的三家在使清之前，已经对清代学术表现出极大的兴趣，他们已经阅读了沈德潜的《国朝诗别裁》及王士禛的《带经堂集》《精华录》《池北偶谈》《香祖笔记》《感旧集》等。乾隆四十二年（1777），柳得恭的叔父柳琴在出使燕京时，携带四家的诗文选集《韩客巾衍集》向清代著名文人潘庭筠和李调元求序并得到潘、李二家的评点。此后，四家和以潘、李为首的清代文人开始书信往来，进行频繁的交往，这种交往的成果即是这批朝鲜学者收集编选了一批清人的诗文选集，如《巾衍外集》《中洲十一家诗选》《清脾录》等。此后，朝鲜文人通过燕行的机会，接触到清代考证学派、性灵派等文人，更深入地了解了清代文风。他们不但接受清代诗文创作理论，还模仿清人作品进行了大量的创作实践。后来柳得恭把和清文人交流的诗文作品汇编成《并世集》，这部诗集充分体现了四家对清代学术的浓厚兴趣及在朝鲜广泛传播清代学术思想的志向。

朝鲜学人对王昶及其《湖海诗传》的接触，其渊源也应始于洪大容入燕，据《湛轩书外集》卷三《干净笔谈》中云：

> 初一，我等之座师钱大人，传谕于是日。黎明斋集，率领同人，拜谒大老师，此亦旧例。所谓大老师者，老师之老师者。余曰：钱大人谁也？力暗曰：钱大昕，日讲起居注官翰林侍讲学士。[1]

此处洪大容所要拜见的"大老师"，即当时名震诗坛的"吴中七子"之首的钱大昕。由以上所记内容可知，洪大容在出使燕京之前对钱大昕并不了解，通过这次拜见"大老师"，才知道钱大昕其人，也是通过这次见面，朝鲜学人才对"吴中七子"有了初步了解。之后，乾隆五十五年（1790）柳得恭出使燕京时，又结识了钱大昕的侄子钱东垣，柳得恭在《泠斋集》卷五中亦收有《钱东垣》[2]一首，在这次交往中，朝鲜使臣通过和清人的交流了解到了"七子"的诗文创作，这也是柳得恭在《并世集》中收录"七子"诗文的原因。[3]另据柳得恭在《燕台再游录》辛酉三月十二日条中记载：

---

〔1〕洪大容：《湛轩书外集》卷三，（韩国）新朝鲜社影印本 1939 年版。
〔2〕其诗曰："可庐十种书曾闻，便有佳儿字既勤。郑志刊行家学畅，晓岚宗伯独推君。""钱东垣，字既勤，江苏嘉定人。可庐，大昭子。辛楣，大昕从子。"
〔3〕李庚秀：《汉诗四家的清代诗受容研究》，选自《中国燕行之前的清诗受容》，（韩国）太学社 1995 年版。

曹江字玉水，江苏青浦人，书肆中识之。年二十一，美姿容。问其所寓，正阳门外蒋家胡衕云间会馆也。出游琉璃厂时，多历访，见其独处习隶书，日益亲。备问家阀，玉水父锡宝字剑亭，乾隆末，以监察御史劾奏太学士和珅，现赠副都御史。玉水恩给七品荫生，奉母寓居京师，聘户部尚书朱珪从孙女，曹习庵仁虎，乃其同宗叔辈。副都御史陆锡熊，王兰泉昶子肇嘉，皆其姊夫也。姻族多名流，而性沈静可喜，约游厂中，则不肯，曰此名利场，易招谤，其言又是也。临别赠余扇。

嘉庆六年（1801）柳得恭在琉璃厂书肆中遇到曹江时，了解到曹江和"吴中七子"中的曹仁虎与王昶的姻亲关系，也说明柳得恭对当时这些京师"名流"已经有了很详尽的了解。

又根据柳得恭《燕台再游录》辛酉三月十二日条中云：

余曰，苏州七子之目，可得闻与。晓岚曰，此王礼堂、钱辛楣之同社也。中多佳士，亦有好名者附其间，今已无人道之矣。七子社只王、钱二公为寔学，他皆依草附木耳，二公皆敝同年也。余曰，辛楣所著廿三史刊误，已成完帙否。曾闻其子东壁凤慧能诗。晓岚曰，辛楣之子，才亦可取。而不及其侄东垣，能世其家学，新举于乡。

当时柳得恭入京，在拜见纪昀时打听了"吴中七子"，且不论纪昀对"七子"的评价，通过此次燕行，柳得恭向纪昀打听"知人"的情况，其目的也是了解他们的学术动态。[1] 王昶作为"七子"中的一员，也自然在柳得恭的关注范围之内。但是王昶编撰的《湖海诗传》在嘉庆八年才刊印出来，这部诗选是否为稍后燕行使臣中的某一人所购，还有待进一步考证。但是《湖海诗传》传入朝鲜，和"北学派"及其与清文人的密切交流有着直接的关系。

现今为止，笔者仍没有查找到《湖海诗传》具体传入朝鲜的时间。张伯伟教授在《清代诗话东传略论稿》中论证道："王昶的《蒲褐山房诗话》是从其《湖海诗传》中辑出的，《湖海诗传》见于《承华楼书目》，承华楼为宪宗（1834—1849 年在位）所建，《湖海诗传》定宪宗在位之前传入。"[2] 不过，从现在韩国所藏的《湖海诗传》刻本来看，有嘉庆八年（1803）三泖渔庄刻本和同治四年

---

〔1〕根据李庚秀《汉诗四家的清代诗受容研究》（太学社 1995 年版）中的《中国燕行之前的清诗受容》可知，四家之中的三家在出使清朝之前，已经对清初代表性诗人沈德潜的《国朝诗别裁》等诗文做了详细的理解。"吴中七子"作为沈的门人，且沈曾编选《吴中七子诗选》一事，朝鲜文人也不可能对此不知。迄今为止在韩国还没有发现《吴中七子诗选》的藏本。对于此文集是否曾传入朝鲜，还有待进一步考证。

〔2〕张伯伟：《清代诗话东传略论稿》，中华书局 2007 年版，第 145 页。

（1865）绿荫堂刻本。前一种版本应如张伯伟教授所说，为宪宗在位之前传入。通过上文所言朝鲜燕行文人直接和清文人的交往，以及朝鲜"北派学"文人中对清文人学术的关注程度来看，《湖海诗传》在 1803 年刊行以后，应很快就传入了朝鲜。另外的同治四年绿荫堂刻本则应该是 1865 年刊印之后传入朝鲜。

现在韩国各大图书馆收藏的《湖海诗传》有：首尔奎章阁藏本，同治四年（1865）绿荫堂刻本，共四十六卷，十六册，有"集玉斋""帝王图书之章"印；首尔成均馆大学尊经阁藏本，嘉庆八年（1803）三泖渔庄藏板，共四十六卷，十二册；雅丹文库所藏，刊年未详，三卷一册；首尔韩国学中央研究院藏本，嘉庆八年绿荫堂刻本，共四十六卷，十六册，有"赡山堂图书记""长崎□□管史□□""李家图书之章"印；另有相同刻本一套，有"□坐躯区使欲及时堂古今书""旧宫""李王家图书之章"印；首尔涧松美术博物馆藏有《蒲褐山房诗话》抄本，三卷三册，具体抄写情况不详。[1] 以上为韩国几所公立及大学图书馆所收藏的《湖海诗传》情况，对私家藏书馆的收藏还有待进一步调查和整理。从以上调查结果可看出，《湖海诗传》在两次刊印后都曾传入朝鲜，而从数量来看，也具有一定的规模，可见这部诗话在朝鲜时代曾受到不少文人的重视。

张伯伟教授通过《湖海诗传》传入朝鲜后就出现了评论此书和效仿此书者来阐述此书在朝鲜的反响，[2] 本稿中不再复述。不过通过金奭準评选的《湖海诗钞》，我们又可以了解到《湖海诗传》传入朝鲜后，也有朝鲜学人另作选集出现的情况。通过这个选本，笔者了解到 18 世纪后半期以洪大容和"北学派"为首的学人所掀起的积极学习清代学术和文学的热潮，之后又传承给金正喜、李尚迪、金奭準等文人，也正因为有朝鲜学人的这种积极的"北学"态度，才使得清代典籍大量传播到了朝鲜。

自 18 世纪中后期之后，朝鲜文坛的诗文创作倾向比较复杂。正如安大会教授在《朝鲜后期诗话史》中所说："十九世纪既有申伟、金正喜等北学文人，也有以洪奭周、丁若镛等为代表的保守诗人，他们反对北学。另外也有赵秀三、张混等委巷诗人。"[3] 因此可以得知，清代诗文集之所以不如前代的诗文集传入的数量多，和当时朝鲜后期的文学思潮和流派有着直接的关系，这也决定了某一种文集的传播和这些书籍的"享有阶层"密切相关。《湖海诗传》就是在朝鲜北学派积极吸收和学习清代文化和文学的过程中，传入朝鲜并被改编的

---

〔1〕首尔涧松美术博物馆，又称涧松美术研究院，藏有《蒲褐山房诗话》朝鲜人抄本。这在蒋寅《论清代诗文集的类型、特征及文献价值》（《河北师范大学学报》2004 年第 1 期，小注）和张伯伟《清代诗话东传略论稿》（中华书局 2007 年版）中都曾提及，但是没有涉及具体抄写情况。笔者曾到涧松美术博物馆申请阅览，未得许可，非常遗憾。
〔2〕张伯伟教授在《清代诗话东传略论稿》（中华书局 2007 年版，第 190-191 页）谈到评论此书者时，引用了申纬《题复初斋集选本二首》之二中所评翁方纲诗句；而谈到仿效其书者时，则列举出李尚迪《朱伯韩禔侍御寄赠〈来鹤山房文集〉，并见怀七古一首，因叠次原韵，题之卷前》自注。
〔3〕安大会：《朝鲜后期诗话史》，（韩国）国学资料院 1995 年版，第 182-183 页。

一个典型案例，也勾勒出了清代文化和诗学在朝鲜传播及影响朝鲜文坛的一个清晰的脉络。

## 结　论

清人王昶编纂的《湖海诗传》的不同版本在不同时期传入朝鲜，并对朝鲜文人产生了重要影响。朝鲜译官金奭準则在《湖海诗传》的基础上再行选编，辑为《湖海诗钞》，此个案是中国典籍在朝鲜传播的一个重要典型。金奭準编选《湖海诗钞》的背景和过程，亦可以说明古代文献的流通和传播虽有偶然性，但也有规律性和必然性，中国古代典籍在朝鲜的流通和传播和每个时期两国学人的文化交流、学术影响、文学发展都有着千丝万缕的关系。只有加深对中国历代典籍传入朝鲜半岛（包括新罗和高丽时期）之后被翻刻、改编，乃至以模拟和再创作的形式进行传播的研究，才能从根本上把握中国文化、文学对朝鲜文化、文学影响的具体环节。

中国古代文献典籍的海外传播研究是中国文化和文学对海外文化文学影响研究的重要一环，中国典籍在海外的流通和传播及接受的研究，应通过文献典籍的流通和传播实物为基础，通过对历代传到海外的中国典籍的文献大规模整理和梳理[1]的同时，加强对典籍传播个案的深入研究，这样才能更客观全面地阐释中国文化和文学对海外文化文学影响的具体细节。

［后记：本论文是在《以〈湖海诗钞〉看清诗话的东传》（韩国《东亚人文学》2009 年 12 月第 16 辑）的基础上修改、补充而成。］

**参考文献**

[1] 陈曦钟. 关于"大学头"及其他——《七子诗选》流传日本考辨 [J]. 北京：北京大学学报（哲学社会科学版），2004（6）.

[2] 大庭脩. 江戸時代における唐船持渡書の研究 [M]. 東京：関西大学東西学術研究所，1967.

[3] 许敬震. 开化期的主力——六桥诗社 [M]// 朝鲜委巷文学史. 首尔：太学社，1997.

[4] 李圭景. 五洲衍文长笺散稿　卷下 [M]. 影印本. 首尔：明文堂，1982：54.

[5] 王慧华. 王昶的文学文献学研究 [D]. 上海：华东师范大学，2006：3-6.

---

〔1〕金学主：《韩国所藏明清别集目录》，（首尔）学古房 1991 年版。

[6] 蒋寅 . 论清代诗文集的类型、特征及文献价值 [J]. 河北师范大学学报，2004（1）.

[7] 洪大容 . 湛轩书外集 卷三 [M]. 影印本 . 首尔：新朝鲜社，1939.

[8] 李庚秀 . 汉诗四家的清代诗受容研究 [M]. 首尔：太学社 ,1995.

[9] 张伯伟 . 清代诗话东传略论稿 [M]. 北京：中华书局，2007：145.

[10] 安大会 . 朝鲜后期诗话史 [M]. 首尔：国学资料院，1995：182-183。

[11] 金学主 . 韩国所藏明清别集目录 [M]. 首尔：学古房，1991

[12] 金奭準 . 湖海诗钞 [M]. 剑桥城：哈佛大学燕京图书馆，[ 出版时间不详 ].

[13] 李尚迪 . 恩诵堂集 [M]. 首尔：亚细亚文化社影印本，1983.

[14] 陈曦钟 . 再谈高蘖与《七子诗选》——《关于"大学头"及其他》补说 [J]. 北京大学学报（哲学社会科学版），2006，43（1）.

[15] 全寅初 . 韩国所藏中国汉籍总目 [M]. 首尔：学古房，2005.

# Finding out the Inflow of the Qing's Illustrated Poem to Chosun Through *HuHaiShiChao* (《湖海诗钞》)

## LIU Jing

(School of Korea Language and Culture in Namseoul University, Tianan, Korea: 31020)

**Abstract:** Kim Suk-Jun (金奭準), who was an official interpreter wrote *HuHaiShiChao* which was an anthology in Chosun. This anthology is possessed by Yanjing library in Harvard University. *HuHaiShiChao* was published based on *HuHaiShiZhuan* (《湖海诗传》) which was wrote by Wang Chang (王昶), who was the writer of the Qing dynasty.

*HuHaiShiChao* is made from a selection of 51 writers' poems and exhibition of illustrated poems among 600 writers' poems in Qing dynasty. *HuHaiShiChao* is one of the most important literature for an anthology during the Qing dynasty, because *HuHaiShiChao* shows the inflow of Chinese literature of the Qing dynasty during the early 19th century, and reveals good aspects of literature activities amongst Chosun interpreters during 19th century.

**Key words:** Jin Shizhun ; *HuHaiShiChao* ; *HuHaiShiZhuan* ; Wang Chang ; Qing Dynasty Literature

# 郭沫若抗战史剧简析
## ——以创作特征及政治理念为中心

尹　虎[1]　佟　波[2]

（浙江工商大学东亚研究院　杭州：310018）

**摘　要：**郭沫若在抗战时期创作的六部历史剧，是有着历史学家、文学家、革命家三重身份的郭沫若抗战观念的戏剧性演绎，具有明显的现实针对性、政治尖锐性和鲜明的时代背景，这些历史剧还以独特的创作手法表达了反对分裂、投降，主张团结抗战的政治理念。而且，在这些历史剧中，郭沫若还塑造出一系列可歌可泣的英雄形象，增强了民族认同感，弘扬了爱国主义精神，传播了抗战必胜的理念。本文将在关注郭沫若抗战史剧的创作背景的同时，探讨蕴含在其抗战史剧中的写作特征及政治理念，阐明其作品的作用及影响。

**关键词：**郭沫若；抗战史剧；创作特征；政治理念

## 前　言

抗日战争的爆发使得侨居日本的一位大诗人、大学者郭沫若再也不能在书屋里进行学术研究，他毅然决然"别妇抛雏"，回到祖国投入抗战的洪流。回国后的他任军委政治部第二厅中将厅长、文化工作委员会主任。在炮火连天的战斗间隙，郭沫若以笔为武器，连续创作了《屈原》《棠棣之花》《虎符》《南冠草》《孔雀胆》《高渐离》等六大抗战史剧。这六部历史剧不仅具有很高的艺术价值，也形成了郭沫若艺术创作上的第二个高峰。

为了表现抗战时期中国的时代精神和民族性格，郭沫若在抗战史剧的写作中关注了"英雄主义""浪漫主义"和"悲剧精神"等因素，并采用"失事求似""突出善恶对立"的手法，创作出了一部部充满爱国主义精神、具有鲜明现实针对性的作品，充分表达了自己的人文理念和政治观点。郭沫若用手中的笔，揭露了日寇残忍凶恶的侵略本质，抨击了国民党政府的丑恶行径，打击了敌人，教育了人民，鼓舞了中华民族的抗战热情。而且，在当时中日两国处于战时，国共两党合作与斗争交织的复杂的政治情形之下，郭沫若以内蕴深厚的抗战史剧弘扬了优秀的民族传统文化，增强了民族认同感，又通过比喻性描写让观众透过历史看清现实，认清抗战趋势走向。

---

〔1〕尹虎，浙江工商大学东亚研究院讲师。
〔2〕佟波，延边大学人文学院历史系讲师。

## 一、郭沫若抗战史剧的创作背景与题材、人物之构造

在抗日战争时期的重庆，国民党政府掌握控制绝大部分的报社、出版社等舆论工具，四处制造白色恐怖气氛，整个政治空气凝重而沉闷。在这种恶劣的政治环境下，人民群众渴望看到崭新的爱国主义文艺作品，渴望对团结、抗战、进步的宣扬。在当时，由于战争的原因，物资匮乏，国产电影几乎被迫停拍，文学作品的读者又不广泛，而话剧则能因陋就简，迅速、直观地反映现实斗争。那些情节简单、内容易懂的街头剧和活报剧，更是受到普通民众的青睐。因此，话剧演出在抗战期掀起了一个高潮。

抗战期间，仅在重庆地区所见到的正式出版的抗战戏剧作品就有 1200 余种，而且，在桂林建立和到桂林演出的文艺团队，主要是话剧团队，就达 64 个，演出剧目也达 388 种，每一个学校、每一个职业团体、每一个救亡组织、每一个军队的政治工作队都产生了崭新的但缺乏技术和经验的剧团，这是中国有了新的话剧形式之后，二十几年来未曾前见的现象。[1]5-7 抗战时期话剧的发展，可分为两个时期：前期为 1937—1941 年，后期则为 1941—1945 年。历史剧的百分比，在前期占全部剧作的 16%，后期则突增至 24%。[2]364 历史剧在抗战时期走向成熟，充分说明了历史时代与文学创作的密切关系。[3]119 战争年代需要历史剧，同时战争时代也使作家开阔了视野。血与火的战斗生活激起了作家的创作激情，更提高了他们的思想境界，创作思维的深入，带来了艺术品位上的提高和成熟。

郭沫若认为："艺术的功能在作品得到读者和观众的共鸣时才算完成。"[4]40 戏剧是个有效的教育工具[2]372，可以"借古代史实做题材，影射现代"。这样既可以"鼓励现代人的抗战情绪"，又能"讽刺现代不努力抗战的人"[2]365。正是在这样的创作心态驱使着郭沫若投入到了抗战历史剧的创作之中。

1941—1943 年间，郭沫若共创作了六部历史剧：《棠棣之花》（1941 年 5 幕剧）、《屈原》（1942 年 5 幕剧）、《虎符》（1942 年 5 幕剧）、《高渐离》（1942 年 4 幕剧）、《孔雀胆》（1942 年 4 幕剧）、《南冠草》（1943 年 5 幕剧）。这段时期正是全球反法西斯战争的转折时期，也是国内抗战局势日益呈现复杂局面的时期。抗日战争进入相持阶段后，日本帝国主义改变了对华战略，对国民党是既打又拉。此时的国民党也进一步暴露了其反共面目，悍然发动"皖南事变"，掀起多次反共高潮。

由此，郭沫若构思抗战史剧题材时都选择了与当时的现实有着惊人相似之处的并弥漫着斗争硝烟的时代背景。每部戏的剧情都发生于"时代的转折点"，描述了"新生力量"和"垂死的势力"的较量，以及团结与分裂、爱国与卖国、正义与邪恶、民主与暴政、自由与专制、光明与黑暗、进步与倒退的激烈冲突。

《棠棣之花》描写的是战国时代抗秦派和亲秦派的斗争，以主张团结、反对分裂为基本主题。《屈原》则塑造了忠于祖国和人民的伟大的政治家和诗人屈原的形象，作者始终把屈原这个人物放在尖锐激烈的矛盾冲突中进行刻画，用不断激化的戏剧冲突把人物一步步推上矛盾的顶峰，使人物性格在矛盾高潮时得到最鲜明、最强烈的展现。这部剧展示了以屈原为代表的爱国力量与以楚怀王、南后为代表的卖国统治集团之间尖锐的矛盾冲突。《虎符》写的是信陵君带兵救赵，反抗秦国侵略，影射了皖南事变。《高渐离》则取材于《史记·刺客列传》中高渐离以筑击秦始皇的故事，揭露封建暴君的专制统治，歌颂人民的反抗斗争。《孔雀胆》取材于元朝史实，以反对妥协、表现民族团结为基本主题。《南冠草》写明末青年爱国诗人夏完淳壮烈殉国的故事，歌颂抗清英雄，揭露现实中的汉奸、卖国贼。作者所展示的这一幕幕历史悲剧，与抗战的现实是那么相似。[5] 82

通过这些抗日史剧，郭沫若成功塑造了各种各样的历史人物。例如，《棠棣之花》中的聂政、聂嫈与侠累、韩哀侯，《屈原》中的屈原、婵娟与南后、宋玉，《虎符》中的信陵君、如姬与魏王，《南冠草》中的夏完淳与洪承畴，《高渐离》中的高渐离与秦始皇，《孔雀胆》中的段功与车力特穆尔等。通过对这些人物的描述，郭沫若一方面深刻地揭露了外来侵略者、本国反动统治者和叛徒汉奸等形形色色丑类的本质，无情地鞭挞了他们专横凶残、卑鄙无耻的灵魂，另一方面深刻发掘了自古以来中华民族英雄义士的高风亮节，热情地赞扬了他们爱国爱民、忠贞刚直的高尚品德。可以说，与黑暗反动势力进行顽强、不妥协的斗争是贯穿这些剧本的一个共同的基本精神。郭沫若展示的这一幕幕历史情景，引起了人们强烈的共鸣，大大鼓舞了人们坚持全民族团结抗日的斗争意志。

## 二、郭沫若抗战史剧的创作特征及政治理念

### （一）"失事求似"的采用

郭沫若的抗战史剧有着"失事求似"的创作特征。历史上，屈原是因为上官大夫的嫉妒而被放逐，而《屈原》改动了这一史实，变成投降派的代表南后与秦国使臣张仪勾结，出卖祖国和人民的利益，迫害屈原。这样改动之后，爱国与卖国、抗战与投降的对立更为突出。聂政抱着"士为知己者死"的态度刺杀了侠累，《棠棣之花》却改为聂政为了国家、人民的利益刺杀了"勇于私斗，怯于公仇"的侠累和韩哀侯。这样改动之后，聂政由一个"士为知己者死"的游侠变成了去做"救国救民事业"的英雄。根据剧情和主题需要，郭沫若还虚

构了一些历史人物。《屈原》中的婵娟、卫士,《棠棣之花》中的酒家母女、冶游男女、盲叟父女、士长、卫士之群,《信陵君》中信陵君的母亲魏太妃、侯生之女与朱亥之女都是于书无据的。[6]16-17

由于当时国民党统治区的文网森严,动辄得咎,郭沫若不得不采用以古喻今、借古鉴今的手法对历史进行重新诠释,宣传反对分裂、投降,团结抗战的时代主题。"失事求似"的创作并不是无所为而然,而是志在隐喻现实、推动现实,用意与鲁迅在散文掺用杂文,小说中混合"故事新编"是相近的。这一特殊的文艺斗争形式,使敌人措手不及。深感威胁的国民党势力急忙调遣文人辱骂、攻击郭沫若抗战史剧的创作意图、主题思想、人物形象的塑造和史料运用等一系列问题,企图贬低抗战史剧的价值,阻止郭沫若的政治理念深入民心。面对敌人的威胁与中伤,郭沫若毫不动摇,作为还击,他还阐述了"失事求似"的史剧主张,并坚持了创作史剧的精神与原则。郭沫若说:"历史研究是'实事求是',史剧创作是'失事求似'。史学家是发掘历史精神,史剧家是发展历史精神。"[7]501 可以说,郭沫若是以自己的史剧创作来实践这种精神的。他那丰富的想象力,对材料的精细钻研,及对现实的深刻体会在作品中表现得淋漓尽致,更有效地阐明了"发展历史精神"的史剧家历史作用。

《屈原》是郭沫若六部抗战史剧中最具代表性的作品。它尖锐、强烈,其启蒙意识与批判精神通过神圣的仪式化的舞台爆发出了炫目的光芒。《屈原》的诞生不仅仅是郭沫若政治理想和个人情怀的寄托,更得力于那个悲壮的全民抗战的年代。在《屈原》中,郭沫若将皖南事变后"时代的愤怒"转移到屈原的时代里,突出了反对分裂、投降,反对倒退的政治理念。因此,国民党将《屈原》视为假借历史、讽喻现实的"骨鲠",并组织御用文人对《屈原》"别有用心"的春秋笔法大肆讨伐,另一方面,共产党则竭尽全力来维护《屈原》的历史价值与意义,还集合文化界的左翼人士开设了持续半年之久的"《屈原》诗词唱和活动"。国共两党在大后方重庆围绕着《屈原》展开了一场政治较量。不难看出郭沫若的历史剧创作所独具的政治影响力。以《屈原》为核心的六大抗战史剧在那个特殊的年代,有效地形成了文艺斗争的战斗力,使敌人为之震惊,使革命青年为之振奋。

### (二)"美丑分明,善恶对立"的人物形象

郭沫若的抗战史剧创作具有"人物形象美丑分明,善恶对立"的风格。《屈原》中的屈原、婵娟与南后、宋玉,《虎符》中的信陵君、如姬与魏王,《棠棣之花》中的聂政、聂莹与侠累、韩哀侯,《高渐离》中的高渐离与秦始皇,《南冠草》中的夏完淳与洪承畴,《孔雀胆》中的阿盖与车力特穆尔等人物的冲突与对立,深刻揭露了外来侵略、本国反动统治者和叛徒汉奸等形形色色

丑类的本质，无情地鞭挞了他们的贪婪狡诈、专横凶残、自私自利，同时，还有力地发掘出了英雄义士的高风亮节，热情地赞扬了他们爱国爱民、忠贞刚直、大公无私、不怕牺牲的高尚品德。[8]35 郭沫若还有意识地让观众从时代背景、人物、事件中体会到彼时与此时的对立关系，从而来展现出主人公面临的斗争的艰巨性、复杂性和残酷性。

郭沫若抗战史剧的故事都发生在社会激烈动荡的时期，有着爱国与卖国、团结与分裂、进步与倒退、民主与暴政、正义与邪恶等对立的激烈冲突。反面人物为了维护他们眼前的私利，拼命地维护腐朽的制度，破坏和抵制有利于国家民族的战略，他们和立足于民族前途的志士仁人形成了直接的利害冲突，双方的矛盾呈现为复杂的胶着状态。郭沫若的抗战史剧把暴虐的、反人道的人和事视为"历史的障碍物"，宣扬反暴政、反侵略、反压迫的反抗精神，以及"把人当成人"的民权思想等政治理念。比如说，《棠棣之花》里酒客所说的："现在还有什么人不是奴隶呢？不是奴隶的就只是恶鬼。"这句台词就是在讽刺国民党统治区的政局，强调"人的尊严"的可贵，预示"还须有更多的志士仁人的血流洒出来灌溉这株现实的蟠桃"[9]51。

郭沫若抗战史剧对古代那些邪恶与正义、侵略与反侵略、暴政与仁政进行的描写，无形中与抗击日寇和反对国民党反动派的斗争产生了内在联系，从而使历史事件和人物具备了某种象征性，突出了历史与现实的相通之处。观众体会到了眼前的抗战现实与剧情的相似，自然而然就引起了强烈的共鸣，从而大大鼓舞了人们反对国民党反动投降政策、坚持全民族团结抗日的斗志。

### （三）"悲剧精神"的凸显

贯穿于抗战史剧中的"悲剧精神"是郭沫若史剧创作中最为突出的写作风格与特征。被压迫阶级对压迫者的反抗，无论是由个人代表，还是由团体来实现，在革命尚未成功之前，一切反抗都很容易遭到失败。把这种个人的、团体的失败史以作品的形式表现出来就会成为一部悲剧。六大抗战史剧正是描写了历史上的重大矛盾，讲述了正义、进步的社会力量受到邪恶、腐朽的力量的压制而遭到失败，体现了强烈的悲剧精神。《屈原》中合纵输给连横，失去由楚人统一、由屈原的思想来统一的机会；《虎符》里如姬窃符救赵后壮烈死去；《棠棣之花》里聂政为刺侠累而死；《高渐离》中高渐离试图结束秦的暴政的目的未能达成；《南冠草》里夏完淳气宇轩昂紧随其父走向死亡；《孔雀胆》中阿盖则以死殉夫等剧情都催人泪下。

郭沫若认为，真正的悲剧的发生不是偶然的，而是具有必然性的，并指出："真正的历史大悲剧是在时代的转折点，新生力量刚抬头，被垂死的力量压下去，就成为历史的大悲剧。"[7]428 六大抗战史剧正是在这一点上表现出了政治理念的深刻性，体现了时代转型期的重大的历史冲突，反映出了代表历史进步的新生力量的产生和壮大这种"历史要求"，以及与"这种要求不可能实现"之间的关系，阐明了悲剧产生的必然性。[10]50 郭沫若以此种历史观、政治理念展开了悲剧的画幅，让观众了解到历史发展趋势，聆听到时代的呼喊。

强调悲剧必然性的郭沫若最为推崇的是社会悲剧。他的抗战史剧全部是社会悲剧，每部都揭示着悲剧产生的社会根源。比如说，《屈原》《虎符》揭示的悲剧根源在于抗秦的爱国主张与腐朽的统治阶级的私利之间的矛盾，《孔雀胆》揭示的悲剧根源在于阿盖、段功的民族平等、民族团结的要求违背了统治阶级的意愿，《南冠草》揭示的悲剧根源在于夏完淳那改变现实的努力已经难以改变时代发展的趋势，腐朽的明王朝注定要覆灭。[6]18 这些抗战历史剧所剖析指出的悲剧产生的社会根源，与抗战现实、国民党统治区的黑暗一致，更有效地传播了郭沫若的政治理念，起到了启蒙作用，闪耀出了积极进取的精神。[7]480

郭沫若认为："悲剧比喜剧更具有教育意义，悲剧精神的目的正是在于号召悲壮的斗争，它的作用是鼓舞新生的力量克服种种的困难，争取胜利并巩固胜利。"[7]428 此外，他深信，被英雄人物的失败感召的观众，体会悲剧的伤感之余，会把悲愤的情感转化为斗争的力量，更加坚定抗战的信念。

### （四）"英雄主义"的突出

郭沫若的抗战史剧创作有着突出"英雄主义"的特征。占据史剧舞台中心的是历史上的英雄豪杰、志士仁人。舍生取义的民族灵魂屈原、抗斗暴秦的英雄聂政、视死如归的高渐离、气势宏伟的少年英雄夏完淳、纯洁无瑕的阿盖公主都让观众无比震撼。同时，郭沫若构筑了表现英雄伟大和崇高精神的历史舞台，又在量的一面加深加重了人物所面临的斗争的困难，让他的人物经受各种严峻的考验，以便英雄主义有更大的宣传效果，让人们被古代的英雄所感动，为今天的英雄所激励，从内心深处认识到抗敌斗争的正义性。[10]49

值得注意的是，深知女性对抗日巨大贡献的郭沫若特意在剧中勾画出了为真理、为正义而殉身的女豪杰的形象。比如说，在《虎符》里，郭沫若创造出以死来表现其生命价值的女性——如姬。魏王的宠妃如姬，为了协助信陵君救赵抗秦，偷出了虎符而获罪于魏王。在信陵君的母亲魏太妃独自承窃符之罪的情形下，如姬完全有机会逃到她素所敬仰和慕恋的信陵君身旁去，但是她却舍弃了这条充满幸福的道路，选择了死。她用自己的生命讴歌了生的尊严与价值。《屈原》里，郭沫若笔下的婵娟同样有着崇高的人格。她坚信屈原是楚国的灵魂，以一弱女子的身份同南后、张仪抗争，最后以能代替屈原去死而欣慰。在《孔雀胆》中，郭沫若为了突出"民族大团结、共同对付邪恶敌人"的主题，创造出了蒙古族阿盖公主的形象。阿盖公主站在民族团结的一方，与破坏团结、主张妥协的车力特穆尔进行了坚决的斗争。她勇敢、善良、无私、无畏，成为真善美的化身。

郭沫若笔下的英雄人物都有崇高的人性、高尚的情操，而且在风云突变的历史转折关头，都代表着历史的进步倾向，因此他们的斗争动人心魄，他们那为真理而舍生忘死的英雄举动更是感人肺腑。可以说，郭沫若的抗战史剧更加鲜明地表现出了英雄主义所带来的历史价值。

在日本前后生活了二十多年的郭沫若对日本帝国主义的观察得比谁都透彻、客观，对中日之间的强弱关系又有着清晰的认识。郭沫若深知，为侵华养精蓄锐几十年的日本，其国力远远超出了当时军阀林立、一盘散沙、工业落后的病弱中国，当时中国的军事和军事工业更不能与日本相比。郭沫若懂得，中国在抗战中唯一可以凭借的就是全民一心，不怕牺牲，抵抗到底，至死不当亡国奴的决心和信念，有了这种信念，中国才不至于亡国。作为一种愿望和期待，一种理想，郭沫若在历史人物中寻找能够使人民"觉醒"的英雄形象，这便是屈原、信陵君、高渐离、夏完淳、阿盖公主等人物。郭沫若在历史剧中突出了英雄人物那"抵抗到底，不怕牺牲"的抗斗精神，让他们在"最终会失败的定局"面前逆流而上，以身赴国难，与故国共存亡。可以说，这些英雄人物在历史与现实之间的空旷地带充分体现出了郭沫若的艺术才情，创造了郭沫若与理想英雄价值认同及政治理念共鸣的条件。

### （五）"浪漫主义"的强调

郭沫若的抗战史剧总是贯穿着把悲剧转化为喜剧的气势和脉络，有着重视"浪漫主义"的创作特征。[11] 187 六大抗战史剧隐喻着最终的光明与胜利，使观众从剧中人的行动中看到一条斗争的道路和光明的前途，从而在心中感到温暖并乐意按照英雄人物指引的道路前进，并对抗战的最后胜利充满信心。

《屈原》中婵娟以死换取了屈原的生命，能让屈原去汉北和那里的人民继续斗争。在《虎符》里，如姬逃离皇宫后，大量的群众自发寻找如姬，卫士还率领群众刺死卫士长。此外，《孔雀胆》中阿盖公主在气绝倒地之前还吟诵着激动人心的诗句："一切都过去了，让明天清早呈现出一片干净的世界。"这样的剧情安排让观众在悲悼主人公的不幸之时，又看到了新的希望。虽然剧中代表正义的力量被摧毁，但是英雄人物的言行与事迹犹如一粒正义种子，播洒在广袤的大地上，即将生根发芽，破土而出，感召并鼓舞着人们不懈地进行抗战。此外，郭沫若那革命浪漫主义的剧情向观众预示了光明即将来临，胜利终会实现。人们不仅看到了一个民族在血泊和烈火中傲然屹立起来的英雄形象，并且从中感受到历史性转折的伟大契机。

1939 年元旦，郭沫若在中国电影制片厂合唱团举行的群众音乐大会上发表演讲时指出，全民抗战寄寓着民族新生的历史要求，而抗战怒潮更造成了近百年来民族积郁的总爆发，他高喊出："今天的阳光，是象征着中国前途的光明。"这表现出了他对抗战必胜的信念。郭沫若深知抗日战争不是单纯的卫国战争，也是一场民族复兴运动，肩负着民族解放与社会解放的双重史命。而且，他体会到人民的力量在抗日战争中不断壮大，民族意识获得前所有过的觉醒，"古代英雄"具备的那"成功不必在我"，用鲜血和生命去浇灌现实"蟠桃"的历史精神正在感召着全国人民，谱写着中国慷慨悲壮的历史。郭沫若坚信，有了这种精神，中国绝对不会亡，中国的历史总有一天为这种精神所统一照耀。

## 三、郭沫若抗战史剧的影响及意义

### （一）社会效应及意义

郭沫若的一部部抗战史剧都充满了强烈的时代精神和爱国主义精神，是具有鲜明现实针对性的作品，可谓剧剧精彩，剧剧反响强烈，剧剧起到了很好的宣传作用，展现出了抗战时期的现实意义。[12]151

1942 年 4 月 4 日，《中央日报》以"上座之佳，空前未有"，"堪称绝唱"为内容报道了当日演出的盛况。《屈原》当时共演 22 场，观众达 32000 人。《屈原》在重庆国泰大剧院公演时，尽管票价不菲，从 10 元到 400 元不等，但群众依然热情不减，"许多群众半夜就带着铺盖来买票；许多群众走了很远的路，冒着大雨来看演出。剧场里，台上台下群情激昂，交融成一片"[13]53。《孔雀胆》在昆明、成都、内江、自流井、泸县、乐山、流华溪、五通桥等地的演出同样引起了轰动[14]306。《南冠草》在重庆一园开演，剧名就改为《金风剪玉衣》，连演近半月，场场满座。《虎符》在重庆、桂林、延安上演，也引起了剧烈反响。[15]462 这种受欢迎程度表明，剧作中人物积极的反抗、清醒的战斗、对胜利的极度渴望、对光明的极度向往都鲜明地反映了那个特殊时期人们的心声。[3]119

文化界对此反响热烈，还出现了《屈原》唱和诗现象。董必武、黄任之、沈钧儒、左舜等知名人士纷纷作诗唱和，其中，董必武连作了以下两首诗来表达自己的感受："诗人独自有千秋，嫉恶平生恍若仇。邪正分明具形象，如山观者判薰莸。婵娟窈窕一知音，不负先生泽畔吟。毕竟斯人难创造，台前笔下共关心。""激扬烟怒震雷音，毁灭声声独自吟。冲破阴霾生命火，一篇《电颂》楚臣心。"老舍、孙伏园、翦伯赞等人相继在《新华日报》《新蜀报》《中原》《文艺先锋》等多家报纸、杂志上发表评论文章，指出郭沫若的历史剧创作和演出是中国文坛的不朽巨作。郭沫若创作还带动田汉、欧阳予倩等著名作家纷纷执笔历史剧，用这种特殊的形式来支援抗战，同国民党的黑暗统治做斗争，使戏剧活动成为抗战时期大后方文艺运动中最活跃、最富成效的艺术部类。[3]120

对于《雷电颂》，周恩来评价道："屈原并没有写过这样的诗词，这是郭老借着屈原的口说出他自己心中的怨愤，也表达了蒋管区广大人民的愤恨之情，是对国民党压迫人民的控诉，好得很。"[15]402 对郭沫若历史剧的社会效应及意义做出了极高的评价。

### （二）对郭沫若个人的影响及意义

回国初期，理想与现实的矛盾，国民党政府的冷落，让郭沫若极为不平，而且，他对自己在抗战中的角色定位也很不满。有一次喝醉了酒，他还骂自己是"政客"，还在脸上打了三耳光，发泄心中的愤懑。[16]304 对"五四运动"的激情未泯、政治理想仍然涌动的郭沫若而言，国民党政府谋求一党专制、压制民主自由的做法是无法容忍的。在国民政府亲历的政治挫折，以及对黑暗现状的印证又激发了郭沫若对国民党的厌恶。在郭沫若迷茫之际，周恩来等共产党人对郭沫若进行了积极的帮助，为郭沫若的文学创作及其实现其政治理想提供了支援。此后，曾寄希望于蒋介石领导全国抗战的郭沫若压抑不住久埋的愤怒，发出了对自由、民主强烈的呼吁，表现出了反对国民党政府的态度，与国民政府渐行渐远，最终投身于共产党领导的抗战革命的洪流。

郭沫若的抗战史剧正是对他这种政治理念的"再定义"。另一方面，"新文化"和"革命"视野又被吸收到了郭沫若建构革命文化谱系即新民主主义文化体系的历史剧的创作活动中。在以"笔墨"为武器的现实革命斗争做出的巨大的贡献，奠定了他在革命文化中的卓越地位。

郭沫若的政治取向及创作活动得到了共产党领导人的高度评价，这对郭沫若日后的文艺创作及政治活动的成功开展奠定了坚实的基础。1944 年 1 月 9 日，毛泽东指出"郭沫若在历史话剧方面做了很好的工作"[15]451，他还于 1944 年 11 月 21 日给郭沫若写了一封亲笔信，信中说："你的史论、史剧大益于中国人民，只嫌其少，不嫌其多，精神决不会白费的，希望继续努力。"[17]444《屈原》演出成功后，周恩来在天官府设专宴祝贺演出成功。席间，他说："在连续不断的反共高潮中，我们钻了国民党反动派一个空子，在戏剧舞台上打开了一个缺口，在这场战斗中，郭沫若同志立了大功。"[18]20 郭沫若逝世后，邓小平在追悼会上的悼词中说道："郭沫若创作的历史剧，是教育人民、打击敌人的有力武器。"[17]1 这是共产党对郭沫若历史剧极大的肯定，表明其历史剧在抗战宣传中做出了巨大贡献。

# 结 语

抗战时期，郭沫若创作了具有现实针对性、政治尖锐性、时代鲜明性的六部抗战史剧，并且，以独特的创作手法表达了反对分裂、投降，主张团结抗战的政治理念。郭沫若抗战史剧所塑造的悲壮崇高的英雄形象，体现的深刻寓意，表达的强烈的爱国主义精神，极大地鼓舞激励了抗战时期的人民群众。可以说，抗战历史剧创作是郭沫若凭借文艺激情对黑暗政治的抗议，又是他的政治"再定义"过程在创作上的"投影"。在人文与政治较完美融合的基础上，郭沫若的抗日史剧充分展示了他独立自主的人文观点和政治理念。

20 世纪 40 年代，郭沫若凭借内心的要求和知识分子的天性，向黑暗发出了对人的自由本质、人性崇高品格的呼唤。他勇于把自己放在时代前面的根本精神动力，是对人的自由本质、高尚品性的坚定信仰与诉求。"我主要的并不是想写某些时代有些什么人，而是想写这样的人在这样的时代应该有怎样合理的发展。"[19]112

郭沫若抗战历史剧尽管成为一时的政治武器，但是一个知识分子的良知和天性，对祖国的热爱，使他在艺术世界保持了独立、自尊、严肃的品格，让他通过雄浑壮美的戏剧艺术，把握住了历史的真理、人之存在的真理。[20]75 这一过程中，郭沫若的抗战史剧和史论中的政治理念又对抗战胜利和中华民族精神家园的建设起到了不可忽视的推动作用。由此，从戏剧艺术的角度而言，郭沫若的抗战历史剧实现了文艺与政治的较完美融合，这对中国现代文学而言具有特殊的价值和意义。

**参考文献**

[1] 廖京全 . 大后方戏剧论稿 [M]. 成都：四川教育出版社，1988.

[2] 王训昭，卢正言，等 . 郭沫若研究资料（上）[M]. 北京：中国社会科学出版社，1981.

[3] 李媛 . 郭沫若抗战时期历史剧的宣传作用 [J]. 重庆社会科学，2005（7）.

[4] 孙席珍 . 郭沫若——永远不灭的光辉 [M]// 王廷芳，郭庶英，郭平英，等 . 郭沫若研究论集 . 成都：四川人民出版社，1980.

[5] 张豫 . 试论郭沫若抗战时期历史剧的现实战斗性的实现 [J]. 河南机电高等专科学校学报，2007，15（6）.

[6] 宋嘉扬 . 论郭沫若抗战时期历史剧的创作理念与风格 [J]. 重庆师范大学学报，2004（6）.

[7] 郭沫若 . 郭沫若论创作 [M]. 上海：上海文艺出版社，1983.

[8] 晓辉 . 郭沫若戏剧创作在抗战时期的发展 [J]. 渭南师范大学学报，2002（S1）.

[9] 龚济民，方仁念 . 郭沫若传 [M]. 北京：北京十月文艺出版社，1988.

[10] 王文英 . 论郭沫若抗战时期历史剧的审美价值 [J]. 中国现代文学研究丛刊，1986（2）.

[11] 谭洛非 . 抗战时期的郭沫若 [M]. 成都：四川省社会科学院出版社，1985.

[12] 中国郭沫若研究学会 . 郭沫若研究 第三辑 [M]. 北京：文化艺术出版社，1988.

[13] 邹水旺 .《屈原》与抗战 [J]. 江西师范大学学报（哲学社会科学版），1995（3）.

[14] 石曼 . 重庆抗战剧坛纪事 [M]. 北京：中国戏剧出版社，1995.

[15] 龚济民，方仁念 . 郭沫若年谱 [M]. 天津：天津人民出版社，1983.

[16] 秦川 . 文化巨人郭沫若 [M]. 北京：中国青年出版社，1992.

[17] 王训昭，卢正言，邵华，等 . 郭沫若研究资料（上）[M]. 北京：中国社会科学出版社，1981.

[18] 新华月报资料室 . 悼念郭老 [M]. 上海：上海三联书店，1979.

[19] 郭沫若 . 郭沫若全集（文学编 19 卷）[M]. 北京：人民文学出版社，1992.

[20] 贾振勇 . 诗与政治的共鸣：1940 年代的郭沫若及其抗战历史剧 [J]. 东岳论丛，2009，30（8）.

# Research on the Guo Moruo's Historical Anti-Japanese Drama: Based on Creative Features and Political Ideas

## YIN Hu, TONG Bo

(School of East Asian Studies in Zhejiang Gongshang University, Hangzhou: 310018)

**Abstract:** During the anti-Japanese war, Guo Moruo has been worked vigorously as a historian, writer and revolutionary. He also wrote 6 historical dramas which have obvious realistic pertinence, sharp political views and distinctive background of the times. Though these historical anti-Japanese dramas, Guo Moruo expressed political ideas of opposing capitulation and split, In the creative process, Guo Moruo also created many heroic images. Through the description of their deeds, Guo's historical dramas enhanced the sense of national identity, promoted the spirit of patriotism, spreaded triumphalism.

This study will discuss the creation background of Guo's anti-Japanese dramas, analyze the writing features and political ideas which included in these historical dramas. It will also clarify the the role and impact of Guo's historical anti-Japanese dramas in detail.

**Key words:** Guo Moruo ; Historical Anti-Japanese Drama ; Creative Features ; Political Ideas

# 梅·齐娅黛散文语言风格研究

归 帆 [1]

（浙江工商大学东方语言文化学院　杭州：310018）

**摘　要：**梅·齐娅黛，黎巴嫩著名女作家。她的一生著作颇丰，尤以散文见长，无论是对大自然景致的细致描绘还是对社会问题的深刻剖析，她都以对语言的独到感悟和巧妙运用来抒发自己的情怀，而这又恰到好处地突显出作家丰富而深刻的内心体验，给散文带来了独特的存在价值。本文以梅·齐娅黛的散文为研究对象，分析其散文中的语音、词汇、句式和修辞等语言风格特点，探讨其风格形成的深层原因和深远影响。

**关键词：**梅·齐娅黛；散文；语言风格；成因及影响

## 引　言

1798 年，随着拿破仑入侵埃及，阿拉伯近现代史拉开序幕。西方文明的引入，让埃及乃至整个阿拉伯世界觉醒，并意识到阿拉伯世界和西方的巨大差距，同时也激起阿拉伯人民族复兴的愿望，阿拉伯文学也在这样的背景下走向复兴。这一时期，阿拉伯文坛涌现出大批杰出人物，他们关注祖国、民族的命运，关注妇女的无权地位、战争的恶果，以及阿拉伯国家与西方交流接触过程中引起的道德堕落、生活腐败等问题，他们呼吁改良社会弊端，解放妇女，重视青年的教育问题。

黎巴嫩女作家梅·齐娅黛生活的年代正是阿拉伯文学复兴的时代，她属于那个时代，也为那个时代的文学复兴做出了自己的贡献。她积极从事新闻报道、著书和翻译活动。此外，她也参加妇女文化活动、社会和政治活动，登台讲座和发表演说。不少著名作家、诗人和文学记者都曾光顾梅所创办的文学沙龙，参加每周的聚会和辩论，使之成为促进埃及乃至阿拉伯文学复兴的重要场所。她在阿拉伯现代文坛上曾辉煌一时，与文坛巨匠纪伯伦（1883—1931）从未谋面，却保持书信往来长达 20 年（1912—1931）。她对东方祖国的感情、对生活的态度、对文艺的观点及对女性社会地位都给予热切关注。

梅对于阿拉伯现代文坛的贡献是巨大的，她作为女性登上了现代文学舞台，而且表现卓越，她可以说是那个时代阿拉伯唯一的女作家。然而，这样一

---

〔1〕归帆，阿拉伯语语言文学博士，浙江工商大学东方语言文化学院讲师。

位杰出的女性作家在文学史上的地位却远不及同时期的男性作家显赫。在中国，对她的介绍和研究就更少了，她的部分作品被译成中文，并散见于有关阿拉伯文学评论的书籍或论文中，国内尚未有学者对其作品进行系统的专题研究。因此，本文试图以梅的散文为研究对象，分析其散文风格特点，并探讨其风格成因和影响，这有助于我们重新审视这位阿拉伯女性作家的文学地位。

## 一、梅其人其作

梅是玛利·齐娅黛（1886—1941）的化名。她于 1886 年 2 月 11 日出生于巴勒斯坦拿撒勒[1]。父亲伊里雅斯·宰胡里·齐亚德，黎巴嫩人，基督教马龙教派。母亲努兹海·穆阿迈尔，巴勒斯坦人，东正教徒。梅生于书香门第，她的父亲是阿拉伯语教师，母亲酷爱阿拉伯诗歌，所以她从小就受到了良好的家庭教育。

梅到了入学年龄后进入拿撒勒修女学校，并一直在那里学习至 1899 年。之后父母带着她迁往黎巴嫩，并将她送入阿因图拉教会学校，1904 年转入贝鲁特修女学校。她自幼年起便开始文学创作，如写日记，参加学校组织的各种演讲活动，表现出众，经常得到老师的鼓励和同学的赞扬。

1908 年，梅随父母迁居至埃及，之后她一直着意培养自己的阿拉伯语写作水平，并阅读大量书籍，听取各种讲座，直到具备良好的文化素养。1913 年，梅参加了在埃及大学举办的诗人哈利勒·穆特朗的庆祝会，其间代表纪伯伦发言，随后做了评论。自那一天起，她成为阿拉伯讲坛的女王，被同时代的杰出人士称为"天才的女文学家""阿拉伯之笔""时代的女文学家"。之后她专注写作和演讲，并在《文摘》《新月》《京城》等多家知名报纸、杂志上发表文章，受到读者的欢迎。

梅的青年阶段可以说是她一生中文学成就最为辉煌、耀眼的阶段，但是她终身未嫁，孑然一身，晚景凄凉。1930 年，她的父亲在重病之后去世。1931 年，纪伯伦在纽约去世。她与纪伯伦保持长达 20 年的书信来往，从未谋面，却彼此倾心。所以纪伯伦的去世对她来说无疑又是一个致命的打击。1932 年，她的母亲在开罗去世。亲人与挚友的相继离世，令她形单影只，她只能离开埃及，到法国、英国和意大利寻求情感上的慰藉，但却无果而终。

梅命运多舛，这些悲剧破坏了她幸福明朗的生活，使她的心灵充满了深深的悲伤。就在 1935 年即将结束时，梅生活中的一个新悲剧开始了。这次她没

---

[1] 巴勒斯坦北方城市。

能成为命运的主宰，她的亲属禁止她在埃及居住，并将她送到黎巴嫩的欧斯弗拉医院，把她当成精神病患者诊治。在黎巴嫩新闻界的帮助下，梅的众多好友将她从欧斯弗拉医院营救出来，把她送入贝鲁特拉比兹医院。此后不幸再次降临，她的生活更加困苦，在得知她的两位好友菲利克斯和艾敏·雷哈尼去世的消息后，梅彻底崩溃了，身体和精神都一蹶不振。她于 1941 年 10 月 19 日在开罗穆阿迪医院辞世。阿拉伯才女的一生就这样结束了。

梅一生作品题材丰富、内容多样，而她的大部分著作是有关社会、政治题材的文章和演讲的汇集，也涉及小说翻译、诗歌创作，以及戏剧和电影剧本的写作。梅精通多种语言，她用法文写了许多文章，曾用法语发表名为《梦之花》的诗集（1910），用英文写了一部小说《石上影》。而梅的全部文学创作作品中，散文作品占绝大多数。

## 二、梅散文语言风格

"风格"一词最初产生于希腊文，后来被引入拉丁文。原解作"锥子"和"一把用以刻字或作图的刀子"，后渐渐引申为"写字的方法""以词达意的方法""写作的丰富""作品的特殊格调""伟大作家的写作格调""艺术作品的气势"，进而成为一个国际科学术语。

语言的个人风格是在言语活动和言语作品中表现出来的个人运用语言的特点的综合。语言个人风格是"个人"的，是运用语言的个人所独有的言语特点的综合表现。使用语言的每一个人，都可能形成自己独特的语言风格。作家的语言风格离不开作家独特的遣词造句方式，是构成作家作品风格的一个部分。

梅的散文既有诗意，又予人深刻的印象，就算是描写最普通的题材、事物仍有一份雅致，这是灵气加上才气的结果。她的散文有一种经久不衰的魅力，历久弥新，久藏更醇。梅的文字是高度集中的精美雕刻，她的语言别有讲究，像缠枝莲花一样，令人目不暇接，每每读来，都觉得馨香满纸。她的语言带有独特鲜明的风格色彩，她用词繁丰，不惜笔墨，极力营造繁复、柔婉、绚烂的文字花园。

### （一）繁丰的风格

繁丰，不是叙述啰唆累赘，而是不惜笔墨，进行纵横铺叙，描写场面或渲染气氛，力求细致入微，表达充分，极尽铺陈之能事，在文辞上表现出一种丰满之美，与简约形成鲜明的对照。[1]300

繁丰的风格也为一些阿拉伯修辞学家和作家所偏爱，他们认为："最佳的

语言就是最明晰的语言，而最明晰的语言就是意义最周密的语言，只有充分表达才可实现意义的完整周密。" [2]186

### 1. 词句丰富

为了加重语义或者使表达的内容描述得详尽、透彻，繁丰的表现风格在词句方面也显得十分丰富。

（1）同义词的连用

同义词的连用能加强语势，使语义完备。

تفيضين من كل صوب، يا ينابيع المدينة الخالدة، وتهزجين من كل ناحية...

((نشيد إلى ينابيع روما)) [3]137

啊，永恒之城的喷泉，你从四面涌来，你的吟唱在四周低徊……

《罗马喷泉咏叹》

"صوب" 指"方向，方面，边，侧"；"ناحية" 指"方向，方面，方位"。两个名词分别与 "كل"（每个）构成正偏组合，表示"每个方向"，再与介词 "من"（从……）构成介词和被介词短语，在句子中做时空状语，即"从各个方向，四面八方"。全句表示的是泉水从四面喷涌，在四面哼唱，使读者不仅能感觉到泉水的喷薄涌动，也能听到泉水灵动的声音。

فالمرأة أوفر من الرجل نبلاً لأنها أقرب منه إلى سرائر الأحوال وقلب الأشياء.

((قتل النفوس)) [3]526

女人比男人更富有见地，因为女人更能体察事情的原委和真相。

《残杀心灵》

"سرائر" 指"心，心胸，意向，意志"；"أحوال" 指"情况，状况，状态"，两词构成的正偏组合意为"各种状况的中心"；"قلب" 指"心"；"أشياء" 指"事，物，事物，东西"，两词构成的正偏组合意为"各种事物的中心"。所以两对词组不仅意义相同，且 "أحوال" 和 "أشياء" 的词形也一致都是 "أفعال" 式，整句话的语势加强。在这里，作者表达了当时所处的社会对妇女的不重视，她们的想法不被采纳，但是作者身为女性，发出了另外一种声音，肯定了妇女的高尚。

我们看到梅在文章中频繁连用同义词，她不仅力求同义词连用，而且在词形上甚至是词尾也力求保持一致。同义词连用加强了语言的气势，使语义更加完整、精确，从而全面而深刻地将事物的特点表现出来，使行文呈现出繁丰细密的风格。

（2）重复

重复就是指两次或多次使用语义相同或相近的单词、短语或句子，由此形成松句或繁句，表现出繁丰的风格特点。[1]305

بعودتك، يا ربيع الوفاء، تعودنا الذكريات العذاب: **ذكرى عهد سالف، ذكرى صباح منصرم، ذكرى أمل قديم، ذكرى هناء مقيم!**
ثم نفكر حيالك في الليل المقبل، في الغم المدلهم، في الموت المهاجم، في العمر الفاني!
((تحية الربيع)) [3]128

忠诚的春天啊，是你的到来给我们带来了痛苦的回忆：<u>对过去时代的回忆，对昨天早晨的回忆，对旧时希望的回忆，对安居者欢愉的回忆</u>！面对你，我们想起了即将来临的夜晚，想起了使人手足无措的忧伤，想起了突然而至的死亡，也想起了来世！

《春的致意》

题目中的"春天"象征着万物复苏，生机勃勃，色彩斑斓。春的致意应该是美好的，然而作者却说春天带来的回忆是痛苦的，这与常理相悖。接下来，她一一列出了对往昔情景的种种美好"回忆"，突出、强调了这些回忆。但是面对春天，作者想到的不是光明、快乐和生命，而是黑夜、忧伤和死亡，甚至来世，那是因为这里的春天象征着战争，美好的事物戛然而止就是因为战争的到来，战争毁灭了所有美好的事物，如希望、欢愉不再存在于现实中，只存在于回忆中。

这篇文章发表于1940年，是作者在"二战"爆发后创作的，她没有直接描绘战争所造成的种种破坏和可怕场景，而是通过铺陈种种美好事物只能存在于"回忆"中，揭露了战争给人们宁静、快乐的生活带来沉痛灾难的本质，控诉了战争的罪恶。

2. 排比

排比为了从多方面说明情况或表达思想感情，加强文章的气势，经常使用一连串的（三个或三个以上）内容相关、结构相似、语气一致的句子或词语。"排比的运用，可以将情感表现得恳切有力，细致深刻，不仅充分表现丰厚的情感特色，而且能构成音律上的铿锵和谐，也是体现繁丰风格的重要手段。"[1]307-308

الوطنية! يا للكلمة الساحرة المنبهة كل فكر، الملهبة كل قلب، الشاحذة كل عزيمة!
وطنيتنا **الحديثة طبيعية**، لأن الروح إذا هي تاقت إلى ملأ أعلى لا يحدّه زمان أو مكان فالجسد يحب الحدود، ويشوق إلى الجدران ويتعلق بالأمكنة والأزمنة بتذكاراته وجهوده وأحزانه.
وطنيتنا **الحديثة عائلية** لأنها تريد أن تمكن المرأة من إنماء مداركها وتأدية وظيفتها ليس بمقاتلة الرجل ومكافحته بل بتعضيده

ومساعدته.

وطنيتنا الحديثة عملية نشيطة تنكر التواكل والاستسلام مقدّرة الاتكال على النفس وإتقان العمل كائناً ما كان.

وطنيتنا الحديثة عصرية لأنها تساير حركة التقدم في العالم، ومع محافظتها على المحامد العظامية تحتضن كل جديد مفيد منعشةً عندها المسابقة والابتكار.

وطنيتنا الحديثة أخوية ودودة لأن مساوئ التحزّب والانقسام نخرت عظامنا أخيراً ففهمنا أن عبادة الفرد لباريه لا تحول دون التفاهم مع جاره.

وطنيتنا الحديثة رصينة مقتصدة لا تطلب من أبنائها التضحية على غير هدیً بل تريد التوفيق ما أمكن بين مصالح الأفراد ومصالح الجمهور، لأن البلاد لا تكون سعيدة بشقاء أبنائها.

وطنيتنا الحديثة مقدسة لأنها إرث الجدود والموق، حارّة لأنها عجنت بدماء الشهداء واختمرت بأنفاسهم الأخيرة، منينة لأنها تماسكت أجزاؤها بآلام الأحياء ونبضات قلوبهم.

وطنيتنا الحديثة روحانية لأنها شرقية تعلم أن الفرد الواحد يلمس الإنسانية من جميع أطرافها وأن من خاطب قومه بذلك الإخلاص المنبثق من أعوار روحه خاطب سكان البسيطة بأسرها.

أريد أن أبعث حبي لأبناء وطني لهيباً. أريد أن أسكب نفسي في نفوس أبناء وطني كوثراً. أريد أن أنسى صغائر الحياة وظلم الحياة وقيود الحياة لأرتفع فوق ذاتي فأضاهي أبناء وطني رفعةً وجمالاً. أريد أن أتعب فأتقن عملي وأسير وأبناء وطني في سبيل التقدم خطوةً. أريد أن أحيا — أريد أن أحيا رغم الجراح والآلام لأكون في حياة وطني الناهض حياةً.

((الحركتان الصالحتان))[3]119-122

　　爱国主义，一个多么神奇的字眼。它激发了每一种思想，点燃了每一颗心灵，磨砺了每一种意志。

　　我们现代的爱国主义是纯真自然的，因为人的心灵渴望填满不受时空制约的最高境界，而肉体却喜爱国界的保护，向往墙壁的庇护，以回忆、辛劳和伤感依附于不同的时空。

　　我们现代的爱国主义是家庭式的，因为它想使女性形成自己的认识，履行自己的职能，不是通过与男人的搏杀，与男人的抗争，而是通过协助男人，支持男人。

　　我们现代的爱国主义是务实的、积极的，它谴责相互推诿和屈膝投降，赞扬自力更生和精益求精。

　　我们现代的爱国主义是具有时代性的，因为它适应世界的进步活动。尽管它捍卫祖先的美德，却包容一切有益的新事物，鼓励竞争和创新。

　　我们现代的爱国主义是友好的、充满兄弟情谊的，因为搞党派、闹分裂的丑恶行径已侵蚀了我们的骨髓，使我们最终明白个人对其创造者的崇拜不会阻碍邻里间的相互理解。

　　我们现代的爱国主义是沉着稳重、经济节约的，它不要求其民众做出无谓的牺牲，而是尽可能地调和个人利益和公众利益，因为任何一个国家不会由于自己民众的苦难而得到幸福。

　　我们现代的爱国主义是神圣的，因为它是祖先们的遗产，是众多
死难者的遗产。

　　我们现代的爱国主义是热情的，因为它糅合了烈士们的鲜血，是
以烈士们最后的气息发酵而成的。

　　我们现代的爱国主义是牢固的，因为它的各个组成部分都是与生
者的痛苦和心跳紧紧连接在一起的。

　　我们现代的爱国主义是精神上的，因为它来自东方，深知凡是以
发自灵魂深处的忠诚与他的民众进行交流的人就是在与全世界的居民
交流。

　　我要将自己的爱的烈焰献给祖国的儿女；我要将自己心灵的清泉
注入祖国儿女的心灵；我要忘记生活中的琐事和不公，忘记生活中的
种种禁锢，超越自我，与祖国儿女的高尚和美丽相媲美；我要辛勤耕
耘，精于工作，与祖国的儿女一起踏上进步的征途；我要活下去，不
畏伤痕和痛苦地活下去，融入祖国生机勃勃的生活中。

《两次改良运动》

　　作者先是用三个形式相同的短句，说明了"爱国主义的神奇"："它激发
了每一种思想，点燃了每一颗心灵，磨砺了每一种意志。"语言气势强烈、恢
宏，结构整齐。接下来，作者用一大串排比，饱含深情地详述：我们现代的爱
国主义是纯真自然的，是家庭式的，是务实的、积极的，是具有时代性的，是
友好的，是沉着稳重、经济节约的，是神圣的，是热情的，是牢固的，是精神
上的。

　　她用了整整十个排比句为"我们现代的爱国主义"定义，并在每个定义之
后都详细阐明原因，一一对照，句式整齐，语言丰富，将"我们现代的爱国主
义"形容得细致入微。

　　在阐述了"我们现代的爱国主义"之后，作者又用了四个排比，"我要……"，
抒发了她要把自己的命运与祖国的命运紧紧联系在一起的坚定决心，她"把爱
的烈焰，心灵的清泉都献给祖国儿女"，她"忘记生活的种种琐事、不公和禁锢"，
她"辛勤工作，不畏艰难"坚强地活下去，就是为了和祖国的儿女一起建设国
家，她将自己融入人民，融入民族，渴望为祖国奉献自己的一切。

　　作为一名知识分子，她有着高尚的情操，她心中的爱国主义也是一种深厚
的感情，是一种对于自己生长的国土和民族所怀有的深切的依恋之情。虽然祖
国前行的路上充满艰辛，但她毫不犹豫，毫不退缩，对祖国、民族、社会和人
民有着强烈的责任感和重大的使命感。她用诗一般的语言，真挚的情感，表达
自己强烈的爱国心，这样的爱国献身精神对我们来说充满巨大的感召力。

### （二）柔婉的风格

柔婉的语言，一是柔，即轻柔，像轻音乐那样给人一种轻松自如的感觉；二是婉，即婉转，语言的乖巧，修辞的奥妙，给人以韵味隽永的感受。具有柔婉表现风格的语言作品，气势舒缓，意境优美，情牵意绕，刻画入微，以表现微妙的情景和细腻的感情。它要求运用精雕细刻、深沉细致的词语和抒情句式，以及声调纤细的韵律。[1]321

具有柔婉风格的语言作品，大多用语清新自然，优雅动人，寓意隽永；句式方面，追求长短结合，整散相配，形成和谐悦耳的音韵。

الربيع، الربيع، هو ذا الربيع!

في قمر الأسمار، في انبلاج الأسحار،

في مرج الأطيان، في عبير الأزهار،

في النهار الدوّار، في الأصيل البديع!

الربيع الجديد، هو ذا الربيع!

((هو ذا الربيع)) [3]242

春天，春天，这春天！
迷人的月色，销魂的黎明，
百鸟飞翔的草原，芬芳飘逸的花香，
周而复始的白昼，美丽的傍晚，
新春无处不在，呵，这春天！

《春天》

"الأسمار"指"夜间；月影；夜间相会"；"الأسحار"指"迷惑，销魂，使人神魂颠倒"；"الأطيان"指"鸟，禽"；"الأزهار"指"花"。作者先用重复的方式，将"春天"引出，之后用诗一般的语言向我们描绘了美丽的春天，她用了韵脚均为"راء"的词，而且四个词的词形一致，都是"أفعال"式，这就使得文章不仅在音韵上达到和谐，而且在形式上也整齐划一。此外，作者用生动语言将具有春天特色的种种自然景象刻画出来，"月色、黎明、小鸟、草原、花香、白昼、傍晚"，为我们展开了一幅优美的画卷，让我们宛若置身于大自然的怀抱。

### （三）绚烂的风格

绚烂，亦称绮丽、藻丽、华美，是一种尽用辞藻、力求富丽的风格。但它不同于仅靠靡丽淫艳的辞藻而空洞无物的靡丽之风。具有这一表现风格的作品，大多辞藻丰富，色彩明艳，句式繁复，文笔华美，极富音乐美与诗的情调。[1]338

### 1. 词语丰富，色彩斑斓

在词语运用方面，具有绚烂风格的作品大量使用具有亮丽色彩和形象色彩的词语，营造迷人的意境，抒发丰富的情感。

هنا تنهدت العطور تنهداتها الغرامية، وتحوّلت الورود إلى أشعةٍ سحرية؛

هنا اغتسل قوس قزح؛ فترك في الماء من ألوانه ألحاناً فضية؛

ومن دماء الأحلام المتجمدة استخرج قوس قزح ألوانه السرمدية؛

هنا بعث بأسراره إلى الأرض مع خيوطٍ من الأثير ذهبية؛

هنا نامت الأشباح بين أجفان بنات المياه، فامتزج النور بالظلام وتلاشت اليقظة بالمنام،

هنا ناحت حمائم الشعر وغنت أطيار الأنغام؛

هنا لثمات النسيم شوقٌ وهيام.

ومداعبة الموجة للموجة تبادل نظرة وابتسام،

وجمود الشاطئ حقدٌ على فتور الليالي ومعاكسات الأيام.

هنا ارتعاش الأوراق على الغصون تحية همت من مقل الكواكب وسلام

وتمايل الأفنان ودلالها نجوى ملك الوحي والإلهام،

هنا ليلة أنوار وفجر ظلام وألغاز ملامس وألوان وأنغام.

((نشيد نهر الصفا)) [3]294-295

这儿，芬芳像深陷爱河的恋人那般叹息着，玫瑰花已经化成神奇的光亮；

这儿，彩虹得到洗涤，它用自己的五颜六色给河水留下了银色的乐曲；

从凝固梦幻的血色中，彩虹提炼出属于它的永恒的七色；

这儿，彩虹将它自身的奥秘，连同以太的金色光辉一起撒向大地；

这儿，水女儿眼中的幻影已经入睡，阳光与黑暗融为一体，因为是梦，苏醒已经不存在。

这儿，鸽子在吟诗，鸟儿在欢唱；

这儿，微风的吻是思恋和爱情的象征；

这儿，波涛间的挑逗是眼神的交换，是甜蜜的微笑；

堤岸的坚固是对疲惫之夜的仇恨，是对厌倦之日的愤怒；

这儿，嫩枝上绿叶的颤抖是星球含泪的问候；

粗枝的摇曳和它的婀娜多姿是灵感之王的秘语；

这儿，有光亮的夜晚，有漆黑的黎明，还有触抚、颜色和乐曲的玄妙。

《萨法河的赞歌》

"أشعة سحرية" 是指"神奇的光亮";"ألحان فضية" 是指"银色的乐曲";"قوس قزح من ألوانه" 是指"彩虹的五颜六色";"ألوانه السرمدية" 是指"永恒的五颜六色";"دماء الأحلام" 是指"梦幻的血色";"خيوط ذهبية" 是指"金色的光线"。作者用不同的色彩为我们勾勒了一幅多姿多彩的画卷,光亮、银色、血色、金色,以及彩虹的各种颜色交织构成一幅色彩绚烂的图画。此外,"سحرية، فضية، السرمدية، ذهبية"这几个词的韵脚都是"ية",使得几个句子在音韵上也达到了和谐。

接下来她继续用她的画笔为我们描绘美丽的画卷:"幻影""鸽子""小鸟""微风""波涛""河岸""树叶""粗枝""光亮的夜晚""漆黑的黎明"。如果说前四句作者使用色彩将各种自然景象联系在了一起,那么接下来的这些自然景物,她使用了拟人的方法,把自然景物拟人化,赋予它们灵动的气息。鸽子诵诗,鸟儿歌唱,微风的吻,波涛的挑逗是交流,堤岸的坚固是仇恨,树叶的颤抖是问候,粗枝的摇曳是秘语,光亮的夜晚和漆黑的黎明又构成了强烈的对比,让我们不得不佩服作者奇巧的文字和丰富的想象。而"المنام، الأنغام، هيام، ابتسام، الأيام، سلام، الإلهام، أنغام"几个词的韵脚都是"ميم",整段文章的音韵上也极为和谐,诗情画意相得益彰。

2. 音韵优美,节奏和谐

绚烂的作品特别注重语言的音韵美和节奏感,运用相同或相似的词式和句式营造和谐的韵律,形成音韵美。

أ تعلم ما هو الشباب والجمال؟ هما حديقة تملأها الأزهار النضرة والعطور المنعشة، أمامها يقف المازون معجبين. وما هو إلا يوم وليلة فتمرّ العاصفة صارعة أشجارها، مبدّدة أزهارها، مبيدة عطورها، وتغادرها خالية إلا من أكوام التراب والأغصان المكسرة. هذا ما تسمونه جمال الشباب أي جمال القشور. أما الجمال الآخر فهو جمال الجوهر. الآلام تطهرهُ والمصائبُ تجلوهُ، والعواطف تفعمهُ قوةً ونبلاً. هو الجمال الذي يبقى نامياً مدى الحياة. هو مسعد العائلة، هو مساعد الزوج، هو مهذب الأطفال، هو السلام والخير والبركة.

((موعظة شهر الورود)) [3]548

你们知道什么是青春和美吗?青春和美是一座充满绚丽灿烂的花卉、弥漫着沁人心脾的芳香的花园,过路的人都惊奇地在这座花园前驻足。但是,一夜之间,狂风袭来,折断了花园里树木,扫落了花园里的花朵,吹散了花园里的芳香。狂风过后,花园空空荡荡,只剩下一个个土堆和一根根折断的树枝。这就是你们所谓的青春美或外表美。而另一种美,则是本质的美,痛苦使之变得纯洁,磨难使之具有光泽,情感使之充满力量,更显高贵。它就是一生一世不断滋长的美,它使家庭充满幸福、丈夫得到辅佐、孩童受到教育,它就是和平、善良和祝福。

《玫瑰花季的忠告》

作者用充满绚丽灿烂的花卉、弥漫着沁人心脾的芳香的花园形容青春和美，"الأزهار النضرة"（绚丽的花卉）和"العطور المنعشة"（沁人心脾的芳香）结构相同，语言精致，花园的光彩映入眼帘，香气扑面而来。

而接下来，作者用"صارعة أشجارها"（折断了树木）、"مبدّدة أزهارها"（扫落了花朵）和"مبيدة عطورها"（吹散了芳香）三个正偏组合词组做状态状语，描绘了被狂风破坏后花园的景象，说明了外表美的不堪一击，而作者用了三个句式相同的名词句——"الآلام تطهره"（痛苦使之变得纯洁）、"والمصائب تجلوه"（磨难使之具有光泽）、"والعواطف تفعمه قوةً ونبلاً"（情感使之充满力量，更显高贵）——说明本质美的长青不败。最后，作者用三个排比句指出"本质美""它使家庭充满幸福，丈夫得到辅佐，孩童受到教育"。作者把散文当作阐述道理的工具，将外表美与本质美对比，突出本质美，将深刻的道理讲得透彻精辟。

## 三、梅散文语言风格的成因及影响

文学语言风格的形成与作家的主观因素有着密切的联系。刘勰在《文心雕龙·体性》中说："吐纳英华，莫非性情。"这说明同样具有深厚的语言修养的作家，之所以形成迥然有异的语言风格，一个重要原因在于他们的创作个性不同。

### （一）主观原因

梅生于书香世家，父亲是阿拉伯语教师，母亲酷爱阿拉伯诗歌，由于她是家中的独生女，所以父母对她宠爱备至，非常重视对她的教育和兴趣爱好的培养，少年时代就将她送入教会学校寄宿部学习。父母亲虽然疼爱自己的女儿，但是为了能让她受到良好的教育，放开双手，鼓励她独自求学。

1908年，她随父母迁居到埃及，她的父亲到了埃及后从事《京城》的编辑工作，这家报纸的所有者是埃及当地的名士，梅当时为这位名士的女儿做家庭教师，她同时在《京城》报发表自己的阿拉伯语文章，并在《进步》法语杂志上发表法语文章和诗作。不久后，那位埃及名士为了感谢梅对他女儿的精心辅导，决定将《京城》报社赠予梅的父亲。梅为能够给父母带来这样的快乐而感到欣喜，而她的父亲为了奖励她，将她的法语诗歌和法语日记结集出版，取名为《梦之花》。这本法语诗集出版后，引起了文学界的极大关注，人们也注意到这本诗集的作者，发现作者具有极高的文学造诣。

梅个性坚强，积极进取，自强不息。她从小聪敏过人，活泼可爱，求知欲强。她还在上小学时，就在写作、唱歌、弹奏钢琴等方面表现优异，也是从这一时期起，她的演讲天赋开始展露，她积极参加学校举办的各种活动，用法语和阿拉伯语进行演讲和写作。她一生学习不倦，精通阿拉伯语、法语、英语、拉丁语，自学德语、意大利语和西班牙语，特别是对文学一直有着浓厚的兴趣。即使在"一战"期间她也未曾停止学习，而是到埃及大学进修文学、历史和哲学，这期间她也未中断文学沙龙的论坛活动。

在埃及，梅的文学天赋在一批文学家和思想家的指引下得到了进一步开发。他们中有叶尔古卜·萨鲁夫，《京城》报创办者，他给予了梅父亲般的关怀；梅父亲的好友艾哈迈德·鲁特菲·赛义德指导梅学习阿拉伯语，教授她如何鉴赏阿拉伯语经典著作，特别是推荐她阅读《古兰经》，而《古兰经》精美的语言深深吸引了梅，也更加坚定了她掌握并精通阿拉伯语的决心。

提到梅，不得不提到阿拉伯旅美派文学领袖纪伯伦，纪伯伦的作品在阿拉伯家喻户晓，现当代阿拉伯文坛的很多作家、诗人都受其影响。他的作品具有浓郁的浪漫主义、象征主义色彩。他的文字优美、典雅、绚丽、流畅、洒脱，诗情中充满哲理，寓意深远。内容主要是对真善美的执着追求，批判殖民主义侵略，揭露本国、本民族乃至东方的封建礼教、宗法制度等腐朽、阴暗的现象。

1911 年，纪伯伦的作品畅销埃及，他在作品中所表现的叛逆、革新精神深深吸引了梅，让她渴望结识这位与众不同的作家。于是她冒昧地先给纪伯伦寄了一封信，在信中介绍了自己在埃及的生活和文学创作，并提到纪伯伦作品在整个埃及的影响。而当时的纪伯伦虽然在文坛上取得了巨大的成功，但是由于其作品批判封建道德和礼教，被奥斯曼帝国的政教势力所不容，取消了他的国籍。他痛苦不堪，焦虑与不安折磨着他，没有朋友理解并安慰他，所以当他看到梅的来信时，虽然她只是他的一个读者，但他还是被信中真诚的情感和优美的文字打动。于是二人开始了长达 20 年的书信往来，他们在信中主要探讨文学问题，对彼此的作品发表评论。所以纪伯伦对于梅来说亦师亦友。梅从与纪伯伦相识起，就在思想上和创作上都受其影响，并在她的作品中留下了明显的印记。

### （二）客观原因

19 世纪下半叶，阿拉伯传统的民族文化与外来的西方文化相互撞击、融合，从而使阿拉伯民族文学在传承、引进、借鉴的基础上，进行创新、发展。阿拉伯现代文学正是在西方文化影响和民族意识觉醒中，走上了现代化的运动。

梅生活在阿拉伯文学复兴的年代，生活在人才辈出的时代，她也是那个时代中举世无双的女文学家。与她生活在同时代的阿拉伯杰出人士有乔尔吉·泽丹（1861—1914），他在开拓近代科学史和阿拉伯文学史写作方面有着重大的功绩；叶尔古卜·萨鲁夫（1852—1927），《文摘》杂志的创办人；艾哈迈德·绍基（1868—1932），"复兴派"代表诗人，被阿拉伯诗界尊为"诗王"；哈菲兹·易卜拉欣（1871—1932），"尼罗河诗人"；艾布·马迪（1889—1957），阿拉伯北美文学"笔会"著名诗人；哈利勒·穆特朗（1869—1946），两国诗人，既是复兴派诗人，也是创新的浪漫主义派先驱；卡西姆·艾敏（1865—1908），主张妇女解放的先驱；塔哈·侯赛因（1889—1973），阿拉伯世界最著名的现代文学家、文学评论家、思想家之一，被尊称为"征服黑暗的人"，被誉为"阿拉伯文学之柱"；陶菲格·哈基姆（1898—1987），被认为是埃及也是整个阿拉伯世界现当代文坛最著名的作家和思想家，阿拉伯现代小说艺术先驱，阿拉伯现代剧坛之魁首；艾敏·雷哈尼（1876—1940），旅美派文学三巨头之一；努埃曼（1889—1988），旅美派文学三巨头之一；纪伯伦（1883—1931），北美文学"笔会"会长，阿拉伯旅美派文学领袖等。

阿拉伯文学复兴时期的作家对于各种社会现象极为敏感，他们关注自己的祖国、民族和人民所处的落后、愚昧的状况，妇女的无权地位，战争的恶果，与西方交流接触过程中引起的道德堕落、生活腐败等问题，他们呼吁改良社会弊端，解放妇女，重视青年的教育问题。

### （三）影响

梅于1912年在父亲家中创立了文学沙龙，这个沙龙持续了整整20年（1912—1932）。沙龙于每周二晚上活动，故称"周二沙龙"，她以一个文化精英与热情大方的沙龙女主人的凝聚力，聚集起同样赋有才情与热情的学者、作家和知识分子。经常出席沙龙的有伊斯玛尔·萨布里（诗人）、穆斯塔法·萨迪格·拉菲依（诗人），沃利丁·耶昆（作家），艾哈迈德·邵基（诗人），哈利勒·穆特朗（文学家）等。沙龙的气氛和谐，民主文学家、艺术家齐聚论坛，自由讨论。他们讨论的主要话题包括阿拉伯语的发展问题，如何教授阿拉伯语的问题；通过阿拉伯语著作和西方著作的互译，拉近东西方思想的差距；东方妇女的解放问题，让妇女能够与时俱进，与男人一样成为社会的建设者；评论当时新出版的书籍。他们的讨论虽然激烈，但是总能碰撞出思想的火花。

梅作为阿拉伯妇女解放运动的先驱曾经构想：未来的文明不是男性或女性单一的文明，而是整个人类的文明，只靠一个性别构建的畸形文明并非实现理想的模式。她的这种思想说明她所主张的妇女解放是理性而客观的，她所倡导的妇女解放是实现与男性和谐共处而又不失各自的特征。

## 四、结语

　　无论在历史上，还是在当今社会，很多国家都出现过优秀的女作家，但她们在文学史上的地位远不如与之才华相当的男作家，这种情况在阿拉伯社会也不例外。

　　梅所在时代的阿拉伯社会，妇女地位低下，当时的阿拉伯妇女作为男人的附属物，不被社会重视，没有受教育的权利，更不能外出工作，也就没有独立的经济地位，在家庭和社会中都没有话语权。但是，受过高等教育的女性，不满足于做男性的附属品，她们要寻找阿拉伯女性自由解放的道路，寻求对策。

　　梅的作品与大多数女性作家一样，侧重于对纯真情感的追求，有阿拉伯女性温和、柔婉的特性。而她的写作本身就是为同时代的女性走上文坛并取得一席之地而做的努力，更是阿拉伯妇女追求自由平等的表达。

**参考文献**

[1] 王有勇 . 阿拉伯语言风格学 [M]. 上海：上海外语教育出版社，2000.

[2] 艾哈迈德·阿卜杜·穆伊姆·巴哈依 . 文学、评论与修辞研究 [M]. [ 出版地不详 ]：阿拉伯文学出版社，1959.

[3] 萨勒玛·哈法尔·卡兹巴利 . 梅·齐娅黛作品全集 [M]. [ 出版地不详 ]：努法勒出版社，1982.

[4] 梅·齐亚黛 . 罗马喷泉咏叹 梅·齐亚黛散文精选 [M]. 蔡伟良，王有勇，译 . 上海：上海译文出版社，2002.

# A Study of the Language Style of May Ziade

## GUI Fan

(School of Oriental Languages and Culture in Zhejiang Gongshang University, Hangzhou: 310018)

**Abstract:** May Ziade was a Lebanese woman proser. Known as a prolific writer, she wrote a number of proses. And she used her unique insight of language to express her feelings, whether in describing nature or revealing social problems, which highlights her rich and profound inner experience and also has brought a unique value of proses.

This study analyzes the characteristics of May Ziade's language, such as phonetics, vocabulary, sentence structure and rhetoric in her proses, and discusses the deep reasons for the formation of her own language style and the far-reaching effects.

**Key words:** May Ziade ; Prose ; Language Style ; Reasons for Formation And Effects

# 《宰赫拉的故事》叙事视角中的女性权威建构

张 羽[1]

（浙江工商大学东方语言文化学院　杭州：310018）

**摘　要：**哈南·谢赫是当代黎巴嫩女性作家，是阿拉伯女性作家的领军人物。她自 19 岁创作第一部小说以来，已陆续出版十余部文学作品，而小说《宰赫拉的故事》则被认为是她的代表作品。该小说通过展现女主人公宰赫拉一生的经历与遭遇，来反映黎巴嫩女性乃至阿拉伯女性在男权压迫下的恶劣处境，为世人了解黎巴嫩及阿拉伯女性的生存状态及黎巴嫩社会发展状况开辟了渠道。该小说被阿拉伯作家协会评选为"二十世纪一百零五部最佳阿拉伯中长篇小说"之一。本文以女性主义叙事学理论为指导，分析《宰赫拉的故事》所采用的叙事视角策略及其对文本内建构女性权威的作用。小说采用女主人公宰赫拉的叙事视角，通过女性叙事视角来分别审视小说中的男性人物。该小说通过女主人公宰赫拉的内视角、叙述自我视角及经验自我视角，审视与评判男性人物，在审视过程中不断表达对男性人物的看法与评价，并在文本内有效地建构起女性权威。

**关键词：**哈南·谢赫；《宰赫拉的故事》；叙事视角

　　小说《宰赫拉的故事》为作者哈南·谢赫赢得了世界文坛的关注，并成为其的代表作品。小说讲述了黎巴嫩南部小镇上一位名叫宰赫拉的女孩的故事。宰赫拉的一生都在男性压迫的阴影中度过，童年时她经常遭受父亲的家暴，而且目睹母亲在外偷情，这些都成为她可怕的童年记忆。青年时她又曾遭到哥哥艾哈迈德的朋友马立克的诱奸，更是加剧了她对自身生活处境的排斥，更加不堪忍受在黎巴嫩的生活。于是，在舅舅的邀请下她只身前往西非，与因政治原因流亡在西非的舅舅一起生活。但没想到的是，她逃离狼窝，却落入虎口——她的舅舅竟时常触摸她的身体，对她进行骚扰。为摆脱舅舅的骚扰，她同意嫁给从黎巴嫩移居非洲的马吉德，但当丈夫马吉德得知她在婚前已失去贞操后对她极度不满，最后两人离婚。婚姻收场后，宰赫拉又回到家乡贝鲁特，可是这里正经历黎巴嫩内战的腥风血雨。她为了转移一名狙击手的注意力以阻止其杀戮，竟尝试向这名狙击手献出自己的身体，最后发现自己竟爱上了他，并怀上了他的孩子。然而当她告诉狙击手怀孕的事实后，他假装愿意娶她为妻，却趁她在独行回家的路上从暗处将她射杀。宰赫拉的一生都是悲剧，是在两场战争

---

〔1〕张羽，浙江工商大学东方语言文化学院助教。

的阴影中悲惨度过的，一场是外部世界爆发的黎巴嫩内战，另一场是在内心世界中抵制与反抗男权压迫的无硝烟的战争。

同一件事从不同的视角解读会呈现出不同的面貌和意义，因此叙事视角的选取对于小说创作具有重要意义。小说的叙事视角往往能反映出作者的价值观点、态度和立场，并在潜移默化中影响读者对小说故事及人物的情感和判断。"通常，在男人和女人的意识中，女性都是处于一个被男性审视的位置，换言之，女性是被看的对象，是男人在看女人。"[1] 国内外许多文学作品都是如此，女性往往是男性视角所反映的客体，男性根据自己的审美标准来评判女性，甚至女性作家本身也习惯性地用男性的视角来审视同类，女性作为与男性一样的独立主体的身份被忽略。然而随着女权运动的兴起与女性意识的觉醒，越来越多的女性作家突破传统，开始在文学创作中采用女性视角来叙事，以求确立女性的主体地位。

哈南·谢赫也与这些女性作家一样，在小说《宰赫拉的故事》中主要采用女主人公宰赫拉的叙事视角，通过该女性视角来观察、反映和审视小说中的男性人物。在宰赫拉女性视角的作用下，众多男性人物成了她的眼光所反映的客体。她作为独立的主体，主动站到"看"的位置上，审视与评判这些男性人物，其眼光成为小说中评价男性人物的标准尺度。小说采用女性叙事视角审视男性人物，展现女主人公眼中的男性形象，对在小说文本内建构女性权威起着重要作用。

## 一、"内视角"的运用

女性主义批评学家指出，社会中女性总是处于"被看"的地位，男性与女性构成了"看与被看"的模式。不仅社会上如此，文学作品中亦是如此。古往今来的许多国内外文学作品中，男性常常是观察的主体，女性是被置于男性目光下的审视与评价对象。无论男性视角下的女性是美的形象还是丑的形象，"'被看'的过程都是一个表象化和客体化的过程，抽空了美的生动内涵和人的个性色彩"[2]。在这种"看与被看"一成不变的模式中，女性的主体地位被忽略与抹杀，这造成了女性人物的"空洞化"。而在小说《宰赫拉的故事》中，哈南·谢赫则赋予女主人公宰赫拉"看"的权利，宰赫拉主动观察四周，主动评判别人和自身，小说中的男性人物"反主为客"，自然地成为她眼光所反映的客体。

申丹教授将叙事视角分为四类，即零视角、内视角、第一人称外视角和第三人称内视角。内视角指的是用小说中人物的眼光来观察事物，该视角虽然只能将目光限于聚焦人物（即观察的主体）的目光所能涉及的范围，不像零视角那样从任意角度观察事物，却能让读者直接了解聚焦人物的内心看法，突出聚焦人物的主体地位。在小说中，宰赫拉时常通过其内视角来观察和审视男性人物，男性成了她自由评价的对象，她的父亲便是她审视与评价的对象之一：

> 粗暴是他（宰赫拉的父亲）的常态。我觉得是他的外貌决定了他的性格。他整天拉着一张脸，撅起的厚嘴唇上长着一对希特勒式的胡须，身板结实。他性格暴躁。他眼中的黑是彻底的黑。

在宰赫拉眼中，她父亲与"慈父"毫不沾边，"整天拉着一张脸""撅起的厚嘴唇""希特勒式的胡须"，都形象地刻画出在女主人公眼里父亲的可怕、可恶，很容易让读者理解女主人公为何感觉她父亲冷酷、粗暴，难以接近。一句"他眼中的黑是彻底的黑"更是揭示了宰赫拉父亲说一不二、刚愎自用的性格。

哈南·谢赫在这段运用宰赫拉内视角的不长的文字中，用了五个句号，产生了五个短句，这是一种有些反常的语用习惯，因为阿拉伯语习惯上使用前后有机相连的长句。这样的处理增强了肯定的语气，斩钉截铁，不容置疑。

整部小说中宰赫拉的父亲没有辩驳之机，小说并未采用像全知全能的零视角等能够透露父亲内心的叙事视角，宰赫拉的看法成为小说中评判父亲的唯一标准。这里作者运用宰赫拉的内视角，让女性人物成为审视主体，她拥有自由评价父亲的权利，也向读者传达出了她作为一名女性对父亲的切身感受，显示出了女性的主体地位。

同样，宰赫拉的哥哥艾哈迈德也是宰赫拉内视角下的审视对象之一。宰赫拉与艾哈迈德从小一块长大，在宰赫拉的印象中，小时候的艾哈迈德十分胆小，哪怕在深夜里听广播也会让他感到害怕。兄妹俩在童年时期也是亲密的玩伴，两人时常一块调皮捣蛋，这给宰赫拉留下了美好的童年回忆。长大后黎巴嫩内战爆发，艾哈迈德扛起武器参战，他在战争中也不时回家看看，然而他每次回家的模样都让宰赫拉感到害怕：

> 艾哈迈德，你在隔壁房间玩自慰，抽大麻，吐烟雾，吸了吐，吐了吸，吸毒、自慰，自慰、吸毒。你杀过人，盗过窃，奔走过，踌躇过，也恨过，可现在你却成了大麻的亲人。你如今手握武器真的是为了捍卫什叶派被吞噬的权利吗？他们都说你和所有什叶派的人给贝鲁特招致不幸。还是你要保卫巴勒斯坦人抵抗长枪党？还是巴勒斯坦人保护你和你那应当被诅咒的运气？尽管我仍待在隔壁房间里，但我可以听到你的喘息和呻吟声越来越大，越来越大，你这样只顾自己享受

乐趣难道毫不愧疚吗？

在宰赫拉眼里，她的哥哥已无药可救：他参战以后竟开始没完没了地吸食大麻，旁若无人地自慰，整一个"瘾君子"的形象，以至于宰赫拉对他参战的举动产生了怀疑。难道他拿着武器不是为了所谓"正义"，而仅仅是为了杀人越货？所以人们才谈论说他和所有什叶派的人给贝鲁特招致了不幸。这段话中宰赫拉的最后一句质问"你这样只顾自己享受乐趣难道毫不愧疚吗？"可以解读出两层含义：一方面是对艾哈迈德自顾自吸食大麻、自慰、大声呻吟却根本不顾及隔壁房间里妹妹的感受的愤怒，另一方面也是对他及他所代表的参战者的控诉，他们为了一己私利而掀起战争，打着战争的旗号瓜分利益，他们是造成无休止战争的恶魔。

此处作者运用宰赫拉的内视角，揭穿了艾哈迈德这位男性人物萎靡、下作又自私贪婪的丑陋面目，更重要的是反映出聚焦人物，即女主人公宰赫拉对自己完全不受尊重的气愤，另一方面也反映出她对战争的忧思及对国家命运的责任感，由此女性意识由个人层面上升到了国家民族层面。

## 二、"叙事自我视角"及"经验自我视角"

一部成功的小说往往运用了不止一种叙事视角，采用不同的叙事视角可以丰富小说的叙事层次。叙事学家里门·凯南区分了第一人称回顾性叙述中的"叙述自我视角"和"经验自我视角"。"叙事自我视角"是指叙述者"我"目前追忆往事的眼光；"经验自我视角"是指被追忆的"我"过去正在经历事件时的眼光。在小说《宰赫拉的故事》中，女主人公宰赫拉时常陷入对往事的回忆中，因此，小说除了运用宰赫拉的内视角外，还自然而然地出现了第一人称回顾性叙述中的双重视角，即宰赫拉追忆往事时的叙述自我视角及过去正在经历事件时的经验自我视角。小说常常从宰赫拉过去和现在的双重眼光出发，观察与审视小说中的男性人物。

马立克是宰赫拉哥哥艾哈迈德的朋友，他虽已结婚产子，却向宰赫拉隐瞒自己结婚的真相，私下多次与她约会。他时常在约会时对宰赫拉畅谈纪伯伦语录，分析贞洁的恋爱，还为宰赫拉谋工作，并宣称要和她一同步入婚姻殿堂。就这样马立克逐步诱骗她直到夺走了她的贞操。宰赫拉回忆自己第一次与马立克发生关系的场景时，"叙述自我视角"和"经验自我视角"交替出现：

当我们第一次进入车库时，他的舌头似乎被他吞到了肚里，那一套套关于贞洁爱情及纪伯伦语录的大道理也被他吞到了肚里。他一上来就吻我，我一动不动。只是想扣住我内衣的别针，希望他不要碰到它；想到我袜子上有个洞，希望他不要看到它；想到从今天起，我应该注意保持内裤的干净。他亲吻着我，丝毫没有被我的僵硬和被动惹恼。他正压在我身上亲吻我，向我示爱。但是，一阵尖叫后，看到了自己双腿间和黄色床单上的处女之血。我对他说："在真主面前发誓，你已经娶了我，这一句就够了。"但他始终不愿说"我娶了你"，并开始辩解，说是不愿将我与他捆绑在一起，那样会阻碍我的自由。他又开始给我上课，讲一套又一套的大道理，什么关于男女平等，什么关于保持双方良好关系，还有……还有……而我几乎插不上话。他的拒绝发誓似乎并未影响我们之间的关系，但我之后却只能时而在车库见到他，直到他取消了咖啡馆的见面，取消了让我陪他开车兜风，取消了他曾承诺过的种种、种种。我曾经以为自己因为怀过他的孩子并为此打胎就能控制住他，保持住我们之间的关系，今天想来，仍会为这种想法而不寒而栗。

　　这段话是宰赫拉回忆马立克诱奸自己时的第一人称回顾性叙述，里面出现了宰赫拉追忆往事时的叙述自我视角和正在经历事件的经验自我视角。开头第一句话是明显的叙述自我视角，这可以从"第一次"这个时间状语中判断出，此时叙述者宰赫拉处于居高临下地由现在追忆往事的状态。而从"他一上来就吻我"这句起，视角发生了转变，事件的过程与细节更为清晰，似乎拍摄镜头由远处拉近，阿语原文中的时态也由过去式改为以现在式为主。这是因为叙述者宰赫拉放弃了目前追忆往事的眼光，转而采用过去正在经历事件的眼光，即由叙述自我视角转向经验自我视角。这从"想到从今天起"的"今天"一词也可以推断出，这里的"今天"指的并非是宰赫拉目前回忆往事时所处的"今天"，而是当时与马立克第一次发生关系的那一天，可见视角已悄然发生转变。直到"我对他说"开始至结尾，时态再次大量采用过去式，而最后一句话中的"今天"指的就是宰赫拉现在回忆往事时所处的"今天"，视角又换成叙述自我视角，宰赫拉再次用居高临下的追忆性眼光来呈现往事。

　　作者为何在一段话中采用这两种视角？申丹教授指出，叙述自我视角与经验自我视角"这两种眼光可体现出'我'在不同时期对事件的不同看法或对事件的不同认识程度，它们之间的对比常常是成熟与幼稚、了解事情的真相与被蒙在鼓里之间的对比"[3]。在这段话的叙述自我视角部分，可以明显感觉到宰赫拉现在的眼光比过去更为成熟，回忆往事的宰赫拉居高临下地审视着马立克这位男性人物。现在的宰赫拉已完全看穿了马立克的谎言，已清楚了解了马立克的虚伪，因此叙述自我视角下宰赫拉的叙述充满了讽刺马立克的字眼，如"舌头似乎被他吞到了肚里""一套套大道理""辩解""上课"这些词。在该视角的作用下，马立克成为女主人公成熟眼光下的审视对象，他的谎言及虚伪的面目被瞬间揭露。"今天想来，仍会为这种想法而不寒而栗"这句话更是体现出该视角的成熟，充分表现出宰赫拉对此事的醒悟与反省。因此，女主人公叙述自我视角的运用使马立克这位男性人物成为女主人公成熟眼光下的观察客体，很好地起到了揭露与讽刺的作用，讽刺与批判了马立克欺骗、诱奸女性的不道德行为，充分揭露了马立克的虚伪与龌龊。该叙事视角以其讽刺效果强烈地传递出女主人公痛恨马立克的情感，更突出马立克在女主人公心中的丑恶形象，马立克作为该女性视角下的观察客体毫无辩解机会，因此该视角进一步强调了女性的情感体验，强化了文本中女性的主体地位，由此在文本内增强了女性权威。

至于这段话中宰赫拉经验自我视角的部分，则起到了另一种作用。以过去正在经历事件时的眼光叙述，虽然该眼光不够成熟，却能够拉近读者与文本的距离。在宰赫拉经验自我视角下，马立克夺取宰赫拉贞操的过程被还原。读者就像是站在女主人公的肩头，通过她的感官感受和心理活动近距离地观察人物和事物。该视角下宰赫拉的心理感受时而引起共鸣，令读者感同身受，例如宰赫拉第一次面对性经历时的紧张、被动、手足无措以致全身僵硬；时而又令读者为女主人公的天真担忧，例如她十分珍视要将美好的一面展示在"爱人"面前，她开始注意保持内裤的洁净，不愿让自己不拘小节的一面如袜子上的破洞一样暴露在马立克的面前，又例如她自以为"我俩双双共浴爱河"，等等。读者随着一幕幕情节的推进，和女主人公一起经历情感上的跌宕起伏，经历了她被诱奸的全过程。这种经验自我视角暴露了当时女主人公的不成熟，但同时也激起了读者对当时仍被蒙在鼓里的她的同情，而同情又激发了读者与小说的共鸣，更加认清马立克的虚伪。

经验自我视角不像叙述自我视角那样给人以高高在上的距离感，它拉近了读者与故事的距离，让读者在女主人公视角的引导下近距离地审视作为观察客体的男性人物。就在这近距离的观察中，小说中作者赋予男性人物的形象被清晰地展现出来，女性聚焦人物成功获得读者的同情与认可，由此强化了女性的主体身份，进一步加强了文本中的女性权威。

在小说《宰赫拉的故事》中，作者主要采用了女主人公宰赫拉的内视角及第一人称回顾性叙述中的双重视角：叙述自我视角和经验自我视角来审视宰赫拉的父亲、哥哥艾哈迈德和哥哥的朋友马立克等男性人物。无论采用哪种视角，女主人公都摆脱了传统的女性"被看"的客体地位，站到了"看"的位置上。女性主义叙事学家罗宾·沃霍尔在论文《眼光、身体与女主人公》中指出：" '看'是一种身体行为，对 '看'的描写一直强调女主人公的身体：她的身体在她所观察的场景里的位置，她的身体对所观察事情的内在反应……"[4] 因此在小说《宰赫拉的故事》中，女性叙事视角的运用使女主人公主动站到"看"的位置，能够将读者注意力吸引到女主人公的身体上来，从而凸显了女性的主体地位，强调了女性的情感体验。同时男性人物一反传统的主动观察的地位，而是被置于女主人公审视的目光之下，这些男性人物是被女主人公审视、评价的客体，完全没有申辩的机会，也没有更多着墨，或展开其人物发展脉络，成为丰满立体的人物，只是作为影响故事主发展脉络的一个个因子。作者描绘这些男性人物的目的并不在于展示他们本身，而在于展现他们在女主人公的生活轨迹里所扮演的角色。更重要的是，作者采用女主人公的视角是为了让她讲述她在与那些男性人物交往时自己的看法、感受及对他们的评价，女主人公的眼光是小说中评价这些男性人物的标准尺度，影响并引导读者。可见，小说通过采用女主人公的女性叙事视角为女性自由表达内心感受、自由评价男性人物敞开了渠道，这凸显了女性的主体地位，确立了女性的主体身份，从而有效地在文本内建构起女性权威。

## 结　语

对于女性作家而言，叙事视角的选择和使用往往与性别政治相关联，它是女性作家在文本中传递女性意识、建构女性权威的重要工具。在小说《宰赫拉的故事》中，作者主要选取和采用了女主人公宰赫拉的叙事视角，通过女性叙事视角来分别审视小说中的男性人物。宰赫拉主动站到"看"的位置上，通过其内视角、叙述自我视角及经验自我视角，审视与评判男性人物，男性人物一反主动"看"的传统地位，成为被女性审视和观察的客体，女主人公在审视过程中不断表达对男性人物的看法与评价，不给男性人物辩解之机，她的眼光成为小说中评价这些男性人物的标准尺度，从而凸显了女性的主体地位。在宰赫拉的女性叙事视角对男性人物的审视过程中，被压制的女性主体地位得以确立，被忽略的女性主体意识得到表达，从而在小说文本内成功地建构起女性权威。

**参考文献**

[1] 孟鸣岐 . 大众文化与自我认同 [M]. 南昌：江西教育出版社，2005：170.

[2] 李小江 . 解读女人 [M]. 南京：江苏人民出版社，1999：102.

[3] 申丹 . 叙述学与小说文体学研究 [M]. 3 版 . 北京：北京大学出版社，2004：223.

[4] 罗宾·沃霍尔，王中强. 眼光，身体和女主人公：《劝导》的女性主义叙事学解读 [J]. 叙事（中国版），2009（01）：133.

# The Construction of Feminine Authority in *The Story of Zahra* from Narrative Perspective

## ZHANG Yu

(School of Oriental Languages and Culture in Zhejiang Gongshang University, Hangzhou: 310018)

**Abstract:** Hanan al-Shaykh, one of the leading Arab authoress, is a contemporary female writer in Lebanon. Since her first novel in the 19th century, Hanan has published more than ten works of literature. *The story of Zahra* is widely regarded as her representative work. This novel reflects the wretched condition of Lebanese women and even Arab women in the patriarchal oppression through describing the female protagonist Zahra's experiences in her whole life, to make the world realize the living situation of women in Lebanon and other Arabic countries, and the development of Lebanese society. This novel was voted as one of the 105 best novels in the 20th century by Arab Author Association. This paper analyzes the narrative perspective strategy of *The Story of Zahra* and its influence on the construction of feminine authority, based on feminist narrative theory as the guidance. With the female protagonist's narrative perspective, this novel analyzes its male characters in individual way. This novel analyzes and judges its male characters through Zahra's inner visual perspective, self narrative perspective and self-experienced perspective. It continually expresses its comments on the male characters within the progress of analysis, and build up the feminine authority in the text effectively.

**Key words:** Hanan Al-Shaykh ; *The Story of Zahra* ; Narrative Perspective

语言

# LANGUAGE

# 现代日语中「すみません」的含义
## ——从 "配慮 ( 关怀 ) 表现" 观点分析

木村义之 [1]

（庆应义塾大学日语教育中心　东京：108-8345）

**摘　要：** 日语中的「すみません」并不仅仅表达歉意，还在与人交流的过程中，被用作切入话题的固定用语，以表达对他人的敬意或关怀。本文就「すみません」这一固定表现手法在明治、大正时期的发展进行研究并发表成果。此外，本文还将进一步探讨可同时用于道歉和感谢场合的「すみません」来源于 "恐縮" 这一假说的真实性。

**关键词：** 对人关怀；发话导入部分；感谢；道歉；惶恐

## 一、提出要求时的开场白

对他人提出请求、指示、命令和劝诱等表达行为要求的场合中，通过使用开场白或引言，让听者在接收说话人想要传达的内容的同时，感受到关怀或敬意。现代日语中的「すみません」就是典型的代表之一。

尾崎喜光（2006）针对如何拒绝请求给出了以下典型的句式。

すみませんが〈道歉〉、□□なので〈理由说明〉、△△できません〈拒绝的内容〉

在这个句式中，道歉部分相当于本文所说的开场白。句式中虽然只给出拒绝请求的情况，但实际上同样一个「すみません」，既适用于提出请求，又适用于拒绝请求，这是因为它不仅对感受到心理和实际负担的听者表达歉意，同时又预示对方接下去有话要说。当然拒绝请求的表现方式多种多样，如果将尾崎给出的句式重新排列组合，又可以得到以下句式。

□□なので〈理由说明〉、△△できません〈拒绝的内容〉

□□なので〈理由说明〉、すみません〈道歉〉

这种句式将对具体的理由和情况的说明摆在句子最前面，但这种表现方式往往被认为缺乏对他人的关怀与考虑。这也许是因为明明有固定的表达方式和典型的句式，却剑走偏锋，采用出乎听者意料的方式，这会让听者觉得没有受到关怀吧。木村义之在先前的研究中指出，上述有关「すみません」的用法是

〔1〕木村义之，庆应义塾大学日语教育中心教授。

在明治以后形成，然后慢慢演变成今天这样的固定形式的。在这里，我们首先从用例入手，按照时间顺序罗列出一些将「すみません」用于提出行为要求时的例子，然后对其进行分析，探究其在现代日语中常作为道歉和感谢场合引入语使用的原因。

## 二、明治初期的话题切入语

### （一）对人物的称呼

从明治初期的《西洋道中膝栗毛》中摘取如下的例子，它们都采用了与现代日语的话题切入语有着类似作用的表现手法。（例文画线部分中，实线表示切入语，虚线表示具体说话内容，〈　〉内是说话意图。）

（1）北「コウコウ弥生さん、あんまり人の事は言わねへもんだぜ」（初／上）〈忠告〉

（2）弥「トキニ通さん、親玉は何処へか出かけたといふから此方も市中をちっとぶらついて見やうじやアねへか」（二／下）〈劝诱〉

（3）北「（前略）胸板が破たようだ。弥生さん一寸見てくんねへ」（二／下）〈请求〉

（4）通「弥生さん見なせへ。（中略）『アダムが峯』はアレアレむかふに見へる樹もくじゆのしんしんと茂ツた高イ山に相違ねへぜ」（五／下）〈指示命令〉

cf.江「コウあんまさん、わっちをちっともんでくんなせへ銭やアいくらでもだしやすから」〈请求〉

あん「ハアさやうかいトふせうに江戸ツ子の肩をもミかる」

『滑稽富士詣』七／上（1860—1861）

例文（1）到（4）中，话题切入语都是对人物的称呼，它虽然作为开场白引起对方注意，但并没有表达出对他人的关怀或敬意。与这类似的在人物称呼后面紧跟行为要求的表现手法在江户时期十分常见，但将「すみません（が）」作为话题引入时的固定用法（比如拒绝请求时的切入语），在江户时期却十分罕见。

### （二）"过意不去""安慰，恳请"的表现

用道歉的话作为开场白的这一表现手法不仅在江户时代很难找到踪迹，就连在明治初期也十分少见。所以像例（5）这样的表现手法，特别值得关注。

（5）弥「①モシ旦那へ。②失敬ながらその繁盛記は土地案内にやアなりかねやせう」（初／上）〈忠告〉

句中，①是对人的称呼对方，目的是引起对方注意，紧接着②「失敬ながら」表示歉意。但"失敬"一词除了这一用法，还可与赔礼道歉的话直接连用，如例（6）。这一用法与现代日语中"失礼"的用法十分类似。

（6）書「そんだらハア先生方は御当港の博識とぞんずるに、さいぜんより失敬のだんまつぴら御免のウ下され」（初／上）〈道歉〉

两个句子中的「失敬ながら」都体现了对他人的关怀，现代日语中表达相近含义，并且与其相似的表现手法是「すみません」「失礼ながら」「失礼ですが」等。

除了道歉，用于请求的场合也有如下例子。

（7）北「ヲイヲイ通次さん、憚りながら亭主え行て三弦を一挺かりこんでくんせヘナ」（二／上）〈请求〉
（8）弥「どうか御苦労ながら各方に頼んで田舎道をモウ一遍たづねてもらつておくんなせへ」（二／下）〈请求〉

例（7）中「憚りながら」是由表示对他人造成不便而有所顾虑的「はばかる」的名词「はばかり」衍生而来的，用于开场白中表示过意不去。

例（8）中「どうか御苦労ながら」在现代日语中也有着类似的固定用法，如「御苦労だが」「御苦労（様）だけど」等。这也可看作由「恐縮」引申而来。

观察以上明治初期的作品，虽然能找出与现代日语中类似的切入话题的表达方法，但在形式上与江户时期甚至更早前的并无大异。而且像「すみませんが」这类在现代日语中十分常见的表达道歉的方式在明治初期还很少，取而代之的是「恐縮（过意不去）」等表现。

由此可见，虽然在现代日语「すみません」通常被认为是"道歉"，但联系上述例子中「恐縮（过意不去）」的用法，我们不难对「すみません」的含

义和用法重新定位。


## 三、请求场合中的「すみませんが」

### （一）"道歉"与"过意不去"

从上述内容中，不难发现现代日语中普遍的「すみませんが」在明治初期很少出现。直到明治十年左右，其才有迹可寻。


（9）文「外の事とも違ふから、御不足はあるまいが御入用なれば文治郎これだけ入ると、打明けて云うて下さるのが友達の信義だから、多分のことは出来まいが、少々ぐらゐのことなら御遠慮なくお云ひなさい」

亥「へえへえ……からビッショリ汗をかいて仕舞った……実は金を借りに参ったので」

文「道理でおかしいと思った、一つ言ばっかり仰るから、お正直です」

亥「今まで身上が悪いから菓子屋も茶屋も貸さねえ、仕方がねえから旦那の所へ来たが、玄関の所へ来て這入り切れねえ……①旦那②済みませんが貸して下せい。」

文「道理で……宜しい宜しいあなたが道楽に遣ふのでない立派なことです、（下略）」〈請求〉

三遊亭円朝『業平文治漂流奇談』一六（1885）


这一段描述了泥瓦匠亥太郎向侠客文治郎借钱的场景。其中，「旦那（先生）」是称呼，紧接着可以看到「済みませんが」。光看画线部分，「済みませんが」在形式上可以看作「（金を）貸して下さい（请借给我钱）」的引文，但在画线部分之前亥太郎已经向文治郎明确了请求的内容，即「実は金を借りに参ったので（实际上是为借钱而来）」。所以例句中的「済みませんが」并不能算是提出请求时的开场白，这是因为提出的请求（借钱）可能会对听者一方造成很大心理负担，用「すみません」表示歉意就是有关「すみません」很早期的例子。

西村启子说从幕府时代末期到明治初期，「すみません」越来越多地用于表达歉意。但值得注意的是，像借钱这类会造成他人精神负担的行为，用「すみません」究竟是表达歉意还是表示自己内心过意不去呢？显然，这很难有明确

的定论，所以在现代日语中出现时，也一定要结合语境慎重考虑，仔细体味。

夏目漱石的作品中可以找到以下例子。

　　「一寸失敬だが待ってくれ給え。先っきから伺っていると□□子さんと云ふのが二返ばかり聞こる様だが、もし差支がなければ承はりたいね、君」と主人を顧みると、主人も「うむ」と生返事をする。〈请求〉

夏目漱石『吾輩は猫である』二（1905）

　　平岡が、失敬だが鳥渡待って呉れと云った間に、代助は行李と長襦絆と、時々行李の中へ落ちる繕い手とを見てゐた。

夏目漱石『それから』六の四（1909）

这两个例句中，说话者都是男性，且都是知识分子。可以猜想作者在遣词方面有一定偏向性。但无论如何，早在明治时期"道歉"与"过意不去"的联系就十分紧密这一点是显而易见的。

### （二）「すみませんが」话题引入语的固定形式

例（10）描述了赶车人（村越）向同坐在马车上的女子提出下车的请求这一场景。

　　（10）何思ひけむ、御者は地上に下り立ちたり。乗合は箇抑甚麼と見る間に、渠は手早く、一頭の馬を解き放ちて、
　　「①姉様②済みませんが、一寸下りて下さい」〈请求／指示〉
　　乗合は顔を見合わせて、此謎を解くに苦めり。美人は渠の言ふがままに車を下りぬ。

泉鏡花『義血侠血』其五（1894）

上述例子中因为马车上有其他乘客，所以①的称呼起到了引起对方注意的作用。②的「済みませんが」是提出请求的开场白，而后紧接着「一寸（馬車を）下りて下さい（请从马车上下来）」是请求的具体内容。这种结构框架可以说与现代日语中表请求的句式十分接近了。

例（11）主要描述车上女子向赶车人借烟的场景。句中没有对人物的称呼和理由等情况的说明，而是简单地由开场白加上请求的具体内容构成。而其请求内容对听者造成的心理负担也相对较小。

（11）馭者は懐裡を捜りて、油紙の蒲簀莨入を取出し、いそが
はしく一服を吃して、直に物語の端を発かむとせり。白糸は渠が吸
殻を撃くを待ちて、
　　「<u>済みませんが、一服貸して下さいな</u>」〈请求〉
　　馭者は言下に莨入と燐枝とを手渡して……
泉鏡花『義血侠血』其十（1894）

结合例（10）和例（11），我们不难发现，在明治中期，就已经出现将
「すみませんが」作为请求时的开场白的情形了。而随着时间推移，这样的用
**法也越来越多。**

（12）「それではね、本当に<u>御苦労で済まないけれど</u>、氷川迄行
<u>って見て来て下されば、それで可いのですよ。</u>」〈请求〉
　　畔柳さんへ行って、旦那が行ったか、行かないか、若し行った
のなら、何頃行って何頃帰ったか、何有、十に九まではきっと行き
はしませんから。其の様子だけ解れば、それで可いのです。それだ
け知れれば、それで探偵が一つ出来たのですから。
　　「では行って参りませう。」
『金色夜叉　中編』（三）の二（1897）

例（12）中描述请求的部分并没有采用「てください」「てくれませんか」
等典型的句式，而是采用了「～ば、それで可いのです」的表达方式。但从说
话意图来看，确实可以将其归为请求一类。值得注意的是，例句中将「済まな
い」与「御苦労で」这一表安慰的表达连用。虽然光从这一个例句中很难判断
究竟是增强还是削弱了「済まない」道歉的程度，但这无疑起到了加大安慰语
气的效果。

（13）月給の下りた時には、清三は屹度郵便局に寄って、荻生君
を誘って、角の菓子屋で餅菓子を買って来る。（中略）清三の財布
に金のない時には荻生君が出す。荻生君にもない時には、「①<u>和尚
さん甚だ</u>②<u>済みませんが</u>、③<u>二三日の中におかへししますから</u>、④
<u>五十銭ほど貸してください</u>」などと言って清三が借りる。〈请求〉
田山花袋『田舎教師』十五（1909）

例（13）中，①是称呼对方，为了引起对方的注意，②是道歉的引入语，

③是情况的解释说明，④是请求内容。这样的句子构成已经与现代日语中表示请求的固定结构十分接近了。

例句（14）到例句（17）中，对话双方的关系都是亲属或者上下级关系。比如例句（14）中，说话人是女儿，听者是父亲。例句（15）虽然没有明确说明请求的具体内容，但实际上描述的是女主人吩咐与小沙弥一同归来的女仆处理掉被沙弥所杀的蛇。例（16）中两个主人公叶子和仓地是恋人关系。例（17）中双介和高子虽不是恋人关系，却互相爱慕对方。

在类似上述亲密的关系中提出请求时，用到「すみませんが」，所包含的"过意不去""不好意思"的意味相较于例（11）到例（15）比较薄弱。因此，我们可以认为现代日语中表示请求时所用到的固定的开场引入语，都是在明治中期到大正时期形成的。

（14）「父さん、<u>済みませんが</u>、<u>この鞄を解いて見て下さいな</u>。お俊ちやん達に進げる物がこの中に入って居る筈です — 生家の父親さんは斯様に堅く荷造りをして呉れて」斯うお雪が言った。〈请求〉

島崎藤村『家　下巻』三（1911）

（15）「そんなら小僧さん<u>済みませんが</u>」と女主人が頼んだ。小さい女中が格子戸から小僧を連れて内へ這入った。

森鴎外『雁』拾玖（1911–1913）

（16）葉子はしとやかにそう云って寄り添ふやうに倉地に近寄ってそのボタン孔に入れようとしたが、糊が硬いのと、気おくれがしてゐるので一寸這入りそうになかった。

「<u>済みませんが一寸脱いで下さいましな</u>」〈请求〉

「面倒だな、このままで出来ようが」

有島武郎『或る女』三八（1919）

（17）「<u>すみませんが</u>、<u>ぼくにうがいをくれませんか</u>。」〈请求〉

「はい。」

高子の声がひどく曇っていた。行介もへんに感傷的になった。

「オキシフルがあったら、それを入れてあげてください。」

医師が、立って行く高子に注意した。

山本有三『波』二ノ八（1923）

## 四、拒绝的场合中用感谢引入话题

### （一）拒绝与「ありがとう（感谢）」

拒绝对方的请求、指示、命令和劝诱，会对说话者造成很大的心理负担，因此为了体现对说话者的关怀，我们要尽量避免出现直接拒绝的情况，因而才出现了用「すみません」这样表示道歉的词来作为拒绝时的开场白。在之前我们已经详细分析这种用法了。而接下来，我们主要针对拒绝请求和劝诱时采用表感谢的词作为开场白的情形进行讨论。

木村在 2009 年出版的研究成果中，曾用到以下例子。

（18）「ヲヤ誰方かと思ッたら文さん……淋敷ッてならないから些とお噺しに入ッとな」〈劝诱〉
「エ多謝う、だが最う些と後にしませう」〈拒绝劝诱〉
二葉亭四迷『新編　浮雲』三（1887）
（19）「若し復職が出来れば此上も無いと云ったやうなもんたママらうソコデ若し果して然うならば宜しく人の定らぬ内に課長に呑込ませて置く可くだ、ガシカシ君の事たから今更直付けに往き難いとでも思ふなら我輩一臂の力を仮しても宜しい橋渡をしても宜しいが如何だ思食は」〈提议〉
「それは御信切……難有いが……」
ト言懸けて文三は黙してしまった、迷惑は匿しても匿し切れない自ら顔色に現はれてゐる、モぢ付く文三の光景を視て昇は早くもそれと悟ったか
二葉亭四迷『新編　浮雲』九（1887）

青木博史曾在其研究中，对在拒绝时加入感谢用语这一现象做了一番解释。他表明，当拒绝他人的好意时，往往先表达感谢之意，再表示出拒绝之意。这种拒绝的方式出现于幕府时代末期到江户时代期间。上述的例句（19）是在明治前期出现的，也有着相同的句式构造。而下面的例（20）和例（21）则是出自明治末期到大正期间的作品。

（20）「君、煙草を呑むかい」と、どてらが「朝日」の袋を横から差し出した。（中略）〈劝诱〉
中にある煙草がかたまって、一本になってる様に思はれる。袖のないどてらだから、入れ所に窮して腹掛の隠しへでも捩ぢ込んで

置くものと見える。

　「有難う、沢山です」〈拒絶〉

　と断ると、どてらは別に失望の体もなく、自分でかたまったうちの一本を、爪垢のたまった指先で引っ張り出した。

夏目漱石『坑夫』（1908）

　（21）「もし御主人がやかましくなければ、今夜は此処に泊って行って下さい。それから僕のお母さんにも命拾いの御礼を云はせて下さい。僕の家には牛乳だの、カレエ・ライスだの、ビフテキだの、いろいろな御馳走があるのです。」〈劝诱〉

　「ありがとう。ありがとう。だがおじさんは用があるから、御馳走になるのはこの次にしよう。—じゃお前のお母さんによろしく。」〈拒絶〉

芥川龍之介『白』三（1923）

**（二）感谢与过意不去**

　综观整个明治时期，除「ありがとう」和「ありがたい」之外，「かたじけない」这一系列也常用于表达感谢之情。

　（22）「（前略）なるほど子の情として親の身を案じてくれる、其の点は空には思はん。お前の心中も察する、意見も解った。然し、俺は俺で又自ら信ずる所あつて遣るんぢやから、折角の忠告ぢやからと謂うて、枉げて従ふ訳にはいかんで、のう。今度間が那云ふ目に遭うたから、俺は猶更劇い目に遭はうと謂うて、心配してくれるんか、あ？」はや言ふも益無しと観念して直道は口を開かず。

　「そりや辱いが、ま、当分俺の軀は俺に委して置いてくれ。」〈对忠告的拒绝〉

『金色夜叉　後編』（一）の二（1897）

　上述例子中，父亲虽然认可儿子提的忠告，但仍然觉得自己要对自己的身体负责，不能辞去现在的工作。在这里采用了「かたじけない（表感谢）＋が（转折）」这样的形式作为开场白。下文中的例（23）也采用了同样的方式。

　（23）「其は惜しいもんだね、素寒貧の僕ぢや仕方ないが、武男君、如何だ、一肩ぬいで見ちやア」（中略）

　「①御厚意辱ないが、吾輩の様に、何時魚の餌食になるか、裂弾、

榴弾の的かたじけいつうをになるか分からない者は、別に金儲の必
要もない。〈拒绝劝诱〉

　　②失敬だがその某会社とかに三万円を投ずるよりも、吾輩は寧
ろ海員養成費に献納する」〈提出代替方案＝拒绝劝诱〉

　　にべなく言放つ武男の顔、千々岩はちらと眺めて、山木に胸せ
し、……

徳富蘆花『不如帰』二の二（1989-1999）

　　上述例子中，①②都是拒绝劝诱的开场白。但两者截然不同，①是感谢，
②是表达歉意。这两者的区别使用主要是根据以下原则：

　　对方提出的建议对自己有好处，但自己不得不拒绝时，请用表示感谢的引
入语；

　　说话人所说的话对对方造成了心理上的负担时，请用于表示歉意的引
入语。

　　在现代日语中常见的表示感谢的词是「ありがとう」，但像上述例句中出
现的「かたじけない」也值得关注。「かたじけない」本身带有过意不去的含
义，所以这个词不仅拒绝对他人的恩惠表示不好意思，又包含对他人的感谢之
情。所以可见在表达自身态度时，感谢也与过意不去有着密不可分的关系，很
难将两者明确分开。

## 五、话题引入语——「恐縮」

　　上文中，我们通过许多例子，总结了在明治、大正时期的话题引入语主要
是以道歉和感谢这两大类为主。接下来我们将围绕「恐縮（过意不去）」的表
达方式进行进一步探讨。

### （一）「恐縮」的用法和表现

　　佐藤亨在其研究中表示，「恐縮」作为词语最早出现在 1860 年出版的《航
米日录》中，而其中出现的语句也被收录于《日本国语大辞典 第 2 版》中，
成为首例。

　　*『航米日録』（1860）——「波濤高く船上を飛騰す、連日の風波人皆
恐縮す。夜に至リ尚止まず」

　　词典中对「恐縮」的解释有以下两种：第一，因为害怕而蜷缩身体；第
二，给对方造成麻烦，接受对方好意时内心过意不去。其中的第二点和现代日

语中「恐縮」的意思相近。以下几个例子中的「恐縮」都是第二种意思。

＊『諷誠京わらんべ』二回（1886）〈坪内逍遥〉「寔に御他行のお妨を仕つりまして、実以て恐縮ではございますが」

＊『遺言』（1990）〈国木田独歩〉「自分が傍で聴くとは思ひがけない事ゆえ、大に恐縮して居る者もある」

＊『吾輩は猫である』二（1905—1906）〈夏目漱石〉「乍恐縮かの猫へも宜しく御伝声奉願上候とある」

近代词典中，在由美国传教士黑本编写的《改正增补 和英语林集成》中可以找到「恐縮」一词。但在《大汉和辞典》《汉语大辞典》等汉语书籍中，似乎找不到有关它的例子。它被认为是日本式的汉语，即日语的音读借用到和语词汇中。所以与「かしこし」「おそる」「はばかる」等意思相近的词相比，它的历史相对较短。因此，体会并推敲其随着时间推移不断变化的含义，也不失为一种乐趣。

比如，以下的例句（24）到（26）是在江户时期广泛使用的「はばかり（さま）＋逆接」这一句式的实际应用。

（24）「酔はないと申上げ難い事なのですから、私少々酔ひますから貴方、憚様ですが、もう一つお酌を」〈请求〉
「酔つちや困ります。用事は酔はん内にお話し下さい」

尾崎紅葉『金色夜叉　中編』第二章（1897）

（25）けれども時子は格別厭な面もせず、大人しく、「それが何よりですわ」と鉄瓶を取って、火を穿って見て、「まあ、此様に小さくなるまで」、と独言のように言って、「一寸憚りさま、その炭斗を」黙って取って出すのを、受取って、……〈请求〉

二葉亭四迷『其面影』十七（1906）

（26）「古藤さん愛と貞とはあなたに願ひますわ。誰がどんな事を云はうと、赤坂学院には入れないで下さいまし。私きのう田島さんの塾に行って、田島さんにお会ひ申してよくお頼みして来ましたから、少し片付いたら憚り様ですがあなた御自身で二人を連れていらしってください。（下略）」〈请求〉

有島武郎『或る女』八（1919）

「はばかる」一词，原先的含义是对他人造成的不便表示有所顾虑或不好意思。但从明治、大正时期的例子来看，这层含义的应用变少了，取而代之的是用于对他人造成很小的心理负担的请求场合。例（26）中，看似表达请求的

形式，实则带有命令的口吻，所表达的"不好意思"的程度非常低。因此这里的「はばかる」只是作为话题引入的固定形式而已。在现代日语中，相比「はばかる」，更为常见的是将「恐れ入りますが」与表示"不好意思"的表达方式连用，如例（27）。

（27）烟草燻ゆらし居たる週報主筆行徳秋香「渡部さん、恐れ入りますが、お序にお誦み下さいませんか」〈请求〉
「其れが可い」
「どうぞ」
「ぢゃ、読みませう」

木下尚江『火の柱』（1904）

## （二）「恐縮」的变化

当然，现代日语中依然保留着「恐縮」原本的含义，但相比于《日本国语大辞典 第2版》中的例子，现在它的使用范围更广，含义更宽泛，不局限于表达不好意思。

（28）妻「和郎、大坂から婦人を連れて御在被為ましたが、良人位の御身上で妾を私あなたおいでなさいあなたが彼是申す訳も無し、持ったからと云っても致し方の無い話ぢやア有りませんか。（中略）是非此方へ御連れ遊ばしませ」
檀「和女に爾ふ云はれると恐縮為るが、那んな者は奉公人と同じ事で、止むを得ん事で連れて来たが俺だって若い者ぢやア無し、其内に何か有つたら嫁にでわしも遣って遣らうと思って居るんだが、今更大坂へ帰す訳にも行かず、私も痛し痒しで困った居るんだが、今に何うか成らうから……」

春風亭柳枝『雪解の富士』（1893）

（29）女房「お帰んなさいまし、能く家を忘れなかったねえ」
「冗談いっちゃアいけねえやな、手前の家を忘れる篦棒はありやしねえや。オ、奥方、甚はだ恐縮だがお冷水を一杯頂き度いね、水を一杯呉んなよ」
ひや女「チョイトお前さん、今日で四日になるぢやアないか、何処へ行ってたんだい」

柳家小せん『子別れ』（1919）

（30）山男もしずかにおじぎを返しながら、「いやこんにちは。

お招きにあずかりまして大へん<u>恐縮です</u>」と云いました。

宮崎賢治『紫紺染について』（1924—1925）

（31）監視せんでも良えぞ。勘定はこの人が払ってくれる。食逃げはせんからね。いつものようには……」

そして、豹一は、「君、勘定を払ってもらった上にはなはだ<u>恐縮だが……</u>」しかし、ちっとも恐縮しているような態度は見せず、にやにやと顎をなでていたが、いきなり、「金を貸してくれ」と、言った。

織田作之助『青春の逆説』（1941）

（32）「一度、検査してもらったらどうだ？君は私にとっては貴重な人材だからな」

「<u>恐縮です</u>」

「それじゃ、デザートにしよう」

古い邸宅を改造したレストラン。一奥まった個室である。

赤川次郎『親しき仲にも殺意あり』（1990）

我们可以发现，现代日语在保留「恐縮」的本意"不好意思"的同时，越来越多地加入感谢的意味。例句（32）就很好地印证了这一点。

## 七、总结

上文中，我们在关注狭义近代日语中「恐縮」一词的词义变化的同时，也可以发现由其本义引申而来的「すみません」被广泛应用于现代日语的历史背景。

小柳智一在2009年发表的研究成果中指出，在古代日语中表示人际关怀的表现手法以「恐縮」的表现及"畏惧谨慎"的表达为主。而「恐縮」的含义也经历了如下的变化：大致是从"畏惧（恐れ）"到"有所顾忌（畏まり）"，再到"表示歉意（謝罪）"，最后到"表达谢意（感謝）"。前文中，在明治、大正时期，将「恐縮」作为话题引入语进行讨论研究时，我们已经描述了"道歉（謝罪）""感谢（感謝）"和"不好意思（恐縮）"这三者之间的联系。无论是从古代日语到近现代日语长时间的发展历史来看，还是仅仅在狭义的近代日语中发生的词义变化来看，这三者在本质上都是类似的。"道歉（謝罪）""感谢（感謝）"的来源归根结底还是"不好意思（恐縮）"。所以「恐縮」是考察日语中人际关怀表达时最为重要的关键词。

　　另外，相比较欧美语言中常见的对宗教的忏悔及对上帝的感激，日语中更为常见的是对他人造成负担时不好意思或者有所顾忌的情感。而这些情感往往很复杂，会出现由"恐慌"到"顾虑"，再到"不好意思"，最后到"感谢"这样的变化。但无论是以上哪一种情感，用「すみません」作为开场白都十分合适贴切。再从语言的对应性考虑，汉语词汇中「謝罪」与「感謝」对应，但和语词汇中很难找出与「詫び」对应的词，这大概也是大量使用「すみません」的原因吧。

　　在 2016 年里约奥运会上，获得女子柔道铜牌的选手近藤亚美在获奖后发表了如下感言。

　　（ア）「（準決勝は）力のなさが出た。しっかり受け止めて、東京五輪に向けやり直したい。すみませんでした。申し訳ない気持ちでいっぱいです。」

　　以下是女子摔跤选手吉田沙保里在错失四连冠之后，向公众道歉时的发言内容。

　　（イ）「たくさんの方に応援していただいたのに、銀メダルで終わってしまって申し訳ないです。」
　　（ウ）「日本選手の主将として、金メダル、取らないといけないところだったのに、ごめんなさい。」
　　（エ）「自分のやっぱり気持ちが、最後は勝てるだろうと思ってたんですけど、取り返しのつかないことになってしまって…」
　　（オ）「もうこんなにたくさんの方に遠いところまで来ていただいたので、日の丸の旗や声援がものすごく聞こえてきたんですけど、最後、自分の力が出し切れなくて申し訳ないです。」

　　将她的发言内容都被视作道歉的新闻解说不在少数，但实际上其中还包含了反省、自责、后悔等多重含义。我们可以理解成她将心中的负担或是压力全部通过「すみません」「申し訳ない」和「ごめんなさい」表达出来了。
　　对日语中人际关怀的表达方法进行研究，将静态研究和动态研究相结合，以历史发展变化中不同的节点作为研究线索进行进一步探索，是十分重要的研究方向与角度。

　　　　　　　（浙江工商大学东方语言文化学院硕士研究生杨浩霆译，吴玲校译）

　　（本文据 2016 年 10 月 22 日在江西师范大学举办的中国日语教学研究会浙皖赣分会上演讲内容修改。）

## 资　料

　　芥川龍之介『白』／『芥川龍之介全集 6』，岩波書店，1978。

　　有島武郎『或る女』／『現代日本文学全集 21』，筑摩書房，1954。

　　泉鏡花『義血侠血』／『明治文学全集 21』，筑摩書房，1966。

　　尾崎紅葉『金色夜叉』/『明治文学全集 18』，筑摩書房，1965。

　　仮名垣魯文『万国航海西洋道中膝栗毛』/『文学全集 1』，筑摩書房，1966。

　　木下尚江『火の柱』/『筑摩現代文学大系 5』，筑摩書房，1977。

　　三遊亭円朝『英国孝子之伝』／『明治文学全集 10』，筑摩書房，1965。

　　三遊亭円朝『業平文治漂流奇談』/『圓朝全集 4』，春陽堂，1927。

　　島崎藤村『家』／『現代日本文学全集 18』，筑摩書房，1957。

　　島崎藤村『破戒』／『現代日本文学全集 8』，筑摩書房，1953。

　　田山花袋『蒲団』/『明治文学全集 67』，筑摩書房，1968。

　　坪内逍遙『一読三嘆当世書生気質』/ 明治文学名著全集『当世書生気質』，東京堂，1926。

　　德富蘆花『不如帰』／岩波書店，1938。

　　夏目漱石『坑夫』／『漱石全集 3』，岩波書店，1966。

　　夏目漱石『彼岸過迄』／『漱石全集 5』，岩波書店，1966。

　　夏目漱石『吾輩は猫である』／『漱石全集 1』，岩波書店，1965。

　　夏目漱石『それから』／『漱石全集 4』，岩波書店，1965。

　　二葉亭四迷『新編浮雲』/『明治文学全集 17』，筑摩書房，1965。

　　二葉亭四迷『平凡』『其面影』／『現代日本文学全集 1』，筑摩書房，1956。

　　森鴎外『雁』／『現代日本文学全集 7』，筑摩書房，1956。

　　山本有三『波』／『現代日本文学全集 31』，筑摩書房，1954。

## 参考文献

[1] 青木博史. 近代語における「断り」表現 [C]// 野田尚史. 日本人の対人配慮表現の多様性 平成 17 年度～平成 20 年度科学研究費補助金・基盤研究（B）研究成果報告書，2009.

[2] 尾崎喜光. 依頼・進めに対する断りにおける配慮の表現 [C]// 国立国語研究所. 言語行動における「配慮」の諸相. 東京：くろしお出版，2006.

[3] 蒲谷宏，川口義一，坂本恵 . 敬語表現 [M]. 東京：大修館書店，1988.

[4] 木村義之 . 明治時代前期の「断り」表現—『一読三嘆当世書生気質』『新編浮雲』を中心に—[J]. 日本語と日本語教育，2009（37）：7-25.

[5] 熊谷智子，篠崎晃一 . 依頼場面での働きかけ方における世代差・地域差 [M]// 国立国語研究所 . 言語行動における「配慮」の諸相 . 東京：くろしお出版，2006.

[6] 多門靖容，岡本真一郎 . 定型の前置き表現分析のために [J]. 愛知学院大学人間文化研究所紀要，2005（20）：410-426.

[7] 多門靖容 . 定型の前置き表現のダイナミズム [M]// 森雄一，西村義樹，山田進，米山三明 . ことばのダイナミズム . 東京：くろしお出版，2008.

# The Usage of "SUMIMASEN" in Modern Japanese: From the Point View of the Caring Feeling to the Partner of the Conversation

## KIMIRA Yoshiyuki

(Center for Japanese Studies in Keio University, Tokyo: 108-8345)

**Abstract:** This paper describes the usage of the Japanese phrase "SUMIMASEN" as a typical leading expression of the sentence, which indicates the feeling of caring and pardon to the conversation partner, not only as an expression of apology. Observing the historical usage of the appearance of "SUMIMASEN" in Meiji and Taisho eras, the speaker is often assumed to use "SUMIMASEN" to express various feelings, such as self-depreciation, thankfulness, sorriness, etc.

**Key words:** Caring the Partner of the Conversation ; Leading Part of the Phrase ; Thankfulness ; Apology ; Worried

# 日语会话中倾听者在单线参与结构故事讲述中的作用[1]
## ——以广播访谈类节目为例

张惠芳[2]　张冰颖[3]

（浙江大学外国语言文化与国际交流学院　杭州：310058）

**摘　要：**故事讲述的序列结构轨迹，大致可以分为两种参与结构。其中一种是"单线参与结构"，一位参加者作为话题的讲述者，以这个参加者的故事讲述为主轴进行对话。在"单线参与结构"的故事讲述中，倾听者自始至终作为配角，虽然自身不会成为讲述者，却发挥了积极推动讲述者的作用。本文的目的在于分析这样的倾听者的语言行为，明确"单线参与结构"故事讲述中倾听者发挥的作用。

**关键词：**故事讲述；单线参与结构；广播访谈节目；话轮转换

## 一、研究背景

Fromm-Reichmann 指出，心理咨询师在倾听对方问题的时候，必须控制住不去回忆自身的经历（Sacks，1992）。基于此观点，Sacks（1992）认为，如果这种训练必要的话，那么在非心理咨询的会话中，倾听者在倾听过程中总会自然回想起自身的经历。串田（2006）将这种倾听方式看作"非精神疗法式的倾听方式"（「非精神療法的な聞き方」），将以这种倾听方式为主的故事讲述的序列结构称为"多线参与结构"（「複線的な参加構造」），而将以"精神疗法式的倾听方式"（「精神療法的な聞き方」）为主的故事讲述的序列结构称为"单线参与结构"（「単線的な参加構造」）。在单线参与结构中，讲述者和倾听者的角色较为固定，围绕讲述者的故事进行；而在多线参与结构中，讲述者和倾听者的角色随时可能切换，倾听者在倾听对方故事的同时，会在自己的脑海中进行相似经验的探索，尝试与对方进行话题交流，并随时准备成为下一个讲述者。

在我们的日常生活中，进行故事讲述时大多采用多线参与结构。然而不可否认的是，即使讲述者和倾听者的角色交替是一种普遍现象，类似于心理咨询

---

〔1〕本论文受到国家社会科学规划基金项目"句末语气形式在自然会话中的交际功能"（项目编号：14FYY026）、浙江大学外国语言文化与国际交流学院教学成果奖培育项目"以大量文献阅读为基础的自主创新型研究生教学改革"的资助，谨表感谢。
〔2〕张惠芳，浙江大学外国语言文化与国际交流学院副教授。
〔3〕张冰颖，浙江大学外国语言文化与国际交流学院硕士研究生。

这样的单线参与结构的故事讲述也绝不少见。这样的会话有别于一般的日常闲谈，有着较强的目的性，例如访谈节目、烦恼倾诉等。在这些故事讲述中，倾听者一直处于辅助立场，同时又发挥着不可忽视的作用。本文旨在通过分析这些会话中倾听者的语言行为，揭示在日语的单线参与结构的故事讲述中倾听者所起的重要作用。

## 二、先行研究

在先行研究中，故事讲述中倾听者的语言行为主要可以分为三个方面：一是邀请讲述，即故事倾听者请求讲述者提供故事，或者在讲述者主动提供故事的时候选择倾听（Sacks，1992；Goodwin，1986）。二是简单反馈，即故事倾听者所做出的"继续标记"（continuer）。继续标记表示故事倾听者对故事的理解，同时表示自己知道故事还在进行中，没有获得话轮的想法。英语中"uh huh"和"mmhm"等可以被用作继续标记（Schegloff，2007），而在日语中「うん」「はい」「ええ」可以被看作继续标记（串田，2009）。三是会话修正，其中故事倾听者扮演的不是被动的接受者，而是更积极地参与反馈，表达对故事的理解或者提出对故事的疑问，他们的某些语言可能改变故事发展的方向（Sacks，1992；Goodwin，1986；Schegloff，2007）。

然而，先行研究中的结论还有待进一步推敲。一方面，先行研究只在一般意义上对故事讲述中的倾听者进行了考察，并没有对将其分为单线与多线进行有针对性的探究，也就没有机会以宏观的视角来看待倾听者在单线参与结构的故事讲述中的整体作用。串田（2006）虽然提出了单线和多线的概念，但他将重点放在了多线参与结构的故事讲述，对单线参与结构的故事讲述及其倾听者的语言行为几乎没有涉及。而另一方面，先行研究对于倾听者作用的总结不够全面。一是对于部分语言行为没有进行总结。例如，我们常常听到倾听者在故事讲述过程中情不自禁地发出「すごい」之类的感叹，这类感叹没有寻求故事讲述者的回应，往往不会产生任何修正会话的作用，但同时也不能被看作"被动接受故事"的"继续标记"。二是没有对已总结的语言行为进行更详尽、具体的分类。"会话修正"中很多语言行为都发挥着不同的作用。比如在针对故事提问的时候，有可能是对故事内容提出疑惑，也有可能是对故事内容进行确认，前者限定了故事接下来的发展方向，而后者只是为故事接下来的展开提供了线索，而具体会不会展开、如何展开还得由故事讲述者来决定。综上所述，我们有必要围绕单线参与结构的故事讲述，对倾听者的语言行为和作用进行更为细致完善的考察。

## 三、研究方法

本文以广播访谈类节目为语料，将 15 个围绕某一主题进行的故事讲述进行文字转写，其文字资料和语音资料均用作研究资料。具体见表 1。

表 1  单线参与结构的故事讲述中倾听者的发言比率

| 语料编号 | 秒数 / 总秒数 | 比率 | 语料编号 | 秒数 / 总秒数 | 比率 | 语料编号 | 秒数 / 总秒数 | 比率 |
|---|---|---|---|---|---|---|---|---|
| 1 | 14/74 | 19% | 6 | 21/81 | 26% | 11 | 17/60 | 28% |
| 2 | 15/58 | 26% | 7 | 19/69 | 28% | 12 | 29/122 | 24% |
| 3 | 11/63 | 17% | 8 | 21/77 | 27% | 13 | 17/56 | 30% |
| 4 | 10/46 | 22% | 9 | 17/76 | 22% | 14 | 28/125 | 22% |
| 5 | 10/53 | 19% | 10 | 12/75 | 16% | 15 | 24/114 | 21% |

根据表 1 的数据我们可以得知，倾听者产生语言行为的平均比率大约在 23%（发言秒数之和 / 总时间之和）左右。发言比率整体在 15%—30% 之间浮动，这些数字表明倾听者在故事讲述中严格扮演配角的同时，也积极参与了会话。

## 四、单线参与结构的故事讲述中倾听者的语言行为

第四节将立足于故事讲述的进程，具体考察单线参与结构的故事讲述中倾听者的语言行为。在例文中，倾听者为广播的主持人，用字母 "A" 表示，讲述者为广播的嘉宾，用 "B" 表示。

### （一）故事的导入

故事的导入可以通过多种形式来实现。单线参与结构的故事讲述的导入模式，大致可以分为两类：一是倾听者请求讲述者提供故事；二是倾听者利用 "钓鱼装置" 引导讲述者主动提供故事。

#### 1. 倾听者请求讲述者提供故事

倾听者请求讲述者提供故事，换句话说，就是讲述者以回答倾听者问题的形式开始讲述故事。Schegloff（2007）也曾提到，"话题可以以回答问题的形式展开"。

【片段 1：海外的童年时光①】
1　A: あの：B さん [（0.3）] イランや（.）エジプトなど [（.）子供の頃=

```
 2  B:              [うん.]                              [はい.
→3  A: =海外で [(.) 過ごしたそうですが [:, (0.5) どんな (.) =
 4  B:          [はい.                    [はい.
→5  A: =子供時代だったのでしょうか.
 6  B: う:ん (.) イランは (.) その:::77 年に生まれて:, [(.) 79 年に=
 7  A:                                              [は:い.
 8  B: =革命が起こって:, [(0.5) 帰ったので, (0.2) =
 9  A:                  [は:い.
10  B: =>全然<覚えてないんですけど [:, (……) =
11  A:                          [はい.
12  B: =(0.7) カイロのことはすごい覚え:::(.) てますね.
```

例如片段 1 中，A 问 B 在海外度过了怎样的童年时光（第 3—5 行）之后，B 围绕自己在海外度过的童年时代开始讲述，在这种情况下，可以说倾听者 A 通过请求 B 提供故事的语言行为，给予了 B 成为讲述者的正当权利。

**2. 倾听者利用"钓鱼装置"引导讲述者主动提供故事**

"自发性讲述"在会话分析中曾被多次提及（Sacks 1992，Goodwin 1986，串田 2006 等）。"自发性讲述"由故事讲述者主动提供故事的前序列，在倾听者表达了想继续倾听的兴趣之后展开讲述。而在单线结构的故事讲述中，倾听者利用"钓鱼装置"引导讲述者主动提供故事则属于另一种类型的"自发性讲述"。

【片段 2：新专辑的拍摄地①】
```
1  A：そしてブックレットもカッコイイな:っと
2  B：そうなんで [す=やっぱりニューヨークで (.) 撮影したんですけ [ど,
3  A：          [はい.                                        [はい.
4  B：もう (.) あの:周りからはどうかしていると
5     言 (h) [わ (h) れて hhhhh
6  A：        [え->何でですか何でですか？<どうかしている？
```

在片段 2 中，倾听者 A 通过主动表扬讲述者 B 的新专辑册子来凸显自己感兴趣的地方，从而给讲述者提供自发讲述故事的机会。此类会话类型就是由 Pomerantz（1980）提出的利用"钓鱼装置（fishing device）"引导讲述者讲故事的类型。倾听者向对方展示自己了解或感兴趣的一小部分，从而诱导对方将其转化为更为详细的描述。

【片段3：初中时的爱好①】

1　A：そして，[（0.5）] 中学になった [（0.3）　B さんは [（0.5）

2　B：　　　　　　[ はい. ]　　　　　　　　[ ＞うんうん. ＜ [ うん.

3　A：遠藤周作さん [ の（0.5）　　　] 全書を全部集めた.

4　B：　　　　　　　[ ＞うんうん. ＜ ]

5　　　 そうですね：[（1.5）　＞あの＝全書っていうか＜あの：：（0.2）

6　A：　　　　　　　[ .hhh

　　在片段3中，倾听者 A 向 B 提及了自己所知道的关于 B 的一点信息——"初中时收集了远藤周作的所有书籍"，以此从讲述者 B 那里诱导出了更权威、更具体的信息（第5行）。尽管故事来自讲述者自发性的讲述，但它是由倾听者的"钓鱼装置"引发而来的。"钓鱼装置"不仅可以诱发故事的导入，还能根据倾听者的兴趣或意愿初步引导故事的主题方向。

## （二）故事讲述的促进

本小节介绍对故事讲述的继续及拓展有促进作用的语言行为。主要有"信息接收"和"信息要求"两个方面。前者促进故事的继续，后者促进故事的拓展。

### 1. 信息接收

信息接收发生在可以预见故事还会继续展开的位置，倾听者在表示自身对故事的阶段性接收的同时，可以向讲述者展现自己集中注意力认真倾听的态度，从而对故事的继续进行起到促进作用。信息接收的语言行为，主要有「はい」「はあ」「ええ」之类的继续标记（continuer）、笑声等无实义的语言行为，以及「なるほど」「ほんと」「そうですね」及重复对方的话语或预示对方即将所说的话语等有实义的语言行为。

【片段4：在作词方面的转变①】

1　B：こんなとこでまさかダジャレが役に立つなん

2　　　 てって思っ [ た（0.2）歌詞（.）＝

→3　A：　　　　　　[ え（h）え：：：：hhhh

4　B：＝が（.）実はこの曲なの [ で：，

→5　A：　　　　　　　　　　　　[ そ（h）ん（h）な

→6　A：そ（h）うだったんですね.

7　B：そ（h）う（h）なんです. hhh ぜひちょっと見て [ いただきたい

```
 8        ので,
→9  A:                                      [ あ::
10  B: 歌詞（.）カード見ながら [（0.2）音で聞くと分からないんです
11       けど:, [（0.2）
→12  A:                                  [ そうですね.
→13              [ はい.
→14  A: 読んでいく [ と:,
15  B:              [ 読んでいくと, あ:（.）これとこれを引っかかっ
16      てて
17      ダジャレぽく（.）ま=ダジャレを歌って [ いるわけじゃない
18      んですよ=
→19  A:                                      [ hhhhhhhh
20  B: =>ダジャレの歌じゃ [ ないですけど:,      ] そうそうそ
21      （.）=
→22  A:                  [ じゃないんですけど:, ]
23  B: =その（.）知識が役に [ 立ったというか:,（0.2）[ う::ん.
→24  A:                      [ う::ん.             [ え:::hhhh
```

　　在片段4中，B讲述自己在作词方面的改变，其中一个较大的改变就是在歌词中加入了冷笑话。在B的讲述过程中，A做出了一系列"信息接收"的语言行为。片段4中的「ええ」「はい」等继续标记（第3、13、24行）及笑声（第19行）为无实义的语言行为；而「そうだったんですね」「そうですね」等语句（第6、12行），预示对方即将所说的话（第14行）以及重复对方所说的话（第22行）为有实义的语言行为。"信息接收"表示倾听者对讲述者所提供故事的接收，同时表明自己知道故事还在进行当中，没有获取话轮的想法。

　　**2. 信息要求**

　　在故事讲述中，倾听者或询问讲述者话语的意思，或确认自己的理解，或寻求故事的补充说明，从而要求讲述者提供更加完整的信息或解答自己在倾听故事过程中所产生的疑问，我们称之为"信息要求"。信息要求的语言行为，主要有"对新信息的提问""对既得信息的确认"及"对新信息的猜测"三个方面。

　　（1）对新信息的提问

　　对新信息的提问，指倾听者基于讲述者提供的故事，对讲述过程中没有提及的信息进行提问。如以下例子。

【片段5：海外的童年时光②】

1　B：カイロが＝私多分（0.3）よ－五年せ－四年生の終わりまでいた

2　　　んやけ

3　　　［ど：，（0.2）.ｈもうカイロ時代が一番人生で輝い［てた（0.4）

4　A：［はい.　　　　　　　　　　　　　　　　　　　　　　　［へ：（h）かが

5　　　やいh

6　B：（……）ですべて終わったって感［じhhhhh

7　A：　　　　　　　　　　　　　　　　［な（h）ん（h）ですかこれ.

8　B：あの時期に全てを手放して，［（1.3）

9　A：　　　　　　　　　　　　　　　［へ：：：：：

10　B：ナイル川に投げて帰ってきちゃったって感じする.［（0.3）う：：：ん.］

11　A：　　　　　　　　　　　　　　　　　　　　　　　［°は：：：：：：°　］

→12　　　それからカイロにはもど－帰られたり［し°た°

13　B：　　　　　　　　　　　　　　　　　　　　［うん.二回行きました.

14　　　（0.2）それか［ら

15　A：　　　　　　　　　［°あ－本当ですか.°＝

16　B：＝うん.（0.2）やっぱりね：（0.4）.ｈう：：ん（0.2）

17　　　すごい行ったら行ったって：，

　　　讲述者B所讲述的"海外童年时光"的主要内容在第10行结束，故事讲述迎来了可能的终结点。在此，倾听者A并没有就此通过评价或总结来终结故事，而是在第12行通过提问向B寻求追加信息。倾听者通过对新信息的提问，不仅可以使故事得以继续，并收获必要的信息，还可以用提问的方式来限定故事的展开方向。

　　（2）对既得信息的确认

　　对既得信息的确认，指倾听者在既有故事的基础上，对讲述者在讲述过程中提及的信息进行确认。

【片段6：新专辑的拍摄地②】

1　B：そう.あまりにこう（.）ニューヨークに行って［まで＝

2　A：　　　　　　　　　　　　　　　　　　　　　　　　［はい.

→3　B：＝アフレコ撮影するとかロケどりすると［か：，

4　A：　　　　　　　　　　　　　　　　　　　　　［はい.

5　B：なんかそういう（.）こと（.）はなかなか（.）したくて出来ない

```
 6         んだと.
 7   A：う::ん.
 8   B：羨ましい↓ぞ＝このやろっ［て（1.0）＝
 9   A：                      ［hhhhhhhhhh
10   B：＝hh言われながら,［（0.3）あの::ちょっと（.）
11   A：                  ［はい.
12   B：［作らしてもらったんですけど:,
13   A：［°は:::°
→14   A：ロケどりもニューヨークで［撮影
15   B：                        ［そうなんです.
16        あの＝二曲（.）あの:入っているんですけど:,
```

在第 3 行中，B 讲述了自己的新专辑册子和新歌影像录制都在纽约取景。在 B 的讲述告一段落后，倾听者 A 在第 14 行中对"新歌录制也是在纽约"这件事进行了确认。从 16 行开始，B 围绕"在纽约进行新歌取景"一事拓展故事。只是，和片段 5 不同，在此倾听者只是提示了故事的拓展方向，并没有限定接下来故事的讲述内容。也就是说，讲述者既可以以此为契机进一步拓展故事，若没有可以拓展的内容，也可以放弃拓展，以一句话（如第 15 行的「そうなんです」）来回应对方的确认。也就是说，倾听者重复既得信息进行确认，既能达到信息确认的目的，也可以测试性地挖掘该信息中的潜在话题，为对方提供进一步拓展故事的机会。

（3）对新信息的猜测

对新信息的猜测，指基于讲述者提供的故事，以已取得的故事信息为依据，对讲述过程中没有提及的信息进行猜测或判断。在片段 7 中，B 正围绕"对新歌的第一印象"这一话题进行讲述。

【片段 7：对新歌的第一印象①】

```
 1   B：今回はまた::もう（.）音が（.）音数が多く,［（0.2）＝
 2   A：                                        ［＞うんうんうん.＜
 3   B：＝で（.）しかも高いんですよ＝キー［が.
 4   A：                              ［すご:く高くない？
 5   B：もうずっと後半はもう同じ（.）音でぎぃーって［保っている＝
 6   A：                                          ［ですね.
 7   B：＝保たなきゃいけないので.
→8   A：ちょっとイラっとしたことはないんですか？
```

9  B：hhh し（h）ないですよ.
10  A：hhh［hhh
11  B：　　［それはしない＝歌えなかったらその歌えなかった自分に
12　　　（いらいらすれば）しますけど：,［（0.2）
13  A：　　　　　　　　　　　　　　　　　　　　　　　　　［はいはい.

　　A听说B对新歌的印象是"音域太高"之后，对B录制歌曲的心情进行了揣测——「ちょっとイラっとしたことはないんですか」（第8行）。B马上进行了否定（第9行），并针对A的猜测进行了修正（第11—12行）。如片段7所示，倾听者立足于既得信息对新信息进行猜测后，如猜测正确，讲述者给予认同；如猜测错误，讲述者给予纠正并提供正确信息，有助于信息的拓展以及故事讲述的推进。

### （三）故事的反馈

　　在会话中，倾听者的基本任务是投入对方的讲述中并正确理解。上文所说的"信息接收"，只是表明自己正在倾听，同时支持对方继续讲述。因为作为倾听者，人们在听不太明白的时候也会通过「うんうん」「なるほど」等话语来搪塞，或者，对讲述者的故事不太感兴趣时也会通过「へー」「ええー」等富有感情的感叹词来促进故事的展开。但另一方面，倾听者需要表明自己完全沉浸在故事中或完全理解故事。其更有效的方法是通过具体的反馈向讲述者表明自己对故事的理解或共鸣。
　　表明对故事的理解或共鸣的反馈方式可以分为即时反馈和滞后反馈两种。
#### 1．即时反馈
　　在片段8中，B正围绕"初中时代喜欢收集远藤周作的作品"这一主题进行讲述。

【片段8：初中时的爱好②】
1  B：新潮文庫の：［（.）（……）遠藤さん（.）背表紙がね（0.3）
2  A：　　　　　　　　［はい.
3  B：エメラルドグリーンで：,［（.）それをなら - それが並べん＝
4  A：　　　　　　　　　　　　　　［はい.
5  B：＝のが［（.）嬉しかった（……）けど：,［（0.2）＝
→6  A：　　　　　［あ：：きれいそうですね：　　　　［はい.
7  B：＝おや - 父が好きで（0.2）遠藤さんの本［をお借りて読んで：,
8  A：　　　　　　　　　　　　　　　　　　　　　　　　　［あ（.）え：：：：

9　B：で＝自分で集めて読みました．

　　讲述者 B 提到新潮文库的远藤作品的书背是翡翠色，在说完「それが並べるのが」之后，倾听者 A 仿佛看到了有着翡翠色书背的书籍整齐排列在眼前的画面，立即回应了一句「きれいそうですね」，这就是所谓的"即时反馈"，以直抒心情的形式，在最初可能进行反馈的地方发出简短的感想，表明自己"沉浸在讲述者的故事中"。

　　值得一提的是，在"话轮转换规则"（Turn-taking Rule）中，话轮（Turn）一旦发生交替，下下轮的话语权不一定再次回到当前说话人手中。但由于即时反馈发生在最初可能进行反馈的时机，并以"抒发内心情感"的形式发出，不需要对方的回应，所以话轮并不会因此发生交替。

　　让我们再来看看片段 9。

【片段 9：对新歌的第一印象②】
1　A：ちょっとイラっとしたことはないんですか？
2　B：hhh し（h）ないですよ．
3　A：hhh［hhh
4　B：　　　［それはしない＝歌えなかったらその歌えなかった自分に
5　　　　（いらいらすれば）しますけど：，［（0.2）
6　A：　　　　　　　　　　　　　　　　［はいはい．
7　B：で［も：，や：今回また難しい曲きた［な：：と，＝
→8　A：　　［すっごいよね．　　　　　　　　［あ：：
9　B：＝ハードルがきたな：：と思いましたよ？

　　倾听者 A 得知讲述者 B 对新歌的印象是"音域太高"，据此猜测 B 可能会因唱高音而烦躁。B 解释说不会烦躁，就算烦躁也只是对唱不上去的自己感到烦躁（第 4—5 行）。在 A 用「はいはい」（第 6 行）表示接收了 B 的话之后，在 B 的讲述还在继续的情况下，立刻进行了「すっごいよね」（第 8 行）的反馈，及时表达了对 B 的赞赏。值得一提的是，伊豆原（2003）曾指出，终助词「よね」和「ね」「よ」最大的不同在于，"其使用目的是确认对方的想法是否和自己的想法一致"。而这里的「よね」并没有得到 B 的回应——没有起到确认的作用。森山、安達（1996）的研究指出，「よね」的确认用法常常被用于确认那些"理所当然双方都应该知道的事"，很难用于确认那些"完全不确定对方内心真正想法的事"。那么可以推测，A 在 B 的说话途中发出「すっごいよね」这个即时反馈时，更多的是想强调"A 很厉害是理所当然"这件事。

也就是说，"确认"并不是发言的目的，而是通过这种形式来强调自己感想的正确性，强化表扬的目的，并不要求对方对此有所反应（对确认的事表示认同或谦虚）。这同时也说明，即时反馈"只以情感抒发为主，不求讲述者回应"这一性质不受传统日语语法的束缚。

**2. 滞后反馈**

与即时反馈相比，滞后反馈对产生位置（反应的及时性）的要求相对较低，通过叙述具体的感想或评论，表明倾听者正确理解了故事内容。从故事讲述的阶段性来看，滞后反馈可以分为局部性反馈和总结性反馈。

**（1）局部性反馈**

一个完整的故事常常由很多小事件组成。在此，将针对这些小事件所发出的反馈称为局部性反馈。

【片段10：新专辑的拍摄地③】

```
1   B：あの＝二曲（．）あの：入っているんですけ［ど：，
2   A：                              ［＞はいはい．＜
3   B：えっと：一曲目の I Love A New Day っていう曲［と：（0.2）］＝
4   A：                              ［はい．    ］
5   B：＝ Nobody Knows っていう曲が（．）あの：：現地の［（．）＝
6   A：                              ［う：：ん
7   B：＝あの：：演奏家の方に参加していただいて：，［（0.2）＝
8   A                              ［はい
9   B：＝ロケどりをするという：．
→10  A：豪華だ［な：：hhhhh
11  B：      ［い（h）えいえ（h）もう＝めちゃくちゃ楽しんです．
```

在片段10中，B对"新歌的影像录制是在纽约取的景"一事进行了拓展。在B讲述到"邀请当地的演奏家一起参加录制"时，A发出了「豪華だな」的感叹（第10行），这就是局部性反馈，针对的只是「現地の演奏家の方に参加していただいて」这一事件，并不是对故事整体的反馈。在此，这里需要注意的是，滞后反馈是在话轮的"合适转换位置"（Transition-Relevance Place, TRP）发出的，比起即时反馈其在位置上处于劣势，但和即时反馈不同，倾听者取得了话语权，发生话轮交替。在A发表局部性反馈后，B立刻用「いえいえ」表示了回应（第11行）。

我们再来看一下片段11。

【片段 11 : 在作词方面的转变②】
1　B : あの::バックバンド詰めてくださっているメンバーの中に [ :,
2　A : 　　　　　　　　　　　　　　　　　　　　　　　　[ はい.
3　B : 本当に (.) ダジャレ : が上手な [ メンバーさんがいら (h) しゃ
4　　　って :, hhh
5　A : 　　　　　　　　　　　[ え (h) え (h) え::: hhh
6　B : すごいんですよ＝頭の回転の速さは.
→7　A : 言われてみればそうですね＝回転速くない [ と言えないんです
8　　　よね.
9　B : 　　　　　　　　　　　　　　　　　　　 [ そう. (.) そうな
10　　んですよ.
11　B : それで :, (.) ちょっと負けまいと私も [ (0.8)
12　A : 　　　　　　　　　　　　　　　　　　[ hh 対抗心が hhhh
13　B : そ (h) うなんですよ. それでダジャレを (.) 書く (.)

在片段 11 中，B 谈到自己在作词方面较大的变化就是加入了冷笑话，其中提到乐队里有一位很擅长冷笑话的成员，大脑运转得非常快。此时 A 在第 7—8 行发出了「言われてみればそうですね。回転速くないと言えないんですよね」的局部性反馈。这一句是针对「ダジャレが上手なバンドメンバは頭の回転が速い」这一事件的评论，此时话轮发生了转换。而在 A 的语法语义即将完成序列之时，B 也用「そうなんですよ」来赞成 A 的观点，回应局部性反馈之后顺势取回话语权，继续自己未完成的讲述。

（2）总结性反馈
总结性反馈是针对整个故事的反馈，它迎来故事讲述序列的结束。

【片段 12 : 在作词方面的转变③】
1　B : そ (h) う::[ そ (h) う (h) なんです.
2　A : 　　　　 [ いま話を聞いてびっ [ くり＝まさかそんな (h) 曲 (.)
3　B : 　　　　　　　　　　　　　 [ hhhhhhhh
4　A : そこが生かされてるって [ (……)　　　] 私もちょっと後で改
5　　　めて＝
6　B : 　　　　　　　　　　　　[ そうなんですよ. ]
7　A : ＝歌詞を (.) じっくり見ながら [ (……)　　　 ] と思います.
8　B : 　　　　　　　　　　　　　　 [ 見ていてください. ]
9　A : B さんダジャレ : (.) の [ hhh (.) ダジャレの対抗心 [ が (.) ＝

```
10  B :                          [ hhhhhh              [ いえいえいえ.
11  A : = こう（.）生かされて =
12  B : = 成長しました hhh
13  A : その分（.）も（.）大人になった [ っ（h）て（h）いうことな
14      んですかね.
15  B :                                      [ は（h）い.
```

在片段 12 中，在讲述者 B 的故事到了结束可能点时，倾听者 A 取得话语权，在说完「後で改めてじっくり歌詞カードをみてみたい」这一局部性反馈之后，并没有通过提问等方式来要求讲述者追加信息，而是直接以「ダジャレの対抗心が生かされて、その分も大人になったっていうことなんですかね」作为总结。这是针对故事的主题"在作词方面的转变"提出的总结性反馈，至此故事正式迎来尾声。

从结论上来讲，与即时反馈不同，滞后反馈在稍微靠后的位置发出，通过话轮转换向讲述者提供更加详细的感想或评论，具有传达性和完整性，表明倾听者"理解了讲述者的故事内容"。

以下用表 2 列出即时反馈和滞后反馈的不同特征。

表 2  单线参与结构的故事讲述中即时反馈和滞后反馈的特征对比

|  | 即时反馈 | 滞后反馈 |
|---|---|---|
| 表现形式 | 直接抒发内心情感 | 表达具体的感想或评论 |
| 位置 | 最初可能进行反馈的时机 | 话轮到达"合适转换位置" |
| 是否需要对方回应 | 否 | 是 |
| 是否发生话轮转换 | 否 | 是 |
| 作用 | 表明对故事的专心程度 | 表明对故事的理解程度 |

## 五、单线参与结构故事讲述中倾听者的作用

通过以上分析，我们可以从三方面总结倾听者在单线参与结构故事讲述中的作用：

1）诱发故事讲述的开始；

2）推动故事的继续；

3）结束故事。

但这只是表面现象，并不是倾听者的终极任务。单线参与结构的故事讲述具有极强的目的性。烦恼解决节目的目的是解决讲述者（烦恼者）的烦恼，心

理治疗的目的是治愈讲述者（患者）的内心，而广播访谈的目的则是让听众更有效、更有针对性地了解嘉宾（讲述者）。因此，为达到目的，倾听者需要从讲述者那里获取和故事主题有关的必要信息，同时，在得到足够的信息量时给这一段故事讲述画上句号。

简而言之，单线参与结构故事讲述中倾听者的根本作用，就是获取"达到故事讲述最终目的"的必要信息。

这里还需要补充一点，若只是为了获取和控制故事的信息量，倾听者只需要以提问或"钓鱼装置"来诱发开始，以"信息接收""信息要求"来推动故事展开，以"滞后反馈"来控制和结束故事，但语料中还出现了即时反馈这一语言行为。这是因为，广播访谈节目除了让听众有效了解嘉宾这一主要目的外，还背负着让做客嘉宾轻松愉悦享受节目的任务。而即时反馈的作用是表明自己"沉浸在故事之中"，适度的即时反馈能表达自己对故事的浓厚兴趣，让讲述者感受到自己的热情，使其更自然地享受其中，因而对实现"让嘉宾享受其中"这一次要目的具有推动作用。

# 六、结语

单线参与结构的故事讲述由倾听者导入、推动直到终结。单线参与结构的故事讲述具有极强的目的性。故事一旦开始，倾听者一直随着故事的发展进行必要信息的探索。在信息不够充分时，通过"信息接收"来促进故事的发展，通过"信息要求"来扩大故事的信息量，从而继续探索。当倾听者认为围绕某一主题所展开的故事的信息量足够实现本次故事讲述的目的之时，会通过总结性反馈对故事讲述执行完结。

尽管倾听者表面上从头到尾扮演着配角，其话语篇幅只占故事讲述过程的一小部分，但实质上，倾听者在单线参与结构的故事讲述中有着目的性较强的主导作用。

由于篇幅关系，本文着重分析了广播访谈类型的单线参与结构故事讲述。今后，将考察更多类型的单线参与结构故事讲述，对倾听者的每一种语言行为进行全面的纵向剖析后，对倾听者的作用进行系统的横向归纳。

**参考文献**

[1] 伊豆原英子. 終助詞「よ」「よね」「ね」再考 [J]. 愛知学院大学教養部紀要，2003，51（2）：1-15.

[2] 串田秀也. 相互行為秩序と会話分析—「話し手」と「共−成員性」をめ

ぐる参加の組織化 [M]. 東京：世界思想社，2006.

[3] 串田秀也. 聴き手による語りの進行促進―継続支持・継続催促・継続試行―[J]. Cognitive studies，2009，16（1）：12-23.

[4] 森山卓郎，安達太郎. セルフマスターシリーズ・助詞 [M]. 東京：スリーエーネットワーク，1996.

[5] GOODWIN C. Audience diversity，participation and interpretation [J]. Text，1986，6（3）：283-316.

[6] POMERANTZ A. Telling my side："limited access" as a "fishing" device [J]. Sociological inquiry，1980，50（3-4）：186-198.

[7] SACKS H. Lectures on conversation Vol. 2 [M]. Cambridge：Blackwell，1992.

[8] SCHEGLOFF E A. Sequence organization in interaction [M]. Cambridge：Cambridge University Press，2007.

| 例文中的转写符号一览 | |
|---|---|
| [ | 重叠开始处。 |
| ] | 重叠结束处。 |
| （.） | 0.2 秒以下的停顿。 |
| （数字） | 0.2 秒以上的停顿，括号内数字表示停顿秒数。 |
| h | 呼气音，也表示笑声，"h"的数量表示呼气音或笑声的持续长短。边笑边说出的话以在文字中夹杂"（h）"的形式来表示。 |
| ： | 音声的延长，"："的数量对应延长的持续时间。 |
| ， | 微升调或平调。 |
| . | 降调。 |
| ？ | 升调。 |
| ‒ | 未说完的词汇中途切断。 |
| .h | 吸气音，"h"的数量对应吸气音的持续长短。 |
| 文字 | 下画线部分表示强调。例如，说话人在此时说的话比前后的声音音量较大、音调偏高的场合。强调的程度较重的时候，用双下画线来表示。 |
| ° 文字° | 音量减小。 |
| ↓ | 音调突然下降。 |
| ＝ | 表示两段话之间或者词汇与词汇之间连续不间断。同时也表示在发生话语重叠时，本应处于一行的话被分割为两行，这时被分割的两端处用"＝"表示。 |
| 〉文字〈 | 语速加快。 |
| （文字） | 转写人不能确定的话语。在无法识别的情况下用"（……）"表示。 |
| → | 重点分析的行列。 |

# A Survey on the Role of Listeners in Single Participatory Storytelling :
# Focus on Radio Program

## ZHANG Huifang, ZHANG Bingying

(School of International Studies in Zhejiang University, Hangzhou: 310058)

**Abstract:** The participation structure of storytelling sequence can be broadly divided into two types including mutual participatory storytelling and single participatory storytelling. The former can be regarded as non-psychotherapeutic conversation, in which case one listens in such a way as to be reminded of one's own experiences, always being prepared for switching between a listener and a storyteller. Whereas, the latter can be viewed as psychotherapeutic conversation, where a listener should be able to listen and respond to the storyteller during the whole process, neither being reminded of his own experiences nor being transitioned from a listener to a storyteller. The purpose of this article is to analyze the linguistic behaviors performed by the kind of listener in the second case, highlighting the implications of listeners in single participatory storytelling.

**Key words:** Storytelling ; Single Participatory Storytelling ; Radio Program ; Turn-taking

# 丰子恺的日语学习法[1]

孔　颖[2]

（浙江工商大学东方语言文化学院　杭州：310018）

**摘　要：**虽然丰子恺的日语启蒙师从李叔同和夏丏尊两位名师，但其的日语成就主要靠自学。留日仅仅十个月，丰子恺居然与日语结下终身不解之缘。他早期编译日本的西洋音乐美术作品，晚年在中国首次用中文翻译出版《源氏物语》等日本文学巨作。其日语学习秘诀在于建立在对日本文艺浓厚兴趣之上的独到的"机械的笨法子"。

**关键词：**丰子恺；日语学习；单词；文法；会话

## 一、绪论

近几十年来，语言教学的理论不断翻新，层出不穷。各种理论的立足点往往在于批评传统语言教学过于强调死记硬背和机械操练，忽略了语言的文化内涵、交际功能、使用场合与目的，忽略了学习者的主体性，等等。这些理论的探索对当下的日语教学都有着很好启示，开拓了日语教育工作者的视野，加深了他们对语言教学的理解。不过，令人遗憾的是，在强调上述种种的同时，人们往往过于轻视语言学习中的反复操练这种传统活动，认为下死功夫是过时、低效，乃至愚蠢的学习方法。另一方面，目前的教学实践证明，由于不愿意费力记忆背诵，而只愿意进行各种表面上看来"快乐的""有意义的"学习，日语专业学生的基本功不升反降，词汇量小，表达力薄弱，全无文采，尽管单个的表述洋气十足，但往往整个表达带着浓厚的汉语色彩。这样看来，也许我们对语言教学的理解出现了偏差，造成了顾头不顾尾的情况，走向了我们所追求的目标的反面。

在这样的语境中，回头看看 20 世纪一些优秀的中国文人的日语学习经历，看他们是如何无师自通，靠着强烈兴趣和死记硬背，获得了卓越的日语能力，这样的回顾也许对今天的日语教学不无参考价值。

丰子恺是其中最有代表性的一位，这不仅是因为他通过翻译《源氏物语》《夏目漱石选集》《不如归》《苦闷的象征》等重要的日本文学和文艺理论著作

---

[1]本文为浙江省教育厅课题"近代文人的日语学习法在现代日语教学中的应用研究"的研究成果之一。

[2]孔颖，浙江工商大学东方语言文化学院副教授。

和很多音乐、美术著作而成为现代中日文化交流中的巨匠，更因为他自己清晰阐述过语言学习的经验，而且不止一次明确提出，自己能迅速、有效地学会日语、英语、俄语，靠的正是"机械的笨法子"。

据丰子恺的长女丰一吟说，她父亲的英语、俄语都是书面语好，而他的日语是听、说、读、写能力都很好。从 1920 年留日期间丰子恺与一位日本医科学生及他的日本钢琴教师林先生深入而自在的交谈内容可知，他当时的日语口语水平已远超日常会话水准；[1]100-106 而从《丰子恺文集》中所收的他写给末子新枚的 24 封日文信来看，他文笔流畅，用词古雅，显示出很高的日文修养。

有关丰子恺的研究汗牛充栋，其中与日本相关的研究不多，且多侧重于日本漫画及文艺评论方面，[1] 至于有关丰子恺日语学习的论文迄今未见。

本文拟从丰子恺的自传、书信等一手史料入手，挖掘并梳理其日语学习的过程，从中提炼出其与众不同的日语学习方法，以期获得对当代日语教学的启示与思考。

## 二、丰子恺早年的日语学习与实践经历

丰子恺的日语启蒙是从他在浙江省立第一师范读书时开始的，而他的蒙师正是李叔同。李叔同很器重他，不但教他绘画，也教他日文。日本画家大野隆德、河合新藏、三宅克己等到西湖来写生，李叔同请丰子恺为他们引导。后来李叔同因为太忙，就介绍夏丏尊作为他的日文老师。[1]74

丰子恺在"悼师"一文中称"李师是爸爸的教育，夏师是妈妈的教育"[1]78-80。在两位名师教导下，丰子恺的日语打下了良好基础。毕业后，丰子恺已具备一定的日语能力。他在上海与吴梦非、刘质平一起创办上海专科师范学校时，便以一部日本明治年间出版的《正则洋画讲义》为西洋画的主要参考教材。[1]84 1920 年他在《东亚体育学校校刊》第二期发表了译自日本画家久米桂一郎的《素描》，这是迄今发现的丰子恺最早的译作。[2]107

1921 年春，为了"看一看东京美术界的状况"，丰子恺克服了很多障碍，在岳父和朋友的资助下去日本留学，十个月后"金尽而还"。赴日之初，他的

---

〔1〕如李兆忠的《东亚启示录——丰子恺与日本》(《喧闹的骡子——留学与中国现代文化》，人民文学出版社 2010 年版)、陈星的《丰子恺与日本文化》(《杭州师院学报》1985 年第 2 期)、张斌的《丰子恺与日本画家竹久梦二》(《荣宝斋》2006 年第 6 期)、薛雅明的《"文艺是苦闷的象征"——丰子恺与厨川白村文艺观之比较》(《华侨大学学报》2013 年第 2 期)、杨晓文的《鲁迅、丰子恺与厨川白村的〈苦闷的象征〉》(寿永明、王晓初主编：《反思与突破——在经典与现实中走向纵深的鲁迅研究》，安徽文艺出版社 2013 年版)。值得关注的还有中国人留日研究成果：杨晓文的『豊子愷研究』(東方書店 1998 年)、徐迎春的《丰子恺译日本古典文学翻译研究》(上海交通大学出版社 2015 年版)。

日文已经够日常使用了："到东京后，旅舍中唤茶、商店中买物等事，勉强能够对付。"在东京的前五个月，他每天上午到洋画研究会中去习画，下午读日文。后五个月则停止了专门的日语学习，改为每日下午到音乐研究会中去学提琴，晚上又去学英文，并忙着"参观展览会，听音乐会，访图书馆，看歌剧以及游玩名胜，钻旧书店，跑夜摊"[1]86。

丰子恺在东京前后报名入学了三个语言班。初到东京时，他随其他留学生一同进入东亚预备学校学习日语，但嫌其程度太低，教法太慢，读了几个礼拜就退学了。之后，他报名参加一个英语学校的初级班，目的居然是"要听这位日本先生怎样用日本语来解说自己已懂得的英文，便在这时候偷取日本语会话的诀窍"。一个月过后，这异想天开的办法成功了，他果然在日语的听、说能力上都获得了很大进步，而且日语阅读能力也大大提高，"本来只能看《正则洋画讲义》一类的刻板的叙述体文字，现在连《不如归》和《金色夜叉》（日本旧时很著名的两部小说）都会读了"，从此激发了他对日本文学的兴趣。[1]86

第三个语言班是真正为了学习英语而上的一个高级班，班上教授美国作家华盛顿·欧文（Washington Irving, 1783—1859）的《见闻杂记》（*A Sketch Book*）。因为读得兴起，便嫌老师教得太慢。后来他在旧书店里找到了一册《见闻杂记》讲义录，内有详细的注解和日译文，于是他决心自修，"辍了学，每晚伏在东京的旅舍中自修 *A Sketch Book*"。为了强迫自己在几个星期内掌握这部作品里的生词，他把此书中所有生字抄写在一张图画纸上，把每个字剪成一块块的纸牌，放在一只匣子中。"每天晚上，像摸数算命一般地向匣子中探摸纸牌，温习生字。不久生字都记诵，*A Sketch Book* 全部都会读，而读起别的英语小说来也很自由了。"他发现自己比英语班的同学学得更快，因此很得意，从此相信"用机械的方法而下苦功"。[1]87

他后来将这种对机械功夫的信心扩展到对所有知识的学习上。他认为知识的量是有限的，所以，"要获得一种知识，可以先定一个范围，立一个预算，每日学习若干，则若干日可以学毕，然后每日切实地实行，非大故不准间断，如同吃饭一样"。他根据自己的经验认为，"除了绘画不能硬要进步以外，其余的学问，在我都可以用机械的用功方法来探求其门径"[1]87。

## 三、丰子恺体悟的"笨法子"

丰子恺在《我的苦学经验》一文中总结自己的外语学习法，要通一国语言，须学三种要素，即构成其国语的材料、方法，以及其语言的腔调。材料就是"单语",方法就是"文法",腔调就是"会话"。要学得这三种要素,都非行机械的方法而用笨功不可。

丰子恺首先关注单词。他认为"'单语'是一国语的根底。任凭你有何等的聪明力,不记单语绝不能读外国文的书,学生们对于学科要求伴着趣味,但暗记生字极少有趣味可伴,只得劳你费点心了"。他学日语,也是靠硬记。他在浙江师范学习时,买了一厚册的《日语完璧》,把后面所附的分类单语,按日定量加以背诵,当时只是硬记,不能应用,且发音也不正确。到了日本之后,当他从日本人的口中听到那些单词,就获得了实证,印象就特别深刻,心里也特别愉快。丰子恺认为,"这种愉快使我甘心消受硬记的辛苦,又使我始终确信硬记单语是学外国语的最根本的善法"。

终其一生,丰子恺始终保持着对硬记单词的信念,直到晚年依然每日津津有味地翻阅日语辞典。这可以从他摘录其中有趣的单词并写入给末子新枚的信中得到佐证。如 1969 年 7 月 17 日信中言:"我十六日起又请假一星期,因腰痛,但甚微。在家无事,闲看日本字典。"[3]559 1970 年 5 月 23 日家信中写道:"卧床寂寞时,乱翻字典,学得许多词:葱(ネギ)、蒜(ヒル)、韭(ニラ)、镰切(螳螂カマキリ)、呕吐ク(エズク)。"[3]586

如果说硬背单词不算罕见的话,丰子恺的硬读语法就更少见了。他学日语的语法不是靠语法教科书,而是靠他自己创造的"对读法"。日本有很多英和对译丛书,左页是英文,右页是日译,下方附以注解。丰子恺通过认真的英日对读,"一句一字地对勘",不解的地方绝不轻易通过,必把整句话的结构弄清楚为止。就这样,从阅读经验中,他自己悟出了日语的语法。他的观点是"文法原是本于论理的",只要自己把道理弄清楚了,不学文法,不懂动词、名词,照样可以读通外文。更重要的是,他认为这样的对读,积累起经验来之后,不但可以理解外语的结构,更可以理解"各种词句的腔调",也就是说,他自己悟出的语法,不是干瘪的语言规则,是有腔调的、意味丰富的语法。因此,虽然他一再称自己学语法使用的是"机械的笨法子",他所学到的却一点也不机械,而是有活力的。他认为,熟读不在多,而在精,"熟读某几课(选自己所爱好的),即使起初不明白文法规则,后来自然体会,可谓事半功倍",而认真对读几部名作,"功效足抵学校里学几年的语法教科书"。

例如,丰子恺初到日本时,在东京的图书馆里看到古本《源氏物语》。展开来一看,全是古文,不易理解。于是他干脆把第一回《桐壶》读得烂熟,结果真的"其义自见"了。"起初觉得这古文往往没有主语,字句太简单,难于理会;后来渐渐体会到古文的好处,所谓'言简意繁'。"最后,他居然从中读出了中国的《论语》《左传》或《檀弓》的文风,[1]345 足见笨功夫把他带入了语言的深处。

丰子恺特别关心"腔调"，即语言形式中蕴含的深长意味。他说："腔调是语言的神情所寄托的地方，不能体会腔调，便不能彻底理解诗歌、小说、戏剧等文学作品的精神。"他认为语法与腔调关系密切，语法形式的复杂变化，带来的是腔调的变化。因此，倘若死记了语法规则再看书，实有事倍功半之苦。而一旦把握了腔调，则语法也学会了。

那么如何把握腔调？丰子恺指出，腔调是存于会话中的。他认为学习会话，也就是学习语言的腔调。"学外国语必须通会话。与外国人对晤当然须通会话，但自己读书也非通会话不可。因为不通会话，不能体会语言的腔调。"能和外国人直接共处，当然最便于学习会话从而学得"腔调"，但在缺乏直接共处的环境中，只要能用笨办法，照样能行。丰子恺说自己的经验只有一句话："全靠熟读。"

他以自己去日本前在国内自学日语会话的做法为例：选定了一册"良好而完全"的会话书，每读一遍，用铅笔在书的下端画一笔，直到凑成一个"讀"字。"讀"字共有二十二笔，意味着他每课共读二十二遍，"即生书读十遍，第二天温五遍，第三天又温五遍，第四天再温二遍。故我的旧书中，都有铅笔画成的'讀'字，每课下面有了一个完全的'讀'字，即表示已经熟读了。这办法有些好处：分四天温习，屡次反复，容易读熟"。

丰子恺笑话自己的机械方法为"每天像和尚念经一般笨读"。但笑话归笑话，他却对此充满自信。他发现如此笨读到一定程度之后，前面学过的各课居然"逐渐地从我的唇间背诵出来"，于是他又从中得到了快乐，足以抵偿笨读的辛苦，使他有力量不断坚持下去。

笨读的效果究竟如何？从丰子恺的经验来看是成功的。他在赴日之前只是笨读，发音和语调都不正确，但事后看来，他在笨读中做好了各种准备，所以一听到日本人的说话，"就不难根据自己已有的资料而改正其发音和语调。比到了日本而从头学起来的，进步快速得多"。

不但熟读会话，丰子恺对前面提到过的"对读"的名著也是如此熟读。他从中选择几篇自己所最爱读的短文，分为数段，而用前述方法按日熟读。他最爱熟读的日文资料是夏目漱石的作品，而英文资料，则是《金银岛》和《绑架》的作者斯蒂文森的作品。他认为自己对外语和文学的理解，都因为他的滚瓜烂熟式的反复朗读而大为加深。[1]90-93

## 四、支撑苦学的兴趣热情

丰子恺自称学习外语必须下机械的笨功夫，看似是苦学，但事实正好相反，由于丰子恺打心眼里喜爱日语背后的日本艺术、文学、工艺乃至日本画家作家，才会心甘情愿花死功夫来学习、翻译日语。这种喜爱，远远超出了一般的兴趣，而是一种灵魂的契合。从丰子恺对竹久梦二的漫画、夏目漱石的小说和日本的艺术化生活本身的热情中，我们都可以看出他的这种倾心追求。

丰子恺对日本文化的兴趣，在赴日之前就很强烈了，否则他不会不顾一切地前往东京学习美术。但最让他感到相见恨晚的是他在东京发现的竹久梦二漫画。根据丰子恺回忆文《文学与绘画》，当时他在东京一个旧书摊上发现一册《梦二画集春之卷》，翻阅之间，不禁为之出神："这寥寥数笔一幅小画，不仅以造型的美感动我的眼，又以诗的意味感动我的心。后来我模仿他，曾作一幅同题异材的画。我不再翻看别的画，就出数角钱买了这一册旧书，带回寓中仔细阅读。"买得《梦二画集春之卷》之后，每到旧书摊丰子恺就寻找梦二的画集，但没等找到第二册就回国了。后来托仍在日本的朋友买了《夏之卷》《秋之卷》《冬之卷》等梦二画册寄来上海家中。丰子恺从此认同竹久梦二"言简意繁"的漫画一派，并深受其影响。[2]117-118

在日本作家中，丰子恺最认同夏目漱石，受他的影响也最深。丰子恺在其散文中一再提到夏目漱石，称之为"一个最像人的人"，表达了自己与夏目漱石的心灵默契："知我者，其唯夏目漱石乎？"[4]33 他在《暂时脱离尘世》一文中透露了认同夏目漱石的原因所在。他引用夏目漱石《旅宿》中一段话："苦痛、愤怒、叫嚣、哭泣，是附着在人世间的。我也在三十年间经历过来，此中况味尝得够腻了。腻了还要在戏剧、小说中反复体验同样的刺激，真吃不消。我所喜爱的诗，不是鼓吹世俗人情的东西，是放弃俗念，使心地暂时脱离尘世的诗。"正是这种类似中国《桃花源记》《山海经》和古装戏的暂时脱离尘世的心理，引起了有心向佛的丰子恺的强烈共鸣："人生真乃意味深长！这使我常常怀念夏目漱石。"[4]12-16

丰子恺对日本生活的喜爱同样是带着强烈的认同感的。刚从日本游学回来时，他常常喜欢跑到虹口的日本店，去买日本的"敷岛"香烟、五德糊，甚至连自家的鸡毛帚和筷子都不用，而非要用日本的"尘拂"和一次性消毒筷子，尤其是对这种一次性的"割箸"的便利与卫生，更是赞不绝口。礼拜天他还常常带着家人出去吃"天麸罗"荞麦面，房间里还陈设日本人用的火钵。丰子恺这样解释自己的喜爱："日本的一切东西普遍具有一种风味，在其装潢形式之中暗示着一种精神。这风味与精神虽然原是日本风味与日本精神，无论是小气，是浮薄，总有一个系统，可以安顿我的精神。"[5]54

由此可见，丰子恺学习日语时之所以能够下如此的苦功，不仅因为他有着超强的意志，更因为他在自己的学习对象中找到了与他发生强烈共鸣的东西，从而激发出强大的持续不灭的热情，使他时时能得到力量和鼓舞。

此外，不可忽视的是丰子恺与日本人的现实接触交流，这种交流不但使他得以淬炼语言，更使他能够深入了解日本社会文化。例如，他和内山完造的交往之深，仿佛家人一样。他在《欢迎内山完造先生》一文中回忆："内山书店不像一家书店，却像一个友人的家……内山夫人美喜子也绝不像一个书店的老板娘，真是一位温良贤淑的好主妇。我从她手里不知喝过多少杯日本茶，吃过多少个日本点心。"[1]326 内山在其回忆录《花甲录》中也提到丰子恺。他从近藤春雄的《现代中国的作家和作品》中挑选出鲁迅等他极为熟悉的中国作家36人，丰子恺便在其中。[1]

## 五、在翻译中磨砺精湛

丰子恺在日语水平已经相当优秀的基础上，通过翻译进一步得以提高。

丰子恺的翻译生涯开始得很早："我的正式求学的十个月，给了我一些阅读外国文的能力……我在教课的时候，常把自己所读过的书译述出来，给学生们做讲义。后来有朋友开书店，我趁机把这些讲义稿子交他刊印为书籍。不期地走到了译著的路上。"[1]88 不过他的主要日文译著都是在新中国成立之后完成的，包括日本现代作家夏目漱石、石川啄木、德富芦花、中野重治等人的作品，以及古典名著《源氏物语》《落窪物语》《竹取物语》《伊势物语》《大乘起信论》等。

翻译工作需要对文本的所有细节都有明确深入的理解，丰子恺因此得以发现自己早已熟悉的日文著作中尚存不解的问题，并通过向日本友人咨询而解决问题，进一步提升自己的日语水平。例如，他在1960年翻译《不如归》时，就致信内山完造胞弟内山嘉吉求教，称自己"少年时在东京，曾向一女先生学日本文，此女先生教我读《不如归》，每次必须背诵。因此记忆犹在，译时特别有兴味也。唯'日高川''驹泽深雪''师直'三事，则不知也"[6]280-281。

除了咨询友人之外，丰子恺还有一个办法来帮助自己理解日文的古典名著，那就是对比各种现代译本以斟酌其妙处。例如，他在1973年写给末子新枚夫妻的信中谈到自己理解、翻译《源氏物语》的过程。他说："我买了四种现代语译本，每看一句，查四种现代语，然后下笔。"[3]671 经过细细比较，他认为谷崎润一郎的译本最为精当：既易于理解，又忠于古文，不失作者紫式部原有的风格。然其他各本，亦各有其长处，都可供参考。[1]346 这样的比较，不仅有助于他的翻译工作，无疑使他的日语更加精湛。

---

〔1〕内山完造：『花甲録—日中友好の架け橋』，平凡社2011年，第313页。

　　翻译的另一个好处是帮助他深刻理解两种语言的结构异同。例如，他在晚年重译自己最钟爱的夏目漱石的《旅宿》时称："今天要译的一段原文，文章极好，译法甚难。但是昨天晚上预先看过，躺在床里预先计划过句子的构造，所以今天的工作并不很难，只要推敲各句里面的字眼，就可以使它变成中文。"[1]327 丰子恺的女儿丰一吟也回忆父亲在翻译过程中最费心的便是"搭架子"，也就是安排句子结构。而他在"搭架子"之前，必定要先把全文通读，再把句子读通，[7]117-118 也就是说，要把日文完全吃透之后放在一边，然后用地道的汉语结构重组语义。同样，这个过程不仅是翻译的过程，更是加深理解的过程。

# 六、结论

　　最后附带介绍丰子恺晚年学习俄文的经验，以期对其日语学习法做个补充。

　　丰子恺早年虽曾涉猎俄文，但早已将其忘记得一干二净，真正学习俄文是在五十三岁那年才开始的。那时他负担着许多社会工作，还要作画和编书，学习俄文只在业余时间进行。他最初仅靠一本名叫《俄语一月通》的小书学习。学完这书，他便找有中译本的原著细细地对照着来学习。这样九个月后，他便直接找托尔斯泰的《战争与和平》原版来阅读了。随后，他又花了九个月研读《战争与和平》。准备工作就绪了，他便投入屠格涅夫《猎人笔话》的翻译中，仅仅五个月的时间，三十一万字的译稿就出来了。随后又与女儿丰一吟合译了柯罗连科长达百万言的《我的同时代人的故事》。[8]120

　　丰子恺的成功学习经验表明，传统语言学习中的大量机械操练，包括死记硬背单词与和尚念经式的朗读，并非没有价值。今日的外语学习，在"二语习得理论"的影响下，强调学生应该尽可能在有意义的语言活动中自然地"习得"语言，对上述机械操练的"笨办法"比较反感。这种理论及实践在打开了外语教学工作者的思路，提升了外语教学的效率的同时，也带来了一定的危险，因为人们经常会忽略"习得"产生所需要的诸多条件，从而放弃艰苦的基本训练，转而追求看似快乐的"有意义"的活动，以为在这样的活动中学生会轻松自然地"习得"语言能力。但是这样的语言活动，由于缺少丰子恺所谓的"材料"，结果并不令人满意，而学生也错过了打下坚实的语言基础的机会。

　　另一方面，丰子恺的训练并非真的有口无心、全然机械的，因为他在词汇、语法和会话中都特别关注"腔调"。由他的论述可知，他所谓的"腔调"，实际上是语言背后真正的文化内涵，是语言深处的文化灵魂。这种文化，绝非当今外语教学中的各种浅层的文化知识可比。丰子恺的经验是，抓住了腔调，也就找到了解开这种语言的秘密的钥匙。

最重要的是，丰子恺这种看似机械、枯燥的大量训练，是在兴趣的激发下进行的，有着强烈的主动性。因此，在训练过程中任何细微的成就和收获都会带给他足以抵消劳累的快乐。我们尤其应该注意到，丰子恺对日本文化的兴趣，超过了一般的好奇，因为他在日本文化中找到了能滋养人生的那种东西。总而言之，强烈的兴趣是最好的老师，而这位好老师带着学生进行的，是苦中有乐的工作，而非轻轻松松的玩乐。

**参考文献**

[1] 丰子恺. 丰子恺自传 [M]. 南京：江苏文艺出版社，1996.

[2] 盛兴军. 丰子恺年谱 [M]. 青岛：青岛出版社，2005.

[3] 丰子恺. 丰子恺文集 7·文学卷三·日记、书信、诗词 [M]. 杭州：浙江文艺出版社，1992.

[4] 丰子恺. 往事琐记 [M]. 武汉：湖北人民出版社，2007.

[5] 丰子恺. 丰子恺文集·艺术卷一 [M]. 杭州：浙江文艺出版社，1990.

[6] 丰子恺. 子恺书信（下）[M]. 北京：海豚出版社，2013.

[7] 丰一吟. 我们是怎样合译的 [M]// 丰华瞻，殷琦. 丰子恺研究资料. 银川：宁夏人民出版社，1988.

[8] 达堂. 丰子恺的好学精神 [M]// 丰华瞻，殷琦. 丰子恺研究资料. 银川：宁夏人民出版社，1988.

# How Feng Zikai Mastered Japanese Language

## KONG Ying

(School of Oriental Languages and Culture in Zhejiang Gongshang University, Hangzhou: 310018)

**Abstract:** Although Feng Zikai started his Japanese study with instructions from such great teachers as Li Shutong and Xia Mianzun, his very successful mastery of the language was mostly achieved by himself. Having stayed in Japan for no longer than ten months, he during his lifelong career produced many great translations of Japanese masterpieces of literature, including *The Tale of Genji*. The secret of his success lies in his "stupid method" of repeated language drills based on his passion for Japanese culture.

**Key words:** Feng Zikai ; Learning Japanese ; Vocabulary ; Grammar ; Conversation

# 日本明治时期翻译文化及二叶亭四迷对鲁迅直译观的影响[1]

陈 红[2]

（浙江工商大学东方语言文化学院 杭州：310018）

**摘 要：** 鲁迅在日本开始了他的翻译事业，并完成了由意译、豪杰译到直译的转变。鲁迅直译观的形成原因复杂，但与他留日期间接触的明治文坛翻译氛围、文学作品翻译和翻译家息息相关。本文从日本明治时期的翻译文化及翻译家兼文学家二叶亭四迷的翻译观出发，具体阐释两者与鲁迅直译观的联系，并指出鲁迅留日时期日本已基本形成了直译的翻译风潮，且鲁迅主张在内容与形式上忠于原作这一特点与二叶亭四迷的翻译观一致。

**关键词：** 鲁迅直译观；日本明治时期；二叶亭四迷

## 一、引言

众所周知，周氏兄弟合译的《域外小说集》在中国近代翻译史和文学史上具有重要意义。尤其是鲁迅执笔的《〈域外小说集〉序言》和《略例》，被视作"新一代翻译家的艺术宣言"[1]49 和"中国近代译论史上的珍贵文献"[2]280。《域外小说集》也被看作鲁迅翻译策略的一个转折点，由此"奠定了鲁迅'直译'的风格，在随后几十年的翻译里，鲁迅便一直信奉着这样的一种直译意念"[2]280。此前，鲁迅也翻译过一些文学作品，如《哀尘》（1903）、《月界旅行》（1903）、《地底旅行》（1906）、《造人术》（1906）等[3]。其中，《月界旅行》和《地底旅行》都有不少对原作改动的痕迹，[3]15-20 但《哀尘》和《造人术》基本是忠实的直译。[4]也就是说，鲁迅早期的翻译策略比较复杂。[5]而 1909 年

---

〔1〕本文系浙江省哲学社会科学基地东亚研究院自设课题"鲁迅直译观来源之研究——日本翻译思潮的影响"（课题编号：14ZDDYZS04YB）研究成果。

〔2〕陈红，浙江工商大学东方语言文化学院讲师。

〔3〕由于《〈红星佚史〉译诗》（1907）和《裴彖飞诗论》（1908）都是由周作人口译、鲁迅笔述完成的（参见周作人著，止庵校订：《药味集》，河北教育出版社 2002 年版，第 259—262 页），是周氏兄弟二人合译之作，难以单独作为鲁迅翻译策略的参考依据；且这两篇都属诗歌，与一般文学作品的翻译不宜同等待之。又因原本都是英文，故此处不做讨论。

〔4〕关于《哀尘》的翻译策略参见熊融：《关于〈哀尘〉、〈造人术〉的说明》，《文学评论》，1963 年第 3 期；关于《造人术》的翻译策略参见邓天乙：《鲁迅译〈造人术〉和包天笑译〈造人术〉》，《长春师范学院学报（社会科学版）》，1996 年第 4 期；刘德隆：《〈造人术〉及其翻译者》，《清末小说》2000 年第 23 号，第 148—160。

〔5〕不少学者都注意到了鲁迅早期翻译方式的复杂性。如崔峰指出，鲁迅的第一篇译作《哀尘》采用了直译的手法，而之后改为编译，直到《域外小说集》才重新采取直译的手法（崔峰：《翻译家鲁迅的"中间物"意识——以鲁迅早期翻译方式的变换为例》，《中国翻译》2007 年第 6 期）。实际上鲁迅在 1906 年 7 月发表的《造人术》中已采用了直译。

3 月出版的《域外小说集》从理论上明确提出了直译的观点，说明鲁迅的翻译理念此时已发生了重大转变。从直译、意译的摇摆期，过渡到直译观，鲁迅用了不到六年时间，其中尤为关键的是 1906 年。这一年，鲁迅译完了《地底旅行》和《造人术》的翻译，前后相差仅四个月，但两者的翻译策略却全然不同。鲁迅为什么会有翻译理念上的重大转变？是什么让在翻译策略上摇摆不定的鲁迅最终选择了直译，并明确了自己的翻译理念？弄清这一点，对了解和把握鲁迅的翻译观，乃至整个中国近代翻译史，都有着重大意义。

关于鲁迅直译观形成的原因，不少文章有所论及，主要有两种观点：一类以韦奴蒂为代表，他认为鲁迅的翻译策略受到歌德和施莱尔马赫的影响，[4]178-189 但并无详细考证；另一类则认为鲁迅直译观是"译经意识"所致，如《中国翻译文学史》《译经意识：鲁迅的直译法》等。前者未具体开展论述，后者从序跋、书信、杂文等出发解读了鲁迅的直译观与"译经意识"的关联，[5]325 ; [6]181-182 为我们了解和把握鲁迅直译观来源做了很有意义的探索。不过，上述观点均忽略了鲁迅留日这一重要因素。鲁迅的翻译生涯始于日本，翻译理念的转变、直译观的形成也发生在日本，因此排除日本的因素而大谈鲁迅的直译观显然存在学理上的缺憾。而且，正如前文提及的那样，1906 年是鲁迅翻译观发生质变的重要时期，因此有必要聚焦于 1906 年，具体探讨这一年中可能对鲁迅产生影响的因素，而现有的相关研究中均未涉及该议题。

## 二、日本明治的翻译文化

日本明治文学史可谓是一部翻译文学史。通过浩浩荡荡的翻译大业，日本吸收了西方先进的政治、经济、文化、社会精华，促进了日本社会的近代化。柳田泉把明治前半期（1868—1889）的翻译文学划分为四个时期，其中三个重要的转折点分别是丹羽纯一郎的《花柳春话》（1878）、藤田茂吉的《系思谈》（1885）和二叶亭四迷的《约会》（1888）。《花柳春话》是第一篇用汉文训读体翻译的真正意义上的翻译文学作品；《系思谈》是第一篇在内容和形式上都忠实于原作的译本，被视作"周密文体"的鼻祖；《约会》则是第一篇以文言一致体对原作进行忠实直译的译作，[7]3-5 此时明治翻译文学才刚迈入正轨。其后文学译作渐增，尤其是 1902 年以后，翻译文学的数量大幅增加，1905 年达到历史峰值。之后翻译文学持续高热，到明治末年（1912）虽有所下降，但仍有不少译作问世。[8]701-764 明治最后十年可谓整个明治翻译文学的鼎盛时期。

在翻译方法上，日本明治时期的翻译经历了由豪杰译到直译的转变。《花柳春话》出现以前，日本翻译的多为与政治、经济、社会等相关的评论或书籍，只有极少数几部是文学作品，但也旨在启发民智，译法上并不忠实于原作。[9]14, 24 随着自由民权运动的高涨，政治小说和冒险小说被大量翻译并传到日本，但译者往往凭一己之好夸大或歪曲原作，如《花柳春话》就把翻译和创作融为一体，令人难以分辨。这种乱译现象被称为豪杰译，直到七年后《系思谈》出现，才转向忠实于原作的翻译。[9]48-50 二叶亭四迷的《约会》更是把忠实的直译推向了极致。也就是说，日本从 1885 年起就主张忠实于原作的翻译了。到明治末期，日本已从豪杰译完全过渡到了忠实译（直译）。

鲁迅在日留学的 1902 年 4 月到 1909 年 7 月，正值翻译文学鼎盛、直译为译界主流翻译观的明治末年。在翻译文学的熏陶下，鲁迅接触了国民性、进化论等思想，吸收了拜伦、尼采等的学说，了解了被压迫民族的痛苦与斗争。1906 年 3 月，鲁迅弃医从文，从仙台回到东京。由他后来所作的《我怎么做起小说来》可知，鲁迅这么做，为的就是从事翻译，[10]75 以便国人同样能接受精神滋养。

## 三、二叶亭四迷与鲁迅直译观

活跃在明治文坛并积极翻译、介绍外国文学作品的有二叶亭四迷、森鸥外、上田敏、夏目漱石等人。[9]184 夏目漱石、森鸥外对鲁迅的影响已广为人知，而二叶亭四迷对鲁迅的影响却未受到研究者的瞩目。[1]二叶亭四迷被日本近代小说家、评论家坪内逍遥称为"俄文如来"，与"英文如来"森田思轩、"德文如来"森鸥外并称为明治文坛"三如来"[11]28。

### （一）二叶亭四迷简介

二叶亭四迷（1864—1909）是日本明治文学史上一位非常重要的作家和翻译家，他毕业于东京外语专门学校俄语系，先后在日本内阁官报局、东京外国语学校、大阪朝日新闻等地工作。1886 年 3 月，二叶亭四迷译出了屠格涅夫《父与子》的部分章节，命名为「通俗虚無黨形気」（《通俗虚无党形气》），虽未能发表，却是他文学生涯的开端。第二年 6 月，毫无名气的他以坪内逍遥的名义在报上连载处女作《浮云》，直到 1891 年 9 月连载结束。该作品虽是日本近代第一篇言文一致体小说，但在当时并未受到足够重视。在 1891 年 9 月进

---

〔1〕虽然日本同志社大学教授波多野鹿之助也曾以「二葉亭と魯迅—その序説」（『文学』1954 年 10 月第 22 期，第 33-39 页）为题探讨过鲁迅与二叶亭四迷的关系。作者认为两者同为本国近代文学的开创者，并且其身世、经历等存在相似性。没有具体指出两者在翻译观上存在联系。

行的「現今小説名家一覧表」(《当今小说名家一览表》)问卷调查中，排名前三的是森鸥外、幸田露伴和森田思轩，二叶亭四迷仅排第六位。[12]10

与小说创作相比，他在同一时期翻译的两部译作对后世的影响更为深远。1888 年 7 月至 8 月，二叶亭四迷在《国民之友》上连载翻译屠格涅夫的《邂逅》，同年 10 月至次年 1 月在《都之花》上连载另一篇屠格涅夫的作品《约会》。这两篇译作最初也并不受欢迎。在 1889 年 12 月《女学杂志》第 191 号中，就有人评价看不懂二叶亭四迷的译作，觉得"无趣"。[13]101 同年 11 月，《大阪每日新闻》上有一篇批判言文一致体的文章，称这些用言文一致体译就的文章不过直译了西方文体，其易懂性却连通俗小说都不如；差不多同一时期，还有人在《基督教新闻》上指责言文一致体不过是将句末语体换成口语体，离真正意义上的言文一致体尚有不小距离。[14]347-348 即便如此，当时的不少读者还是对二叶亭四迷的译作印象深刻，其中就有田山花袋、国木田独步、岛崎藤村等后来的日本自然主义骨干作家。田山花袋回忆说："我们虽对那细致自然的描写不甚明了，却为有此等新式文章而激动不已。"[15]37 1898 年国木田独步在《武藏野》中反复引用了二叶亭四迷所译的屠格涅夫的《约会》中关于风景的描写[16]59；日本昭和时期俄国文学翻译家米川正夫也自言其之所以立志从事俄国文学译介工作，就是为二叶亭四迷早期所译《约会》和《邂逅》倾倒之故，[1]《约会》在米川正夫心中相当于《圣经》。[17]88

在《约会》《邂逅》和《浮云》后，二叶亭四迷并未迎来他文学事业的春天，只陆续发表了一些译作；他的第二篇小说《其面影》则与《浮云》间隔了 15 年（1906）。直到 1904 年起，二叶亭四迷才迎来其创作高潮。搞翻译、写小说、写评论，收获颇丰。仅就翻译而言，在鲁迅留日期间，二叶亭四迷共发表了 23 篇译作，包括 5 篇重版的译作或译作集，尤其是 1906—1908 年，他每年均有 5—6 篇译作。[14]1-3

### （二）鲁迅与二叶亭四迷

由上文可知，二叶亭四迷在 1904 年迎来事业高峰，1906 年以后尤为高产。彼时已回到东京专事文学创作的鲁迅十分关注当时日本文坛的翻译和评论，也包括二叶亭四迷。北京鲁迅博物馆收藏着一份鲁迅在日留学期间所做的剪报，上面记录了许多译自俄国作家，如普希金、果戈理、莱蒙托夫、屠格涅夫等的文学作品，其中就有果戈理著、二叶亭四迷译的《狂人日记》和《旧式地主》。[18]28 这两篇分别是 1907 和 1906 年的译作，这正好印证了周作人的回忆："对于日本文学，当时殊不注意，森鸥外、上田敏、长谷川二叶亭（即二叶亭

---

〔1〕之所以反复强调是二叶亭四迷早期译作，是因为《约会》和《邂逅》二叶亭四迷都改译过，改译后的译作不如初版忠实于原文。

四迷——引者注）诸人，差不多只看重其批评或译文，唯夏目漱石作俳谐小说《我是猫》有名，豫才俟各卷印本出即陆续买读。又曾热心读其每天在朝日新闻上所载的小说《虞美人草》，至于岛崎藤村等的作品，则始终未尝过问。自然主义盛行时亦只取田山花袋的小说《棉被》一读，似不甚感兴趣。"[19]131-132

我们知道鲁迅早年十分欣赏林纾的翻译，但当他学了外语，发现林纾的译文与原文颇有出入，就产生了不满，此后便不怎么看林纾译文了。与此相对，1906、1907年鲁迅对二叶亭四迷表现出了极高的关注度，既表明了鲁迅对二叶亭四迷译作的欣赏，也说明鲁迅对二叶亭四迷翻译态度的认可。

### （三）二叶亭四迷之翻译观与鲁迅直译观对比

在探讨二叶亭四迷的翻译观时，不得不提及被视为日本翻译名论的《余之翻译标准》[1]。该文于1906年10月发表于《成功》。

文中，二叶亭四迷首先介绍了自己早期的翻译态度及原则。早期的二叶亭四迷十分注重原作的形式美，力求在翻译时移译原作文体，二叶亭四迷早期的翻译观十分注重对原作形式的保留，用他自己的话来说，就是「苟くも外国文を翻訳しようとするからには、必ずやその文調をも移さねばならぬと、これが自分が翻訳をするについて、先づ形の上の標準とした一つであった」（若要翻译外文，必得将其文体移译过来，这曾是我翻译的形式标准之一）。

《约会》《邂逅》就是二叶亭四迷早期的典型代表作。由于翻译时对原作亦步亦趋，难免影响译文的可读性，在当时文坛也受到诸多非难。二叶亭四迷自己也认识到了这一点，称自己的译文「実に読みづらい、佶屈聱牙だ」（实在是难读，佶屈聱牙）。此后，二叶亭四迷开始反省自己的翻译态度：

> 一体、自分の立てた標準に法って翻訳することは、必ずしも出来ぬと断言はされぬかも知れぬが、少くとも自分に取っては六ケ敷いやり方であると思った。何故といふに、第一自分には日本の文章がよく書けない、日本の文章よりはロシアの文章の方がよく分かるような気がする位で、即ち原文を味ひ得る力はあるが、これをリプロデュースする力が伴うてをらないのだ。
>
> 按照自己的标准翻译，未必译不了，但至少对我自己而言十分困难。因为重点是我写不好日语文章，我觉得我更了解俄语文章。也就是说，我虽有鉴赏原文之能力，却无再现原作之力量。

---

〔1〕十川信介、安井亮平：『二葉亭四迷全集』（第4卷），筑摩書房1985年，第166-170页。本文中引用的二叶亭四迷的《余之翻译标准》皆出自此。

的确,《浮云》三篇中最出色的第二篇,就是二叶亭四迷先用俄语书写再自译成日语发表的。[21] 在对早期翻译标准产生怀疑后,他转而欣赏俄国著名诗人茹科夫斯基翻译拜伦诗作的做法,即求其神而舍弃形。但《余之翻译标准》并未就此结束,随后二叶亭四迷话锋一转,指出自己并没有茹科夫斯基那样的胆量和才华,所以一直以来都采用旧的翻译方法,即忠实于原作的直译。因为在他看来,茹科夫斯基那样的做法「成功すれば光彩燦然たる者であるが、もし失敗したが最後、これほど見じめなものはないのだから、余程自分の手腕を信ずる念がないとやりきれぬ」(译得好"光彩粲然",译得不好则"再无比这更可悲之事"了,因此若无十足自信是难以胜任的)。可见《余之翻译标准》宣扬的还是忠实于原作的翻译态度。

具体而言,二叶亭四迷的翻译态度与鲁迅在以下两个方面十分相似。

**1. 在内容上忠实于原作**

我们知道鲁迅十分注重译作的"信",尤其看重内容上对原作的忠实。他晚年在给增田涉的信中回忆,当年出版《域外小说集》的动机之一便是对林纾式的不忠实译法的不满;[22]10 在《艺术玩赏之教育》中说他自己"用亚循字移译,庶不甚损原意";在翻译《思想·山水·人物》时,即使存在背离鲁迅之意的文字,鲁迅也未加删节,因为鲁迅认为这种做法对不起作者和读者。在《硬译与文学阶级性》一文中,鲁迅更指出曲译"足以为害",所以他在翻译时"决不有所增减"。

二叶亭四迷也对原作怀着十分虔诚的态度:

　　文学に対する尊敬の念が強かったので、例へばツルゲーネフが其の作をする時の心持は非常に神聖なものであるから、これを翻訳するにも同様に神聖でなければならぬ、就ては、一字一句と雖、大切にせなければならぬとやうに信じたのである。

　　我十分尊重文学,例如屠格涅夫创作时的心境十分神圣,因此我翻译时必须保持同样神圣的心境,虽一字一句,也慎重对待。

不少研究者详细考证了二叶亭四迷早期的《约会》和《邂逅》,都指出它们在内容上十分忠实于原作。如木村彰一通过对二叶亭四迷译本和屠格涅夫的原作《邂逅》的对照研究,指出二叶亭四迷的译本忠实得令人诧异,感觉再也找不出如此逐字译的作品了。[23]582

**2. 在形式上主张保存原作丰姿**

鲁迅一贯主张翻译时要保存原作丰姿。他在《〈域外小说集〉略例》中说"移译亦期勿失文情";在《〈苦闷的象征〉引言》中说,"文句大概是直译的,也极愿意一并保存原文的口吻"；翻译《出了象牙之塔》更是"竭力想保存原书的口吻，大抵连语句的前后次序也不甚颠倒"；有时对晦涩难解的译文有所顾虑，可若将"仍句拆下来"，又怕失去原文精悍的语气。[24]176

二叶亭四迷也十分重视移译原作文体，他在《余之翻译标准》中说：

> 外国文を翻訳する場合に、意味ばかりを考へて、これに重きを置くと原文をこはす虞がある。須らく原文の音調を呑み込んで、それを移すやうにせねばならぬと、かう自分は信じたので、コンマ、ピリオドの一つをも濫りに棄てず、原文にコンマが三つ、ピリオドが一つあれば、訳文にも亦ピリオドが一つコンマが三つという風にして、原文の調子を移さうとした。殊に翻訳を為始めた頃は、語数も原文と同じくし、形をも崩すことなく、偏へに原文の音調を移すのを目的として、形の上に大変苦労したのだが、さて実際はなかなか思ふやうに行かぬ。

> 在翻译外文时，一味顾及意思并以此为重，便可能破坏原文。我曾以为，须吃透原文的音调再加以移译。为此，我连一个逗号、一个句号也没随意舍弃。如原文有三个逗号、一个句号，我也会加以保留，译成三个逗号、一个句号。尤其是我刚从事翻译工作时，为了不破坏原文形式、移译原文音调，在译文形式上大费苦心，实际却并未如愿。

二叶亭四迷之所以如此注重音调，是因为在他看来：

> 一体、欧文は唯だ読むと何でもないが、よく味うて見ると、自ら一種の音調があって、声を出して読むとよく抑揚が整うてゐる。即ち音楽的である。だから、人が読むのを聞いてゐても中々に面白い。実際文章の意味は、黙読した方がよく分るけれど、自分の覚束ない知識で充分に分らぬ所も、声を出して読むと面白く感ぜられる。これは確かに欧文の一特質である。

> 西方文章若只是看，不会觉得怎样；但仔细品味，却自有一种音调，出声朗读则抑扬顿挫，十分悦耳。因此听他人朗读也非常有趣。其实文章语义要默读才理解更透，而仅凭自己的蹩脚知识难以理解之处，通过出声朗读则能感到兴味。这确是西方文章特色之一。

无独有偶，鲁迅在《〈域外小说集〉略例》中提到："人地名悉如原音，不加省节者，缘音译本以代殊域之言，留其同响；任情删易，即不为诚。"虽然一个讲的是西方文章总体的语调，另一个只提到了西方人地名的发音，但两者关注的都是原作的语音语调，且都提倡将其保留到译入语中。

二叶亭四迷早期的直译态度与鲁迅的直译策略对当时两国翻译界而言意义重大。内田鲁庵称赞二叶亭四迷的译作《约会》「ほとんど原作の一字一句も等閑にしない翻訳文の新しい模範を与えた」[25]174（对待原作一字一句，基本没有率尔操觚，树立了翻译新模范）。柄谷行人则指出，二叶亭四迷正是因为采用了逐字译（「逐語訳」）的方法来翻译屠格涅夫的作品，才使自己的译作影响了日本现代文学。因为小说现代性最重要的特质就是写实主义，俄国的写实主义就是屠格涅夫确立起来的，而二叶亭四迷忠实的逐字译把这一写实主义手法引入了日本近代文学。[26]9-10 而由鲁迅执笔的《〈域外小说集〉序言》和《略例》，也被视作"新一代翻译家的艺术宣言"[1]149 和"中国近代译论史上的珍贵文献"[27]171，在中国同样具有开创性意义。

可惜两者的创举在当时均未受到肯定。二叶亭四迷把自己失败的原因归结为直译，他认为忠实的直译导致其译文佶屈聱牙，备受诟病。鲁迅也多次提及自己译文佶屈聱牙，如他在《〈域外小说集〉序言》中说该书"词致朴讷"；在1920 年再版序言中说其"句子生硬，'佶屈聱牙'"；在译卢那卡尔斯基的《艺术论》的小序中说该书"佶屈枯涩"；在《"硬译"与"文学的阶级性"》中又强调自己的译文"晦涩，甚而至于难解之处也真多"。但鲁迅并不认为这是导致《域外小说集》遇冷的原因，他在重版序言中说那是因为当时的读者不认可短篇小说这一体裁之故。

因此两人之后的翻译态度出现了差异。面对《约会》和《邂逅》的冷遇，二叶亭四迷开始自我否定。虽然他在《余之翻译标准》文末强调自己从始至终都采用忠实于原作的译法，但更多研究者在考察其译本后指出，二叶亭四迷只有在初版《约会》和《邂逅》中才保持了对原作绝对的忠实，1896 年改译的《约会》和《邂逅》则把被后人推崇备至的文体改得面目全非。[28]147-148 而且据米川正夫考证，二叶亭四迷在 1897 年翻译果戈理的《肖像画》时，不仅任意改变原作的表达方式，还删除了一些自认为读者不容易懂或不需要的文字，这些都是在以前的译作中不会发生的。米川正夫还指出，从这一时期开始，二叶亭四迷开始在译作中使用一些江户时代的难懂的俗语，从整体上来看，二叶亭四迷的翻译创造性的成分比较多。[17]90-91,96 其实在同年发表的《文客历访》中，二叶亭四迷就把原来的译法视为弊病，并称自己近一两年来尝试了新的译法，即顾神不顾形。[20]148

相较而言，《域外小说集》的失利虽然让鲁迅也深受打击，但鲁迅并没有放弃直译，他把自己禁锢在古文堆里将近十年。'《域外小说集》开始奠定了鲁迅'直译'的风格，在随后几十年的翻译里，鲁迅便一直信奉着这样的一种直译意念。"[2]280

## 四、结论

鲁迅弃医从文后，对翻译外国文学作品产生了浓厚的兴趣。他一方面积极关注各国翻译文学，对俄国等"弱小国家民族"的文学作品青睐有加；另一方面他开始反思翻译策略，在译介《造人术》时便尝试了忠实于原作的直译。这是鲁迅把翻译视为事业后的第一篇译作，译法由梁启超、林纾式的意译改成了当时日本的主流翻译方法——直译。显然，当时明治末期二叶亭四迷的翻译文化对鲁迅产生了不小的影响。

1909年《域外小说集》出版之际，鲁迅将直译定为一生遵循的翻译准则。不过，当时他并未详细阐释直译的内涵与要义。在那之后的各种译文序跋中，鲁迅陆续表达了要忠于原作内容及形式的直译观点。这些观点与日本明治时期著名的俄国文学翻译家二叶亭四迷在《余之翻译标准》中表达的核心意义一致。二叶亭四迷作为当时鲁迅的重点关注对象，显然对鲁迅的直译观的形成产生了影响。

**参考文献**

[1] 陈平原. 20世纪中国小说史·第1卷（1897—1916）[M]. 北京：北京大学出版社，1989.

[2] 王宏志. 翻译与文学之间 [M]. 南京：南京大学出版社，2010.

[3] 陈红. 鲁迅早期翻译理念及策略辨析——以鲁译《月界旅行》为例 [J]. 东方翻译，2014（5）.

[4] VENUTI L. The scandal of translation[M]. London / New York：Routledge，1998.

[5] 孟昭毅，李载道. 中国翻译文学史 [M]. 北京：北京大学出版社，2005：325.

[6] 李文革. 译经意识：鲁迅的直译法 [J]. 求索，2005（11）：181-182.

[7] 柳田泉. 明治初期翻訳文学の研究 [M]. 東京：春秋社，1961：3-5.

[8] 国立国会図書館. 明治·大正·昭和翻訳文学目録 [M]. 東京：風間書房，1959：701-764.

[9] 吉武好孝. 明治·大正の翻訳史 [M]. 東京：研究社出版株式会社，1959.

[10] 王世家，止庵. 鲁迅著译编年全集（十五）[M]. 北京：人民出版社，2009.

[11] 坪内逍遥. 文学その折々 [M]. 東京：春陽堂，1896.

[12] 森田思軒研究会. 森田思軒とその交友—龍渓・蘇峰・鴎外・天心・涙香 [M]. 東京：松柏社，2005.

[13] 加藤百合. 明治初期露文学翻訳論考（一）—二葉亭初期のツルゲーネフ翻訳—[J]. つくば国際大学研究紀要，1995（1）.

[14] 川戸道昭，中林良雄，榊原貴教. 翻訳家編 5　森田思軒集 I [M]. 東京：大空社，2002.

[15] 田山花袋. 田山花袋全集 15 [M]. 東京：花袋全集刊行会，1937.

[16] 柄谷行人. 日本现代文学的起源 [M]. 赵京华，译. 北京：生活・读书・新知三联书店，2003.

[17] 米川正夫. 二葉亭の翻訳 [J]. 国文学解釈と鑑賞，1963，28（6）.

[18] 锡佩. 鲁迅初读《狂人日记》的信物——介绍鲁迅编定的"小说译丛"[J]. 鲁迅研究动态，1985（4）：28.

[19] 周作人. 青年时代的鲁迅 [M]. 北京：中国青年出版社，1957.

[20] 二葉亭四迷. 二葉亭四迷全集（第 4 巻）[M]. 東京：筑摩書房，1985.

[21] 内田魯庵. 二葉亭四迷の一生 [DB/OL]. [2011-05-29]. http://www.aozora.gr.jp/cards/000165/files/49573_43499.html.

[22] 王世家，止庵. 鲁迅著译编年全集（十四）[M]. 北京：人民出版社，2009.

[23] 木村彰一. 二葉亭のツルゲーネフものの翻訳について [J]. 文学，1956（24）.

[24] 鲁迅. 译文序跋集 [M]. 北京：人民文学出版社，2006.

[25] 秋山勇造. 翻訳の地平—翻訳者としての明治の作家 [M]. 東京：翰林書房，1995.

[26] 柄谷行人. 翻訳者の四迷—日本近代文学の起源としての翻訳 [J]. 国文学，2004（10）.

[27] 陈福康. 中国译学理论史稿 [M]. 上海：上海外语教育出版社，1992.

[28] コックリル浩子. 二葉亭四迷「余が翻訳の標準」解題 [M]// 柳父章，水野的，長沼美香子. 日本の翻訳論　アンソロジーと解題. 東京：法政大学出版局，2010.

# A Study on the Influences of Translation Culture of Japan in Meiji Time and the Translator Shimei Futabatei on Lu Xun's Literal Translation

## CHEN Hong

(School of Oriental Languages and Culture, ZheJiang Gongshang University, Hangzhou: 310018)

**Abstract:** Lu Xun started translation when he was studying in Japan. He adopted free translation at first, but later turned to literal translation before he returned to China. The reason he changed the strategy is quiet complicated, but it's mostly related to the translation culture, translations and translators of Japan in Meiji Time. This paper focuses on the influences of the translation culture of Japan in Meiji Time and the translator Shimei Futabatei on Lu Xun's literal translation.

**Key words:** Lu Xun's Literal Translation ; Meiji Time of Japan ; Shimei Futabatei

# 巴利语中的"所立提示"表现
## ——以《梵天招待经》用例为线索

耀文（肖平）[1]

（浙江工商大学东方语言文化学院　杭州：310018）

**摘　要：** 巴利语是印度古典语言之一，也是与梵语并行的一种印欧语。现存巴利语文本中存在大量的"所立提示"，即通过提示词提示主题的表现。论文以巴利语文本《梵天招待经》中出现的相关用例为线索，考察了其中的"所立提示"表现，为了解巴利语提示表现和与日语等相关语言的比较提供可参照的模板。

**关键词：** 巴利语；所立；提示词；《梵天招待经》；日语

## 前　言

　　人在表达一件事情的时候，首先要确立表达对象的存在性或真实性，这个被确立的对象在逻辑上一般被叫作"所立"。如汉语中说"人，是要吃饭的"，或"饭，是一定要吃的"，其中"人"和"饭"在句子中各自表示被表达的对象。为了提高表达对象的强度，引起话语接受者的特别注意，人们常常又在被表达对象的后面（或前面）附加一定表示提示的词语，从而构成"提示"表现。所谓"所立提示"表现，顾名思义，就是针对"所立"的"提示"表现。例如，在日语句子「団結こそ力である」（团结就是力量）、「弘法も筆の誤り」（智者千虑，必有一失）中，「団結」「弘法」为"所立"，「こそ」「も」是起强调作用的提示词，二者合起来就构成所谓"所立提示"。

　　我们知道，语言是人类演进过程中的重要产物，不同语言之间存在着共通性，而通过对人类早期语言表达特征的挖掘和比较，有助于人们从结构上了解和把握人类语言的一些共性特征，进而对个别语言的深入理解提供参照系。基于这样的思考，本文将以印度古典语言中的巴利语作为挖掘对象，通过对《梵天招待经》中出现的具体例句进行检索和分析，以呈现其"所立提示"表现的特征，旨在为古代汉语、日语、韩语乃至阿拉伯语等东方古典语言提供相互比较的依据。

---

[1] 耀文（肖平），浙江工商大学东方语言文化学院教授。

# 一、～ kho

kho，在巴利语中主要作为副词使用，有"事实上""实际上"等含义，以 ～ kho 形式对所立进行提示的句子，在各类巴利语文本中使用范围较广。下面笔者将列举《中部·梵天招待经》中出现的相关例句，以呈现其意义特征和语法功能。

Tatra kho bhagavā bhikkhū āmantesi.（当时，世尊对比丘众说道。）

Tena kho pana, bhikkhave, samayena bakassa brahmuno evarūpaṃ uppannaṃ hoti.（那时，诸比丘，婆迦梵天生起如下恶的见趣。）

Addasā kho maṃ, bhikkhave, baka brahmā dūratova āgacchantaṃ.（看见我，婆迦梵天从远处接近。）

Ehi kho, mārisa, svāgataṃ, mārisa!（喂，朋友！欢迎，朋友！）

Cirassaṃ kho, mārisa, imaṃ pariyāyamakāsi yadidaṃ idhāgamanāya.（久违了，朋友！以这样的机会，以这样的指导。）

Atha kho, bhikkhave, māro pāpimā aññataraṃ brahmapārisajjaṃ anvāvisitvā maṃ etadavoca.（此时，诸比丘，摩罗帕皮摩附身于某一梵天众对我说。）

Ahesuṃ kho, ye, bhikkhu, tayā pubbe samaṇabrāhmaṇā lokasmiṃ.（曾经有，在你们之前于世上彼沙门、婆罗门。）

Sase kho tvaṃ, bhikkhu, brahmuno vacanaṃ upātivattissasi, seyyathāpi nāma puriso siriṃ daṇḍena paṭippanāmeyya.（假如你，比丘，不按照梵天的语言去做，恰似希望以棍棒驱逐到来的光。）

Iti kho maṃ, bhikkhave, māro pāpimā brhmaparisaṃ upanesi.（之后，诸比丘，摩罗帕皮摩把我引导至梵天众。）

Jānāmi kho tāhaṃ, pāpimā.（我知道你，帕皮摩！）

Te kho evaṃ jāneyyuṃ.（他们这样宣说。）

Ahampi kho evaṃ, brahme, jānāmi.（我也如此知道，梵天！）

Evaṃ kho te ahaṃ, brahme, gatiñca pajānāmi.（像这样，梵天，我知道你的达成，我知道你的光芒。）

Atthi kho, brahme, añño kāyo, taṃ tvaṃ na jānāsi na passasi.（有，梵天，其他的身，你不知其，不见其。）

Atthi kho, brahme, ābhassarā nāma kāyo yato tvaṃ cuto idhūpapanno.（有，梵天，叫作光音天的身，你从那里死去，再生到这里。）

Evaṃpi kho ahaṃ, brahme, neva te samasamo abhiññāya, kuto

nīceyyaṃ?（像这样，梵天，我在证知方面绝没有你的等同，怎能更低劣？）

如上所举，就词性而言，由 kho 所提示的成分包括代词、副词、动词、形容词等。就句子成分而言，则包括主语、谓语、宾语、状语等。就意义而言，则主要表示对所提示成分的确认，即以句法功能的表现为核心，其意义大体相当于古汉语中的"者"，或日语中的「は」，不过在使用上似乎比前两者更为广泛、灵活。

## 二、～ pana

pana，在巴利语中一般作为副词或连词使用，原本有"再""重新"的意思，而作为提示时，则表示"那么""然而""既然""而且"等意义，其中转折的意义最为突出。下面笔者将列举《中部·梵天招待经》中出现的相关例句，以呈现其意义特征和语法功能。

Ahaṃ kho pana, pāpimā, neva tava hatthagato neva tava vasaṃgato.（可是我，帕皮摩，决不进入你的手掌，决不被你控制。）

Yattha ca pana, jāyati jīyati mīyati cavati upapajjati tañca vakkhati.（尽管如此，于此仍说其生、被战胜、死亡、衰坏、再生。）

Ye pana, bhikkhu, tayā pubbe samaṇabrahmaṇā lokasmiṃ ～ te kāyassa bhedā pāṇīte kāye patiṭṭhitā.（可是，在你之前曾有沙门、婆罗门～，身体破灭，死后依妙胜之身而住。）

Seyyathāpi nāma puriso siriṃ daṇḍena paṭippanāmeyya, seyyathāpi vā pana, bhikkhu, puriso narakappapāte papatanto hatthehi ca pādehi ca pathaviṃ virādheyya.（也恰似希望以棍棒驱逐到来的光，进而，比丘，或恰似人掉入地狱的深渊，而从手、从脚中放弃大地。）

Yāvadeva ca pana kilamathassa vighātassa bhāgī bhavissasi.（可是，一定也只存在疲劳、困惑吧。）

Yāvakathaṃ pana me tvaṃ, mārisa, gatiñca pajānāsi, jutiñca pajānāsi.（尽管这样说，我知道你的达成，我知道你的光芒。）

Ahesuṃ ye pana, bhikkhu, tayā pubbe samaṇabrāhmaṇā lokasmiṃ arahanto sammāsambuddhā paṭijānamānā.（然而，比丘，在你之前于世上曾有沙门婆罗门是阿罗汉、正等觉者的自称者。）

Ahaṃ kho pana, pāpimā, sammāsambuddhova samāno

sammāsambuddhomhīti paṭijānami.（可是，帕皮摩，我是正等觉者，我自称正等觉者。）

如上所举，就词性而言，由 pana 所提示的成分包括代词、副词、动词、形容词等。就句子成分而言，则包括主语、谓语、状语等。就意义而言，除了表示对所提示成分的确认外，也表示一定程度的转折语气，以及前后两个事项之间的对比关系，进而还可以与其他表示提示功能的副词如 kho、ca、api 等联合使用，以加重提示语气。若与日语中的表现相比较，则有些类似提示助词「でも」的作用。

## 三、~ hi

hi，在巴利语中一般作为副词或连词使用，有"事实上""因为""的确"等意义，以 ~ hi 形式对所立进行提示的句子，尽管不如 kho、pana 那样多，但在巴利语文本中的使用情况也属于较为普遍的。下面笔者将列举《中部·梵天招待经》中出现的相关例句，以呈现其意义特征和语法功能。

Yatra hi nāma aniccaṃyeva samānaṃ niccanti vakkhati.（事实上，因为无常而说常。）

Idañhi, mārisa, niccaṃ, idaṃ dhuvaṃ idaṃ sassataṃ, idaṃ kevalaṃ, idaṃ cavanadhammaṃ, idañhi na jāyati na jīyati na mīyati na cavati na upapajjati.（此是，朋友，常，此是恒常，此是永久，此是独存，此是不衰坏的法，此是，不生，不被战胜，不死，不衰坏，不再生。）

Eso hi, bhikkhu, brahmā mahābrahmā abhibhū anabhibhūto aññadatthudaso vasavattī issaro kattā nimmātā seṭṭho sajitā vasī pitā bhūtabhabyānaṃ.（彼是，诸比丘，梵天、大梵天、征服者、不被征服者、战胜者、不被战胜者、全见者、全能者、主宰者、创造者、化作者、最胜者、战胜者、自在者、已存在和将存在者之父。）

Tuyhañhi, pāpima, evaṃ hoti-'esopi me assa hatthagato, esopi me assa vasaṃgato.'（你，帕皮摩！这样想："他进入我手掌，他被我控制"。）

Ahañhi, mārisa, niccaṃyeva samānaṃ niccanti vadāmi, dhuvaṃyena samānaṃ dhuvanti vadāmi sassataṃyeva samānaṃ sassatanti vadāmi, kevalaṃyeva samānaṃ kevalanti vadāmi, avacanadhammaṃyeva samānaṃ avacanadhamma'nti vadāmi.（我，朋友，因为常而说常，因为恒常而说恒常，

因为永久而说永久，因为独存而说独存，因为不衰坏法而说不衰坏法。）

Anakkhātaṃ kusalañhi, mārisa, mā paraṃ ovadāhī.（不说是善，朋友，不要教诫其他。）

Tuyhañhi, pāpimā, evaṃ hoto-"yesaṃ samaṇo gotamo dhammaṃ dessati, te me visayaṃ upātivattissanti" ti.（你，帕皮摩，这样想："如果沙门乔达摩教授法，他将通过我的领地。"）

如上所举，就词性而言，由 hi 所提示的品词主要为代词、副词，尤其是人称代词。就所提示的句子成分而言，主要为主语，但也有对短句如"anakkhātaṃ kusalañhi"进行整体提示的情况。就意义而言，主要表示对所提示成分的确认，同时也可以用作前后两个事项之间的对比。如果以日语对比的话，其作用大体相当于提示助词「は」，但使用范围略窄。

## 四、~ api

api，是标准形式，在具体使用中也有 app 或 pi 等形式，在巴利语中一般作为副词或连词使用，作提示词时，有"亦""也""甚至""虽然"等意义，以 ~ api 形式对主题进行提示的句子，在巴利语文本中的使用情况也较为普遍。下面笔者将列举《中部·梵天招待经》中出现的相关例句，以呈现其意义特征和语法功能。

Seyyathāpi nāma puriso siriṃ daṇḍena paṭippanāmeyya, seyyathāpi vā pana, bhikkhu, puriso narakappapāte papatanto hatthehi ca pādehi ca pathaviṃ virādheyya.（也恰似希望以棍棒驱逐到来的光，进而，比丘，或恰似人掉入地狱的深渊，而大地从手、从脚中失去。）

Ahampi kho evaṃ, brahme, jānāmi-seca pathaviṃ ajjhosissāmi, opasāyiko te bhavissāmi vatthusāyiko, yathākāmakaraṇīyo bāhiteyyo.（梵天，我也这样知道："假如我执着于地，我将成为你的近侍者、横卧于领地内者、随欲所行者、被驱逐者。"）

"~seca pathaviṃ ajjhosissāmi, opasāyiko te bhavissāmi vatthusāyiko, yathākāmakaraṇīyo bāhiteyyo" ti api ca te ahaṃ, brahme, gatiñca pajānāmi, jutiñca pajānāmi.（即使说"假如我执着于地，我将成为你的近侍者、横卧于领地内者、随欲所行者、被驱逐者"，梵天，我也知道你的去处，知道你的光芒。）

Evampi kho ahaṃ, brhme, neva te samasamo abhiññāya, kuto nīceyyaṃ？（也像这样，梵天，在证知方面，你绝没有与我等同，哪里会低劣？）

Na maṃ tvaṃ, pāpima, hitānukampī evaṃ vadesi; abhitānukampī maṃ tvaṃ, pāpima, evaṃ vadesi.（你不是出于怜悯才对我这样说，而是非怜悯地这样对我说。）

如上所举，就词性而言，由 api 所提示的品词主要为代词、副词、形容词。就所提示的句子成分而言，除主语提示外，也有状语提示等，形式较为灵活，尤其是同类词之间对比提示，应用的更为普遍。就意义而言，主要表示多个事物对比中的确认。如果以日语对比的话，大体与提示助词「も」的作用相当。

## 五、～ vata

vata，在巴利语中一般作为副词使用，表示感叹语气，有"实际上""事实上"等含义，由于巴利语中有著名的定型句"aniccā vata saṅkkhārā"（诸行无常），故而 vata 在巴利语学习者中也属于广为人知的一个词。下面笔者将列举《中部·梵天招待经》中出现的相关例句，以期呈现其意义特征和语法功能。

Avijjāgato vata, bho, bako brahmā; avijjāgato vata, bho, bako brahmā.（婆伽梵天陷入无明！婆伽梵天陷入无明！）

Acchariyaṃ vata bho, abbhutaṃ vata bho!（真是稀有！真是未曾有！）

Na ca vata no ito pubbe diṭṭho vā sutu vā añño samano vā brahmaṇo vā evaṃ mahānubhāvo yattāyaṃ samaṇo gotamo sakyaputto pabbajjito.（从未见过、听过，在此之前如释迦族出身的出家者释迦子沙门乔达摩一样，其他沙门、婆罗门有如此大神力、大威力。）

Bhavarāmāya vata, bho, pajāya bhavaratāya bhavasammuditāya samūlaṃ bhavaṃ udabbahī.（对于欢喜有者，朋友，喜悦有者，喜爱有者，享乐有者，拔除有根的存在。）

如上所举，就词性而言，由 vata 所提示的品词包括动词的完成式、形容词、副词，以及跟在～ ca 的提示表现后表示再度提示。就所提示的句子成分而言，包括主语、谓语、宾语、状语等，即凡是用于感叹的成分，都可以加以提示。就意义而言，主要表示感叹。如果以日语对比的话，大体起到提示助词「よ」「ね」等的作用。

# 六、~ ca

ca，在巴利语中一般作为连词使用，主要表示列举，有"和""作为""或"等含义。下面笔者将列举《中部·梵天招待经》中出现的相关例句，以呈现其意义特征和语法功能。

Ito ca panaññaṃ uttari nissaraṇaṃ natthī.（此外，没有更加殊胜的出离。）
Yattha ca pana, jāyati jīyati mīyati cavati upapajjati tañca vakkhati.（尽管这样，仍说其生、被战胜、死亡、衰坏、再生。）
Yo ceva, pāpimā, brahmā, yā ca brahmaparisā, ye ca brahmapārisajjā, sabbeva tava hatthagatā.（彼梵天也，帕皮摩！梵天众也，梵众天也，一切都落入你的手掌。）
Yāvadeva ca pana kilamathassa vighātassa bhāgī bhavissasi.（可是，一定也只存在疲劳、困惑吧。）
Na ca maṃ dakkhanti.（他看不见我。）
Bhavañca vibhavesinaṃ.（有，灭除。）
Nandiñca na upādiyi.（不，执著于欢喜。）

如上所举，就词性而言，由 ca 所提示的品词包括动词的不定式、代词、副词、形容词等，以及跟在 ~ eva 的提示表现后表示再度提示。就所提示的句子成分而言，包括主语、谓语、宾语、状语等，即凡是带有列举意义的成分，都可以加以提示。就意义而言，主要表示列举或对比。如果以日语对比的话，大体起到提示助词「とか」「も」等的作用。

# 结　语

通过以上考察我们大体可以得出如下结论：
1.《梵天招待经》作为考察对象，虽不足万字，但存在大量的所立提示表现，涉及巴利语中几乎绝大部分如 kho、pana、hi、api、vata、ca 等表示提示意义的副词或连词，此可作为古代印度人在表述之际习惯采用提示方式的一个有力证明。

2. 从所提示部分即"所立"的词性来看，包括代词、副词、形容词、动词，即几乎涵盖了巴利语乃至一般语言中的所有品词。换言之，无论是实词，抑或虚词，都可能成为被提示的对象。

3. 从所提示部分即"所立"的句子成分来看，包括主语、谓语、宾语、状语等，即也几乎涵盖了巴利语乃至一般语言中的所有成分，乃至一部分整体句子也可成为被提示的对象。

4. 从提示词本身的意义来看，kho 主要用于表现对"所立"的确认，即语法功能为主；pana 主要表示转折；hi、api、ca 三者都有表示并列的意思；vata 主要表示感叹、惊叹。

5. 当一个"所立提示"构成完形以后，后面还可增加另外一个提示词，以表示再度的提示，这种情况在提示表现中也较为普遍。

6. 通过与日语的相关表现进行粗略的比较可知，在众多的语言中，尽管日语中的提示表现也属于较为复杂多样的一种，但与巴利语相比，无论在提示的种类或灵活性方面，都显得无足轻重了。

**参考文献**

[1] Brhamanimantanikasuttaṃ[M]. 巴利语三藏 . 中部 . 根本五十经篇 . 缅甸第六次结集版巴利语佛典 .

[2] 片山一良 . 中部（マッジマニカーヤ）根本五十経篇 I（パーリ仏典 第 1 期 1）[M]. 東京：大藏出版，1998.

[3] 慧音，慧观 . 编著巴汉词语手册 [M]. 北京：宗教文化出版社，2013.

[4] 慧音，慧观 . 译巴利经藏 · 长部（一）戒蕴篇 [M]. 北京：宗教文化出版社，2015.

[5] 慧音，慧观 . 译巴利经藏 · 长部（二）摩诃篇 [M]. 北京：宗教文化出版社，2016.

[6] 慧音，慧观 . 译巴利经藏 · 长部（三）行道篇 [M]. 北京：宗教文化出版社，2016.

[7] 水野弘元 . パーリ語文法 [M]. 東京：山喜房佛書林，1955.

# The Expressions of Thematic Indication in Pali Texts : A Case Study of Thematic Indication in Brhamanimantanikasuttaṃ

## YAO Wen (XIAO Ping)

(School of Oriental Language and Culture, Zhejiang Gongshang University, Hangzhou, 310018)

**Abstract:** Pali, like Sanskrit, is an Indo-European classical language of India. A lot of expressions of thematic indication can be seen in existing Pali texts, i.e. a way of indicating the theme by cues. This paper investigates the expressions of thematic indication in the Pali text of Brhamanimantanikasuttaṃ and compares them with those in Japanese and other relevant languages so as to try to provide a viable pattern of studying thematic indication.

**Key words:** Pali ; Thematic Indication ; Cues ; Brhamanimantanikasuttaṃ ; Japanese

# 浙江工商大学特色的中阿翻译教学[1]

周 玲[2]

（浙江工商大学东方语言文化学院　杭州：310018）

**摘 要：** 浙江工商大学位于我国与阿拉伯国家经济交往最为密切、活跃的省份之一——浙江省，其阿拉伯语专业在我国实施"一带一路"战略的大背景下应运而生。如何使我国阿拉伯语教学大花园中的这支新起之秀顺应国家发展战略，服务浙江的外向型经济发展，并另辟路径，形成自身的教学特色？笔者作为学科带头人，进行了一系列的调查研究和积极探索，确定了突出中阿翻译教学，培养实用型的、多能力型的语言人才这条教学路子，并进行大胆尝试，收到了一定成效。

**关键词：** 浙江工商大学；中阿翻译教学；实用型人才培养

浙江工商大学（以下简称浙商大）东方语言文化学院阿拉伯语系始建于2015年4月，正式招生工作于当年开展，共招收新生24名，于9月入学。这样一个年轻的专业，如何在竞争激烈的人才培养市场站稳脚跟，并持续发展？这是我们无法回避的一个首要而重大的问题。对此，我们通过广泛调查，深入分析和积极探索，确定了注重阿语翻译教学，培养实用型、多能力型人才的教学路子，以努力构建浙商大的教学特色和优势。

## 一、注重中阿翻译教学的基本考量

浙商大阿语系突出培养实践型、应用型、多能力型培养阿语人才的中阿翻译教学，主要基于以下几方面考量。

### （一）国家发展战略需要大批阿语人才

众所周知，"一带一路"是中国新一轮改革开放和走出去的战略重点，旨在推动中国和沿线63个国家实现经济政策协调、资源优势互补，开展更大范围、更高水平、更深层次的区域合作，促进各国经济新的发展。要实现国家的这个宏大目标，最重要的先决条件就是人才，尤其是语言人才的储备。

---

[1] 本文是浙江工商大学2016年度课堂教学创新项目"《基础阿拉伯语会话》课中'任务型教学法'的导入及应用"（浙商大教〔2016〕321号）的成果之一。

[2] 周玲，浙江工商大学东方语言文化学院副教授。

据考证，22 个阿拉伯国家都在一带一路的沿线上，中阿经贸往来又源远流长，不仅是古丝绸之路的共同开创者，也是现代"一带一路"的重要建设者。中国制造业体系成熟，综合配套能力较强，在诸多领域拥有优势产能。阿拉伯国家拥有资源、资金等优势，对基础设施建设和实现工业化的需求很大，双方的合作充满无限潜力。阿拉伯世界的通用语言则是阿拉伯语，也是联合国六大工作语言之一。因此，随着"一带一路"战略的不断推进，势必进一步促进中阿的经贸、文化交往，必然需要大批阿语人才作为支撑，并给实用型阿语人才提供更加广阔的舞台。基于这一发展愿景分析，我们把培养实用型阿语人才列为优先目标，确定了中阿翻译教学的基本思路。

### （二）浙江外向型经济发展需要大批阿语人才

浙江是"一带一路"上的首善之地，浙江商人以其与生俱来的睿智和勇气，领天下之先。浙江与阿拉伯国家的民间交往源远流长，尤其在改革开放以后，浙江更是成为我国与阿拉伯国家经济、文化交往中最为密切、最为活跃的省份之一。例如：据不完全统计，在阿联酋的 30 万的华侨华人中，浙江人的比例占到 60% 以上。浙江商人在阿尔及利亚的水利、电力、基础设施方面投资，占到全国的 70% 以上。而义乌这个曾经名不见经传的小城市，每年吸引着 20 万阿拉伯商人入驻，大量的义乌商品经由他们进入中东市场，新的"丝绸之路"正在形成。据义乌海关统计，2016 年上半年义乌对欧盟出口增速缓慢，而对阿联酋和沙特阿拉伯出口却快速增长，分别出口 1.1 亿美元和 0.7 亿美元，同比分别增长 39.2% 和 130%，来自阿拉伯国家的商业订单越来越多，分量越来越重。绍兴的轻纺重镇柯桥，也吸引了无数阿拉伯商人来此经商驻足，并有进一步扩大的趋势。

浙江经济的外向型特点和发展趋势，迫切需要大批实用型阿语翻译人才。而浙商大作为省内的省部建重点大学，且以商科见长，更应该义不容辞地承担起服务当地经济、社会发展的人才培养责任。为此，我们依据浙江的发展实际和市场需求，把培养应用型、实战型、多能力型阿语翻译人才放到了突出的位置。

### （三）国内的教学现状需要强化中阿翻译人才

在我国老一辈阿语教育家们的努力下，我国的阿语教学得到了重视，并取得了丰硕成果。阿拉伯语教学的师资队伍逐渐壮大，学生人数日益增多，教学教材不断丰富，此外，阿语还被列入了全国七项翻译资格（水平）考试之中，成为国家职业资格证书制度中的语种之一。所有这些说明，从世界范围来说，我国的阿语教学已处于非阿语国家中的领先地位。

但客观地讲，目前我国的大学本科阿语教育还存在着诸多问题和不足，诸如教材单一且滞后于时代发展，教师因条件限制难以接触国外的实际环境，教学因囿于课堂脱离实际，等等。这些问题导致学生的口译、笔译水平难以适应社会的实际需要。笔者的迪拜新一代法律商务及翻译服务公司自 2009 年成立以来，陆续招聘过五位语言类大学毕业的本科阿语学生和两位大专生，他们身上存在的一系列翻译能力方面的问题，也许能反映出当前我国阿语教学中的一些弊端和不足。一言以蔽之，我国阿语毕业生的实践应用能力相对较差，无法在短时间完成或胜任口译和笔译工作任务。鉴于对这一问题的思考，我们将注重应用型阿语翻译教学放在了突出地位，并强调与社会实践基地和翻译项目挂钩，把培养高层次、应用型、专业化的翻译人才，作为阿语教学的目标所在。

## 二、开设中阿翻译教学的相对优势

在综合分析市场对阿语翻译人才需求的基础上，我们对自己能否胜任应用型阿语翻译教学做了基本的判断，认为主要有以下几个方面的相对优势。

### （一）学校传统优势

浙商大是教育部、商务部和浙江省人民政府共建的重点大学。立校百余年来，一直秉承商科办学传统。学校以经济学、管理学学科为主，法学、工学等多学科协调发展。浙商大内有一所全国独一无二的博物馆——浙商博物馆，博物馆以作为天下浙商的精神家园为题，是传播浙商文化、弘扬浙商精神、展示浙商贡献的窗口，是服务和凝聚天下浙商的平台，也体现了浙商大专注于产、学、研和社会服务的应用型的教学传统。

浙商大的这一特色，不仅能够为中阿翻译教学提供了解浙商文化、联系浙商实际的有利条件，而且也能使中阿翻译教学发挥学校商科优势，有利于培养实用型人才，更能促使阿语系产、学、研相结合，形成自身的教学特点，所有这些是其他语言类学校所不具备的条件。

### （二）学科背景优势

翻译是一项"实践出真知"的工作，译者需要掌握文化、经济、社会等学科的常识，需要有一定的理解力和感悟力，而这种能力需要通过中学乃至大学阶段的培养才可以获得。对此，浙商大专门为阿语专业学生提供了多种选修课程，其中：国家级特色专业（5 个），即会计学、工商管理、统计学、食品科学与工程、计算机科学与技术；国家级专业综合改革试点（2 个），即工商管理、会计学；省级优势专业（11 个），即会计学、工商管理、国际经济与贸易、金融学、电子商务、法学、统计学、计算机科学与技术、电子信息工程、食品质量与安全、市场营销；省级重点专业（15 个），即工商管理、信息管理与信息系统、统计学、国际经济与贸易、食品科学与工程、金融学、食品质量与安全、会计学、计算机科学与技术、市场营销、英语、经济学、电子信息工程、电子商务、法学；等等。

这种多学科的背景，不仅能使阿语系学生增长知识、拓宽视野、获得启示，而且也有助于学生的中阿翻译学习和自我发展能力的提升。

### （三）学科带头人的优势

综观我国各类大专院校的阿语教学，其阿语系学术领头人几乎都是在阿语教学中浸润了数十年、有着无比丰富教学经验的老师。而浙商大的阿语学科带头人不是通常意义上的教学精英，而是具有阿拉伯国家政府翻译资质、在海外工作过二十几年的一线口头、笔头翻译的专家。其在海外的专业翻译工作经历，积累的丰富经验和形成的教学理念，与国内阿语教学界的学科带头人不同。

正是由于这"接地气"的专长和特点，学科带头人不仅谙熟社会上对阿语人才的需求和阿语人才所要掌握的基本能力和素质，更是具备独特的中阿语言翻译心得、实用型的翻译教学理念和丰富的实践经验，能带领教师团队打造浙商大特色的中阿翻译教学，不被常规和教条所束缚。对此，浙商大对阿语专业的定位是：把学生培养成语言实践能力高于阿拉伯语文学理论素养的目标，极力打造学生的语言转换能力，将应用型中阿翻译教学作为阿语教学的重点。

### （四）学生素质优势

经调查，活跃在浙江义乌等地的中阿翻译者，几乎都是来自西北省份的各种语言大学、大专学院和培训学校的毕业生。盘点浙江省的阿语人才培养现状可知，金华市的职业技术学院是浙江省最早建立阿拉伯语专业的职业技术学校，他们每届招收两个班，一个班 40 人左右。继而，绍兴的越秀外国语学院在 2009 年开设阿语专业，浙江外国语学院在 2012 年成立了阿语专业。这三所学校成立时间不长，尚未形成规模和气候。而浙商大作为一本大学，至少在学生的综合素质方面相对占优，这就为我们突出多能力型应用型阿语翻译教学提供了生源基础。

正是基于学生素质相对占优的考虑，作为后起之秀的浙商大没有理由不充分利用这一有利因素，在高起点上引领浙江省的阿语翻译教学，以不断适应培养本土的中阿语应用型翻译人才需求。

## 三、中阿翻译教学中的特殊短板

通过近一年的教学，我们也发现浙商大的中阿翻译教学中存在着诸多短板，主要表现在以下几点。

### （一）语言环境的短板

通常而言，环境对于语言的学习具有制约作用，而环境包括语言环境、学校环境、班级环境及家庭环境。从客观条件来看，浙商大阿语教学的环境不如国内语言类大专院校的阿语系。学生来到商大，都是抱着学习商科的想法而来，而第一批学生 18% 的第一志愿填报率决定了被调剂学生对专业的抵触情绪。根据浙江省高校内无障碍转专业的政策，学生在四年本科学习中，有两次转专业的机会，这又使老师和同学们一样陷入犹犹豫豫、患得患失、担心焦虑的心理中不能自拔。老师的情绪势必影响到教学的效果，学生又在矛盾中蹉跎了岁月，而外语学习是不能间断的持久性的训练。这在一定程度上影响了阿语专业的发展，更影响了应用型中阿翻译教学的推进。

### （二）教师教学的短板

应用型教学需要掌握应用型翻译的教师。目前，国内的阿语教学老师绝少拥有在阿拉伯国家工作、生活的经历，他们对于阿拉伯国家文化的感知也是通过阅读得到的，即从书本走向书本。即便曾在阿拉伯国家的大学留学一两年，他们也主要生活在大学这个封闭的语言环境中。语言失去了"交流"这个载体，就会显得苍白无力。没有一位老师不认为语言环境对于阿语的学习有多么重要，尽管现在网络科技发达，有大量的阿文资料可阅读，大量的阿拉伯国家的电台可收听、电视节目可以看，但是现在又有多少学生会自觉去看、去阅读？靠上课这种单一的教学方式，靠想象多于对文化的实际了解和感悟的老师的口口相传，教学的局限性是毫无疑问的。从我国阿语教学的大环境来说，由于对阿语人才，尤其是男性阿语人才的需求量特别大，往往学习好的男生在本科毕业就走上工作岗位，女生读研继而读博的比较多。不仅如此，女生也更喜欢教书育人这种稳定的工作。男女的关注点本来就不同，一个语言专业如果只有女老师，而没有男老师，不免造成学生视野的狭窄、情感的缺失、知识面的短浅等问题。师资力量的短板问题比较突出，毕竟教学工作也是团队合作才能成功的事业，单靠一个或是两个专业带头人，学生对老师的视觉、听说疲劳问题会日益严重。再加上新毕业的老师，专业素质虽高，但教学经验相对薄弱，还没有在教学上形成系统化、理论化的方法，教学水平有待提高。

## （三）教学教材的短板

一个成功的阿拉伯语教学模式，需要有优秀的教师、学生和教材，三者缺一不可。浙商大阿语系的专业核心课有"基础阿拉伯语1—4""高级阿拉伯语1—2""阿汉互译1—2""基础阿拉伯语听力1—2""阿拉伯语写作1—2"，以及阿拉伯语专业的专业导论课等12门课。专业选修课有"基础阿拉伯语会话1—3""阿拉伯语阅读1—2""阿拉伯国家概况""阿拉伯社会""阿拉伯历史""阿拉伯文学""高级阿拉伯语听力1—2""高级阿拉伯语写作1—2""阿拉伯文化与中阿文化交流""阿拉伯经济与中阿经济往来""阿拉伯论文写作指导""旅游阿拉伯语1—2""阿拉伯语演讲与口才""海湾国家社会概况""阿拉伯国家法律""阿拉伯语时事报刊选读""伊斯兰教知识""翻译理论与实践""阿拉伯语论文写作指导"等24门课。

如此多的课程安排，除了基础阿拉伯语课有北京外国语大学的基础阿语教材以外，其他课程主要靠教师编写，任务非常重。阿语教材相对于目前的教学要求，老化现象太过严重。又由于一些客观因素，教材的内容需要实时更新与时俱进，编写教材的任务难度的确超出想象。但是，这种现象不是我们国家的阿语教学所特有的，包括以阿拉伯语为母语的阿拉伯国家，也苦于适合的教材的缺乏，更不用说阿拉伯语和其他语种间的翻译教材、指导类丛书了。一本好的应用型翻译教材，首先应该是内容丰富、涵盖面广的精品；其次是具备创新意识，包括在理念、方法、内容上的创新；再次是符合"接地气、反映生活"的实用原则。当然，一本好的教材没有一定的要求，只有需要注意的方方面面，评判好的标准只能是学生在学习的过程中，感到饶有兴趣，颇有收获；老师的教学过程轻松愉快，让学生有层层推进的快乐感受。

## 三、弥补翻译教学短板的措施

### （一）集中精力，明确教学重点对象

当今社会，对语言专业学生的最初始要求就是成为翻译的人才。翻译这种职业，其实并不是人人可以从事。对于那些对翻译工作没有兴趣，也没有语言天赋的学生来说，转专业的制度无疑为他们打开了一扇窗户。转专业制度的初衷是为了让学生选择自己愿意为之奋斗的专业，这种以人为本的制度，本身是人性化的体现。而所谓的人性化就是有感情的制度，就是教育者将心比心、以心换心地为学生着想。而我系在第一学期中，由于老师没有经验，出于要拉住每一位学生的目的，对于根本没有语言兴趣的学生花费了太多的精力和时间，最后还是没能留住想要转出去的学生。因为一些学生考来浙商大，就是冲着其

是综合性大学，被调剂进阿拉伯语专业以后，要使他们安心学习，思想工作难度实在太大。一年级伊始，阿语系就数次请来了阿语界的前辈、实务精英导师等，请他们来给学生上专业导论课，介绍阿语专业的前景，让学生接受阿语的学习。但是，教育本身就是为了学生，既然无法遏制并改变阿语系学生的转专业倾向，阿语系老师就应该摆脱纠结的心态，把时间和精力集中到愿意学习阿语的学生身上。只有这样，才能搞好阿语的教学。

### （二）创造条件，突破语言短板制约

第一学期结束后，阿语系组织了一次迪拜七日游学之旅。游学期间，学生真正在生活中使用阿拉伯语，使他们觉得非常新鲜，对阿语的学习兴趣一下子提高了许多。而学习兴趣往往就是最好的老师。参观当地的企业单位，接触在迪拜生活的华侨华人，听取他们对阿语人才需求的呼声，观察阿拉伯国家的现状，令学生体会到阿语的世界非常广阔。和商人企业家之间的战略合作协议的制定，以迪拜为中心的实习基地的建立，为学生们努力创造机会，让他们在校学习期间就能去了解阿拉伯语、了解阿拉伯国家，提高他们学习阿语的积极性，意识到提高实用性翻译水平的重要性，以便他们将来毕业以后，能够找到令人满意的工作，从而真正信服学习阿语的好处和前途，这对将来的招生和教学是非常有益的。到迪拜进行为期七天的游学，既使他们切身感受了阿拉伯国家的真实情况，又使他们树立了学习信心，收到了不错的效果。

语言环境是需要人为积极创造的。学校大环境的语言环境并不理想，但是阿语系的小环境却不差。老师和学生一起养成了每天早自习、早读的良好习惯。此外，阿拉伯语协会的创立，可以让学生和在浙商大留学的阿拉伯学生一起参加阿语角活动，和阿拉伯留学生一起春游、一起上晚自习，互帮互学汉语和阿语。把班里的学生分成若干小组，实行组长负责制，帮助和督促学生学习。阿语系的"官微"成立一年不到，已经有了自己的粉丝群，在学校以学院为单位的评比中，总是名列前茅。学生从一开始写命题作文，到现在自己找有关阿语的材料，翻译阿拉伯语的短小精悍的文章，体会到阿拉伯语翻译的乐趣。

2016年4月底，浙商大"一带一路"研究中心成立，同时中心和社科院海湾研究所一起举办了中东问题研讨会，来自全国的三十几位中东问题专家参加了此次盛会。学生们在做好接待的同时，也听到了国家级专家的论述，扩大了知识面，这对阿语系全方位应用型人才的培养非常有益。

### （三）结合实际，精心编撰翻译教材

为努力改变教材陈旧、单一的现状，我们将中阿互译经验编撰成翻译教

材。归纳起来，翻译教材主要有以下几个方面内容。

1. 证书、证件类：身份证、护照、签证、驾照、未婚证明、结婚证、学历、技术资格证、出生证明、死亡证明、无犯罪记录、防疫证明、学历证明、健康证明、商标注册证书。

2. 公司执照、章程类：公司成立章程、董事会决议、公司营业执照、公司经营许可证、公司商会会员证书、企业国外投资说明。

3. 授权委托类：个人对个人、公司对个人、公司对公司的一般专项授权和全权授权。

4. 法律文件类：中国和阿联酋法院的判决书、律师辩护文书、立案文书、去警察局的报案信、检察院和法院的案件说明、辩护请求、道歉信、声明、撤案要求、和解协议。

5. 其他类：医院诊断书、尸检报告、药品说明书、产品说明书、商铺租赁协议、合作投资协议、委托律师协议、公司转让协议、收据借据、汇款凭证、工程结算单、工程项目承包和分包协议、项目签约发言稿。

通过上述各种内容的教学，使学生提高了实际翻译能力，并使他们提前步入了社会。社会是一个多面体，语言专业的学生应努力适应多样化的社会需要，不能只靠文学书籍的学习，更应该接触多样化的翻译实践。

### （四）创新教法，激发学生学习兴趣

学习阿语较为单调、枯燥，而浙商大阿语系的学生又多出身江浙一带，天生吴侬软语的说话方式和阿拉伯语的发音部位、发音习惯有着天壤之别。如果按部就班地组织教学，犹如一潭死水，根本激发不起学生的兴趣。在中阿语的翻译教学中，要令学生完成"内向男生""典型性娇柔南方女孩子"到"真男人""女汉子"的转变，体会到由生活在阿拉伯半岛沙漠中的贝都因人所创造并使用的这门语言的魅力，了解阿拉伯人和江南人的真正不同，从而使学生在学习语言的过程中，深刻理解阿语所承载的阿拉伯沙漠文化、贝都因文化、海湾文化、北非阿拉伯国家文化的内涵。这就要求我们必须更新教学理念，探索教学方法，注重与学生的交流，开展以学生为中心的互动式翻译教学，才能真正达到使学生在学习中体会成功，对阿语学习产生浓厚的兴趣的目的。

为激发学生兴趣，我们在口语翻译教学方面，更多地采用模拟实践情境，以大量的真实案例把口语翻译的心得、经验传授给学生。如在如何做一名谈判翻译的教学中，设想的情景就是中国某大型汽车企业与伊拉克的代理商之间的一场谈判。老师预先介绍谈判背景的来龙去脉，在深度解析事件背景的同时，介绍作为一个现场的谈判翻译所要具备的基本素养，再对一些相关词汇做一个介绍，然后请同学们扮演此次谈判中的两方，进行深入的谈判。又如在介绍阿

拉伯国家基本法律体系的同时，以警察、报案人的角色展开会话和口语练习，使同学们在摆脱学校教科书语境的同时，自然而然地学会更多的社会知识和实用语言。由于教法新奇，能达到不断刺激脑部反射区的效果，学生更容易记住，以致多年以后对当时的口语或者笔译实训记忆犹新，收效较为理想。

### （五）常抓不懈，注重学生学风养成

总所周知，阿拉伯语与其他外语相比，非常难以掌握。如果不下苦功夫，不养成良好的学习习惯，要学好是不容易的。刚上大学的新生，都抱着上了大学可以高枕无忧，可以不用像在高三一样刻苦学习的心态，因此，一开始老师要求学生早读晚自习，每天发语音作业给老师听，并完成大量作业时，学生都叫苦不迭，甚至认为自己在读"高四"。老师深知学习阿拉伯语的不易，从一开始，就严抓不懈。学风的养成不是一朝一夕的，阿语系从无到有，这时建立的刻苦学习的学风会影响到后来一代又一代的学生。但是，阿语系的应用型教学理念又不能使学生死读书，读死书，因为阿拉伯语是一门语法规律性极强的语言，它的词法不同于英语和汉语，具有派生的性质，一个不具有主观能动性的学习者，他是不存在思维跳跃性的。要学好阿语翻译，除了教师、教材、环境、实践等客观因素，更需要学生主观努力，养成良好的学习习惯。只有这样，才能改变学习自觉性差、被动学习的状况。很多学生天性腼腆、羞涩，这对阿拉伯语的学习非常不利。通过老师苦口婆心的教育，通过集体活动、接待外宾、阿语角等活动，我们改变了学生不爱说话、不愿交流的通病，并使学生在掌握丰富词汇的同时，增强联想和总结能力，提高沟通交流水平，从而改变自信不足的问题，提高自主学习的能力。

## 四、总结

浙商大阿语翻译教学坚持以学生为主体，以服务社会为宗旨，以改革教材教法为手段，以培养实用型人才为目标，进行了一系列的探索。但由于起步不久，还面临着诸多问题和不足，需要继续探索、分析和解决。我们将积极借鉴国内外成功经验，结合浙商大实际，努力形成具有自身特点的中阿翻译教学路子，为培养高层次的翻译人才、服务经济、社会发展做出贡献。

# Summary of Zhejiang Gongshang University's Chinese-Arabic Translative Teaching Program

## ZHOU Ling

(School of Oriental Languages and Culture in Zhejiang Gongshang University, Hangzhou: 310018)

**Abstract:** Zhejiang Gongshang University is situated in Zhejiang Province, one of the most economically vital provinces in terms of commerce ties with countries in the Middle East. The Arabic Language discipline was created under the "the Belt and the Road" initiative of the government of China. This summary outlines how this discipline prepares the next generation of students to adapt to the fast commercial development of the country, as well as of Zhejiang province. The major will focus on developing student's self-studying skills, creating well rounded individuals with solid language skills. The author of this summary is a leader in the department, and has conducted a series of investigative research in order to develop the program further. Results achieved has indicated that so far, the program has produced positive results.

**Key words:** Zhejiang Gongshang University ; Chinese-Arabic Translative Teaching Program ; Creating Well Rounded Individuals

# 后　记

白驹过隙，移砚商大创办日语专业转眼已阅十二春秋。沉浸在两点一线的生活，不经意间，外面的世界发生了沧桑巨变：中国一跃升为全球第二大经济体；外语从熙熙的王道时代回归到它应有的位置——平静；日语告别"国民语言"的待遇，开始进入"后黄金时代"；而伴随着"一带一路"建设的推进，我国多语种战略呼之欲出，沿线国语言将成为后起之秀。

聊以自慰的是，我们与时俱进，紧紧抓住了稍纵即逝的机会，实现了跨越式的发展。2006 年在日语专业成立两年后即获得硕士学位授予权；2011 年开始招收翻译硕士；2012 年获得亚非语言文学硕士点；2015 年"日本语言文化学院"易名"东方语言文化学院"，迎来首届阿拉伯语专业本科生。在科研平台建设上，2006 年日本文化研究所被日本国际交流基金会指定为"海外日本研究重点支援机构"；2014 年东亚研究院被批准为浙江省哲学社会科学重点研究基地；2016 年外国语言文学专业被评为浙江省"十三五"A 类一级学科建设项目；2017 年日语专业被评为浙江省"十三五"特色专业，"日本研究中心"获批教育部"国别和区域研究中心"培育基地。在短短的十余年时间里，本院在师资队伍、科学研究、国际交流、图书资料等重要指标上，已跃居全国同行前茅。

如今俱往矣，我们迎来了"后黄金时代"。早在 20 世纪 90 年代末，先贤们已科学地预见了外语教育的今天：

> ……如何为 21 世纪的社会主义市场经济体制服务，处理好外语教育与社会主义市场经济的关系，是摆在教育行政部门、高等学校和全体外语教育工作者面前的一项重要任务。要完成这一任务，就必须打破计划经济体制下长期沿用的纯语言、纯文学的人才培养模式，而广大外语教育工作者首先要实现教育思想和教育观念的转变。（1998 年教育部《关于外语专业面向 21 世纪本科教育改革的若干意见》，重点号引者加，下同）

基于这种外语教育理念，专家们开出了一剂药方——复合型人才培养：

> 从根本上来讲，外语是一种技能，一种载体；只有当外语与某一被载体相结合，才能形成专业。过去常见的是外语与文学、外语与语言学的结合。应该看到，即使在社会主义市场经济的条件下，我国高校仍肩负着为国家培养外国语言文学学科领域的研究人员的任务。同时，我们也应当清醒地面对这样一个现实，即我国每年仅需要少量外语与文学、外语与语言学相结合的专业人才以从事外国文学和语言学的教学和研究工作，而大量需要的则是外语与其他有关学科——如外交、经贸、法律、新闻等结合的复合型人才，培养这种复合型的外语专业人才是社会主义市场经济对外语专业教育提出的要求，也是新时代的需求。（同上）

经过十多年的实践，复合型人才培养已成为外语人的共识。《高等学校日语专业本科教学质量国家标准》（第六次修改稿，2014年8月递交）中指出："日语专业隶属于外国语言文学学科，是我国高等学校人文与社会科学学科的重要组成部分。学科基础包括日语语言、日本文学、日本文化、翻译以及相关日本研究，具有跨学科特点。"由此，在知识上要求"掌握日语语言文化知识、日本国情相关知识，熟悉中国语言文化知识，了解相关专业知识以及人文社会科学与自然科学基础知识，形成跨学科知识结构"。

除本科专业外，研究生培养中也体现了以外语为工具，培养复合型人才的精神。今年3月，国务院学位办颁布了《学位授权审核申请基本条件（试行）》，其中在外国语言文学一级学科博士点中，明确把比较文学与跨文化研究、国别与区域研究增列在外国文学、外国语言学及应用语言学、翻译学之后，成为第五个主干学科研究领域。

语言是人类交际工具，外语也不例外。一个人如果只懂外语，他只能从事基础的外语教学，是没有专业的。季羡林先生曾提出批评："有些教外语的教员，外语水平是极能令人满意的。但是，除此以外，却不知道他们是什么家。这样的人，在德国只能终身是外语教员，与副教授和教授无缘。"（《对于当前学风的一些看法》，张后尘主编《外语名家论要》，外语教学与研究出版社1999年版）语多犀利，良言苦口。自世纪之交开始，学界围绕着如何培养复合型外语人才，展开了热烈的讨论。"跳出学科体系和框架的束缚""冲破狭义语言文学藩篱"（王启龙：《对接国家"一带一路"战略需求，培养跨文化交际人才》，《中国社会科学报》2017年1月11日）似乎成为题中之义。

《东方研究集刊》正是呱呱落地于外语教育"后黄金时代"。全书收 22 篇论文，本院教师和校外学者各 11 篇，涉及中日韩三国作者，内容涵盖文化、文学和语言，展示了我院国际化办学、跨学科研究的特色。其中中西进先生的论文是 2016 年 8 月 5 日至 8 日在韩国中央大学校举行的第 13 届东亚比较文化国际会议上的基调演讲，胡倩茹、山田直巳、李燕、吴晓丽等学者的论文在该会议上发表。此外，本书还得到刘婧、木村义之、今井秀和、岛善高等学人的慷慨赐稿。本书的出版，还得到浙江工商大学出版社的深刻理解，以及姚媛编辑的悉心帮助。对此，我们表示衷心的感谢！

王宝平

2017 年 6 月 2 日

于余杭云会村

# 《东方研究集刊》稿约

《东方研究集刊》是浙江工商大学东方语言文化学院的连续出版物，旨在促进我国东方研究的发展。

本连续出版物每年出版 1 期，当年 10 月底截稿，次年 5 月底刊出，欢迎国内外同仁赐稿。

本连续出版物欢迎涉及东方研究的学术论文及研究综述、书评等，内容涵盖政治、经贸、国际关系、哲学、语言、文学、历史、地理、宗教等领域，尤其欢迎由一个专题内的数篇文章构成的组稿稿件。本连续出版物刊登中文稿件，以外文写成的稿件须翻译成中文方可发表。论文质量是用稿的唯一标准，不接受已用中文发表过的稿件。

来稿请遵守以下格式规范：

1. 稿件正文篇幅以 6000—15000 字为宜，优稿字数不受限制。

2. 来稿格式顺序为：文题；作者姓名；工作单位；摘要、关键词；正文；注释；参考文献；英文题目；作者姓名拼音；英文工作单位；英文摘要和关键词；通讯地址（单位全称、省市名、邮编、电话、Email）。如果是基金项目，请注明项目来源和批准文号。

3. 论文标题一般不多于 20 字，必要时可加副标题；摘要以 200 字左右为宜，关键词以 3—5 个为宜，中间以分号分隔。英文题名、摘要及关键词与中文一一对应。

4. 论文正文内 1—4 级标题请按"一""（一）""1""（1）"样式来标注。

5. 注释序号用固定形式如"①""[ 1 ]"表示，注释置于页下。

6. 参考文献：引文出处一律列入"参考文献"，按论文中引用文献的先后顺序，在引文处以阿拉伯数字连续编码，序号置于方括号内（上标）。一种文献在同一论文中被反复引用者，用同一序号标示，引文页码直接放在"[1]"外，如"[1]52"。文后各类主要文献的著录格式如下：

①期刊：[ 序号 ] 作者 . 题名 [J]. 刊名，出版年，卷（期）：起止页码 .

②报纸：[ 序号 ] 作者 . 题名 [N]. 报名，出版日期（版次）.

③专著：[序号]主要责任者.题名：其他题名信息[M].版本项（第1版不著录）.其他责任者.出版地：出版者，出版年：起止页码.

④论文集：[序号]析出文献作者.题名[C]//主编者.论文集名：其他题名信息.版本项.出版地：出版者，出版年：起止页码.

⑤学位论文：[序号]作者.题名[D].保存地点：保存单位，年份.

⑥专利文献：[序号]专利申请者.题名：专利国别，专利号[P].公告日期.获取或访问路径.

⑦电子文献：[序号]作者.题名：其他题名信息[文献类型标志/文献载体标志].[引用日期].出版地：出版者，出版年（更新或修改日期）.获取或访问路径.

文献作者3名以内全部列出，4名以上则列前3名，后加"，等"或"，et al."。西文作者姓前名后，名用缩写，不加缩写点，字母全部大写。

7. 照《中华人民共和国著作权法》的有关规定，本刊可以对来稿做文字修改、删节。如作者不同意修改，务请在来稿中注明。来稿文责自负，切勿一稿多投。投稿后3个月未收到处理意见者可自行对稿件另作处理。请自留底稿，本刊不办理退稿业务。

8. 本刊不收取版面费，亦不支付稿费，刊出版后将向作者赠送样书2册。

投稿方式：E-mail: dfyjjk@126.com

本刊地址：浙江省杭州市下沙高教园区浙江工商大学东方语言文化学院

邮　　编：310018